EDITORA DO CONHECIMENTO

Auxiliando a humanidade a encontrar a Verdade

O CAMINHO DOS ESSÊNIOS

Volume 1

Anne e Daniel Meurois - Givaudan

O CAMINHO DOS ESSÊNIOS

Volume I

A vida oculta de Jesus revelada

Título do original:
De mémoire d'Essenien - l'autre visage de Jésus

O Caminho dos Essênios - Volume 1
A vida oculta de Jesus revelada
Anne e Daniel Meurois - Givaudan

Caixa Postal 404 - CEP 13480-970 - Limeira / SP
Fone/Fax: 19 3451-5440
www.edconhecimento.com.br
conhecimento@edconhecimento.com.br

Revisão: Antonio Rolando Lopes Júnior e
Paulo Gontijo de Almeida
Capa e projeto gráfico: Sérgio F. Carvalho

ISBN 85-7618-113-4 - 3ª EDIÇÃO — 2006

• Impresso no Brasil • Presita en Brazilo

Produzido no departamento gráfico da
CONHECIMENTO EDITORIAL LTDA
Fone/Fax: 19 3451-5440 - Limeira - SP
grafica@edconhecimento.com.br

Dados Internacionais de Catalogação na Publicação (CIP)
(Câmara Brasileira do Livro, SP, Brasil)

Meurois-Givaudan, Anne
O caminho dos essênios / Anne Meurois-Givaudan, Daniel Meurois-Givaudan; tradução Julieta Leite. — 3ª ed. rev. — Limeira, SP : Editora do Conhecimento, 2006.

Título original : De mémorie d' essénien
Conteúdo: v. 1. A vida oculta de Jesus revelada
ISBN 85-7618-113-4

1. Espiritismo 2. Essênios 3. Jesus Cristo - Biografia - Vida oculta I. Merois-Givaudan, Daniel. II. Título.

06-7881 CDD - 133.93

Índice para catálogo sistemático:
1. Essênios e vida oculta de Jesus : Mensagens psíquicas : 133.93

Anne e Daniel Meurois - Givaudan

O CAMINHO DOS ESSÊNIOS

Volume I

A vida oculta de Jesus revelada

Tradução
Julieta Leite

3ª Edição - 2006

EDITORA DO CONHECIMENTO

Dedicamos este livro a todos os essênios de hoje, daqui e de outros lugares, a todos vocês, familiares e amigos que, caada um a seu modo, tão bem souberam acompanhar-nos.

Sumário

Livro II

Livro III

Introdução

Essênios... palavra que hoje reaparece com freqüência ante os olhos de quem interroga. Desde a descoberta dos Manuscritos do Mar Morto, ela deu volta ao mundo, suscitando, entretanto, mais interrogações do que respostas.

Quem eram os essênios? Não obstante os recentes trabalhos dos arqueólogos e dos pesquisadores, a história oficial é bem parca de informações.

Fala-se de uma seita mística à qual às vezes alguns associam o nome de Jesus... Quem é ele exatamente? A isto nos propomos, através deste livro, fornecer uma resposta... ou um começo de resposta, pois este domínio é imenso!

Não é um trabalho de historiador o que apresentamos nos capítulos que se seguem, mas uma narrativa, um testemunho vivido. Com efeito, nenhum documento, qualquer que fosse, ajudou na sua redação.

A razão se recusa, é claro, a admitir que se possa vasculhar o passado fora dos métodos de investigação tradicionais.

E no entanto... é razoável estabelecer limites aos horizontes que hoje se oferecem ao homem? As fronteiras do "impossível" não recuam sem cessar?

Não foi, porém, uma técnica de trabalho revolucionária que nos permitiu levar a termo esta obra, mas um método cuja origem se perde na noite dos tempos.

Este livro foi elaborado a partir de uma técnica herdada dos antigos egípcios e dos místicos do Himalaia; ele é fruto de uma longa leitura dos Anais de Akasha. Poderíamos dizer que eles são a Memória do Universo, mas isso ainda continuaria bem vago.

Debrucemo-nos, então, sobre a palavra Akasha, de origem sânscrita. Este termo designa um dos elementos constituintes da natureza, da mesma forma que a terra, a água, o fogo e o ar. As antigas tradições nos ensinam que se trata de uma substância infinitamente sutil, de uma forma de energia na qual se banha o Universo e que tem a propriedade de guardar a memória visual e auditiva de tudo o que vive. Akasha seria, então, a "placa sensível" do Universo ou, ainda, para usar um termo bem atual, um gigantesco "filme magnetoscópico" arranjado pela própria Natureza e capaz de revelar-nos, em determinadas condições, a "memória do passado".

É conveniente assinalar que a consulta a esses Anais aconteceu fora de nosso mundo físico e no decorrer de uma série de "viagens astrais" ou "viagens fora do corpo".

Este tipo de leitura nada tem a ver com o que se pode chamar de "Fenômenos espontâneos de visão". Ele exige a longa aprendizagem de um método preciso, apoiado por um trabalho pessoal de ordem espiritual. De fato, e fazemos questão de insistir muito particularmente neste ponto, uma técnica está longe de ser suficiente. Ela é apenas uma ajuda para uma longa preparação, para uma limpeza dos diversos corpos que nenhum outro uso poderá substituir porque ela é baseada no amor.

A leitura dos Anais de Akasha supõe, por outro lado, uma autorização da parte dos seres espirituais que têm a sua guarda. Estes se asseguram da pureza de intenções dos "viajantes" e de sua capacidade de assimilação. Finalmente, as pesquisas em questão jamais devem ser conduzidas com um objetivo pessoal.

A narrativa que se seguirá nos leva à Palestina há uns dois mil anos, no próprio seio da sociedade essênia. Não é nada fácil reviver o passado, também nunca achamos agradável falar de nós. Nossas pessoas, aliás, têm apenas uma importância relativa neste testemunho.

Através desta existência no coração da Fraternidade essênia e de seus ensinamentos, ela tratará muitas vezes da personalidade e do pensamento de Jesus, bem como de detalhes relativos à sua vida, ao seu ambiente.

Não ignoramos que alguns desses aspectos poderão surpreender, até mesmo chocar, e estamos conscientes da responsabilidade que sua difusão implica. Entretanto, é chegado o tempo de levantar certos véus.

Não temos a pretensão de trazer exclusivamente coisas inéditas, mas uma pedra a mais a um edifício que se constrói.

Também não pretendemos narrar a totalidade dos fatos até aqui ocultos neste domínio, não tendo ainda chegado o momento da sua revelação.

Parece-nos também importante insistir sobre um ponto: nada foi romanceado ou deformado com um propósito qualquer. O leitor talvez fique surpreso ao encontrar uma porção de detalhes relativos também a paisagens, quadros e discursos. A memória astral é dotada de uma grande fidelidade, os olhos da alma percebem mais intensamente que os da carne.

Assim, nada do que foi escrito o foi aproximadamente. Nossos esforços tenderam sempre para a maior fidelidade com relação ao vivido, ao nome próprio uma vez que se tratam de palavras reproduzidas.

Finalmente, fazemos questão de precisar de que maneira a leitura dos Anais se efetua.

As cenas são revividas com nitidez absoluta, as palavras são percebidas na língua da época mas compreendidas instantaneamente, como se a dominássemos. No que nos diz respeito, a sensação de vivido foi tal que nos fez reencontrar emoções, percepções estranhas à nossa personalidade atual.

Talvez alguns vejam neste livro um romance e outros sejam tentados a qualificá-lo como delírio místico. Pouco importa! Nós o escrevemos com o coração, tal como os episódios impregnaram-se em nós no dia-a-dia durante quase dois anos. Nós o confiamos, pois, aos seres de coração!

Alguns já sabem o que é, e o tempo decidirá... Se houver tempo!

Nota — Embora cada um dos autores tenha redigido uma parte desta obra, a grande maioria das cenas descritas foi revivida em comum.

Livro I

Capítulo I
Zérah

EU ACABAVA DE FAZER QUATRO ANOS. MEUS PAIS E EU MORÁvamos numa pequena aldeia da Galiléia a dois dias de marcha ao nordeste de Jappa. Jappa era a cidade grande, uma aventura total. De pé sobre o murinho do jardim que rodeava nossa casa modesta, eu muitas vezes contemplava a longa fila das caravanas de camelos que iam para lá num passo displicente.

Era uma das minhas distrações favoritas; eu gostava de imaginar os mercadores começando a desempacotar na praça da cidade os misteriosos conteúdos dos enormes cestos presos aos flancos de suas montarias. Eu só tinha visto esse espetáculo uma vez, mas ele tinha marcado fortemente minha imaginação e meu espírito infantil.

A vida estranha das pequenas ruelas oprimidas pelo calor, as tendas dos artesãos e dos comerciantes, o aroma das especiarias, os gritos dos animais e a agitação do porto, tudo isso contrastava enormemente com a existência calma e perfeitamente regular de nossa aldeia.

Meu pai era oleiro e raras eram as ocasiões em que ia a Jappa. Além disso, era preciso suplicar-lhe que fosse. Ele preferia o ritmo monótono à sua volta às exortações dos mercadores.

Inconscientemente, eu o reprovava um pouco por isso. Não tinha mais nada a fazer em Jappa a não ser comprar cereais uma vez por ano? Minha mãe às vezes tentava conversar comigo sobre o assunto. Ela também tinha-se acostumado à vida dura e simples do campo. Aliás, ela sempre tinha vivido lá, como todos da aldeia, a aldeia dos Irmãos, era assim que os de Jappa a chamavam.

Irmãos de quê? Eu ignorava, mas meu pai e os outros moradores das casas vizinhas freqüentemente diziam que éramos todos irmãos e que eu devia ter muito respeito por aquele nome. Minhas indagações, de resto, não iam muito longe; fora dos momentos de curiosidade inquieta, próprios dos espíritos infantis que despertam, eu encontrava uma cálida segurança no seio de nossa pequena comunidade.

Quantos éramos ao todo naquele conjunto de construções de taipa e pedra encarapitado no flanco do outeiro? Cento e cinqüenta ou talvez duzentos, no máximo.

Nossa aldeia era rodeada pelo que na época me parecia uma verdadeira fortificação, e que na verdade não passava de um murinho de pedras cinzentas. Muito raramente esse murinho ultrapassava um metro de altura.

Meu pai sempre me repetia, como se para ter certeza de que suas palavras ficariam gravadas em mim, que se tratava do "recinto sagrado", que tudo o que ficava e crescia à sua sombra era para nós protegido e abençoado.

Todas as casas da nossa aldeia eram rodeadas por alguns tratos de terra que bastavam para suprir as necessidades da vida cotidiana. Mais abaixo, em ambos os lados do caminho para Jappa, todos cultivávamos campos maiores. Ao que me lembre, trabalhávamos lá de comum acordo. Não passava pela idéia de alguém dizer:

"Aqui é minha terra, lá, a tua."

Todos diziam:

"Eis a nossa terra."

As discórdias eram raras porque cada colheita era logo partilhada eqüitativamente. Disso resultava uma grande paz e é por isso que, desde os primeiros anos de vida, pus-me a amar minha aldeia e seus Irmãos. Parecia-me que lá havia uma lei para nós, que os outros, os mercadores e os da cidade, definitivamente não seguiam. Era uma sensação confusa que eu não conseguia explicar a mim mesmo.

Quando, com minha mãe, eu descia a vereda estreita que

se insinuava através do mato e assim saíamos da aldeia para encher, umas centenas de metros abaixo, os cântaros de água, nossa casa e as dos outros desapareciam da minha vista. Só algumas formas cúbicas cinza e ocre podiam ser adivinhadas atrás dos carvalhos verdes e das romãzeiras.

No centro da aldeia antigamente corria uma fonte, mas a natureza parecia ter mudado de idéia e precisávamos deixar nosso recinto sagrado várias vezes por dia. Acompanhar minha mãe era uma espécie de jogo; conforme as estações, eu aproveitava para andar despreocupadamente pelo vinhedo ou sob as figueiras.

Mais abaixo, perto da estrada principal, entrelaçavam-se largas faixas ora azuis, ora douradas. Eram os campos de linho e de trigo. Muitas vezes eu atirava seixos na sua direção para provar minha força e falar do meu desejo de mais tarde ir lá para semeá-los e ceifá-los.

Assim, a obrigação enfadonha de apanhar água transformava-se em diversão. Eu ainda não suspeitava que, alguns anos mais tarde, o cântaro passaria da cabeça de minha mãe para os meus ombros: devido ao seu trabalho, meu pai sempre precisava muito de água e a aldeia mal tinha alguns asnos. Observar meu pai criando formas com um pouco de terra e muita habilidade, isso também era uma diversão, mas uma diversão que me intrigava. Via uma espécie de mágica nos gestos rotineiros de seus pés e mãos. Já então, por seu sorriso e pela vivacidade de seu olhar, eu notava que ele empenhava toda a sua honra no acabamento da menor das peças que tomavam vida no côncavo de suas palmas. Os objetos que ele criava eram simples, nobres e de uso corrente. Eram as tigelas em que comíamos, as bilhas onde deixávamos fermentar o suco da uva e mil outras coisas mais.

Seu trabalho supria nossa pequena comunidade e às vezes um mercador dava uma paradinha em nossa casa para comprar umas tigelas ou cântaros. Se um Irmão da aldeia ficava sem um utensílio, ele logo lho oferecia, e em troca este ia cuidar da sua vinha ou fazer trabalhos de alvenaria ou marcenaria. Era assim uma contínua troca de bons procedimentos e todos se sentiam bem. Meus pais, aliás, ensinaram-me naquela época que era a regra e que ela constituía uma parte de nossa força.

Isso contribuiu para despertar em mim o sentimento vago, mas forte, de que éramos "diferentes".

Passeando com as crianças da minha idade pelas trilhas poeirentas que formavam as ruelas da nossa aldeia, muitas vezes meus olhos deparavam com grupos de homens e mulheres de ar um tanto grave, olhar curiosamente profundo. Todos os rostos não me eram familiares e logo compreendi que nossa comunidade devia servir como uma espécie de "parada para descanso" e acolhia Irmãos que vinham de outros lugares depois de muito ter viajado.

Sua chegada ao nosso pequeno território sempre me divertia e intrigava. Parecia um ritual, um doce hábito que eu nunca queria perder. Mal um novo visitante, a fronte queimada pelo sol e os ombros curvados pelos caminhos pedregosos, entrava em nosso recinto, um bando de crianças do qual eu fazia parte corria para ele. Havia sempre uma ou duas mulheres para dispersar-nos e levar o desconhecido até um pequeno pátio à sombra de um muro de taipa ou de uma videira virgem.

Lá, elas tiravam suas sandálias, e, com um pano de linho, lavavam-lhe os pés, ofereciam-lhe uma fruta, sem todavia pronunciar uma palavra. Este modo de agir não era simples e unicamente atribuição das mulheres da nossa aldeia e muitas vezes vi homens agindo assim. Não havia tarefa considerada subalterna ou reservada mais a um do que a outro, logo compreendi isso.

Uma vez reanimado, o hóspede freqüentemente sentia necessidade de estender-se, rosto contra a terra, braços em cruz. Parecia beijar várias vezes o solo, depois levantava-se e, enquanto o escoltavam e lhe cobriam o alto da cabeça com um amplo tecido branco, ele entrava na morada que o acolhia. Raramente permitiam que as crianças assistissem às conversas que se seguiam à chegada de um estranho na aldeia. Isto não nos era imposto claramente como uma proibição, mas como uma regra, um fato consumado que não podia ser discutido e tinha suas razões.

Mas um fruto proibido é sempre saboreado com prazer e lembro-me de ter conseguido insinuar-me na sombra de uma porta atrás de um desses eternos viajantes que atravessavam nosso umbral.

Diante dele, vi meu pai pôr um joelho no chão, depois cruzar os braços no peito, o direito sobre o esquerdo. Baixou então a cabeça e o desconhecido colocou durante muito tempo uma das mãos sobre seu crânio.

O espetáculo me surpreendeu tanto que fugi imediatamente, atraindo, com minha falta de jeito, a atenção de dois homens. Naquela mesma noite meu pai foi buscar-me em cima do murinho que servia de refúgio às minhas imaginações infantis. Um vento fresco soprava nas figueiras e fazia tremular os raros clarões de algumas lâmpadas a óleo esparsas. Eu me forçava a ficar para trás porque não queria dizer a meu pai que, confusamente, me parecia tê-lo visto em estado de inferioridade.

Chegando em casa, ele me pôs sobre uma enorme arca de madeira e me fixou direto nos olhos.

— Simão, responde à minha pergunta: entre o mestre e o servidor, qual dos dois te parece o mais importante?

Eu não compreendia o que ele procurava me dizer.

— Os dois — recomeçou ele, insistindo nas sílabas. — Os dois, porque são como as duas mãos de um mesmo corpo, os dois olhos de um mesmo rosto. Eles são o vento e a vela, a espada e o escudo. Um não passa da metade de si mesmo se o outro não existe.

Eu continuava a não entender direito e ele deve ter percebido, porque me apertou contra si; depois, com uma voz mais cálida, continuou:

— Simão, agora é preciso que saibas como vivemos. Amanhã eu te levarei até Zérah, aquele de longas barbas e que mora perto do antigo poço. Ele te contará muitas coisas e ficarás assombrado.

Sobre o ombro de meu pai, vi minha mãe me olhando. Tinha-se agachado na penumbra sobre uma pequena esteira e preparava maquinalmente a refeição do dia seguinte: uma bolacha e algumas azeitonas.

Portanto, alguma coisa ia acontecer; minha vidinha que parecia correr monótona, entre o desejo de semear linho e correr atrás das caravanas de Jappa, podia ser sacudida. Tive então a sensação furtiva de que nunca tinha entendido o que tinha visto, ou de que tinham-me escondido tudo, tinham-me considerado uma criança quando eu tinha o direito de saber...

Na manhã seguinte, o zumbido cálido e monótono das primeiras abelhas me tirou o sono. Minha mãe já tinha ido encher os cântaros vereda abaixo e estava se lavando no pátio enquanto o ranger do torno testemunhava o labor de seu marido.

Minha impaciência precipitou os acontecimentos e, instantes mais tarde, eu saltava, corria entre as sarças e as oliveiras para chegar à "casa do antigo poço".

Zérah era um velho de longa barba grisalha, levemente avermelhada aqui e ali pelo sol e pelos anos. Tinha-o visto muitas vezes no decorrer das minhas brincadeiras e sabia que muitos lhe demonstravam respeito e uma certa admiração.

Era um desses velhos personagens de rosto apergaminhado, marcado por longos sulcos, de olhar ao mesmo tempo doce e penetrante, de palavras ora enigmáticas, ora límpidas, um desses veneráveis cujo retrato os mercadores freqüentemente divulgavam através de suas histórias.

— Paz para ti, Joshé — disse ele ao meu pai, que me levou diante dele. — Eu sabia que não tardarias a trazê-lo a mim.

Numa longa veste de linho de um branco desgastado, Zérah mantinha-se de pé na soleira de sua porta e estendia os braços na minha direção. Tomou-me pela mão e fui de tal modo subjugado por seu pulso grosso e calejado que nem percebi que meu pai não nos seguia na sombra fresca da casa.

A morada do velho pareceu-me ainda mais pobre do que a nossa que, no entanto, só possuía o mínimo. Na única peça, a claridade quente e poeirenta de uma janela minúscula, não vi mais do que duas ou três esteiras e alguns utensílios, dispostos sobre a terra batida.

Tranqüilamente, Zérah fez um sinal para que me sentasse e ele próprio, pernas dobradas sob o corpo, sentou-se de frente para mim. Na penumbra, sobre a parede dos fundos, meu olhar teve tempo razoável para demorar-se sobre uma espécie de estrela de oito pontas, todas iguais. Não fiquei admirado com isso: tínhamos uma igual.

— Simão, tens agora idade para saber o que fazes aqui, e quem somos nós. Escuta bem: já reparaste em nossas vestes?

— Sim — disse logo — nossas roupas são brancas, não são como as da cidade; também picam a pele, mas meu pai diz que está certo e que vai passar.

Com um leve sorriso, o velho recomeçou:

— O problema não é picarem, Simão, o problema é que são diferentes das outras. As dos homens e mulheres que seguem a lei da cidade e as dos soldados são azuis, amarelas, vermelhas, de todas as cores. É bom que o tenhas notado. Mas sabes por que isso? É porque os homens de Jappa não falam a mesma língua que nós, não falam a língua doce...

— Mas eu os compreendo! — repliquei arrebatadamente.

— Compreendes suas palavras, mas logo saberás que não entendes seu coração e que, para chegar a eles, precisarás labutar. Isso é que será difícil, porque se desejas escutar as pulsações da sua vida, eles muitas vezes não quererão escutar as tuas. Mas não vieste aqui para ouvir palavras amargas, Simão, vieste para aprender a ver e pensar.

Há muito tempo percebeste que não vivíamos como os das cidades e como os mercadores que andam com camelos; agora, é preciso que saibas por quê... Imagina um imenso campo de linho que os membros de uma grande família partilham... Um por um eles se casam e têm numerosos filhos. Há os de José, os de Saul, os de Jacó e muitos outros mais. Há tantos que logo não se reconhecem mais e brigam. Uns perdem com isso seu pedaço de terra e precisam pedir asilo aos outros que mal os suportam.

Vês, a Terra toda é semelhante a este campo de linho e nós, nesta aldeia e em algumas outras, somos como os sobreviventes de uma guerra antiga na qual perdemos os bens materiais distribuídos por nosso pai. Somos exilados entre parentes que esqueceram nossa fonte comum. Somos os sobreviventes de uma época em que o sol não mostrava tanto sua face como hoje mas em que, entretanto, seus raios aqueciam mais os corações. Somos também um espinho no calcanhar de um gigante. Não me olhes assim, entenderás isso rapidamente.

Zérah interrompeu-se por alguns segundos, depois, sem dúvida vendo minha perplexidade, continuou, firmando suas mãos grandes nos meus ombros:

— Deves saber que não somos do povo de Abraão e de Jacó, Simão. Nossos pais mataram um ao outro há muitas luas... muitas, mais do que possas imaginar.

Olha bem para a estrela que está atrás de mim, ela é um

dos símbolos do nosso povo. Nesta terra vais encontrá-la na casa de todos os que põem a mão sobre o coração quando falam. É um sinal que deves reconhecer. Existem muitos outros que aprenderás mais tarde.

Muitos povos vivem nesta terra; não digo que sejamos os melhores dentre eles, mas nosso Pai em espírito nos deu uma palavra e nós a guardamos sem suprimir-lhe ou acrescentar-lhe um iota.[1] É por sua glória e a de todos os irmãos humanos que deverás saber entendê-la e repeti-la. Então, como todos nós nesta aldeia, terás o direito de usar a longa veste branca e falarás a doce língua e curarás através dela.

— Eu curarei?

— Sim, tu curarás como muitos de nós aqui que fizeram o juramento. Mas não cuidarás somente dos corpos que sofrem, desejarás curar as almas.

— As almas? O que é uma alma?

— A alma, Simão, é... é esta enorme força que habita em ti e que todas as manhãs permite que digas algo como: "Sou eu, e meu nome é Simão." É esta chama que, todas as noites, sai de ti e se vai a caminhar por uma terra de onde traz os sonhos e outras coisas mais. É a terra onde não existem fronteiras e onde...

— Eu nunca vi essa chama!

— Aprenderás a vê-la, e, te asseguro, conseguirás mesmo tocá-la.

Eu mal compreendia o que me dizia a voz quente e mansa de Zérah mas, confusamente, tive a sensação de que ele abria diante de mim portas e portas... Foi como se remexesse cinzas e avivasse a pequena chama cujo nome ele acabava de pronunciar.

— Mas como é que uma chama pode ficar doente, Zérah? — perguntei, arregalando os olhos.

— Ela fica doente quando se afasta demais do fogo que a fez nascer. Guarda bem isso, Simão. Então, em vez de aquecer ela queima tudo o que toca. É simples e nós é que complicamos tudo.

O velho tomou-me o pulso esquerdo e, com gestos de uma precisão infinita, amarrou nele um cordãozinho preto, sinal do repositório que ele me confiava e do edifício cuja pedra fundamental acabava de talhar.

1 Iota - Letra do alfabeto grego, correspondente ao "i" latino.

Capítulo 2
O Purim

Os meses se passaram, pontuados por freqüentes visitas a Zérah.

O velho da "casa do antigo poço" parecia ter-me tomado sob sua proteção e não falava comigo como um instrutor, mas como um avô ao seu neto. Vê-lo tornava-se uma necessidade e a humilde peça onde vivia num segundo se transformava na minha casa.

Meus pais ficavam de longe vendo-me entrar na soleira da sua porta, mas não comentavam isso comigo. Nem mesmo, através de seu olhar, percebi que essas visitas decididamente não lhes agradavam.

Meu pai falava-me menos sobre os trabalhos no campo e até insistia que eu fosse vê-lo amassar e dar forma à terra a que dava vida. Quanto à minha mãe, ela decidiu que eu não devia voltar para casa antes de ter lavado cuidadosamente os pés e as mãos com a água do cântaro que ficava no pátio com essa finalidade.

Eu não torcia o nariz a esta exigência, até me senti lisonjeado. Com esta obrigação, parecia-me que eu tinha sido aceito entre os adultos e que partilhava de um verdadeiro segredo. Portanto, jamais falava disso com meus companheiros de brincadeiras.

Assim, durante anos, meu tempo se dividia entre Zérah, o torno de meu pai e as amendoeiras que eu via crescer e florir estação após estação. Por um motivo qualquer, comecei a participar raramente das brincadeiras das crianças da minha idade. Só Míriam, a filha do tecelão, muitas vezes vinha compartilhar meus sonhos, embaixo de um limoeiro que eu tinha escolhido como companheiro porque era um excelente posto de observação rumo ao caminho de Jappa.

Era uma ruivinha de cabelos encaracolados e de passos meio esquivos, sempre com uma roupa larga de um ocre desbotado. Curiosamente, eu a considerava uma "criança" embora não fosse mais velho do que ela. Minha atitude mudou a partir do dia em que a vi lavando os pés e as mãos antes de entrar numa das casas da aldeia.

Então ela também sabia! Será que visitava Zérah como eu? Não consegui deixar de perguntar-lhe.

— Não, Simão, meu pai é quem quer que eu faça isso. Diz que nossa casa e nós próprios somos como templos onde arde uma pequena chama e que por isso devemos manter-nos limpos. O que ele diz é verdade; aliás, uma vez eu vi esta chama, brilha como um sol.

Pus-me a olhar para Míriam no fundo de seus olhos cinzentos. Pareceram-me ao mesmo tempo zombeteiros e graves e não tive coragem de fazer outra pergunta.

Assim ela, a criança, já tinha percebido o que Zérah passava longas tardes descrevendo-me. Eu estava ouvindo o velho mecanicamente, como se ele contasse belas fábulas de tempos passados, pensava que sabia muito e não sabia nada, já que não tinha visto a chama, ao passo que Míriam...

Antes que eu conseguisse sussurrar uma palavra, ela me pegou pela mão e me arrastou pelas veredas da aldeia até a precária habitação de seus pais, cor de terra, sofrivelmente encostada a uma rocha onde o musgo crescia.

— Olha — cochichou ela ao meu ouvido, apontando o dedo para uma das paredes de barro batido.

Mais alguns passos, descobri, ligeiramente dissimulada atrás de uma moita, uma pequena escavação num dos lados da casa, uma espécie de sol sobre uma lasca de pedra em que estava gravada o que me parecia ser a estrela de Zérah.

— Isto é a tua chama? — murmurei meio decepcionado.

— Cala-te, olha de novo!

E vi Míriam puxar contra si uma cúpula de metal escurecido pelo tempo e de onde se elevava uma tímida fumaça esbranquiçada.

Sem acrescentar uma palavra, ela levantou no fundo do nicho uma pedra achatada e destapou um outro recipiente contendo uma espécie de pó grosseiramente moído e folhas secas. Lentamente, com as pontas dos dedos, pegou uma pitada que depositou no côncavo da primeira cavidade. Com um crepitar, volutas de uma espessa fumaça de um branco azulado elevaram-se do receptáculo, embalsamando fortemente o ar que respirávamos.

Eu conhecia esse odor, ele flutuava muitas vezes entre as ruelas de nossa comunidade. Para mim era como uma presença invisível, mas muito viva, um dos seres que povoavam nosso universo. Ele mesclava sua presença com o perfume das acácias e dos cestos de coentro sobre os burros de carga dos mercadores.

— Mas é incenso — eu disse —, o velho Zérah compra para todos nós dos cameleiros que vêm do País da Terra Vermelha;[1] fica lá embaixo, muito longe, atrás das montanhas, lá onde há o grande rio... Então tua chama é isto?

— Isto ajuda a vê-la... Meu pai me disse que era preciso sentar-me muito calmamente durante algum tempo todos os dias e que respirasse seu odor com os olhos fechados... como se quisesse beber todos os perfumes do mundo... Então eu fiz isso, e um dia vi a pequena chama; era azul, bem azul no centro dos meus dois olhos; brilhava, brilhava e aumentou tanto que tive que parar de olhar para ela.

Míriam calou-se e ficamos lá muito tempo contemplando as faixas de fumaça longas e frágeis estirando-se acima de nossa cabeça.

Então, só então, entendi que as palavras de meu velho amigo não eram fábulas; a pequena Míriam do limoeiro tinha vindo dizê-lo, com a mão sobre o coração.

A partir desse dia, em meu espírito de criança, depois de adulto, este instante gravou-se como o instante do meu nascimento, da vinda ao mundo da pequena centelha que iria reger toda minha vida...

---

1 O Egito.

Era véspera do Purim,[2] e lembro-me da azáfama dos Irmãos de nossa aldeia que subiam pela estreita vereda, seus fardos de linho sobre os ombros. Entoavam uma melodia singular numa língua que eu ignorava.

Este também foi o dia em que novos recém-chegados se instalaram entre nós. Era uma família de três pessoas, cujo filho, um garoto, parecia um pouco mais novo do que eu. O homem era bem mais velho do que sua mulher e os traços de seu rosto refletiam ao mesmo tempo uma grande autoridade e o hábito de um trabalho rude sob o sol quente da Galiléia. Trabalhava com madeira, tinham-me dito meus pais, e freqüentemente era convidado a deslocar-se além das colinas para ajudar outros Irmãos que construíam suas casas ou hospitais destinados a acolher os enfermos.

Míriam e eu logo notamos que ele era objeto de grande veneração. Tínhamos mesmo visto o velho Zérah diante dele, um joelho no chão, braços cruzados no peito. Aliás, tinha sido o primeiro a precipitar-se ao encontro deles quando entraram em nosso recinto sagrado. Tinha-lhes dado o tríplice abraço de boas-vindas diante de toda a aldeia. Este sinal foi sentido como importante: Zérah, que começava a curvar-se sob o peso dos anos, não saía mais. A esposa de nosso Irmão igualmente suscitou um grande respeito: mal tinha entrado em nossa aldeia e minha mãe e algumas de suas companheiras apressaram-se a estender diante dela um grande pano de linho branco para que nele repousasse os pés.

A desconhecida de rosto longo e fino, muito jovem ainda, pareceu constrangida com a atenção e balbuciou algumas palavras para desculpar-se.

Zérah, pára perto de quem eu tinha saltado, contou-me que ela tinha sido "donzela"[3] num templo muito importante. Lá tinha observado uma vida muito pura, guardando o segredo e os ritos de uma velha tradição do nosso povo.

Isso maravilhou-nos, Míriam e eu. A curiosidade infantil que nos atazanava logo nos levou à conclusão de que o melhor modo de conseguir mais uma história assombrosa era ir interrogar seu filho.

---

2 Festa do duodécimo mês do ano, que comemora a libertação dos judeus por Ester.
3 Vestal.

Tivemos que adiar nosso projeto para o dia seguinte porque José — era assim que todos o chamavam — tinha sido monopolizado pelos Irmãos que se acotovelavam solícitos ao seu redor.

Míriam não conseguiu conter uma exclamação quando viu um deles beijar o chão diante dele. O gesto pareceu desagradar a José, ou pelo menos descontentou-o, porque o vimos retroceder alguns passos e escrutar de forma singularmente profunda o olhar de que assim o havia honrado.

— Ehli um — disse à meia-voz — El com...

E vi José enterrar a cabeça no manto de seu pai, os olhos fixos no pó que tinha pisado.

O dia seguinte prometia ser alegre e, embora não festejássemos o Purim, eu tinha jurado que desceria até a estrada para admirar a longa procissão dos fiéis que se dirigiam à aldeola vizinha.

Os primeiros raios da aurora me tiraram da esteira. Deixei cair a grande manta em que me enrolava todas as noites, atei o cinto da minha roupa e desci de pés descalços nossa vereda escarpada.

As pessoas que iam para o templo já se dispunham na estrada em pequenos grupos apressados. Corriam atrás dos mulos e asnos, sopravam trombetas, toda essa gente constituía um povo variegado, feliz por estar indo oferecer um sacrifício no templo.

— Ei! Menino, você não vem?

Um homem jovem, de roupa listrada, interpelou-me, com um sorriso nos lábios.

— Deixa, não vês que ele é nazarita?

Outro tinha interferido, arrastando seu companheiro que já me olhava com ar de desprezo.

Nazarita? Não, eu não era nazarita... e por que todos estavam me olhando assim? Fiquei então petrificado às margens do caminho para Jappa, os braços pendentes, não ousando mais demonstrar satisfação diante da alegre coluna...

Depressa, retomei o rumo da ladeira que levava à aldeia da qual só vislumbrava alguns terraços através das figueiras e das oliveiras.

No caminho, as palavras do velho Zérah voltavam-me à

memória, como um refrão: "Simão, deves saber que não somos do povo de Abraão e de Jacó."

Zérah, aliás, estava lá no alto, lá onde a vereda penetrava em nosso recinto. Estava sentado no murinho olhando-me resfolegar na ladeira que eu não sabia subir a não ser correndo.

— Zérah — balbuciei, mal cheguei perto dele —, é verdade que sou nazarita?

— Quem te disse isso, Simão? Aquela gente lá de baixo? Não és um nazarita, mas não seria vergonhoso se o fosses. Vês, muitas vezes as pessoas da cidade e dos campos das cercanias não compreendem quem não pensa como elas, quem não chama o Pai pelo mesmo nome. Vem, senta-te aqui... precisas escutar e gravar.

E num salto, serenado pelas palavras do meu velho amigo, pulei sobre meu muro que o sol já aquecia.

— Eles chamam de nazaritas todos os que não se proclamam descendentes de Abraão e Moisés, Simão. Para eles é como se dissessem "hereges" ou "impuros"... Mas isso não tem importância. Mais tarde, chamar-te-ão por muitos outros nomes mais. Ouvirás "nazareno" muitas vezes, e isto também será falso. O verdadeiro, o único a que tens direito, a que todos aqui temos direito, é "essânia",[4] que na velha língua de nossa raça significa: "Filho do sol". Este nome, entretanto, não ressoará muitas vezes aos teus ouvidos, porque poucos o conhecem. As pessoas de Jerusalém dizem "nazareno" porque, para elas, ele resume muitas coisas, como: não cortar os cabelos, ou usar o rosário de cento e oito contas em volta do pescoço...

— Mas por que nossos cabelos são tão longos, Zérah?

— É em memória de um tempo em que os filhos do Pai, os das Estrelas, vieram ensinar-nos o caminho mas não posso ensinar-te muito mais agora.

Embaixo, no vale, um som único, langoroso e grave ressoava em repetidos chamados. Era o Irmão pastor que reunia seus animais e anunciava sua partida. Para mim era também uma advertência sobre a hora e tive que ajudar Zérah a chegar à sua casa de pedra.

Chegando ao antigo poço, vi que Míriam já estava lá; sentada no chão, ela falava com José, nosso novo companheiro da

4 Hoje, "essênio".

véspera.

Deixei imediatamente Zérah, cujo riso me fez compreender que me perdoava, e corri a juntar-me a eles.

— Minha mãe é minha mãe — dizia José enigmaticamente, com uma lentidão que indicava que ele pesava suas palavras. — Um dia, meu pai revelou-me que ela tinha sido "donzela", num grande templo de nosso povo, seu pai era ele próprio sumo sacerdote desse templo e era em Jerusalém, acho, o templo da Luz e dos Irmãos de branco.[5] Ninguém devia tocar nela e era-lhe proibido pousar os pés no chão.

A voz de José, embora particularmente doce, ressoava na pequena praça e seus olhos de um azul muito claro, luminosos como duas pérolas na tez mate do seu rosto, riam. Ele também tinha cabelos longos como os nazaritas ou os nazarenos. Ligeiramente avermelhados, abundantes, caíam em finos anéis sobre seus ombros já mais desenvolvidos do que os de um garoto da sua idade.

Sua veste azul de tecido grosso punha o pescoço bem à mostra e deixava entrever, com o rosário, um cordãozinho de onde pendia um saquinho preto costurado hermeticamente.

Adivinhando a direção do meu olhar, José antecipou-se à minha pergunta e sorriu:

— Uns velhos mo deram, faz muito tempo, não longe de Jerusalém...

Pensei compreender que ele não queria dizer mais nada sobre isso.

Um longo silêncio pairou sobre nós três e Míriam, apanhando um punhado de terra que deixou escorrer lentamente entre os dedos, declarou:

— José tem dois irmãos mais velhos do que ele, devem chegar amanhã. Como são grandes, vão ajudar seu pai a fabricar os tijolos para a casa deles. Eles também vão morar aqui, a aldeia vai tornar-se importante...

José então se levantou pretextando que o sol se elevava e que precisava falar com seu pai. Nós o seguimos com os olhos enquanto ele se afastava calmamente, o que contrastava muito com a turbulência das outras crianças da aldeia.

Entretanto, em vez de tomar o rumo da casa que abrigava

---

5 O tempo de Hélios.

seus pais, nós o vimos embrenhar-se numa vereda espinhosa que levava direto à montanha. Quando ele desapareceu de vista, Míriam e eu, de comum acordo, não conseguimos impedir-nos de segui-lo.

Nossa curiosidade infantil levou a melhor sobre a discrição e partimos ao encontro dele esgueirando-nos sem ruído pelos cascalhos.

José parecia ter-se eclipsado. Ao nosso redor nada havia a não ser algumas oliveiras castigadas pelo vento que refrescava e um tapete de flores vermelhas em que nos afundamos até os joelhos. E de repente, quando voltávamos, percebemos, numa depressão do terreno, José, o pequeno José, estendido no chão, os braços em cruz, o rosto contra a terra.

— Deixem — disse gravemente a voz de Zérah, que surgiu atrás de nós —, ele está falando com seu Pai...

Capítulo 3
Partida

NO TELHEIRO, O TORNO CHIAVA SOB O AFAGO ÁGIL E REGULAR do pé de meu pai.

— Vais fazer sete anos, Simão e logo terás que mudar de vida. Falei muito com Zérah e outros da aldeia. Vês, os homens são parecidos com a argila que modelo entre as mãos. Podem permanecer uma massa informe e adormecida ou determinar-se a tomar vida para servir a um fim preciso. A única diferença é que eles são seu próprio oleiro.

Com um gesto do braço, meu pai atirou para trás os cabelos que lhe tinham caído no rosto.

— Tu, tu levaste sete anos amontoando a terra com que irás obrar toda tua existência. Zérah, tua mãe e eu acrescentamos a ela apenas um pouco de água para ligá-la. Agora, será preciso que te transformes em taça para receber o que nosso povo acumulou durante gerações. Mas, não esqueças... uma taça não se destina só a receber... a metade de sua riqueza evapora se ela demora muito a chegar aos lábios de quem tem fome e sede.

Ele tinha pronunciado estas palavras rapidamente, observando um cone de argila estender-se pouco a pouco sob seus dedos úmidos, cor da terra da Galiléia.

Em sua voz mal transparecia uma viva emoção que só bem mais tarde compreendi.

Instintivamente, respirei fundo, como se para dar um longo suspiro, como se eu tivesse entendido o que esperavam de mim, o que não era verdade!

A terra depositada num canto do pequeno telheiro exalava um perfume acre. Maquinalmente, sem dúvida, meu pai pegou um pouco de água de um cântaro e molhou as duas mãos antes de acrescentar.

— Existe uma montanha a dois dias de marcha daqui, ela domina o mar e as planícies de Yishréel. Os povos da raça essânia construíram lá uma grande escola, há muito tempo, com a ajuda do rei do País da Terra Vermelha. Depositaram lá tudo o que sabiam e mais ainda... Os outros e eu pensamos que seria bom se pudesses ir para lá.

Estas palavras ecoaram em mim como o ribombar de um trovão. Tinha a sensação de ser a espiga de trigo que se deixa sob os cascos dos bois para debulhar o grão.

— Mas por que eu? E os outros, eles não vão?

Nem sei mais se este grito, se esta revolta escapou de minha garganta ou se a enterrei no mais profundo do meu íntimo.

Saí da oficina correndo, cegado pela injustiça, ferido pelo que pensava ser a frieza de meu pai e que era apenas emoção contida.

Isto se passou numa manhã de Sheba;[1] uma brisa fresca varria as colinas e o sol ainda tímido nesta estação mal dardejava seus raios. Para onde eu podia ir? Para a casa de Zérah? Ele também "estava me abandonando" e talvez ele próprio tivesse "tramado o golpe". Talvez soubesse disso há muito tempo. Então era por isso que queria me ver com tanta freqüência e gostava de incutir no meu espírito de pequeno galileu de pés descalços um monte de coisas difíceis demais para ele...

Tive a impressão de descobrir um horrível complô, tão terrível como o cutelo de sílex dos ceifadores. Assim, portanto, eu não poderia ir ver as águas do Tiberíade depois da Páscoa como os Irmãos da aldeia tinham prometido a todos de nosso pequeno bando.

Tomado por uma cólera que se transformava em grossas lágrimas mal contidas, os pés arranhados pelas veredas pisadas sem cuidado, sem refletir saí do recinto da aldeia.

[1] Décimo primeiro mês do calendário judeu.

Havia uma romãzeira enorme que eu amava no verão por sua sombra profunda e suas flores escarlates. Parei lá, talvez esperando que ela desse ouvidos à minha história. O velho do poço um belo dia não tinha me sussurrado que se podia falar com as plantinhas e com as árvores? Mas quem era Zérah, afinal de contas?

As silhuetas azuis, cinzentas e amarelas dos pequenos vales estendiam sua solidão no horizonte. Só alguns balidos distantes e o canto da perdiz indicavam uma vida secreta a que uma voz interior aconselhava-me a agarrar-me.

Uma pequena veste de linho azul apareceu de perfil atrás de uma moita de espinheiro; reconheci José.

Com freqüência ele andava sozinho pela montanha vizinha; por isso não me surpreendi ao encontrá-lo lá; parecia estar sonhando. Vinha na minha direção, quase parecendo ignorar minha presença.

Menino estranho esse José! Pelo que me tinham dito, ele ainda não tinha seis anos e mal se interessava por nossas brincadeiras. Oh! Havia dias em que se comportava como todos nós, quando corria, ria e brincava "com a pedra",[2] mas isso não durava nada e ele voltava a dar cambalhotas alegremente entre os cardos da montanha.

Para Míriam e para mim, José era uma espécie de enigma e não sabíamos se devíamos decifrar em seus olhos a tristeza insondável ou a serenidade de um velho.

As palavras de minha companheira de infância voltavam-me à memória:

— É uma velha alma... José tem a juventude das velhas almas... Foi Ephram que disse isso a meu pai quando colhiam azeitonas juntos.

Ficávamos sempre felizes ao vê-lo, apesar de seu temperamento meio reservado, e ao brincar com ele, ao falar-lhe, porque o pouco que dizia desenhava um sorriso em seus lábios ou no fundo de seus olhos.

— Vou-me embora, José — disse, como se para atrair sua atenção.

Mas José já tinha me notado e corria na minha direção.

Aconteceu então um espetáculo que jamais esquecerei, um

---

[2] Espécie de jogo de amarelinha em uso nas comunidades essênias.

dos momentos em que se crê que o tempo se alonga e em que abrimos uma porta que jamais voltará a fechar-se.

Vi o pequeno José, que saltava sobre os cascalhos, ficar de repente envolto num clarão azul, que abrasava quase toda a paisagem.

Aquilo parecia crepitar em silêncio. Longas chamas de um azul puro saíam dele como forças vitais, metamorfoseavam-se em prodigiosas volutas brancas, depois misturavam-se à natureza.

Dir-se-ia que o sol acabava de furar a fina camada das nuvens e que a montanha inteira vibrava, ressoava em uníssono com os saltos do menino sobre as pedras.

José se transformara em sol por si só, um sol azul que me deu vontade de tornar-me menor do que eu era e de mandar minha tristeza calar-se.

— Que está acontecendo, Simão?

O encantamento cessou progressivamente e diante de mim estava um menino de seis anos incompletos, com um largo sorriso nos lábios.

— Vou-me embora, José — balbuciei finalmente. — Meu pai quer mandar-me para perto do mar, para um lugar muito importante onde diz que a gente pode aprender muitas coisas.

— Eu sei, Simão, eu estava lá quando Zérah e os outros falaram disso. É uma boa notícia, não?

Não encontrei nada para responder, de tal forma seu comentário parecia uma evidência. E, comentando banalidades sobre os preparativos da viagem, retomamos o rumo de casa.

Não nos preocupávamos com o caminho a seguir; José, a quem eu inconscientemente seguia, sentia um certo prazer em abrir novas trilhas entre as silvas e as moitas de espinheiro. Evidentemente, ele tinha suas próprias veredas que ninguém conhecia, e imitá-lo em sua marcha acabou por acalmar-me.

Curiosamente, ele parecia saber muito sobre o que se fazia naquela grande escola para onde, autoritariamente, tinham decidido mandar-me.

Deu-me uma porção de indicações que eu ouvia distraído, de tal forma meu espírito ainda estava sob o encanto de seu corpo abrasado poucos minutos antes.

E se fosse aquilo, a pequena chama sobre a qual Zérah falava comigo freqüentemente? E se finalmente eu a tivesse visto depois de tantas esperanças vagas?

Mas não, meu amigo falava de uma chama, de uma luz, e eu tinha visto cem, mil ou mais até; e a paisagem toda, sob os passos de José, tinha-se transformado num jogo misterioso.

De repente, uma pergunta brotou de meus lábios:

— Por que tiveste o direito de ouvir o que Zérah e os outros contavam?

Os "outros", na minha cabeça, eram os Irmãos, todos os "velhos" e "velhas" de vinte anos ou mais, que tinham o direito de usar a veste de linho branco.

Todas as noites, quando púnhamos o óleo de oliva nas velhas lâmpadas de terracota, eu adquirira o hábito de vê-los entrar um depois do outro na única casa da aldeia que era realmente grande. Durante esse desfile, que não durava mais de uns instantes, em absoluto silêncio, alguém, que eu nunca via, acendia no terraço do prédio de pedras cinzentas um foguinho, discreto sobre o qual eram espalhados pedacinhos de resina perfumada.

— Estive com eles a outra noite, tive a oportunidade... — respondeu José.

Mas eu bem percebia que ele contornava a dificuldade da minha pergunta e não queria mais falar sobre o assunto... a não ser que lhe tivessem pedido discrição.

Os dias seguintes passaram-se entre preparativos e eu me esforçava para representar bem meu papel. Míriam mantinha-se meio afastada; percebi que ela não achava graça no que tomava ares de uma aventura e fazia de mim o centro da comunidade diante de meus companheiros.

Tivemos que conseguir dois asnos: encontramo-los na aldeia e os pedimos emprestados. Pertenciam aos irmãos de José, dois rapagões de rosto anguloso e já marcado pelos trabalhos pesados.

Ingenuamente, perguntei-me como meu amigo podia ter dois irmãos tão velhos e tão diferentes dele, enquanto sua mãe era tão jovem.

Só tive resposta alguns anos mais tarde: o pai deles tinha casado uma primeira vez e um acidente o deixara viúvo.

Minha partida não aconteceu antes da lua nova. Um dos asnos foi carregado com víveres: figos secos, um queijo, bolachas e mantos quentes. Talvez tivéssemos que dormir ao relento. No último minuto prendemos com grossas cordas um cofre no lombo do animal. Este imediatamente pôs-se a zurrar e o outro não conseguiu deixar de imitá-lo.

Ao contrário do que eu imaginava em meus devaneios, não havia ninguém na praça do velho poço quando meu pai e eu partimos. A aurora mal estava nascendo e só minha mãe e o velho Zérah, com um bastão na mão, estavam lá, envolvidos em pesados panos.

Minha mãe beijou-me rapidamente, me insinuou algumas palavras ao ouvido; depois sumiu em silêncio. Era hábito entre nós não demonstrar tristeza ou mascará-la com uma fuga.

Com sua mão esquerda ainda vigorosa, Zérah segurava o asno que meu pai montou de um salto. Fui colocado a cavalo diante dele e o animal recomeçou seus lamentos com mais força.

À guisa de adeus, meu velho amigo soltou a rédea e levou a mão direita espalmada ao coração. Foi tudo. Os animais e sua carga, mudos, deixaram-se levar pela estreita vereda que levava aos limites do recinto.

Quando contornamos uma das últimas casas da aldeia, um ruído de passos apressados e o reconfortante clarão de uma lâmpada a óleo atraíram minha atenção. Acima de nossas cabeças, saindo de um terraço, estava o rosto mal iluminado da minha amiga do limoeiro, a pequena Míriam. Adivinhei nele um sorriso meio forçado e mal tive tempo de entrever uma mão esboçar um gesto de adeus.

Mas já tínhamos ultrapassado a casa e as folhagens espessas impediram-me um último contato. Nossas montarias pareceram apressar-se aos trancos pelo declive. Com uma das mãos, meu pai me segurava firme e com a outra fazia o ar assobiar roçando com a ajuda de um ramo flexível a garupa do asno.

Chegados ao caminho de Jappa, ele apontou um dedo para o céu e rompeu um silêncio que tinha-se tornado pesado.

— Olha — disse —, é a grande estrela da manhã, nós lhe chamamos "Lua-Sol" ou então Ishtar.[3] Para nosso povo, ela significa o mistério e a luz. Guarda bem seu nome, Simão, ele te será útil. Uma velha lenda afirma que devemos muito aos seus raios. Olha como brilha, não há nenhuma outra no céu...

[3] Vênus.

“Lua-Sol” parecia piscar levemente na abóbada celeste onde ainda pairavam as últimas sombras da noite e pus-me a contemplá-la até a primeira claridade verdadeira.

Nossa aldeia tinha-se desvanecido atrás de nós e já cruzávamos com as primeiras caravanas de camelos que voltavam a partir depois de acamparem por algumas horas.

Meu pai entretinha-me com uma coisa e outra e esforçava-se por tranqüilizar-me quanto ao que eu teria que fazer no alto da “montanha que fica perto do mar” e que se chamava Krmel.[4] Eu devia aprender muito, repetia ele, aprender as tradições da nossa raça, os livros muito antigos, aprender a curar, e finalmente me dariam uma tarefa, por toda a minha vida.

Isso não me encantava nem um pouco, mas todos os Irmãos tanto me afirmavam que eu tinha sorte, que poucos eram autorizados a subir até o Krmel... Talvez fosse verdade.

Como se depois de ter procurado as palavras, meu pai acrescentou, apertando-me com mais força contra ele:

— Será preciso ficares lá vários anos... nós não teremos o direito de ir visitar-te, nem tua mãe nem eu, mas se o Pai permitir que encontremos alguns rolos, nós te escreveremos.

E forçando-se a rir, gritou:

— Verás, voltarás mais sábio do que teu amigo Zérah!

As doces paisagens da Galiléia, os pastéis rosados, amarelos, cinzentos, os pobres calcários ressecados onde rastejava uma erva tímida estendia-se sob os cascos de nossos asnos, e eu não sabia se devia chorar ou rir da minha boa sorte.

O sol logo nos forçou a cobrir a cabeça com um pano de linho e, muitas vezes, tivemos que parar para deixar que os animais respirassem. A jornada decorreu sem histórias, trocávamos algumas palavras com humildes viajantes, de passagem como nós.

À sua aproximação, eu não podia impedir-me de assumir um ar digno, um ar que dizia algo como: “vou para o Krmel”, mas ninguém queria olhar para mim. Era mais meu pai, com sua veste branca e seus longos cabelos caídos nos ombros, quem atraía as atenções.

Atravessamos assim algumas vilazinhas de cor ocre, total-

4 Nome reproduzido segundo a pronúncia ouvida através dos Anais de Akasha. Trata-se do monte Carmelo.

mente impregnadas com o cheiro dos carneiros e das ovelhas. O crepúsculo acendeu as primeiras luminárias celestes mais depressa do que eu poderia pensar e, desmontando, meu pai apressou a marcha de nossos asnos.

A região se tornava mais arborizada: só havia laranjeiras, limoeiros e oliveiras. Perto de uma velha árvore castigada, o caminho desenhava uma pata de ganso e nós seguimos à direita para chegar ao pé de uma colina mais árida do que as outras.

Neste lugar crepitava uma fogueira mantida por alguns homens, mulheres e também por um pequeno grupo de crianças. Meu pai disse-me que conhecia o lugar e, depois de ter feito um largo gesto para toda a companhia, puxou os asnos para um pouco mais longe, na direção de uma construção discreta que parecia afundar-se na rocha da colina.

A porta de entrada era baixa; tive que desmontar para conseguir entrar. Uma peça ampla, mal iluminada por uma minúscula abertura que dava para o exterior, apareceu diante dos meus olhos. Devia ser um aprisco ou um curral, a julgar pelos numerosos animais que lá estavam presos. Um cheiro de coisa selvagem nos apertou a garganta... carneiros baliram, e depois de aliviá-los de sua carga prendemos os asnos a umas argolas naturais dispostas na parede rochosa.

— É um aprisco? — arrisquei, apressando-me a estender minha manta no chão.

— Não, um *bethsaïd*; é uma espécie de casa que alguns Irmãos prepararam para cuidar dos doentes e acolher hóspedes de passagem como nós. Vem, apanha tua manta, não é aqui que vamos dormir.

Devo ter feito uma expressão interrogativa. Lá só havia uma peça; onde queria ele que dormíssemos?

Foi então que vi meu pai dirigir-se para o fundo da sala e esgueirar-se atrás de um vago lanço de muro de taipa. Compreendi que devia existir lá uma escada dissimulada, porque ele sumiu bruscamente na terra.

Segurando um saco de pano grosso dado por minha mãe, imitei-o e desci com cuidado alguns degraus talhados na própria rocha. Lá eu enxergava bem, porque as cavidades que serviam de nichos para as lâmpadas a óleo tinham sido sabiamente dispostas nas paredes ao longo do percurso. A escada desembocava numa peça imensa onde reinava certa atividade.

Homens e mulheres de todas as idades iam e vinham ao redor de uma grande mesa retangular de madeira, que podia acolher uns trinta convivas. O preparo da refeição, aliás, parecia ser a preocupação do momento, a julgar pelo número de bolachas dispostas num grande cesto de fibras trançadas. A um canto, dois homens sentados perto de uma lareira avivavam um fogo soprando as brasas.

Mão sobre o coração, meu pai fez a saudação a que eu já estava acostumado e todos lhe retribuíram; depois, um casal que sem dúvida sabia de onde vínhamos, adiantou-se para acolher-nos. Em seguida convidaram-nos a penetrar mais na peça e acomodar-nos.

— Sobra algum canto onde possamos passar a noite?

— Sabes bem, Joshé, avança com o menino...

E seguimos nossos anfitriões através da enorme sala com tanto respeito e discrição como se se tratasse de um lugar santo. A bem da verdade, não estávamos acostumados a um luxo como aquele. A terra batida tinha cedido espaço a largas lajes cuidadosamente talhadas e ajustadas. Em determinados pontos tinham mesmo se dado ao trabalho de incluir motivos geométricos: um círculo, um triângulo ou um quadrado que se emaranhavam aparentemente ao gosto do artesão que os tinha produzido.

Mas eram principalmente o teto e as paredes que atraíam toda a minha atenção. Sobre o rochedo, visivelmente talhado por mão de mestre a julgar pela regularidade das arestas, tinha sido posta uma camada de terra e pintores tinham exercitado lá seu talento. Eu não entendia bem o significado de seus motivos em que predominavam ocres, azuis e carmins, e levei alguns anos para aprender a observá-los, para impregnar-me com todo seu valor simbólico.

Eram apenas sóis e cruzes de diferentes formas, ordenados segundo uma lógica que na época apenas pressentia. Havia também uma porção de pequenos textos divididos entre símbolos e redigidos numa língua para mim totalmente desconhecida que eu hoje diria funcionar através de ideogramas.

Inúmeras portas davam para o recinto da grande sala comum. Atravessamos uma seguindo nossos guias. À claridade vacilante de uma pequena chama alojada na muralha, descobrimos então uma peça de dimensões reduzidas que as muitas esteiras dispostas ordenadamente no chão destinavam a servir de quarto. Observei também que vários alvéolos, que facilmente podiam acolher um ser humano, ou pelo menos uma criança, tinham sido feitos nas paredes.

Meu pai observou que alguns serviam de cama e outros de assento. Chamou também minha atenção para um orifício feito no teto. Segundo suas palavras, todas as peças tinham no mínimo um; era um conduto de ar que dava para o flanco da colina, lá onde o relevo deixava ver uma fenda natural.

A refeição da noite, precedida de uma espécie de ladainha cantada em comum, decorreu no mais absoluto silêncio ao redor da mesa. O cardápio não diferia em nada do que eu conhecia: sopa, bolachas e azeitonas. Finalmente, depois de ter devorado este repasto frugal, a assembléia animou-se. Puseram-se então a rir, a trocar notícias, a conversar, enquanto outros, mais sérios, mostravam-se rolos escritos que comentavam à meia-voz.

Quanto a mim, estafado, membros entorpecidos, não demorei a eclipsar-me...

"Io! Io, Diup!..." De um salto meu pai estava montado no asno, onde eu já estava acomodado, e fustigava o ar com seu chicotinho. Seria uma jornada menos dura do que a da véspera, uma chuva fina acariciava nossos rostos e parecia alegrar nossas montarias cujas reações eram imprevisíveis.

— Verás, Simão, o Krmel não é só uma escola, é também uma espécie de mosteiro e na verdade um grande templo. Os velhos rolos que os antepassados de nossa raça nos transmitiram afirmam que a montanha sobre a qual foi construído é sagrada desde a criação do mundo. O Pai de todos nós confiou-a a um de seus anjos, há muito tempo, e dizem que lá se pode ouvir o coração da Terra bater.

— A Terra tem coração?

Joshé, meu pai, não me respondeu logo e disse que preferia caminhar ao lado do nosso asno, como se para ter um tempo para reflexão.

— Não sou muito instruído, Simão; os sábios me ensinaram só a conhecer meu coração e a fazer uso disso. Não estudei as coisas dos seres que nos superam. Tu, tu saberás tudo isso. Os muros secretos do Krmel talvez te revelem o mistério das terras além da nossa e d'Aquele que virá.

— Aquele que virá?

— Sim, Simão... saberás tudo isto e isto será tua vida.

As horas passaram-se assim, revelando-me novas paisagens.

Finalmente, um vento leve ergueu-se e limpou o horizonte: uma cadeia de montes azulados, mais importante do que as outras, destacava-se no azul meio lilás.

— O Krmel! — disse meu pai de repente, numa volta do caminho.

Pus-me a procurar, em vão, na direção que ele me indicava, o que poderia parecer uma construção, mas vi apenas uma enorme massa montanhosa, meio pesada, de formas arredondadas. Eu bem que adivinhava algumas manchas de cor ocre, mas nada que se parecesse com o que me tinham descrito na aldeia.

Só depois de ter caminhado muito tempo ainda a enorme massa de pedra do Krmel impôs-se aos meus olhos, rasgando o azul com suas muralhas pesadas.

Senti um leve aperto no peito. Eu esperava outra coisa, não uma construção imponente que parecia mais um conjunto de fortificações do que uma escola ou um templo. As paredes e as torres quadradas não me pareciam verticais e davam-me a impressão de serem cada vez menos espessas próximo do topo. À medida que nos aproximávamos e que a emoção e a curiosidade fechavam nossos lábios, uma miríade de pequenas aberturas feitas na parede da construção apareceram aos nossos olhos. Algumas eram gradeadas, outras pareciam tão reduzidas que se teria dificuldade em introduzir nelas a cabeça. O caminho, que nos obrigava a contornar uma grande parte do mosteiro, proporcionou-nos com isto o prazer de admirar um trabalho com mais de uma dezena de séculos de idade, ao que diziam. Contei até três grandes portas de madeira, muito mais altas do que largas.

De repente, não pude conter um grito:

— O mar!

Eu o conhecia, mas a simples visão do mar bastou para

atenuar a angústia que nascia em mim.

E foi nesse estado de espírito que, pela primeira vez, atravessei as pesadas portas do misterioso Krmel onde iria passar boa parte da minha infância.

O calmo José e a esquiva Míriam estavam longe e eu devia aprender a viver aqui, sem eles, a idade das perguntas...

O calçamento de um enorme pátio ressoava sob os cascos cansados de nossos asnos e, enquanto o céu avermelhava acima de nossas cabeças, um Irmão vestido de branco, rosto emaciado e o olhar vivo, surgiu ao nosso lado.

— Estão atrasados! — declarou secamente.

Capítulo 4
O Krmel

— O ENSINAMENTO QUE VAIS RECEBER AQUI NÃO É DISPENSADO a todos, Simão. É um privilégio. Deverás lembrar-te disso sempre e jamais te queixar!

Um colosso de barba hirsuta tinha proferido estas palavras enquanto escrevia num enorme rolo de fibras tecidas. Sua voz fluida e doce contrastava estranhamente com os termos empregados e eu não sabia se devia extrair coragem ou desconfiar deles.

Como levantei os olhos timidamente, pensei adivinhar o esboço de um sorriso na direção do meu pai.

A peça que nos abrigava era exígua e parecia desabar sob os rolos de papel amarelado empilhados nas cavidades das paredes. Vasculhei-a rapidamente com o olhar e como mobiliário notei apenas a pequena escrivaninha de madeira clara utilizada pelo Irmão que trabalhava, dobrado em dois.

Estava com um pouco de frio, mas sem dúvida esta sensação era reforçada pelo ventinho que se ouvia soprar através dos estreitos corredores além da porta.

Antes de chegar ao escritório do monge escriba, nos tinham escoltado pelos meandros de um interminável labirinto de corredores e salas aparentemente desocupadas onde pairava um cheiro reanimador de lenha queimada. Alguns Irmãos acompanhando meninos da minha idade cruzavam por nós de quando em quando, silenciosos, a mão no peito. Eu tinha escrutado seu olhar e às vezes acreditei descobrir ali um sorriso, palavras de boas-vindas. Mas será que era obra da minha imaginação? Zérah tinha elogiado tanto a gentileza dos que guardavam a Palavra do nosso povo...

À primeira vista, o que tinha conseguido perceber do Krmel tinha uma aparência de austeridade; contudo, alguma coisa repercutia em mim. Sem realmente dar-me conta, eu gostava da combinação simples da pedra com a madeira.

— Simão, estás me ouvindo? — disse meu pai, tirando-me das minhas divagações.

O colosso tinha-se levantado e apontava um pedaço de caniço entalhado na minha direção.

— Escreve teu nome aí! — disse, pondo um dedo num canto do papel amarelado.

Reuni meus esforços e consegui reproduzir os poucos sinais que o velho Zérah tinha-me ensinado, sentado na soleira da sua porta.

Meu pai pôs seu nome abaixo do meu e um Irmão surgindo de repente atrás de mim convidou-me a sair imediatamente.

Esperei então no longo corredor, observando, através de uma pequena abertura quadrada, o céu ainda claro. No pátio, embaixo, nossos asnos tinham recomeçado a zurrar. Ouvia homens falando em torno deles; sem dúvida descarregavam o cofre que tínhamos levado até lá e cujo conteúdo tinham-me escondido. O som de um gonzo me obrigou a voltar-me: meu pai saía com o escriba.

— Adeus, Simão; vês, aqui nos separamos, não posso demorar-me mais e o Irmão precisa mostrar-te teu quarto. Sabes o que esperamos de ti e quando voltares para casa...

Suas palavras pararam aí.

De sob o manto, meu pai tirou um pacotinho modestamente embrulhado num velho tecido desbotado. Dele saiu um par de sandálias de couro reforçadas. Eu nunca tinha ganho um presente igual! Corado de prazer, ansioso por experimentá-las, por mostrá-las, mal senti sua mão pousar no alto da minha cabeça... e afastar-se lentamente. Quando levantei os olhos, estava só com o colosso que, a mão no meu ombro, já me levava a passos firmes pelas lajes do longo corredor.

Assim aconteceu minha entrada no Krmel, simplesmente.

Então, sem comentário, fizeram-me entrar numa pequena cela, provavelmente meu quarto, e puseram, sobre uma espécie de mesa baixa, um pote cheio de água, depois um prato de legumes frios. A porta se fechou. Eu estava só. A noite se passou sem que eu conseguisse adormecer totalmente e eu espreitava o amanhecer entre duas vagas lembranças que me faziam revirar-me num sono precário. Finalmente surgiram os primeiros raios de sol; um leque de luz esbranquiçada abria-se através da minha janela gradeada... e ninguém vinha. Sem dúvida, tinham-se esquecido de mim; afinal, eu era só o filho de Joshé o oleiro e lá deviam estar muitos outros meninos provenientes de toda parte. Fiquei muito tempo sentado na minha esteira, procurando o mínimo ruído de passos, fixando desesperadamente a pesada porta de madeira e ferro.

As horas passavam e eu tive vontade de alcançar a clarabóia que certamente devia dar para o campo ou para o mar. Pulei, mas ela era muito alta e tive que me conformar. Pus-me então a sonhar: as veredas poeirentas da minha aldeia, as paisagens pastéis da Galiléia, o passo displicente dos asnos, o calor secreto do ***bethsaïd***, sons e perfumes, tudo tomou forma em mim ao sabor da imaginação. Não sei quanto tempo isso durou, mas a sombra começava a invadir minha cela quando voltei a encontrar-me com minha solidão. Minhas sandálias, que eu não largava da mão, me prendiam ainda mais a um mundo agora perdido. Logo uma impaciência dolorosa surgiu no fundo de mim, impaciência que não tardou a transformar-se em nervosismo, depois em desespero. Eu não sabia se ao sair tinham puxado a tranca da porta, mas mesmo que eu tivesse a possibilidade material de partir, o obstáculo era intransponível para os meus sete anos de pequeno galileu sempre em liberdade. O sol começava a declinar e eu jamais ousaria chamar ou tentar fazer os gonzos fatídicos rangerem.

De quando em quando, entre duas fases de um medo que começava a roer-me, parecia que palavras furtivas se imiscuíam em mim, seguidas de breves melodias ondulantes, e as horas passavam...

De repente, um som de gongo, embora muito distante, me fez pular e arrepiar-me. De um salto, atirei-me contra a porta e puxei-a violentamente.

Com uma facilidade desconcertante, ela se abriu, deixando penetrar no meu quarto uma onda de cheiros desconhecidos. Sequei as lágrimas que nasciam e instintivamente deixei-me guiar pelos aromas.

Então, no fim do corredor em ziguezague, desci uma escada de madeira estreita com degraus já bem gastos pelos anos. Desemboquei assim rapidamente num pequeno pátio interno delimitado por quatro muros altos cobertos de afrescos ligeiramente protegidos das intempéries por anteparos de madeira.

Um pequeno grupo de homens, todos vestidos de vermelho, estavam lá conversando e achei bom atravessar o pátio correndo para entrar na primeira porta que entrevi. Já estava quase escuro, tão escuro que caí, não vendo os primeiros degraus de uma escada que se erguia diante de mim. Isso me levou a correr mais e, precipitadamente, galguei os degraus de madeira. No alto, uma porta de dimensões colossais parecia aguardar-me; seus grandes batentes abertos deixavam uma claridade amarelada expandir-se, vacilante; uma onda de perfumes que queimavam me envolveu por completo.

— Senta-te, Simão!

A voz, de uma gravidade surpreendente, deixou-me pregado no lugar.

— Estamos te esperando desde a manhã; senta-te!

Pareceu-me então que mil pares de olhos me encaravam ao mesmo tempo. Havia muitos homens lá, sentados diante de mim, encostados nas quatro paredes de uma grande peça revestida de azul.

De frente para mim, no fundo, um ser destacava-se do grupo. Um quadrado de pano vermelho cuidadosamente disposto sobre a cabeça caía-lhe sobre os ombros e escondia de meus olhos a maior parte de seu rosto.

— Pois bem, senta-te!

Estupefato, finalmente agi e dobrei as pernas sob mim.

— Não assim, Simão, agora precisas aprender a posição do triângulo.[1] É a que adotarás daqui por diante.

E a voz enfatizou "daqui por diante" de modo singular.

— Estamos te esperando desde a aurora... Sabe que aqui ninguém manda em ninguém e que ninguém toma conta de

[1] Nome essênio da posição oriental do "lótus".

ninguém. Cada um deve vencer suas próprias barreiras e quebrar sua solidão. Os do Krmel estão aqui para perder seus medos e aprender a ir ao encontro dos outros. Considera-te feliz... Alguns levaram três dias para sair da falsa prisão de sua cela e subir até aqui.

A voz, que eu dificilmente localizava mas que às vezes me parecia vir do homem com o pano vermelho, de repente tornou-se mais doce, mais paternal.

— Relaxa, Simão, e não temas nossa rudez, ela se destina a forjar as almas. Estuda e aprende a conhecer-nos... Nem todos aqui são da raça da Essânia. Temos entre nós Irmãos do País Vermelho e outros que os homens lá de fora chamam de nazaritas e nazarenos. Somos múltiplos, mas nosso coração é um só e nosso objetivo é único: transmitir o que foi e o que é, preparar o lugar d'Aquele que virá, o que significa a mesma coisa. Já te falaram do antigo povo da última Terra?

— Não — sussurrei.

— Muito bem, sabe então que tua vida de homem começa agora e que, daqui por diante, nada do que ouvires ou vires entre nossos muros poderá escapar de teus lábios e cair nas sarjetas das cidades. Nada!

A voz fez então uma longa pausa e, com uma inspiração, começou uma narrativa que as brumas dos tempos não conseguiram apagar. Lembro-me dela como um longo fio de Ariadne que me fez voltar a mim mesmo sob as chamas dançantes das lâmpadas a óleo.

— Escuta, Simão, filho de Joshé... foi no tempo em que a Terra não tinha a aparência que tem, um tempo em que os continentes e os mares não eram os de hoje. O sol e as estrelas não mostravam sua face como agora... Era quase como se nosso Pai tivesse estendido um grande véu lilás sobre nossas cabeças e os astros raramente se dignavam a aparecer. O Sem Nome tinha dividido a Terra em duas partes: Ele tinha designado o Sul como o reino das montanhas que cospem fogo e o Norte como o domínio do gelo e do sono. O encontro desses dois mundos produziu um nevoeiro que velou a abóbada celeste. Isso durou milhares e milhares de nossos anos e os homens que viviam naquele tempo não se pareciam conosco. Eles te pareceriam assustadores, Simão, por seu porte descomedido e sua testa baixa...

O nevoeiro espesso, que então envolvia com tenacidade nossa Terra, impedia-os de ver a mais de poucos passos ao seu redor, eles olharam em si mesmos e viram sua alma e a chama do Pai que se ocultava em seu coração.

Depois de terem respirado, durante muitas estações, a água suspensa no ar, aprenderem finalmente a sorver na água o ar que lá se encontrava com mais abundância do que agora.

Foi então que nossa Terra concordou em cuspir seu fogo mais raramente. Os elementos se separaram e os homens puderam contemplar a abóbada celeste em toda sua magnificência; e houve um verdadeiro dia e uma verdadeira noite e os seres humanos penderam para fora de si mesmos; finalmente seus corpos se metamorfosearam para respeitar as mil facetas da natureza.

Depois, as eras escoaram-se e fizeram com que esquecessem suas longas conversas com o Santo Nome que dormia em seu coração...

Sabe, Simão, o povo que então dominava a Terra tinha por nome "povo de Atl", pois *Atl* significava "água" na língua deles. Esse povo, num vasto continente no meio dos mares, tinha alimentado os germes de sete tribos e foi quando a quinta dessas tribos impôs sua lei que as mudanças que te descrevi irromperam.

A voz parou neste ponto, depois, num cochicho, pareceu dar ordens. Então, nos quatro cantos da sala, vi que atiçavam brasas em imponentes bacias de bronze, jogavam nelas resinas e ervas. As chamas brotaram e as sombras puseram-se a ensaiar uma dança sobre as paredes. Eu não sentia mais meus pés, entorpecidos pelo frio e pela imobilidade, mas pela primeira vez sentia-me bem no Krmel e jamais teria concordado em mexer-me porque queria ouvir a continuação da narrativa do país de Atl. Fechei os olhos e a voz recomeçou:

— Esse povo, filho de Joshé, chamava-se povo de Sem[2] e foi dele que nasceram todos os seres de pele branca que hoje correm o mundo. Sua civilização não foi comparável a nenhuma outra, tanto por sua magnificência como por sua ciência e poderio. Duas vezes, no entanto, a Terra tinha deslocado sua espinha dorsal e duas vezes o continente de Atl já tinha sido esquartejado, dividido em várias partes por onde as águas

[2] Dever-se-ia ver aqui a origem de um grande ramo semita.

penetravam com abundância. Agora, guarda bem isso, Simão, mais do que tudo: os Sábios de Sem, prevendo uma catástrofe final, foram visitar o soberano do País da Terra Vermelha para comunicar-lhe seus temores. Decidiram, com ele, construir o mais belo edifício, o mais resistente que um espírito humano pudesse conceber, um edifício onde a súmula de seus conhecimentos mais secretos seria escondida, preservada para os povos futuros. Se o Santo Nome o permitir, Simão, um dia verás essa construção, um dia de enorme claridade, um dia em que os braços do sol não aquecerão apenas a areia... Mas, continua escutando... Então a crueldade e o vício tomaram conta do povo de Sem e os chefes das sete grandes famílias viram que era chegado o momento. Seis dentre elas fugiram com os seus rumo às geleiras brancas do Norte, ao passo que a sétima, seus filhos e outros onze Sábios, preferiram o calor tórrido da Terra Vermelha. Foi então que uma noite, quando o Leão voltou a encontrar-se com o Caranguejo, os astros começaram a cair do céu, o país de Atl soçobrou totalmente nas águas e nossa Terra foi devastada na quase totalidade. Conheces o resto, Simão, não é necessário que o contemos aqui... Pelo que me disseram, nosso Irmão Zérah já te leu várias vezes os rolos de Moisés e outros. Sabe, agora, que o grande rei que quis preservar as riquezas e o saber de Sem chamava-se Zurid e que viveu mais de três mil e seiscentos meses antes da invasão das águas. Saiba também, Simão, que os da terra de Israel, os de Moisés, são os filhos do sétimo chefe da raça de Sem e que os de Essânia são do sangue dos onze sacerdotes saídos das outras seis famílias, sacerdotes que não acompanharam os seus, para consagrar-se ao tesouro e à chama sagrada de Zurid. Aqui, o trabalho de todos, teu trabalho, é perpetuar essa chama contra ventos e marés até a hora final quando ela poderá sair à luz do dia.

Aceitarás esta tarefa, Simão?... aceitarás a veste de linho?

Do alto dos meus sete anos, encolhido numa longa túnica remendada, penetrado pelo olhar dos que se diziam "filhos do único", julguei-me suficientemente forte para aquiescer com um sinal de cabeça. O Irmão do véu vermelho finalmente levantou-se e pude ver um rosto longo e emaciado, uma face sem idade, com uma vasta barba branca, de olhos claros e límpidos como duas pérolas de bondade. Sua cabeleira parecia querer fugir até o chão e surpreendi-me seguindo suas voltas.

— "Sim", deve ser um "sim", Simão — ouvi. — Nada substitui um som.

— Sim!

Uma sílaba fraca acabava de sair do meu peito e ainda ressoava na imensidão da sala.

— Então, vem!

Alguns homens de passos ágeis avançaram na minha direção, pegaram-me pelos braços e me levaram diante de quem eu supunha ser o chefe. Num instante, tiraram minha túnica. Foi então que um leve rumor de passos miúdos e rápidos anunciou-me a chegada de um outro Irmão. Parecia muito mais jovem e trazia um tecido preto, cuidadosamente dobrado. Era uma espessa veste de linho e logo me cobriram com ela.

— Deita-te...

A voz pretendia ser tranqüilizadora, mas logo dois punhos fortes pesaram sobre meus ombros. Instintivamente, adivinhando o gesto que esperavam de mim, deitei-me no chão, rosto contra a pedra, braços em cruz. Não tardei a sentir-me constrangido: minha atitude devia surpreender, pois um murmúrio percorreu a assembléia.

Acima de mim, ouvi um leve riso divertido, mal contido. Não pude resistir à vontade de levantar a cabeça, de procurar... e vi, sob um véu vermelho, num rosto sem idade, dois olhos iguais a diamantes mergulharem nos meus.

Nesse instante, uma mão larga pousou no alto do meu crânio, englobando-o na quase totalidade, encostando meu rosto no frio da laje. A pressão imperiosa durou muito tempo, muito tempo... Eu tinha parado de pensar e meus olhos fecharam-se como se para beber numa fonte de doçura. Nesse momento senti que uma névoa branca me percorria, mesclava-se a meu ser no ponto onde se mantinha a pressão, uma névoa que se transformava em claridade e paz à medida que me invadia.

Num instante meu passado apagou-se, desagregou-se; eu não era mais o Simão da aldeia dos Irmãos, mas uma taça onde vertiam aos borbotões o amor e o estado de pureza.

De repente, no meio de um oceano de luz imaculada, um pontinho azul brotou das profundezas do meu ser, lá, exatamente lá, na base do meu nariz, e crescia, crescia... Era um sol azul, e quanto mais vinha na minha direção, seu brilho multiplicava-se. Eu não estava mais no coração do Krmel... mas a cem léguas, cem mil léguas de lá, eu não sabia onde, entre a relva de uma pradaria que eu pisava, sobrevoava... e entidades rodopiavam ao meu redor.

Do fundo do silêncio, elevou-se uma melopéia lenta e doce. Então achei que meu corpo se espalhava pelos quatro cantos do universo; meus olhos se abriram e só encontraram o negrume de uma laje gelada. Quis levantar-me, mas meus ombros entorpecidos, não queriam reagir; minha respiração estava suspensa.

Dois punhos firmes pegaram meus braços e num instante puseram-me de pé. O homem do véu vermelho tinha desaparecido e fui totalmente tomado pela melodia arrebatadora que se erguia da assembléia dos Irmãos como uma espiral de insenso. Continuavam todos lá, com a imobilidade do mármore, modulando os sons como uma única alma.

Finalmente os cantos cessaram e uma mão segurou a minha.

— Simão, foste apresentado ao Sem Nome, ao outro lado de ti mesmo, ao que pode contemplá-lo... Guarda bem isso no teu coração.

O Irmão de véu vermelho estava de novo ao meu lado e me falava como o faria meu pai.

— Este lugar é cem vezes sagrado, filho de Joshé, foi escolhido para nossa raça por um grande rei do povo vermelho há mais de mil anos. Os mais belos e os mais terríveis segredos da nossa humanidade estão guardados aqui desde então, e deverás mergulhar neles para despertar tua alma entorpecida.

Senti sua mão apertando a minha com mais força e puxando-me para algum lugar perto da muralha. Andamos uns dez passos e depois, com um gesto estudado, o Irmão de idade indefinida levantou a ponta de uma pesada tapeçaria azul. Uma janela alta e larga surgiu diante de meus olhos, mostrando a cintilante imensidão da abóbada celeste.

— Olha — exclamou —, é aquela lá! Tua rota muitas vezes cruzará com a dela, é a Iniciadora!

E vi seu dedo imobilizar-se num determinado ponto do céu, num ponto palpitante como um coração, e eu reconheci Lua-Sol.

Capítulo 5
A palavra de ontem e de amanhã

DERAM-ME UM OUTRO QUARTO, SIMPLES, ASSEADO, COM ALGUmas comodidades sanitárias que eu nem sequer pensava que pudessem existir. Ajeitei lá os poucos pertences que meu pai tinha-me deixado, uma tigela ou duas, um cobertor quente e minhas sandálias que logo se apressaram a tirar de mim.

— Não vais precisar delas — disseram-me com o ar mais natural. — Todos andamos com o pés nus, é a regra. Quando te dirigires ao Pai, é teu coração que fala, pois ele é que fica mais próximo da Sua morada, não é? Pois bem, sabe que quando te diriges à Terra, tua mãe, ou quando ela te fala, teus pés é que estabelecem a ligação... Isso não é lógico?

Com efeito, era assim, e meu raciocínio infantil sobre justiça e propriedade não encontrava argumentos. Os dias que se seguiram à minha instalação e à minha primeira iniciação permitiram-me compreender que poucos meninos eram adotados pelo Krmel. Éramos no máximo uns trinta a andar a passos largos pelos corredores, a beneficiar-nos com os ensinamentos e a sujeitar-nos às longas horas de oração em comum.

Lembro-me dos primeiros tempos de minha vida de pequeno monge como sendo um período duro, extenuante para meu corpo e meu espírito, nada acostumado a uma disciplina rígida, espantosamente perseverante. A regra era para valer, fui obrigado a admiti-lo rapidamente diante dos olhares desaprovadores de meus companheiros cuja meditação eu me atrevia a interromper.

O despertar acontecia às cinco horas. Devia enrolar sem demora minha esteira num canto da cela, atirar-me sobre o cântaro para entregar-me a rápidas abluções, sair correndo pelo longo corredor e finalmente juntar-me aos outros, Irmãos mais velhos, ou companheiros da minha idade, num templo enorme, mas sóbrio, onde acontecia uma longa oração comum. Seguia-se uma refeição frugal: umas frutas secas, uma bolacha e uma tigela de água morna, levemente perfumada. Vinha a seguir o primeiro ensinamento do dia: um Irmão, que nunca vi sentado, esforçava-se, em meio a um silêncio total, para fazer entrar em nossa cabeça a leitura e a escrita do hebraico e do grego, línguas que, segundo dizia, todos devíamos praticar.[1]

Outro Irmão sucedia-o ao final de uma hora. Era um velho, mas de ar jovial, que parecia não conseguir deixar de rir enquanto nos inspecionava, um após o outro, movendo sem parar as espessas sobrancelhas brancas. Fazia-nos executar o que hoje chamaríamos de "exercícios físicos" que consistiam, nos primeiros movimentos, em saber dominar nosso pensamento e dirigi-lo. As práticas que nos ensinavam eram consideradas extremamente importantes, vindo antes até do estudo dos textos sagrados, e não demorei a admitir que deviam constituir uma grande parte de nosso saber. Depois vinha outra oração, outra lição ou, desta vez, comentavam palavras antigas... e isso continuava assim incansavelmente e com alternância até a hora em que o sol declinava. Não dispúnhamos de mais de duas horas para recreação. Por fim soava o gongo tão esperado, chamando para a grande refeição comum, a única refeição cotidiana verdadeira. Mas aquele som, sabíamos que não tardaríamos a ouvi-lo; por volta da meia-noite, depois às três horas, ele nos tiraria do sono lembrando ao nosso espírito dócil a breve oração que devíamos rezar voltados para o Oriente, estendidos sobre a pedra. Este ritual, aliás, repetia-se sete vezes ao dia e três dessas orações, com um intervalo de sete horas entre si, revestiam-se de uma solenidade muito particular.

Minha vida correu assim durante meses e poucas lágrimas tiveram tempo para brotar diante da lembrança do passado.

1 Para a maioria de nós, a língua materna era o aramaico.

O ritmo de minha vida de monge, contudo, foi interrompido certa manhã quando eu despencava da minha cela para o templo, já certo do meu atraso. Um Irmão de veste branca, que parecia estar à espera, pegou-me pelo braço com mão firme.

— Hoje será um dia especial para ti, Simão. Segue-me e não te preocupes; teus mestres já estão informados da tua ausência.

Sem mais uma palavra, fez-me caminhar por um labirinto de salas, corredores e escadas difíceis de subir, cuja existência eu ignorava completamente. Tinha a impressão de estar dando dez voltas ao redor do Krmel, passando por desvios, seguindo um itinerário cujo único objetivo devia ser deixar-me desnorteado.

Ao pé de uma escada de pedra carcomida pelos séculos, meu guia empurrou uma pesada porta dissimulada sob uma pintura empoeirada e de tons desbotados.

— Nada deverá sair da tua boca, Simão! Nada!

— Prometo — disse instantaneamente, feliz com a perspectiva de mistério —, eu...

— Não, Simão, não! Quem usa a veste jamais jura... Basta tua palavra. Adotarás este princípio por toda a vida, lembra-te disso. Age de modo que um "sim" seja um "sim" e um "não", um "não". Os de Abraão sabem disso; sabem o quanto vale a palavra de um Irmão de branco e não exigem juramentos da tua boca. Agora, segue-me e apanha esta tocha...

Uma escada estreita, terrivelmente íngreme, talhada na propria rocha, parecia penetrar nas entranhas do monte Krmel até o infinito.

Meu guia teve o cuidado de fechar atrás de si a pesada porta e mergulhamos numa escuridão tão densa que nossas duas tochas tinham dificuldade em furá-la.

Nossos olhos se acostumaram rapidamente e vi que nosso avanço bem como nossa retirada seriam facilitados por uma sucessão de pequenos reservatórios cheios de uma substância negra e viscosa que transformávamos em lâmpadas durante a nossa descida.

Ocupado em agarrar-me às paredes rochosas, eu não dizia uma só palavra, feliz com o passeio inesperado. A umidade destilando em toda parte ao mesmo tempo e um estranho odor de mofo, odor dos séculos passados, impregnavam a atmosfera.

À medida que a escada de quando em quando fazia umas curvas bruscas, nossa descida eternizava-se. Imperceptivelmente, parecia-me que a composição das paredes rochosas se metamorfoseava. Não era mais uma pedra grosseiramente talhada e modelada pelos anos, mas uma parede perfeitamente lisa, que brilhava sob nossas tochas como um mármore polido. Dir-se-ia que um sistema de vitrificação tinha sido acionado por uma força de origem desconhecida, com alguma intenção misteriosa.

— Foram os homens da raça de Sem que construíram esta escada, Simão; nossos ancestrais, que conheciam a arte de ler os tempos que estavam por vir e a arte de prover as necessidades futuras... Como podes ver, não foram nem o martelo, nem o buril, nem os ácidos que equiparam seus braços. Seu saber lhes proporcionou o meio de fazer a rocha fundir-se tão naturalmente como o sol faz o gelo derreter. Isto te espanta? No entanto, este segredo perdeu-se logo depois... e devemos continuar muito cegos para não perceber isso de novo. Vês, Simão, o calor que liquefez esta rocha dorme aqui, perto de ti, de mim, de nós. Ele flutua no ar que respiras e basta apenas saber captá-lo.

O Irmão interrompeu-se um instante e depois retomou sua explicação, mudando de tom propositadamente.

— É a chama do velho Zérah, que precisamos aprender a captar.

— Zérah? Conheces Zérah?

— Não, filho de Joshé, meus olhos nunca o encontraram no caminho, mas a chama de suas narrativas é o espírito da Terra e do Universo, é a alma da tua alma, é o teu espírito e o meu ao mesmo tempo... Como, não saber o que somos? Seria perseverar terrivelmente na cegueira ou na falta de interesse... Repete isto com freqüência, Simão, só há uma coisa no Universo, uma única força: A FORÇA, a que proclama "eu" em nós, que nos faz parecer uma multidão. Pensa numa gota de água, Simão, ela não é UNA com os cristais de gelo que nascem nela se a congelas? Na Natureza tudo existe e vive assim segundo esta imagem e só a alma, conforme o rumo que escolhe, terá o direito de diversificar-se. É simples...

"É tão simples e nós é que complicamos..."

Quantas vezes eu o tinha ouvido fazer essa afirmativa aparentemente insignificante.

Era simples, mas meu espírito infantil preferia demorar-se nas rochas lisas como um espelho, nos reflexos tremeluzentes de nossos dois corpos.

À medida que avançávamos, parecia-me que um calor sufocante subia pelo desfiladeiro e comecei a respirar com dificuldade.

De repente meu guia parou, sua tocha acabava de iluminar, poucos metros à nossa frente, uma porta baixa, tão estreita que se poderia pensar que tinha sido planejada para uma criança da minha idade. Antigamente deveria ser pintada de vermelho e nela distinguiam-se ainda, com dificuldade, três ou quatro sinais de uma escrita desconhecida, do tamanho de uma mão.

— Que é isso?

O Irmão não respondeu e pareceu-me absorto numa reflexão profunda. Finalmente, pousou um joelho no chão e voltou seus olhos para mim.

— Simão, ... agora vamos enfrentar um perigo, é bom que saibas... Esta porta nos separa de um domínio onde o mundo do homem não tem mais direito de habitação. Numerosas formas de vida evoluem neste planeta e, da mesma forma que há seres impalpáveis no ar que respiras, há seres no seio da terra em que pisamos. Sim, Simão, logo vamos entrar no reino dos espíritos da Terra, mas não me olhes assim... não estou usando a linguagem da superstição. Minhas palavras são simplesmente as de alguém que sabe porque aprendeu a ver o que a maioria se recusa a ver. A luzinha que brilha nos teus olhos permitiu que os Irmãos e eu próprio entendêssemos que és capaz de suportar certos olhares e certas presenças.

Vê esta porta. Quando tivermos atravessado sua soleira, uma miríade de seres estranhos virão rodear-nos, tentando, talvez, retardar nossa marcha. Não deverás ter medo; se tua alma continuar pura, nada poderão contra ti. Sê semelhante ao cristal, é tudo o que posso desejar-te!

Com estas palavras, o Irmão introduziu uma espécie de pinça metálica num buraco da porta, fazendo pressão contra ela com o ombro. A porta girou lentamente e um sopro de ar quente varreu nosso rosto. Um buraco escancarado, de um negror absoluto, apareceu diante de nós. Meu guia entrou sem hesitar, com a altura da galeria obrigando-o a curvar-se bastante.

Fecha a porta atrás de nós, Simão, e apaga tua tocha, uma só é suficiente, o ar aqui é rarefeito...

Mal obedeci ao desejo do Irmão e a sensação muito nítida de uma presença estranha invadiu-me com a rapidez do relâmpago. Um arrepio começou a percorrer-me a espinha e lembro-me de ter deixado escapar um grito abafado. Havia seres lá, não se podia duvidar, e roçavam em mim por todos os lados.

— Lembra-te do que te disse! Um cristal!

À minha frente havia apenas a luz baça de uma tocha ondulando e crepitando nas trevas. Cabeça curvada sobre o peito, esforçava-me por andar o mais rapidamente possível, sem saber se eu devia procurar enxergar ou simplesmente continuar fechando as portas do meu ser. Contudo, formigamentos percorriam meu corpo e meus olhos encarquilhavam-se, muito a contragosto.

Então, no fundo da noite, um véu desprendeu-se com uma lentidão incrível, como se a escuridão se transformasse numa poeira luminosa, num aglomerado de partículas densas que revoluteavam numa desordem aparente. De repente, meus olhos se entorpeceram: rostos desenhavam-se ao meu redor, no meio daquele oceano de vida secreta rostos inqualificáveis, meio humanos, meio minerais, ao mesmo tempo assustadores e angelicais. E eis que seres completos pareciam surgir da luz negra, seres semelhantes a cristais, a raízes, peludos como nenhum humano conseguiria ser, pequenas criaturas de gestos vivos e olhar agudo que me esquadrinhavam.

Num instante, vi-me envolvido nessa multidão de um outro mundo que parecia ter-se decidido a servir-me de escolta. Queria gritar e correr, mas nem um som saía da minha garganta; minhas pernas, reduzidas a pernas mecânicas, transportavam só um corpo pesado e entorpecido.

Único ponto em que podia agarrar-me: a claridade dançante da tocha que estava lá, poucos passos à minha frente. Esta imobilizou-se por um minuto.

— Fomos adotados, Simão, eu não tinha te dito?

O Irmão estendia a mão atrás dele e me apressei a agarrá-la.

— Todo elemento vive sua própria vida, filho de Joshé, e esta existência não é mais monstruosa do que a nossa. Ama estes seres, porque sem eles não conseguirás viver, sem eles a semente do linho não poderá germinar nem a flor desabrochar.

Eles são parte do corpo vital[2] da Terra, a essência dos minerais que o homem funde e modela. Olha suas longas mãos semelhantes à argila; o Pai os faz recolher tudo o que o homem semeia, eles trabalham de comum acordo com as mãos dos seres do fogo, da água, do ar.

Sabes que os homens dos campos e das montanhas os veneram, sem sabê-lo, por mil rituais que parecem insignificantes e que são perpetuados através dos anos...

No entanto, Simão, virá um tempo em que esses mesmos homens terão petrificado seu coração a ponto de não perceberem mais seus sopros. Os frutos da Terra serão então insuficientes e os homens inventarão uma porção de poções e novos planetas. Será um sinal, um dos inúmeros sinais que bradarão em silêncio: os dias vão mudar.

Digo-te, ama estas criaturas, porque, como a tudo que está no universo e além dele, o Santo Nome deu-lhes uma alma igual a tua, oriunda da força do sol.

Mas não percebes como teu corpo vibra? Teu coração diminuiu as pulsações e a energia do Pai circula lentamente no teu ser. Por isso não pesquisarás sua presença. Simplesmente poderás reconhecê-las aqui, onde residem, honrá-las e viver em harmonia com elas. Elas, como nós, caminham para o mesmo palácio de luz... por uma via diferente, lembra-te disso. Elas não têm nem a substância exata do teu corpo, nem a da tua alma, só teu ser vital se aproxima delas. Portanto, não deverás procurar analisar demais seu modo íntimo de raciocinar e julgar. Este continua sendo para quem pôs os pés sobre a terra.

Embebendo-se com estas palavras, meu espírito infantil tinha parado de pensar e olhava para si mesmo. Andávamos com um passo pesado e só as gotinhas de suor que escorriam da minha pele lembravam meu corpo curvando-se sob o calor sufocante da galeria.

Os seres que fervilhavam ao nosso redor emitiam um zumbido grave que às vezes se acelerava, às vezes diminuía. Parecia

2 Corpo etéreo ou duplo etérico.

que queriam esmiuçar-nos profundamente.

Logo chegamos a uma segunda porta, idêntica à primeira. O Irmão parou dois metros antes dela e plantou sua tocha numa única fenda da rocha, sem dúvida prevista para isso. Observei-o então traçar um círculo ao seu redor, a ponta do dedo indicador voltada para o chão; continuando assim, contou os passos que deu, depois absorveu-se totalmente num monótono desfilar de salmos. De repente, vimo-nos cercados por pequenas faixas luminosas que eu não sabia de onde brotavam e que andavam de cá para lá com uma rapidez incrível; bruscamente, nossa escolta pareceu desagregar-se como um quebra-cabeça cujas peças tivessem sido espalhadas pelo vento... depois, mais nada. Voltamos a ficar sós... Meu guia já dera meia-volta e puxava a pesada porta de madeira.

— Isto não é magia, Simão — disse, sem ocultar o esforço que a abertura da porta disfarçada lhe exigia. — Deves aprender a ver a diferença... Mágica é apenas um conjunto de técnicas que permitem a todo homem sólido e obstinado dominar as leis da natureza, leis que muitos ignoram. Aqui no Krmel, trabalhamos com o coração e é só o coração que deixamos expressar-se em nós. Cuida que sempre ilumine e abrase a integridade do teu ser, ele será a chave suprema e a estrada principal; todo o resto chama-se "truque" e "apoio" para nossas almas muito frágeis ainda.

À medida que pronunciava estas palavras, uma grande claridade invadiu nosso campo de visão; pareceu-me respirar por todos os poros e apressei-me a dar os poucos passos que me libertavam do domínio da estreita galeria.

O espetáculo era fascinante; encontramo-nos numa sala abobadada alta e ampla, inundada por uma luz branca e doce, uma enseada de serenidade, de silêncio revigorante. Em toda parte só havia rolos, pranchetas, livros; tudo se empilhava, arriscava-se mesmo a alturas consideráveis. Entretanto, nenhuma impressão de desordem se impunha ao meu espírito. Ao contrário, tudo parecia classificado, indexado, arranjado com minúcia. Mas era principalmente a limpeza do lugar que me intrigava: nem a mínima poeira, a menor marca dos anos que se escoam... e eu não imaginava um Irmão, nem um dos encarregados da manutenção do templo indo lá regularmente e passar horas a acariciar com uma pena de pavão, conforme o costume, todas aquelas prateleiras e sua preciosa carga. O Irmão que tinha-me levado àquele lugar surpreendente parecia cintilar. Sua silhueta alta embrenhava-se alegremente entre as pilhas de rolos, de pequenas pranchas de metal ou de pedra. Sem mais tardar, imitei-o. A beleza das peças armazenadas, seu dorso volumoso, majestoso, respeitável exerciam em mim um efeito hipnótico. Era quase impensável, impensável que depois de...

— Depois de tanto tempo que nossa memória de homem se perde na tela de seus meandros... Parte dos arquivos de nossa Terra e de seus povos se acha reunida aqui em segurança, Simão. Compreendes teu privilégio? Dois continentes inteiros submergiram, tragados pelas vagas e pela terra, desde que o primeiro destes rolos, que a primeira destas pranchetas de pedra foram redigidos com a precisão de um ourives. Há quase cem mil anos a história e o saber de nosso planeta estão reunidos assim. Entre estas numerosas obras há algumas que não foram escritas por mãos humanas. Estas ainda continuam sendo um mistério para alguns de nós. Que possas um dia ser iniciado em seu segredo. Outras se apresentam sob a forma de escrita desenhada, semelhante à dos grandes reis da Terra Vermelha e datam de uma época em que até o nome do povo de Atl nada significava ainda.

São os livros do tempo do "Ma", a Terra Mãe, que também significa "água". Foi nessa época que aqueles a quem os filhos de Abraão chamam Elohim começaram a correr regularmente o planeta para guiá-lo em sua marcha. Olha bem para estes dois símbolos, Simão, eles trazem a marca desses grandes seres.

O Irmão tomou na mão uma prancheta de um metal enegrecido e com um dedo apontou-me, no centro de um entrelaçado de hieróglifos, dois desenhos minúsculos delicadamente gravados. Imediatamente reconheci um deles, era a imagem de Ishtar, Lua-Sol; Lua-Sol que eu encontrava em todos os lugares, até no interior do mais ignorado dos refúgios. O segundo era-me familiar, embora menos conhecido; podia-se compará-lo a uma espiral sobrepondo-se a uma cruz de braços iguais, tudo sob a proteção de um crescente lunar.

— E um dos símbolos de Hrma,[3] cuja auréola brilha

3 Mercúrio.

perto da do sol. Como te disse, os mensageiros da Lua-Sol e de Hrma, naquele tempo longínquo, viviam freqüentemente entre os homens. Impuseram-se como guias e legisladores, uns desenvolvendo a instituição e o amor, outros o conhecimento preciso e secreto dos fenômenos. Eram como as duas mãos do Pai, que abriam os olhos da raça humana. Entende que isso não tem o simples valor de uma imagem, Simão. O corpo do homem ainda continuava rudimentar na terra de Ma. Seus olhos em nada se pareciam com verdadeiros olhos, mas com simples e vagos pontos sensíveis na superfície do crânio, seu esqueleto era flexível e maleável à vontade, e só as forças radiantes da lua, ainda nascente, obrigaram-no a solidificar-se.

Vejo que estás rindo... Mas é preciso que saibas que o homem é semelhante a uma flor que desabrocha lentamente no correr da eternidade, ao sabor das fases do seu coração e do seu espírito. Assim, os corpos não continuarão no estágio que conheces...

Agora talvez estejas perguntando por que te trouxe até aqui... Este lugar deve provar-te que a raça da Essânia é uma das detentoras da Tradição.

— Da Tradição?

— Do Saber que os verdadeiros filhos do Santo Nome perpetuam em nossa Terra desde sempre. As eras passam, Simão, mas desde a origem existem colégios de seres que se dedicaram à missão de manter e difundir uma Palavra...

— Até quando?

— Até a abertura da porta do Eu da Humanidade! Mais tarde compreenderás estas palavras.

— Todos os da nossa religião esperam a abertura dessa porta?

— Nossa religião? De agora em diante não uses este termo... Que significa ele? Que alguns viemos ao mundo com uma cor de pele, com hábitos e modos de acreditar e de esperar? Se é isto, nada significa. Não temos religião, Simão, não temos crenças, caminhamos sem bastão sobre o feixe luminoso saído da boca do Pai e preparamos a entrada d'Aquele que vai chegar.

— Quem é ele?

Como única resposta, o Irmão de veste branca esboçou um largo sorriso, pôs dois dedos sobre os lábios, depois levou a mão direita ao coração, luminoso como um sol.

— É de capital importância que esta biblioteca seja vigiada assim, pois para quem divide em vez de unir, para os que agem como prismas sobre a humanidade, ela seria uma fonte importantíssima de poder.

É também por precaução que o local varia. Ontem, estes rolos estavam preservados sob a laje de nosso templo do mar Morto; amanhã, deixarão nossa terra para encontrar abrigo no país que os aguarda além das neves, lá onde nasce o sol: uma das pátrias dos Assa,[4] de onde vem o nome atual de nosso povo.

A sala em que nos encontrávamos não era a única daquele santuário secreto do Conhecimento; três galerias, que lá desembocavam, levaram-nos a muitas outras peças, menores, mas todas igualmente fascinantes pelo seu conteúdo. Eram só pranchetas de cobre e ouro, volumosos rolos de pergaminho, papiros cuidadosamente encadernados. Às vezes algum objeto atraía minha atenção, objeto insólito, de formas enigmáticas, que ocupava minha imaginação infantil com estranhas possibilidades talvez reais.

Os irmãos que se ocuparam de minha instrução no Krmel explicaram-me, anos mais tarde, que aqueles objetos espalhados aqui e ali desempenhavam um papel preciso no coração da biblioteca subterrânea. Assim, alguns eram a origem da claridade que nos permitia andarmos de cá para lá como se estivéssemos em plena luz do dia; não que a luz emanasse deles, mas eles serviam de amplificadores para a luz que existe encerrada no fundo de todas as coisas. Seu papel, portanto, podia comparar-se ao de um revelador e os anos permitiram-me compreender que poderiam limitá-los a um uso prático, quando tudo os levava a serem símbolos vivos. "Não criamos nada, levantamos véus, revelamos." Era um dos ensinamentos do Krmel. É claro que existiam outros objetos cujo papel era menos sagrado. Tratava-se de dispositivos destinados a manter o equilíbrio da atmosfera ambiente, a renovar sua oxigenação, a verificar sua pureza. Quanto à surpreendente limpeza do lugar, disseram-me que era inerente ao caráter exclusivamente sagrado do local e do repositório. O material que entrava na sua composição sim-

---

[4] Deixemos ao leitor o cuidado de meditar sobre a sonoridade e o significado de palavras como: "Ásia", "Essênio", "Asgartha" e os "Ases" de nossos jogos de cartas.

plesmente ficava sublimado pelo conteúdo. Para esquematizar os fatos, seria possível afirmar que os rolos e pranchetas eram dotados das mesmas particularidades de um ser vivo.

A limpidez de sua alma, ou seja, do ensinamento que esta perpetuava, bastava para transmutar seus corpos, os pergaminhos e pranchetas, e manter lá uma inalterabilidade quase absoluta. Embora aos olhos da maioria isto pareça uma fábula ou um simples símbolo, não o é: toda matéria experimenta em definitivo a lei do espírito que a habita. As impurezas e a corruptibilidade de um corpo serão sempre devidas à falta de perfeição da força da qual ele é o domicílio, exceto uma forma de envelhecimento devido aos feixes de vibrações próprios do planeta.

Nossa visita à biblioteca sagrada do Krmel durou muito tempo e as horas se sucederam sem que eu me queixasse. Eu estava em outros tempos, em outros lugares, longe da severidade e das disciplinas cansativas da minha existência cotidiana.

O Irmão não se cansava de dar explicações sobre certos textos que me lia em voz alta enquanto me obrigava a debruçar-me sobre a caligrafia dos mais antigos dentre eles.

— Há letras e símbolos que são verdadeiros seres vivos! Lembra-te disso. Uma figura, um desenho, são forças evoluindo num mundo bem real. Um dia vais manuseá-los, sê paciente. Será preciso que antes sejas capaz de compreender que um homem ou uma mulher, e mesmo uma criança, são, eles também, livros a serem decifrados, como todos os que vês aqui, com seus códigos, seus pontos de força, suas faculdades de compreender[5] que nos remetem sempre a milhares e milhares de anos atrás. A única diferença é que a alma deles ainda não conseguiu emitir o sopro que pode desempoeirá-los e tornar a leitura mais fácil.

Teria eu captado todo o sentido das palavras do meu guia por um dia e de quem nem o nome eu sabia? Não poderia afirmá-lo. Era-me mais simples seguir os movimentos sóbrios e precisos de seus dedos selecionando os rolos, percorrendo os arquivos do passado. Meu espírito, contudo, foi cativado por um texto que ele me leu em voz baixa, texto que provinha, segundo

5 Cf. o Alcorão, surata 17 (13-14):
"Penduramos no pescoço de cada homem seu pássaro. No dia da ressurreição, nós lhe mostraremos um livro que encontrará aberto. E lhe diremos: Lê no teu livro; hoje é preciso que tu mesmo faças tua conta."

suas palavras, de um sacerdote iniciado da Terra Vermelha.

— Há três mundos: "eu tenho", "eu sou" e "eu me torno". São as três moradas do Pai. Escrevi isto para os povos que virão a fim de que não precisem mais procurar o caminho em vão. Quem o ignora condena-se a voltar cada vez mais para trás. Os homens só vivem uma vez; reaparecem um dia: mundo e lugares diferentes os acolhem em seu caminho formado por muitas vias. A eternidade é um círculo cujo centro é o Pai e todas as faces do Pai são as do Grande Sol. Aprendei então, filhos do futuro. Guardai a palavra de ontem e a de amanhã.

Vês, Simão, sempre temos o deplorável hábito de persuadir-nos de que os homens do tempo antigo eram ignorantes, criaturas rudes e supersticiosas e que foi preciso chegar nossa época para começar a ver claro, a descobrir o progresso. Mas o que é o progresso? Orgulho e presunção? Não, eu te afirmo, tudo o que é possível a um ser humano foi armazenado outrora na Terra pelos "Senhores do dez e do sete", os senhores das estrelas. Só o que fazemos é preservar, manter e relembrar até que nossos espíritos estejam aptos a unir-se aos deles.

Com estas palavras, o Irmão recolocou meticulosamente, umas sobre as outras, as folhas de papiro que tinha nas mãos, pôs sobre elas uma espessa capa de madeira e arranjou o conjunto numa prateleira da parede...

Sentia que nossa estada sob o Krmel chegava ao fim. O pequeno relógio que todos possuem em seu ser me fazia pressentir, bem lá no alto, o ar livre e a presença de um sol que, mergulhando no mar, sumia no horizonte.

Demos mais uma olhadinha nas salas e no seu precioso conteúdo, como se para assegurar-nos de que nossa presença não tinha perturbado sua vida secreta, e enfrentamos de novo o estreito corredor.

Nossa subida aconteceu sem novidades. Eu estava cansado; acho que cheguei aos últimos degraus nos braços do Irmão. Esperava adormecer, impregnado pelos pesados eflúvios de incenso e do som surdo do gongo que ecoava de novo através dos corredores, mas uma vozinha aguda e familiar interrompeu meu sonho.

— Simão, vamos, Simão! Para o templo, depressa! Está na hora do Ofício.

Capítulo 6
Leitura dos seres (a aura)

NUNCA MAIS TORNEI A VER MEU GUIA POR UM DIA, AQUELE que, no espaço de algumas horas, impôs ao tempo uma curiosa curva, levando, ao coração de um rochedo, o passado, o presente e o futuro.

Não falava a ninguém sobre a minha descoberta, tal como ele me havia pedido, e ninguém fez alusão a isso. Meus companheiros de estudo pareciam até ter ignorado minha ausência. Será que lhes impunham silêncio? Será que um dia viveram a mesma experiência? Jamais o soube...

O inverno acabava de bater às portas do Krmel. Lembro-me dos sopros do vento varrendo os corredores e assobiando por baixo das portas de nossas celas; lembro-me da severidade crescente de nossos mestres, que parecia copiar o ritmo das estações...

O ruído surdo e precipitado de nossos pés nus sobre as lajes do "Templo das Lições" ainda me volta ao espírito. Passávamos horas intermináveis recitando os mesmos textos, caligrafando as mesmas letras em línguas diferentes. As lições que aprendíamos, os preceitos que gravavam em nós, às vezes se transformavam em verdadeiras obsessões, tanto nossos instrutores afirmavam que não podiam suportar a mediocridade. No entanto, no Krmel não havia lugar para trotes e punições: na verdade, os mestres sabiam encontrar a palavra certa para deixar-nos a sós com a nossa consciência.

Foi assim que, em menos de um ano, uma impressionante quantidade de textos foram irremediavelmente gravados na fita da minha memória e é só com um certo distanciamento que consigo compreender a utilidade de um labor como aquele. Fui ajudado nisso por uma certa reflexão que colhi dos lábios de um Irmão de branco.

— Que nos importa que saibais, como o exigimos, as palavras dos antigos textos dos Povos do Sol? Não o compreendeste? É unicamente vossa vontade que cultivamos, além da vossa memória; é a ferrugem que expulsamos de vossos cérebros, nada mais nos importa.

Também exigiam de nós o maior asseio: a regra, portanto, era não usar a mesma veste por mais de três dias seguidos e, a cada mudança de atividade, devíamos lavar-nos com muita água, rosto, mãos e braços. A primeira razão invocada para isso era o simples respeito para com a atividade considerada que, aos olhos deles, valorizava-se com um ser evoluindo totalmente num mundo invisível. A segunda razão, que nos foi dada bem mais tarde, era que não habitávamos, faltava muito, unicamente um corpo de carne e que só a atividade de nosso cérebro ou de nossa consciência bastava para fazer nascerem escórias na superfície de um outro corpo, que o simples trabalho da água ajudava a dissolver.

Da mesma forma, os raros objetos de culto que usávamos diariamente, triângulos, estrelas e turíbulos deviam ser lavados, depois polidos, após cada utilização. Era uma regra de ouro a que não podíamos subtrair-nos. Além do mais, esses objetos deviam permanecer estritamente pessoais. Ensinavam-nos, efetivamente, que um pouco da substância de nossa alma vital impregnava-os pouco a pouco e que esta particularidade tornava sua utilização mais proveitosa.

Este aspecto invisível e quase mágico das coisas excitava muito minha curiosidade infantil; dedicava-me também sempre com prazer aos exercícios de desenvolvimento psíquico, que constituíam grande parte do nosso ensinamento e permitiam compreender as engrenagens íntimas de nosso mundo.

Meu primeiro ano de estudo no Krmel terminou com um acontecimento que constituiu uma virada decisiva em minha vida, acontecimento que nenhum cataclisma poderia apagar, acontecimento cujas repercussões ainda se fazem sentir, como um som de órgão, de existência em existência. Certa manhã do mês de "Adar" fui acordado por uma voz familiar, há muito tempo escondida nas dobras da minha consciência:

— Simão! Simão!

Estremeci e, através das pálpebras ainda fechadas, acabei por adivinhar, na minha cela, uma claridade incomum. Talvez eu não tivesse escutado o grande sino do templo e o sol já tivesse iniciado seu curso...

Na verdade, não era nada disso!

Senti a realidade deste instante como um jorro de doçura em pleno coração. José, o pequeno José de nossa aldeia, estava lá, diante de mim, de pé banhado num raio de luz branca. Sorria e me olhava e seu olhar projetava-se no meu com o brilho de duas águas-marinhas.

Instantaneamente, sentei-me na esteira, sem saber o que me acontecia.

— Simão! Simão!

O chamado de José continuava a penetrar-me com a mesma força convincente e eu via os lábios de meu amigo moverem-se, as dobras de sua veste ondularem como se ele se encaminhasse para mim num passo de dança. No espaço de um instante, fui percorrido por um arrepio; lembro-me de uma vaga, de um eflúvio primaveril que parecia subir do chão e que se aproximava lentamente na direção do alto do meu crânio. Eu era um só olhar, uma consciência única, estendido como um alvo que se oferece à primeira flecha, à flecha iniciadora.

— Olha, Simão, olha! Não sou mais a lembrança de um tempo para ti distante. A lembrança dos entes queridos é só para os que sonham com sua própria morte, para os que fazem de sua vida um suspiro profundo.

Tua mãe, teu pai, Míriam e todos os da aldeia continuam lá em ti, diante de ti... não como simples reflexos, mas com seus corpos verdadeiros. Retira o lacre que fecha as portas do teu coração, ouve a voz deles ressoar em teu ser, eleva tua vontade, esquece tua carne, e seus olhos abrasarão os teus, estou te dizendo...

Achas tua existência aqui muito dura... Mas é tua própria

frieza que descobres. Conheço este lugar, ele hoje é mais quente do que qualquer outro lugar do mundo; conheço-o e por toda minha vida meu saber sacia-se dos tempos antigos.

Achas que os Irmãos são muito severos... Mas é teu próprio egoísmo que sentes. Eu os conheço, são como os músculos modelados pelo esforço... Mas não te detenhas só no músculo que trabalha, capta a força que os endurece.

Aceita esta vida por algum tempo, Simão, e observa as múltiplas faces do Amor.

José calou-se e levou a mão ao coração, a mão esquerda, e todo seu corpo começou a vibrar, a irradiar, como se toda a força do sol estivesse contida nele. Era a Paz, a Beleza total e absoluta e pareceu-me que as paredes do meu quarto se evaporavam, afastavam-se na direção do infinito.

Os rostos de todos os Irmãos do Krmel desfilaram diante de mim num instante, numa torrente de luz límpida, suave, e pela primeira vez encontrei seus olhos, enormes como mundos, e neles eu lia... Sim, tu, Samuel, tu, Moshab, tu, Jacó; eu os reconheço a todos; sei o que fazemos... Meu pai, meus pais, a Galiléia, minha solidão, os invernos frios do Krmel... O Objetivo, tudo tomava-se claro; e estes sete anos, meus sete pequenos anos...

Um clarão veio apagar tudo. As paredes do meu quarto reaproximaram-se com uma rapidez fabulosa, depois José, José e sua luz, espalharam-se em mil clarões. Meu corpo todo formigava e tive dificuldade em manter-me sobre as pernas. Um raiozinho de claridade friorenta indicava-me que o dia mal se levantava. Uma certeza íntima, estranha... e precipitei-me pelo corredor pela primeira abertura que dava para um pátio interno.

Lá embaixo, bem embaixo, havia um ajuntamento de uma dezena de homens, calidamente envoltos em longos mantos, os mulos martelavam o chão com seus cascos impacientes, e, a seu lado, um menino cujos longos cachos avermelhados esvoaçavam ao vento...

José!

Minha respiração ficou suspensa.

Um rumor de passos lentos e regulares finalmente fez-me voltar a cabeça. Era um Irmão de veste branca; vinha procurar-

-me.

— Vamos, Simão! Estão te chamando!

Era Moshab; com ar ao mesmo tempo emocionado e divertido, levou-me sem mais tardar, pondo sobre meus ombros uma aba de seu pesado manto. Curiosos os encontros como aquele com José no pequeno pátio do Krmel... Estávamos lá, sob a luz de algumas lâmpadas a óleo agonizantes, sob os fogos de um sol que lançava seus primeiros raios sobre as altas muralhas.

A meia-voz, trocamos algumas palavras, algumas expressões simples; reinventávamos a arte de falar, nós nos escutávamos entre as palavras.

Rapidamente, tirou de sua roupa dois pequenos rolos de pergaminho, o primeiro, de meus pais, o segundo, de Míriam.

— Eu também vou viver aqui agora — disse-me ele calmamente — preciso estudar durante seis anos.

Sua declaração sem rodeios, pronunciada da maneira mais natural, provocou-me uma espécie de vertigem. Seis anos! Eu também ficaria lá por seis anos! Até agora ninguém quisera responder claramente a esta pergunta que me preocupava desde o primeiro dia... e foi preciso que José...

— Afinal de contas, nós o quisemos... nós dissemos sim ao Pai... Todos na aldeia estão orgulhosos de nós.

José tinha dito estas palavras rindo, como se para provocar uma reação, mas esta não vinha. Meus olhos estavam fixos, sem dúvida estupidamente fixos, e periodicamente parecia-me ver lingüinhas de fogo, listas azuladas brotarem de cada um dos corpos do pequeno grupo que formávamos. Não era a primeira vez que eu tinha essa impressão fugidia, mas não tinha contado a ninguém. Via que estávamos todos cercados por uma enorme concha branca, ou melhor, por um casulo de luz leitosa, apaziguante, atravessado por clarões azulados. Então, de meus lábios saíram algumas palavras:

— Vejam, há pequenas chamas por todo lado...

Logo, minha percepção desvaneceu-se; minhas palavras acabavam de quebrar o encanto.

— Zérah te saúda — disse José de repente, com um olhar em que se mesclava doçura e malícia.

Esta frase teve em mim o efeito de um disparador e centenas de expressões, pronunciadas outrora por meu velho amigo, convergiram ao meu espírito.

A pergunta brotou no meu coração:

— Havia chamas ao redor de vós, elas subiam, espiralavam, dançavam... que é isto?

Duas mãos pousaram nos meus ombros, duas mãos rudes cujos longos dedos eu adivinhava confusamente.

— Logo mais, Simão, depois da grande oração, deves vir ver-me.

Voltei-me. Era o Irmão de véu vermelho, aquele que, um ano antes, tinha incutido em mim o primeiro sopro sagrado do Krmel.

Foi tudo. Não tive tempo para observar seu rosto, ele já se afastava, levando José na direção de uma pequena escada de madeira a que não tínhamos acesso.

Suas duas silhuetas, bem como a de alguns outros Irmãos, sumiram rapidamente da minha vista.

Vivi a hora de oração comum como um sonho, deixando-me penetrar apenas pelas graves sonoridades das salmodias. Olhos fechados, absorvia-me na releitura dos dois pergaminhos que me tinham sido enviados e que traziam, além de sua pobre aparência amarelada, todo o sol e os eflúvios dos caminhos da Galiléia.

Um irmão bateu com força seis vezes mais uma num enorme tambor de madeira, indicando o fim da cerimônia. Então, profundamente, como nossos mestres nos ensinaram, respirei pelas duas narinas uma baforada de incenso destinada a fazer vibrar meu ser mais perto do "Sem Nome".

Felicíssimo por faltar ao estudo da escrita grega, logo tive de situar-me no dédalo dos corredores que levavam ao Irmão de véu vermelho, para mim o lugar mais inacessível de todos, receptáculo de mistérios. Quando um irmão interrogativo tentava interromper meu curso, quantas vezes não falei com orgulho: "Estou sendo esperado?"

Um colosso de espessa cabeleira grisalha finalmente me fez entrar numa pequena peça cuja porta baixa era flanqueada por dois imponentes candelabros de madeira, suportando onze chamas cada um.

Discretamente sentado no chão, a um canto, o Venerável parecia esperar-me.

— Há quanto tempo vês a chama dos seres, Simão? — perguntou docemente, fazendo-me sentar diante dele. — Não te mexas e escuta.

— A chama dos seres?

— O fogo e a água de suas almas, os raios de seu coração. Sei o que vês, Simão, deixa-me explicar-te... Vais saber hoje como o Sem Nome criou o homem e por que o contato do homem esquenta ou queima!...

O irmão sem idade levantou então os olhos e começou a narrativa:

— Há muito, muito tempo, quando o Pai ainda retinha sua respiração, ele saiu do seu sono; então, do ponto central de sua boca redonda e única escapou um longo sopro, o sopro da alma de nossa respiração. E mais este fantástico eflúvio branco se afastava dele, mais caía no infinito desenhando uma espiral com as cores do arco-íris, e assim se transformou em éter, gás, fogo, água e argila.

A vida nasceu de lá, vês, em toda parte na imensidão dos céus. A argila, como um saco sem forma, só sabendo rolar, aprendeu a conhecer a água e a água sentiu que estava percebendo o fogo; o fogo e a água, que repousavam sobre a argila, criaram então os gases. Foi nesse momento que o homem foi formado, a partir da união de todos, revelando assim o éter que dormia em cada um deles. Mas minha história não pára aqui, Simão, ela não pára nos cinco elementos, minha história tem continuação... Deverás descobrir por ti mesmo de que modo ela continua e se multiplica.

Assim, todos nós humanos temos um corpo de terra, outro de água, depois de fogo e assim por diante. Nosso pequeno cérebro humano pode contar seis mais um... Agora, sabe isto, Simão, estes corpos são seres inteiros, têm seus apetites e suas esperanças, e associam-se dois a dois; assim, o ser humano possui, antes de mais nada, três verdadeiros corpos, que são ao mesmo tempo masculinos e femininos em suas tendências; quanto ao último, a jóia de Sheba, compreende-os todos e os coroa com cento e quarenta e quatro mil diamantes.

Eis, Simão, o que consegues ver sob o aspecto de milhares de fogos quando teu coração pode receber sem nada desejar: são os três corpos.

Quanto à jóia de Sheba, teu olho a percebeu uma vez. É o quarto, a base da pirâmide que se impulsiona na direção da luz única. Eis porque os sábios designaram quatro letras para os reflexos dos nomes divinos.

O Venerável fez uma pausa; eu sentia que ele tinha vertido cada uma de suas palavras aliando a delicadeza de seu significado à força das sonoridades que ele imprimia em mim.

Sem as contínuas lições de meus mestres, sem dúvida eu nada teria compreendido da mensagem, mas hoje sei melhor do que nunca por que meu espírito infantil, ao qual tinham ensinado antes de mais nada a sentir, estava apto a receber a "parábola".

— O que teu coração sempre captou espontaneamente, é bom que agora seja dirigido por tua mente. Creio ser necessário ensinar-te, Simão, o que o olho mortal não sabe filtrar. Eu digo "creio" e penso que minha confiança não será traída, porque o que tenho a ensinar-te é uma espada de dois gumes. Ou a utilizarás para despistar o mal e combatê-lo, ou sua lâmina não fará mais do que desenvolver em ti a divisão; percebes o perigo?

Saber ler os corpos alheios deverá ensinar-te a conhecê-los, a ajudá-los, a curá-los e não a penetrar neles, a utilizá-los...

Não te regozijes, Simão, eu não te dou um poder. Nada poderia dar o verdadeiro poder a quem quer que seja. Só o que te proponho é um método a ser desenvolvido e que pode convir-te mais do que a teus companheiros, pois ele parece estar te chamando.

Sabe, então, quais são as três lâmpadas que iluminam o corpo humano e aprende suas funções.

O problema que te exponho é ao mesmo tempo simples e árduo; consiste em reconquistar, através de exercícios apropriados, uma faculdade que se resume em duas palavras: Saber olhar. Todo mundo sabe olhar, Simão? Não falta muito, senão todos veriam.

Fica atento! Para um ser que conseguiu desenvolver em si a capacidade de perceber as três lâmpadas humanas, a aura, é assim que chamamos o conjunto delas, aparece-lhe com a beleza de um grande envoltório luminoso bem nitidamente ovóide. Podemos, com efeito, compará-la com uma concha de luz no centro da qual o indivíduo evolui, como o caroço no coração de um fruto. Os Irmãos também dizem: cintilação.

Sua natureza é extremamente sutil.[1] Mas eu estaria tentado igualmente a falar de exalação, de feixe de correntes[2] deslocando-se segundo ritmos diferentes, já que não posso expressar-me melhor, de tal forma as línguas são pobres neste domínio. Quem consegue percebê-la, tu o sabes, é imediatamente golpeado por seu aspecto gasoso e portanto extremamente móvel, flutuante.

No seu conjunto, nossa aura pode propagar-se até quase três côvados[3] além do corpo que ela engloba. Mas tu o compreendes, os que se iniciam em sua leitura não conseguem, é claro, apreender esta extensão das radiações. A cintilação humana, na verdade, compõe-se de camadas sucessivas, mais ou menos sutis, que só conseguimos descobrir progressivamente...

A parte da aura que envolve a cabeça dos homens será quase sempre percebida em primeiro lugar, pois manifesta-se sempre com uma grande luminosidade. Isso não te pareceria lógico? O cérebro não é uma espécie de mecanismo ou de braseiro alimentando a totalidade do corpo?

É bom que saibas que o ovo da luz, entretanto, não é perfeito em sua forma, no sentido em que se prolonga no alto por uma projeção comparável a uma chama mais ardente do que as outras. Alguns homens dos povos longínquos que às vezes nos visitam também conhecem a existência deste feixe de luz; usam penteados particularmente evocativos.[4] Esta crista, Simão, ou "penacho flamejante" que sai do alto do crânio humano, deve ser compreendida como a manifestação do fogo interior de origem cósmica e divina que anima as criaturas pensantes e continuamente em busca "de outra coisa" que somos. É o sinal da glória de Sheba, sede da suprema consciência humana. Quando a vires, analisarás esta exalação mais forte do que as outras, muito reveladora quanto ao seu possuidor.

Em segundo lugar, precisas saber que a luminosidade e a dimensão da aura não poderiam ser fixas em caso algum.

Elas dependem de uma porção de elementos e de circuns-

---

1 Em nossos dias, diria "elétrica".

2 Entender: de "ondas".

3 Em torno de 1,20 m.

4 Ex.: Os índios pés-pretos e carajás, os mandarins chineses que usam uma pluma em forma de crista na cabeça etc.

tâncias, que definirei. Antes, guarda bem isto: a cintilação do homem compõe-se globalmente de numerosas ondas coloridas que se misturam umas às outras a partir de uma coloração de base, reveladora do fundo da personalidade e das disposições de quem as emite. Sobre este pano de fundo aparecem, em todas as direções, correntes coloridas. São elas, vês, que definem a aura como alguma coisa instável e difícil de captar. Estas correntes de energia, porém, não se deslocam de um modo tão desordenado como pensaste à primeira vista...

— Sim — falei, interrompendo confiante o Venerável cujos olhos pareciam ter-se fechado aos poucos no esforço de deixar exprimir-se o algo que cintilava nele... Vi que se cruzavam e concentravam-se.

— É isso — continuou, sorrindo — elas formam turbilhões, espirais, em inúmeros pontos do corpo. Elas constituem o que chamamos de "elos vitais" e grande parte delas coincidem com os órgãos indispensáveis à vida.

Assim, nosso baço e nosso coração, quanto a isso, são centros de forças privilegiadas, bem como a base do nariz. Verás que algumas zonas destacam-se também por "turbulências coloridas" muito vivas, comparáveis a espirais que dão a impressão de penetrar no próprio corpo humano. Estas espirais te indicarão a localização das "rodas de força" e há algumas particularmente indispensáveis ao equilíbrio, a cavidade do estômago, por exemplo.[5] Por outro lado, existem seis mais uma, capitais entre todas, e que são conhecidas desde o tempo do povo de Atl e em todas as tradições de nossa Terra. Elas são mais ou menos visíveis, da base de nossa coluna vertebral até seu ápice.

Nossa aura, certamente, segue nosso corpo no menor de seus movimentos, adapta-se às suas múltiplas posições, modifica-se seguindo o menor movimento de nossos membros...

É preciso que compreendas definitivamente que ela pode definir-se como um surpreendente campo de energia animada por múltiplas vibrações[6] resultantes de um conjunto de forças ativas no centro de nosso ser físico e de nossa consciência.

---

5 O atual plexo solar.

6 Hoje diríamos "por uma forte atividade vibratória concernente ao mesmo tempo a freqüências eletromagnéticas e psíquicas".

Escuta-me agora com mais atenção, Simão, porque tua vontade ainda se dispersa com muita facilidade; teu intelecto acha que tem a obrigação de complicar os conhecimentos simples que lhe transmito... Estas energias de que acabo de falar-te não se originaram primeiramente dos centros "nervosos" ou "vitais" de nosso corpo... Elas são, antes de mais nada, absorvidas do "exterior" pelas "rodas de força" a que eu, como teus mestres, já fizemos alusão, depois são somente distribuídas. As "espirais" que já deves ter visto representam de certa forma suas portas de entrada em nosso organismo.

— Mas qual é o "exterior", Irmão?

— Tua pergunta é boa, Simão; não é a "atmosfera", não, não ou pelo menos não só a atmosfera. Há no ar que respiras, na luz que absorves, uma energia fabulosa... que nossos sentidos, ainda muito rudimentares, não podem apreender. Alguns sacerdotes sábios do grande templo de Salomão chamam-na de "luz viva" ou "Od".[7] Uma de suas resultantes é o "éter" de minha pequena história. Se observares as cintilações, terás a prova de que mais um corpo humano vive sadiamente, física e psiquicamente, mais suas rodas de força são ativas e aspiram à "Od". Assim, chamamos toda esta energia de "solar" ou "cósmica", de tal forma ela se mostra positiva, nutritiva, vitalizante para o conjunto do ser. Quais são, agora, os três corpos de que de falei?

São três envoltórios:

O primeiro deles, Simão, não merece, propriamente falando, a qualificação de aura, tão pouco se estende sua radiação. É, contudo, o mais visível a um não-iniciado, pois aparece como o mais "denso" de todos. Esta densidade, aliás, deverá fazer com que penses que ele é quase material, de tal forma a natureza de suas vibrações fica próxima da natureza de nosso físico. Dos três envoltórios, verás que ele é o único a adaptar-se exatamente às formas de nosso corpo de carne e que irradia, sobre o contorno deste último, uma superfície da largura de dois dedos, raramente mais. No Krmel, nós o chamamos de "corpo vital"; ele se compõe de éter. Alguns povos da terra vêem nisso uma forma da alma, mas é um erro, uma confusão

7 Deve-se ver aqui a "luz astral" de certas tradições, a luz "ódica" dos celtas, por referência à divindade Odin. O prana dos hindus.

devida às relações que o éter mantém com o sangue.

— Não é parecido com a fumaça do incenso?

— Exato mas ele não tem a mesma instabilidade. É mais ou menos espesso conforme os locais, e de uma coloração cinza-azulada. Mas verás... mais tarde... que em alguns seres cuja saúde é boa em todos os níveis... este matiz às vezes dá lugar a um branco dourado.

O corpo vital é, na verdade, a "aura de saúde", e todos nós esperamos que tenhas a oportunidade de usá-la freqüentemente. Constatarás, também, que esta aura se alimenta ao nível do baço.

Mas, Simão, os Irmãos esperam que não te afastes do caminho, mesmo quando não tiveres muita vontade de segui-lo. Para conhecer e ajudar, te parecerá indispensável pesquisar além do corpo puramente vital.

Então... quando deixamos nosso coração e nosso olhar vibrarem, brilha a radiação de nosso segundo corpo: o nosso corpo emocional,[8] cujos desejos, angústias, decepções, alegrias, disposições naturais, qualidades e defeitos ela traduz. Vais percebê-la a um côvado de distância, além do envoltório vital, e logo compreenderás que é a aura instável por excelência, já que varia conforme o ritmo dos pensamentos e dos impulsos. Sua coloração básica varia de um indivíduo a outro e evolui de uma segunda a outra paralelamente à atividade emocional. Poderás constatar que essa aura astral jamais é identificada como tal, assim como é verdade que um ser não permanece exatamente o mesmo em cada instante de sua vida. Poucos sabem que ela fornece igualmente um certo número de indicações a respeito da saúde de um organismo, indicações que complementam as obtidas através das exalações etéreas. As doenças do corpo são muitas vezes reflexo das doenças da alma, Simão; jamais te esqueças disso e a face emocional de um ser continua muito ligada ao seu lado puramente físico. A aura astral definitivamente não é mais do que a radiação do ego. Mas se o Sem Nome o permitir, não te deterás aqui. Tentarás dirigir teu olhar além dessa segunda cintilação, para que ele descubra um terceiro envoltório, nitidamente ovóide, um corpo que te parecerá menos perturbado do que o anterior.

— Um corpo com uma luminosidade imóvel, Irmão?

[8] Corpo astral.

— Não, Simão, não... jamais algo é imóvel. Seria falso dizer que este corpo continua constantemente igual, mas observarás que na sua superfície discretas vagas se sucedem numa cadência mais ou menos rápida ou regular... Elas nascem em função da atividade mental de cada um.

Agora, sabe que a outra particularidade desta aura mental reside em seus tons básicos, bem menos variados do que os da anterior. Geralmente caracterizam-se por uma dominante clara entre os tons de amarelo, azul e branco.

Não te esqueças disto, também, Simão: quanto mais um ser se beneficiar de uma personalidade corretamente desenvolvida, sólida, brilhante, mais este terceiro corpo aparecerá, forte, estável, semelhante a uma concha de dupla utilidade...

— De dupla utilidade?

— Tudo é duplo... Difusão no meio ambiente da personalidade do ser, com sua riqueza interior e proteção contra todas as agressões exteriores, psíquicas ou mentais... Então, vês, esta terceira aura assemelha-se a um trampolim para a comunicação com o próximo e tem uma proteção contra o que pretende estar em desarmonia com ela. Não é preciso dizer, filho de Joshé, que ela se desenvolve de modo bem diferente em cada indivíduo, a tal ponto que alguns parecem por si só iluminar um grupo de pessoas reunidas, enquanto outros passam por "seres extintos". Infelizmente, alguns homens só possuem seu terceiro corpo áurico em estado embrionário. São quase sempre criaturas versáteis, impulsivas, de reações infantis e muito primárias.

— Quando me ensinarás a ver tudo isso completamente, Irmão?

— Não me entendeste bem, Simão... eu não te ensinarei. Não posso ensinar-te o que deves descobrir por ti mesmo. Compete-me apenas impedir-te de cometer erros, aconselhar-te a respeitar certos detalhes. Assim, é preciso que saibas que as condições atmosféricas podem tornar tua tarefa mais, ou menos, fácil.

Um sol muito bonito, um tempo muito seco facilitarão a visão das cintilações; isto é especialmente verdadeiro ao nível da chama etérea, que sempre se torna mais forte sob a ação dos raios solares sobre o local do baço, criando aí uma leve depressão. Quanto à neblina e à neve, sua presença torna esta percepção igualmente muito simples.

Finalmente, saberás que muita umidade, como a do corpo na água ou ao sair do banho, traz como conseqüência imediata uma importante dispersão da aura etérea, a seguir, em proporções menores, da aura seguinte.

Agora, Simão, é importante saber que a imersão total e súbita de um corpo na água provoca, por uma fração de segundo, a expulsão total do corpo etéreo do organismo. Um corpo etéreo projetado num curtíssimo lapso de tempo fora de seu suporte físico, também desencadeia sempre uma perda de consciência rápida e breve como um relâmpago, mas suficiente para que centenas de coisas possam acontecer a um nível mais sutil. Verás... Um dia vais compreender a importância deste detalhe; isto te parecerá muito claro!

Já que a partir de hoje conheces algumas causas e seus efeitos, evitarás ler os três corpos de um ser saindo da água antes que ele tenha se enxugado cuidadosamente.

Não penses que é uma fantasia imaginada pelos Irmãos! Ao longo de uma jornada e mesmo de uma noite, resíduos orgânicos e outros acumulam-se na superfície da pele. Eles têm sua própria cintilação. Vês, então, que é importante que um corpo se livre deles para que suas cintilações sejam perfeitamente límpidas, não poluídas...

A estas palavras, o Venerável abriu bem os olhos grandes e claros e fixou-os firmemente nos meus. Foi uma sensação estranha, meu coração mais uma vez a sentia, como uma ponte estabelecida entre nossos dois seres. Sem minha inocência infantil, sem dúvida eu não teria suportado a chama daquele olhar que me avaliava...

Alguns segundos passaram-se assim, depois o Irmão de véu vermelho levantou-se lentamente para dirigir-se a uma espessa cortina de linho de um azul profundo.

— Segue-me, Simão! Minha ajuda de hoje não terminou para ti.

Com um braço, afastou o pesado tecido, revelando um corredor estreito. O Venerável empurrou-me à sua frente e imediatamente me fez virar à direita. Encontrei-me numa peça quadrada de mais ou menos quatro metros de lado. Duas das paredes tinham sido pintadas de branco, as outras, de preto. Meu instrutor logo me fez observar uma abertura circular feita no teto. Era por aquele orifício que a luz do dia penetrava no local. Contudo, ela penetrava lá de maneira indireta, o que tornava a claridade suave e regularmente repartida entre as quatro paredes. Constatei também que ao longo delas, no chão, dispunham-se, com uma regularidade perfeita, muitas lâmpadas a óleo em terracota. Assim, parecia, as paredes da peça podiam ser iluminadas também a partir do chão, se se desejasse.

Este dispositivo era ainda mais estranho porque se completava ainda por uma grande prancha de madeira com o comprimento de uma parede e uma largura correspondente a aproximadamente dez centímetros. Ela era utilizada, ensinou-me o Irmão, para encobrir uma série de lâmpadas a óleo acesas diante de um homem sentado no chão.

— Esta peça, Simão, foi concebida assim para servir a inúmeros usos, o mais importante dos quais é o aprendizado e o aperfeiçoamento da leitura precisa da aura, para fins medicinais. Mas, repito-o, não esperes nem de mim nem do conhecimento desta sala uma espécie de receita. Para progredir, será essencialmente necessário modificares teu mental, ou seja, teu enfoque do mundo e dos fenômenos.

Já o sabes, a tomada de consciência do limite dos nossos sentidos comuns é o primeiro passo a ser dado, mas sabe, também, se quiseres que teu caminho seja belo, que este passo deve ultrapassar em muito a simples compreensão intelectual dos fatos. Ele deve desembocar numa reflexão de natureza espiritual, própria a cada um de nós, e que deve levar-nos a considerar o mundo e os seres além do véu muitas vezes opaco das aparências. Farás teu coração trabalhar, Simão, só teu coração! Pensarás com ele e para ele! Se sabes isto intimamente, nada mais tenho a despertar em ti.

Dito isto, cultivarás duas qualidades primordiais: a vontade e a paciência. Aprende, pois, a querer com constância, firmeza e regularidade mais do que com teimosia, porque a obstinação cega ergue muralhas inconscientes, intransponíveis. Assim, que tua doçura seja firme e que tua vontade seja infatigável! Desta forma, nunca te tornarás insensível no teu trabalho. Enfim, teu progresso será verdadeiro desde que não queiras passar pelo fio da espada do teu pensamento o que tiveres diante dos olhos, mas tentes compreendê-lo e amá-lo...

A contar de hoje, peço-te que te exercites regularmente na decifração da luz dos seres. Sabes que os Irmãos em todos os tempos consagraram parte de sua existência aos cuidados e à cura. Que um dia possas ajudá-los...

Os exercícios que te darei agora deverão ser praticados diariamente, com a maior freqüência que puderes.

Em primeiro lugar, antes de empreender o que quer que seja, deverás dedicar alguns minutos a desenvolver a calma e o silêncio em ti. Para tanto, procurarás uma peça nua, de cores neutras, te afastarás de tudo que tenha tons vivos, motivos carregados. No Krmel, poderás escolher... não te enganes quanto a isto, este detalhe é importante. Em segundo lugar, eis o que deverás fazer, olha bem para mim.

O Venerável levantou então a manga de sua veste branca até o alto do braço e estendeu-o diante de si, sem crispação, a mão aberta, os dedos bem separados, na direção da parede branca.

— Para começar, pouco importa o branco ou o preto, Simão, deves simplesmente escolher o fundo pela sua uniformidade e observa bem que nenhum detalhe desse fundo nem de tua mão, nem mesmo um anel, deve ser capaz de atrair tua atenção... Vês como faço, olho na direção da minha mão sem acomodar meu olhar sobre ela. Contemplo-a sem vê-la, olho longe, longe atrás dela.[9] Imita-me... Só o contorno muito vago de tua mão deverá ser registrado pelo teu Olhar. Deixa-te absorver totalmente pela imagem fora de foco de teus dedos separados.

Olha assim durante alguns segundos, depois recomeça demorando um pouco mais. Bem rapidamente, deves conseguir observar um halo bem fino, como uma luva opalescente ao redor dos teus dedos...

— É exato, Irmão, mas já vi muitas vezes esta primeira lâmpada do ser...

9 Tomando de empréstimo um termo de fotografia, poderíamos dizer que a "focalização da imagem" não deve ser feita sobre a mão estendida, mas sobre qualquer coisa imaginária situada bem além.

— Age como se nada conhecesses, Simão. Os mais simples exercícios têm sua utilidade. Achas que sabes, mas, até aqui só o que fizeste foi entrever...

Não, Simão, não... eis o que não devia ser feito... é preciso dominar o desejo irresistível que te fez acomodar teu olhar sobre tua mão. Era um reflexo, mas tua percepção acaba de desaparecer... Muda a posição da mão, aproxima lentamente o polegar do indicador; o éter de teu corpo vai aparecer de novo. Continua e espera-me alguns instantes.

Lentamente, sorriso nos lábios, o Irmão dirigiu-se a um canto da peça, apanhou uma das inúmeras lâmpadas a óleo e pendurou-a num gancho adaptado no teto da sala. Saiu e eu fiquei só, perguntando-me a que se devia aquela chance de ser instruído em separado pelo Venerável do Krmel. Curiosamente, senti-me triste... porque eu devia ficar lá, solitário, enquanto outros estudavam juntos.

E José, que eu tinha descoberto, e Míriam, cuja carta eu tinha lido...

Minha angústia devia sumir bem depressa, o rumor surdo dos pés nus do Venerável fez-me levantar os olhos. Ele acabava de reaparecer, portando uma grossa mecha enegrecida, crepitante de fogo. Num instante a lâmpada suspensa distribuiu uma claridade quente e um tradicional odor de resina encheu-me as narinas.

— Eis um segundo exercício, Simão... posta-te aqui, bem ereto, sob esta fonte luminosa e, de olhos rigorosamente fechados, levanta teu rosto para ela. Irás perceber uma névoa luminosa, amarelada ou esbranquiçada. Agora, principalmente, não te sintas limitado por esta luz, mas tenta, ao contrário, com os olhos sempre fechados, olhar longe à frente e sem esforço; mentalmente, fixa a base do teu nariz exatamente entre teus olhos ou ligeiramente mais alto, conforme a vontade que sentires. Gradualmente vais então baixar o rosto até à horizontal.

Docilmente, segui as palavras de meu instrutor e o que se impôs à minha visão interior causou-me um prazer imenso. À medida que meu olhar se aproximava da horizontal, todas as cores do arco-íris desfilavam lentamente diante de mim. Imediatamente recomecei o exercício e desta vez minha atenção foi mais particularmente atraída por fitas luminosas, azuis e violetas, depois, finalmente, por um ponto de um azul mais profundo que nascia no centro de meu campo de visão.

— Percebes o véu de Ísis, filho de Joshé? É esta pequena esfera azul que deve aumentar a ponto de absorver-te por completo; um dia ele será tão grande que mergulharás dentro dele... Trata-se de teu olho único. Alguns dizem que é o terceiro se bem que de fato mereça o título de primeiro. Sua importância é capital e de seu desenvolvimento vai depender, entre outras, a percepção, mais fácil, das múltiplas auras.

Este exercício que acabo de indicar-te deve durar pouco tempo, Simão, e é preciso saber que não é bom repeti-lo com demasiada freqüência. Três ou quatro vezes por semana serão amplamente suficientes. Ele te permitirá, se sentes necessidade dele, tomar consciência da visão interior que todos possuem.

Este olho, compreendes, não tem mais, claro, uma existência concreta. Ele não existe e sua ação resulta, no plano corporal, do trabalho simultâneo de dois pequenos corpos situados no cérebro humano.[10] Este trabalho só poderá ser realizado de modo duradouro através de uma vontade de pesquisa interior autêntica, de um desejo de união com o seu interior. Vê, nos momentos de concentração e de busca de paz pedidos por teus mestres, o primeiro desses corpos desencadeia uma força que vem golpear o segundo e faz nascer o véu de Ísis.[11] Mas, advirto-te, Simão, não cristalizes tua vontade na percepção do olho único, pois deves saber que não se deve confundir o reflexo de uma luz com a própria luz. Infelizmente, é o que todos nós, humanos, temos a tendência de fazer.

Agora que sabes isso, o terceiro estágio do teu aprendizado se constituirá em saber determinar sobre que tipo de fundo a visão da chama etérea da tua mão será mais fácil. Farás isso rapidamente, depois de algumas tentativas, por comprovações. Alguns seres percebem mais as luzes do corpo contra um fundo claro, outros contra um fundo mais escuro. De nossa parte, aconselhamos-te a escolher os extremos, ou seja, o branco o ou o preto, pois os tons intermediários correm o risco de interferir mais ou menos na percepção que conseguires obter. Agora

10 Trata-se das glândulas pituitária (hipófise) e pineal.

11 Hoje diríamos que o corpo pituitário desencadeia um fenômeno magnético crescente que vem atingir a glândula pineal; daí nasce o terceiro olho.

aproxima-te desta parede e examina a iluminação desta peça. A luz solar saída do teto conjugada com a desta linha de lâmpadas a óleo basta para fazer nascer uma luz suave e regular sobre a parede escolhida. Nisto reside o segredo da última fase de um bom treinamento.[12]

Quando vieres aqui para ver um Irmão numa dessas paredes, caberá a ti colocá-lo à distância de um palmo da tela escolhida. Tu te manterás à distância ideal de duas braças[13] com relação a ele e fixarás teus olhos nele como te ensinei. No início do teu aprendizado, para não seres atraído pelas zonas mais ou menos claras de seu corpo, às vezes será desejável que pisques levemente as pálpebras. Assim, os contrastes, menos vivos, não desviarão tua atenção.

Principalmente, jamais franzirás os olhos, pois não é assim que chegarás a um resultado. Se respeitares escrupulosamente estas condições, tua percepção se ampliará progressivamente, atingirá os três corpos. Mas não deves impacientar-te: longos meses serão necessários para captares toda a gama de seus matizes. Pouco importa, o tempo não deveria contar quando alguém trabalha sobre si mesmo, não te enganes, é exatamente disso que se trata. É somente seguindo o trajeto que te metamorfoseará que conseguirás ajudar o próximo.

Antes que me deixes, Simão, preciso mais uma vez advertir-te contra uma coisa: toda roupa que um corpo usa difunde sua própria aura... Ficarás então atento para não ler esta em vez de ler a do corpo que queres analisar. Lembra-te, a nudez de um corpo limpo é sempre o estado ideal para uma visão precisa,[14] é bem mais do que um detalhe. Só deste modo tua análise se realizará sobre tons não poluídos e localizarás facilmente os órgãos doentes a partir da precisão das manchas coloridas, freqüentemente cinzentas ou pardas, que sua própria aura exalará...

Novamente o Venerável me levou na direção da primeira

---

12 Certamente é possível adaptar este modo de proceder ao nosso modernismo atual. Um tecido de um negro profundo ou uma tela branca perolada podem constituir excelentes fundos. Quanto às fontes de luz, principalmente se o tom for branco, podem constituir-se de duas filas de neon dispostas contra a tela, uma ao rés-do-chão, a outra no teto. O ideal é conseguir uma luz suave e regular.

13 Mais ou menos quatro metros.

14 Em nossos dias, evitaremos expressamente roupas externas ou íntimas sintéticas, como também qualquer tecido colorido.

sala, onde me tinha recebido. Na passagem, seu dedo indicou-me um pequeno reduto ao qual se tinha acesso descendo dois degraus. Podia reter água, explicou-me ele, a fim de possibilitar que um homem se lavasse antes de submeter-se à "leitura das três lâmpadas".

No Krmel, a presença de tantas peças com água me surpreendia mais do que nossa pequena aldeia da Galiléia, onde a onda fresca da fonte tinha um valor sagrado na maior parte de nossos atos. Aqui, a água parecia ser o motor de todo ato, quase tão vital como o ar que respirávamos.

O sangue da Terra, era assim que às vezes nossos instrutores a chamavam, devia, se possível, ser utilizado entre uma e outra de nossas ocupações cotidianas.

— Eis, portanto, Simão: tua presença aqui será desejável meia hora por dia. Serás dispensado, se quiseres, do curso de tradução de nossos textos...

Eu estava na soleira dos aposentos do Venerável de véu vermelho e já um ventinho fresco entrava em minha veste de linho negro. Não pude captar o último olhar de meu instrutor cuja longa cabeleira acabava de ocultar uma parte do seu rosto, mas recebi no ombro a cálida pressão de uma de suas mãos.

— Uma última coisa, filho de Joshé — ouvi, quando me preparava para correr sobre as lajes do corredor. — Lembra-te disto: purifica teu coração antes de ler a lâmpada de cada homem; toma cuidado, pois se não fores semelhante ao cristal, verás o próximo através dos véus das tuas maldades.

A pesada porta fechou-se delicadamente atrás de mim e pus-me a saltar sobre as pedras, atraído pelas salmodias que já se elevavam no templo, como espirais de Paz.

Capítulo 7
A linguagem do leite

Os dias seguintes, passei minhas horas de liberdade a procurar o rastro de José através dos pátios e salas do Krmel às quais eu tinha acesso.

Mas o Krmel era imenso e ainda acontecia que me perdesse por lá.

Será que sua chegada entre nós poderia ter acontecido apenas na minha imaginação? Teria eu concretizado dessa forma meu desejo de romper uma certa solidão?

Ninguém parecia conhecer meu amigo e no silêncio das salas do mosteiro eu quase não ousava pronunciar as sílabas do seu nome que o eco se divertia em amplificar.

Assim, descuidei-me de minhas ocupações cotidianas durante quase uma semana. Os próprios Irmãos que tinham assistido à minha conversa com José pareciam ter desaparecido. Finalmente vi um deles no encerramento de uma longa meditação comum da qual a maioria dos habitantes do Krmel considerava um dever participar.

— José? Não conheço nenhum José aqui, Simão. De quem queres falar-me?

No entanto, eu adivinhava uma certa malícia em sua voz e, com um incrível atrevimento, meu olhar tentou esquadrinhar o seu. O Irmão então deixou escapar um riso tonitruante e levou-me depressa para um pequeno pátio onde poderíamos falar mais livremente.

— Ouve-me bem, Simão, não há mais José aqui. Os que o trouxeram há dez dias não o inscreveram com esse nome. Assim José não existe mais; quanto ao seu novo nome, o Venerável achou que não era bom que fosse divulgado agora. Vês, Simão, designar alguém pelo nome é dar ao mundo uma ascendência sobre ele; ora, o Pai pediu a teu amigo que nascesse de novo, livre de tudo. É por isso que ele está entre estas paredes, para tornar-se transparente, livre de seu passado, livre dos muros da sua aldeia e do pó dos vales da Galiléia. Mas não tenhas medo, voltarás a encontrá-lo. Alguns Irmãos que percorreram as estradas de países muito longínquos precisam falar durante muito tempo com ele. É preciso compreender isso e não esquecer o trabalho que te confiaram, a ti, Simão.

Dizendo isto, o Irmão apoiou o indicador com força no centro do meu peito e, depois de ter esboçado um leve sorriso, abandonou-me lá. Sem saber bem por que, talvez envergonhado por ter deixado escapar um sentimento de impaciência que a todo custo queriam ensinar-me a dominar, senti necessidade de baixar os olhos para o chão; só entrevi as dobras amplas da veste do Irmão que se afastava.

Efetivamente, revi José. Este começou a participar com regularidade das horas de oração e meditação comuns. Mas, findas estas, eu sempre o via desaparecer, ou só ou ao lado de um Irmão muito idoso, cuja calvície nos fazia rir, meus companheiros de estudos e eu, a quem tinham ensinado que o uso da cabeleira longa era um dos sinais distintivos de nosso povo. José às vezes juntava-se a mim nas nossas horas de descanso e sempre por ocasião das refeições comuns, ao entardecer. Dizia-me que seus três mestres, que aliás não eram sempre os mesmos, o instruíam a sós, o que às vezes lhe era penoso. Parecia, a julgar por suas palavras, que lhe ensinavam matérias idênticas às nossas, porém com nuances e aprofundamentos a que não tínhamos acesso. Isto só contribuiu para reforçar no correr dos meses o lado estranho e meio fascinante que sempre tinha visto nele. José, que eu não me atrevia mais a chamar pelo nome, não se tornava contudo mais distante; simplesmente via seu olhar perder-se cada vez com mais freqüência num ponto distante que parecia captar além das pesadas muralhas de terra e pedra. Ele também gostava de falar freqüentemente da aldeia e nós evocávamos conhecidos comuns: Míriam, o velho Zérah e outros... O lado sério de seu temperamento às vezes contrastava singularmente com a jovialidade que podia ser capaz de mostrar. Isto me desarmava um pouco, a tal ponto que eu ignorava sempre se ele queria rir ou pensar no "Sem Nome", como gostava de dizer.

A vida no Krmel, meus contatos com aquele que não era mais José correram assim por mais dois anos, dois anos ao fim dos quais a educação que eu recebia tomou rumo diferente. Pediram-me que participasse dos trabalhos nos campos que, em parte, permitiam que a comunidade vivesse.

— Todo homem deveria conhecer a terra — disse-me um dos Irmãos que nos iniciava no seu rude trabalho. — A terra não é apenas este ajuntamento de poeiras negras ou vermelhas sobre as quais o homem se desloca, a terra é um fermento, um mundo, uma multidão de pequenos seres que refletem a vida do Pai em si próprios. Uma vida que existe, e que pensa, para ser querida por Ele, por nós, a cada instante através dos éons. Em contato com o solo, pés na argila, os Irmãos de Essânia devem aprender a falar ao grão de vida do grão de vida e assim por diante, ao infinito; isto para esquecer o que conhecem de seus corpos, para modelar-se tão pequenos, tão grandes como esta partícula de existência. Este grão de vida é o Uno, e nós somos os filhos do Uno. Eis por que devemos procurar a identificação com a poeira ínfima que o vento joga em nossos olhos. A identificação é a chave da compaixão e a compaixão é a chave do Pai, a chave do Homem.

Contrariamente ao que eu tinha imaginado, sair do Krmel pela primeira vez depois de tanto tempo exigiu-me um esforço real. Para meus dez anos, significava começar a enfrentar um mundo sobre o qual muitas vezes tinham-me dito que fazia os irmãos sofrerem porque esse mundo só sabia viver sonhando. Contudo, voltei a ver com emoção os tons pastéis do campo, o verde tímido das oliveiras, a explosão das amendoeiras em flor.

A partir desta época, nossos instrutores adquiriram o hábito de beneficiar-nos com seus ensinamentos, nos declives do monte, de frente para o mar. Trabalhávamos em pequenos grupos de seis ou sete e então compreendi o "segredo" dos companheiros maiores do que eu que antes eu via saírem das muralhas com um mais velho. Estudar assim, meditar de acordo com certas diretrizes era mais fácil, mais atraente para mim; mas também compreendi que lá residia a cilada. Quem tomava conta de nós naqueles momentos parecia analisar cuidadosamente nosso comportamento, nossas reações, de modo que os grupos às vezes eram reformulados. Precisávamos vencer a tentação de deixar-nos levar pela distração porque a vida da Natureza não é tão calma como geralmente pensamos: há sempre uma folha brotando numa árvore, um casulo prestes a abrir-se, um inseto devorando outro. Durante o trabalho, fosse qual fosse, o silêncio continuava a ser a regra de ouro. Entre os pequenos vales e pomares, só ondulava a voz comedida dos Irmãos de branco que se esforçavam por completar nosso saber e enriquecer nosso ser. De certa forma, reencontrava a vida serena que tinha conhecido na aldeia de meus pais; meus mestres de estudo pareciam-me bem menos austeros do que antes... Será que quiseram pôr-nos à prova, endurecer-nos, adaptar-nos a um determinado ritmo desde nosso ingresso no Krmel?

Soube, bem mais tarde, que uma espécie de rispidez durante os primeiros anos de estudo era um dos princípios de educação do grande centro essênio e nazareno. Particularmente, guardo desta nova vida no Krmel e ao redor do Krmel a lembrança de uma lição que nos foi dada quando cuidávamos da vinha.

Um irmão, muito alto, muito magro, veio nos falar da arte da "linguagem doce" ou da "linguagem do leite" pela qual nosso povo era conhecido em todo o país e até muito além, segundo diziam alguns. Enquanto falava, ele insistia que devíamos prosseguir em nosso trabalho, como, aliás, muitos de nossos mestres o faziam. O conceito de "alta condição", aliás, continuava a ser muito relativo. Os irmãos dos tempos antigos tinham observado, ele nos disse, que os trabalhos executados com as mãos abriam todas as grandes portas do espírito e da memória. Os ensinamentos recebidos naqueles momentos eram, pois, bem melhor percebidos e retidos. Sempre que isso era permitido, e a menos que o visitante que nos instruía não fosse reconhecido como de alta condição, o método era respeitado. Os Irmãos, na sua totalidade, não reconheciam nenhuma hierarquia; simplesmente adaptavam-se, na medida do possível, aos costumes do país e deferiam o maior respeito a alguns seres realmente avançados no caminho...

— Cada frase que sair de vossos lábios é um universo que criais — declarou naquele dia o mestre muito alto e magro, com veste de linho branco. A estas palavras, imediatamente fez uma longa pausa, talvez esperando uma reação, um brilho diferente em nossos olhos. Entretanto nada aconteceu; não vimos nada além do normal nessa declaração. Há muito tempo todos estávamos acostumados a compreender o valor dos símbolos, e as palavras do Irmão evidentemente deviam ser altamente simbólicas...

— Não estou falando através de imagens — recomeçou ele finalmente.

Como talvez o desejasse, nossos olhos ergueram-se, nossos gestos tornaram-se mais lentos.

— Uma frase articulada é um universo, uma palavra pronunciada é um mundo com seu sol, um som emitido é um planeta, uma terra de vida. Sabei que na realidade sois um deus pelas palavras que fazeis nascer de vossa boca. Elas criam e sustentam mundos dos quais não suspeitais, mas que agora não podeis ignorar. Os textos mais antigos que nossa Terra abriga proclamam que tudo começou com um som emitido pelo Pai. Não é uma afirmação vã. A vibração é a vida mais original que se possa conceber. Então é importante, para obrar no caminho do Sem Nome, que as palavras não caiam de vossos lábios, mas fluam docemente como um leite vital. É importante que não surjam como uma torrente, mas se espalhem calmamente como uma onda de frescor. Outros irmãos além de mim ensinaram-vos a analogia e seus princípios, recebei, portanto, minhas palavras segundo esses princípios. A partir de hoje, tentareis ver em cada palavra um sistema solar, absorvereis seu radical significante como luminosidade central, sentireis cada uma de suas sílabas, cada um de seus sons como planetas...

Sabei que estes sons são matéria num plano que vossos olhos e vossa reflexão ainda não conseguem atingir. Guardai bem isto, a matéria é uma força. Precisareis aprender a manejá-la segundo vosso coração, porque, como toda energia, ela se mostra dual, vivificante ou devastadora... Da exatidão da vossa pronúncia, do calor que sabereis nele incluir através das vibrações de vosso coração, dependerá sua ação.

Senti vontade de deitar no chão o pedacinho de madeira com o qual eu besuntava parcialmente os pés de vinha com uma substância pastosa cor de ferrugem. Entretanto, cada um de nós tinha uma tarefa bem determinada e era preciso que a cumpríssemos antes da próxima oração comum. Uma confiança total tinha sido depositada em nós, não podíamos traí-la.

Percorrendo as longas filas de cepas retorcidas que se enroscavam sofrivelmente nos declives da montanha, o Irmão continuou sua lição:

— Sabei que em nossa língua e em nosso modo de ser existem três sons sagrados que deveis aprender a modular com perfeição. Do seu conhecimento e pronúncia exatos dependerão inúmeras coisas que muitos dentre vós realizarão e que serão vistas pelos outros homens como milagrosas. Os sons são o "A", o "M" e o "N". Observareis que não as pronuncio nem no meio do nariz, nem no meio da garganta. Estes sons vêm, quando corretamente colocados, do lugar exato do meu coração físico, do centro de meu peito, da própria raiz da minha respiração. O exercício consiste em fazê-lo ressoar em si o mais próximo possível deste ponto, de modo que toda a caixa torácica se transforme em caixa de ressonância. De olhos fechados, é vosso ser global que deve vibrar nessa hora.

Só quando tiverdes adquirido a pronúncia perfeita de cada um desses três sons sereis capazes e dignos de recitar sua continuação. Aprendei, filhos do Único, que neste exato momento, quando tiverdes atingido este estágio, provocareis em vós uma reação em cadeia que fará vibrar em uníssono a totalidade das células que compõem vosso corpo. O espaço de um instante, vossa carne, vossa energia se transformarão para realizar prodígios que às vezes exigem a ajuda de outrem. Agora imitai-me na modulação de cada uma das sonoridades. Inspirai longamente começando por encher a base de vossos pulmões, de modo que toda a montanha possa vibrar ao entoar do "A". Digo "ao entoar", porque freqüentemente esqueceis, embora vos tenha sido repetido muitas vezes, que a palavra deve afirmar-se como melodia suave, não como um aglomerado de segmentos sonoros.

Em seguida tivemos permissão para sentar-nos e, busto bem ereto, sob os raios de um sol ainda fresco, tentamos nossa primeira emissão correta do "A" dos tempos remotos. Sob a direção de nosso instrutor, o som que saía de nossos peitos foi tão grave que um arrepio correu pelas minhas costas. Nossa entoação dispersou-se depressa; dir-se-ia que queria chegar ao vale para fundir-se com os balidos das ovelhas que lá pastavam. De olhos fechados, como o mestre tinha pedido, imagens salpicaram de luz a tela do meu espírito; percebi o mar e suas pequenas vagas cintilantes, percebi camelos que mercadores aliviavam de seus pesados fardos de cor ocre e púrpura, percebi as pesadas bilhas que homens seminus faziam rolar pelo chão. Senti, finalmente, um véu de luz de um azul intenso recobrir meu ser interior. Depois veio a calma, o silêncio em sua perfeição. Parecia-me que, extinguindo-se, nosso canto tinha anestesiado a natureza ao redor. Nos dias seguintes, recomeçamos este exercício muitas vezes, nas mesmas condições. Isto prosseguiu durante quase uma lunação, depois estudamos o "M" e sua força e finalmente o "N". A prática desses exercícios proporcionava-me uma calma muito grande: era nesse silêncio reparador que surgiam, como um bálsamo de paz sobre minha alma de dez anos, os "por quê" e os "como" da vida. Nosso instrutor na arte da linguagem doce ficou quase um ano entre nós, o que era excepcional da parte de um "mestre de passagem". Compreendemos rapidamente que, ao contrário do que tínhamos imaginado, levaríamos ainda longos anos, quatro, cinco, talvez mais, para poder pretender fundir quase corretamente numa só seqüência os três sons sagrados. Nosso guia nesse domínio repetia-nos com freqüência que devíamos conceber através do mental e do coração as sonoridades em sua perfeição antes de tentar emiti-las. Isso às vezes era difícil de captar, e nossas caixas torácicas respondiam com dificuldade a nossos estímulos. O desânimo nos rondava freqüentemente.

Alguns Irmãos nos tinham ensinado que a ciência dos povos antigos da Terra associava desde o início um número imutável a uma letra, portanto, a um som. Disseram-nos, além disto, que os números atribuídos ao "M" e ao "N" revestiam-se de uma importância toda particular.

— Os números — revelou-nos o Venerável em pessoa — em nossa Terra não passam de um pálido reflexo da Força que eles representam na eternidade. Nos planos da existência próximos do Pai, eles existem como seres bem distintos aos quais o Sem Nome confiou a ordenação de tudo no universo. Vêde neles, entre o infinito e as criaturas, grandes Espíritos intermediários, sem os quais definitivamente não existe equilíbrio, medida ou ritmo. Quando falais, quando contais, pondes em ação sem o saber o prolongamento de suas forças. Compreendei agora que benefício podeis extrair, para o próximo e para vós, de um trabalho consciente e harmonioso com eles. Assim, portanto, a compreensão exata das origens e dos efeitos cria um pensamento justo que se refletirá naturalmente na palavra e na medida justas.

Continuais ainda, Filhos do Uno, semelhantes às folhas da Árvore da Vida, que mal têm consciência do ramo sobre o qual brotaram, que praticamente ignoram tudo a respeito do galho sobre o qual o ramo cresce e que nem sequer suspeitam da existência do tronco central que leva às raízes nutridoras. Isto deve mudar através da compreensão e das palavras justas, deveis mergulhar vosso ser no tronco da vida, deveis tornar-vos o Homem e não mais homens entre os homens!

A fim de facilitar vossa tarefa, em vossas preces solitárias e em vossas meditações cotidianas, recitareis mentalmente o alfabeto de nossa língua. Detendo-vos em cada letra ou som, vos esforçareis por emitir um pensamento de amor pelo Espírito que preside à sua fonte, visualizareis seu oval de luz imaculada.

Por menos que mantenhais puro o coração, esta prática, bem como a de nossas meditações habituais, de nossas purificações, de nossas orações ao Fogo divino central farão germinar em vós uma palavra que fluirá de vossos lábios como o mel, como o leite dos Puros.

Que vossa palavra seja vós próprios; que sua perfeição de termos e pronúncia não seja calculada, mas se afirme como a exteriorização do automatismo desejado por vosso coração.

O final da minha infância foi todo impregnado de preceitos como esse. Eu até encontrava uma forma de jogo na prática dos exercícios vocais que tanto nos eram recomendados. O garotinho que, apesar de tudo, para mim continuava a ser "José", às vezes vinha juntar-se a mim em meus exercícios de vocalização no fundo de um pátio, à sombra de uma figueira que devia ter nascido lá como por encanto. Logo percebi que ao seu lado eu fazia o papel de aluno; parecia-me que ele cantava os sons e as palavras como deveriam fazer os Irmãos mais idosos do Krmel. Acontecia às vezes que a profundidade das sonoridades que ele conseguia expandir fora do seu peito ainda pequeno forçava um ancião a interromper sua marcha e voltar os olhos para o nosso lado.

A segurança e o progresso de "José" estimularam-me, mas compreendi também o que nos separava, o que fazia com que fosse um ser que era instruído à parte, um ser a respeito do qual tinham-me dito:

"Irmãos percorreram as estradas de países muito distantes para conversar longamente com ele..."

Seu rosto, às vezes triste, às vezes radiante, metamorfoseou-se em enigma... e às vezes me assustava.

Capítulo 8
Em torno do velho Jacó

Aproximávamo-nos da festa do "Grande Perdão".[1] No Krmel não se costumava celebrá-la, pois nenhum de nós vivia segundo o ritmo do povo judeu. Entretanto, um pouco de sua atmosfera repercutia em nós, incitando-nos a escrutar ao longe, na direção do mar, os terraços avermelhados e brancos da aldeola vizinha. Acontece que o vento, segundo seus caprichos, nos trazia o som das trompas anunciadoras de festas e isso nos deixava alegres. Os irmãos que outrora haviam assistido ao "Grande Perdão" compraziam-se, nesses dias, em nos fazer viver com muitos detalhes o desenrolar das cerimônias, que no entanto eram sóbrias. Assim, através das palavras pronunciadas, imaginávamos as intermináveis procissões de rabinos, os jogos de luz sobre suas longas vestes franjadas de azul, a devoção silenciosa da multidão, os gestos solenes do sumo sacerdote entrando no Santo dos Santos do Templo para expiar suas faltas e as de todo seu povo. Secretamente, o desejo de todos nós sem dúvida era poder um dia assistir a tais atos. Talvez isso acontecesse um dia mais tarde, quando o Krmel nos abrisse suas portas pesadas e enormes para o mundo. Não era a curiosidade que nos animava, nao era o desejo de um contato com hábitos estranhos à nossa vida comum, era muito simplesmente o desejo de saber, de compreender. Este desejo,

[1] Festa situada em torno de 10 de setembro.

aliás, via-se encorajado por nossos anciãos que queriam que tivéssemos perfeito conhecimento da lei de Moisés. Disseram-nos, infelizmente, que no seu conjunto o povo da Palestina não considerava os fatos sob este ponto de vista. Assim, alguns de nossos mestres muitas vezes tiveram seu acesso a templos e sua participação em pequenas celebrações proibidos. Naquela manhã, enquanto nos mantínhamos colados à muralha, diante de uma estreita abertura gradeada para melhor captar o lamento das trompas que subia do vale, um Irmão aproximou-se silenciosamente de nosso pequeno grupo.

— Precisamos sair hoje — disse sem demora. — Ontem, tarde da noite, recebemos a visita de um mercador da cidade. Ele pediu nossa ajuda...

O Irmão continuou sua explicação lentamente e nós compreendemos que uma espécie de epidemia grassava há alguns dias nos vales e começava a provocar mortes nas ruelas do lugarejo. Com medo de críticas, o mercador estava com receio de ser apanhado e tinha vindo implorar a discrição dos Irmãos quanto à sua iniciativa.

Um leve murmúrio de aprovação, quase de alegria, percorreu nosso grupo instantaneamente. Vamos descer à cidade!

Uma frase breve e seca caiu então sobre nós vinda da altura do Irmão, que de repente se tornara impressionante:

— O preto das vossas vestes vos assenta muito bem esta manhã...

Foi tudo... nenhum de nós achou bom sussurrar algumas palavras e estabeleceu-se um pesado silêncio, entrecortado pelo zurrar de uma tropa de asnos à espera sob o sol, no pátio.

O Irmão afastou-se de nós uns dez passos, depois recomeçou:

— Então, vossa felicidade só toma forma em contato com a dor do próximo?... Daqui a dois anos, a lei de Moisés fará de vós adultos; se vos tornardes semelhantes ao fermento na arte do egoísmo, que consideração tereis para com as horas de oração que vivestes aqui? Hoje, não é apenas do próximo que ireis cuidar, é também de vós próprios... Guardai bem isto, a existência e a propagação de todos os males do corpo jamais teve outra fonte a não ser as emanações negativas do coração dos homens, inclusive do vosso próprio coração, mesmo se o Pai vos chamou ao Krmel! Tirai, pois, vossas carapaças, apressai-vos a despir estas túnicas que vos foram entregues ao entrar aqui e que devem ser o símbolo do apodrecimento do vosso egoísmo...

Cada um de nós retirou-se calmamente para sua cela e apanhou seu manto. Não passávamos de oito ou nove a termos sido informados da notícia; quanto aos Irmãos de veste branca, eram bem mais numerosos. Reencontramo-nos todos em silêncio num canto do grande pátio, sob uma velha figueira. Nosso primeiro trabalho foi carregar os asnos com pequenos jarros de barro vermelho, depois com cestos cheirosos onde reconheci as ervas que tínhamos tido que colher nos dois solstícios anteriores. Estas ervas cheiravam bem, a sol e a lua, e eu agradeci ao Sem Nome por permitir-me talvez aprender sua correta utilização. Finalmente nos ocupamos com nossa alimentação, já que nossa ausência devia realmente prolongar-se por tempo indeterminado. Foi assim que os sacos de pano que levávamos a tiracolo foram enchidos com pães de cevada e bolos achatados. Uma das largas portas do mosteiro rangeu sobre os gonzos e nossa caravana, composta de umas quarenta almas, se pôs em movimento. O calor, ainda tórrido para a estação, logo nos esmagou. Tinham-nos ensinado exercícios respiratórios para melhor resistir-lhe, mas, sob o esforço da descida ao vale pelas veredas pedregosas, tinha dificuldade em recordá-los. Atravessamos durante um tempo nossos vinhedos, depois de uma bela floresta de carvalhos verdes que parecia estender-se até o mar. Falávamos pouco, mas a atmosfera criada pelos mais velhos continuava alegre. Um deles entoou um canto que às vezes ouvíamos flutuar à noite pelos corredores do Krmel; então, num instante fugaz, pensei compreender toda a força que me prendia àquela existência de pequeno monge, àquelas pesadas muralhas de pedra e terra, receptáculos do saber de antanho... Aquele canto parecia um apelo indecifrável, um fio de Ariadne que eu devia poder seguir através do labirinto da minha memória. Por volta do final da manhã, as primeiras habitações apareceram, com seus terraços onde peixes e legumes secavam ao sol. À entrada da aldeiazinha, ficamos logo impressionados pela presença de uma grande quantidade de carneiros, aparentemente aguardando algum sinal, alguma ordem do seu pastor.

Vimos que muitos animais tinham uma marca tosca, vermelha ou preta, bem no meio da testa. Eu ignorava a utilidade daquilo, mas cheguei a supor que aqueles animais seriam destinados a sacrifícios quando a penitência começasse. Meu coração começou a palpitar: um pouco de emoção, um gosto amargo de outrora... Estava muito distante o dia em que meus pés tinham pisado pela última vez as ruelas de uma pequena cidade... Toda aquela agitação, que outrora tanto me fascinava, agora me assustava um pouco. O vilarejo, no entanto, nem de longe se parecia com Jappa. À primeira vista, não passava de algumas ruazinhas embranquecidas pelo sol, varridas por uma brisa marinha, e ao longo das quais alinhavam-se barracas ao acaso. Só a interseção de duas ruas, que parecia fazer às vezes de praça pública, mostrava uma real animação. Produtos da pesca, alguns legumes estavam expostos lá em meio a uma desordem indescritível provocada por uma caravana de camelos e um rebanho de carneiros levantando atrás de si toda a poeira dos caminhos.

Voltando-me, percebi que nosso grupo estava dividido, assim, sem que eu tivesse me dado conta, estava acompanhado só por um pequeno monge da minha idade e por quatro Irmãos. O deslocamento sem dúvida acontecera na entrada da aldeia, para evitar atrair a atenção. O Irmão Moshab parecia ter assumido resolutamente a testa de nosso pequeno grupo e nos guiava com segurança para um ponto que, talvez, só ele conhecia. Observei ao passar que toda aquela multidão, no meio da qual tentávamos abrir caminho, pusera-se a olhar-nos discretamente. Camponeses simples, mercadores ou rabinos, todos, sem exceção, nos lançavam olhares furtivos. Tinham-me dito muitas vezes que no fundo a população da Galiléia estimava os Irmãos de veste branca; sua palavra e sua retidão eram reconhecidas pela maioria. Contudo, a sensação de ser observado, medido, causou-me um certo mal-estar. Finalmente, deixamos o que seria a praça principal para entrar numa viela quase deserta, cujas casas frente a frente às vezes eram ligadas por pesados arcos de pedra. A maioria das habitações tinha uma peça no alto. Foi pelo vão de uma janela minúscula existente numa delas que vimos delinear-se o rosto de um velho com um quadrado de tecido marrom na cabeça.

— É aqui — disse o Irmão Moshab simplesmente.

Um atrás do outro atravessamos a soleira da porta, procurando acostumar os olhos à obscuridade ambiente. Como na maioria das casas que conhecíamos, descobrimos que só uma única peça era iluminada em dois lados por estreitas aberturas gradeadas. Um canto da sala mostrava uma ligeira saliência onde mal se distinguiam as esteiras, cuidadosamente enroladas, depois alguns utensílios de cozinha, cor de terra e fogo. Uma escada muito estreita e visivelmente precária levava ao piso superior. Lá é que apareceu, lentamente, a silhueta do velho cujo rosto tínhamos acabado de entrever minutos antes.

— Que o altíssimo vos abençoe... — murmurou ele timidamente, afastando com o pé uns feixes de lenha amontoados sob a escada. — Não pensei que já estivésseis aqui... Sede louvados...

— Sê louvado também, velho Jacó, mas dize-nos onde está teu filho...

— Está lá em cima... por aqui.

E com uma agilidade que nos deixou boquiabertos, o velho galgou os barrotes da escada e desapareceu no piso superior. O Irmão Moshab o seguiu e nós logo o imitamos. A peça alta era, em sua concepção, bem pouco diferente da outra. Sempre a mesma sobriedade, a mesma cor de pedra e terra, a mesma escada, mas que agora levava ao terraço. No canto mais escuro, nossos olhos captaram, alguns instantes depois, a presença de uma cama de cordas, único móvel da casa. Uma forma indefinível estava acocorada lá, toda enrolada num manto de lã.

— Vede — murmurou o velho aproximando-se. — É meu filho, há mais de dez dias não consegue deixar o leito... tem febre e queixa-se sem cessar do ventre... e há muitos, muitos outros como ele na cidade e nas redondezas!

O filho virou o rosto na nossa direção; a penumbra só nos permitia ver dois olhos febris, de um homem de uns quarenta anos, sacudido de quando em quando por uma série intermitente de tremores.

— Não sabemos o que é — continuou o velho Jacó, passando nervosamente a mão no rosto —, ninguém conhece isso. Sem dúvida vamos precisar fazer muitas oferendas... É preciso rogar ao Altíssimo...

Com um gesto ao mesmo tempo firme e delicado, vimos

então o Irmão Moshab tirar o pesado manto de lã que envolvia o doente e pô-lo cuidadosamente ao lado da cama. O homem, vestindo apenas uma tanga de tecido rústico e enxovalhado, encolheu-se, tiritando muito apesar do calor sufocante que tomava conta de tudo. Maquinalmente, pus-me a vasculhar a penumbra para encontrar os olhos de meu colega, ou os olhos mais tranqüilizadores de um Irmão. Dois dos nossos nos deixaram naquele instante, dizendo que iam descarregar os asnos e preparar umas ervas. Meu olhar então pousou no Irmão Moshab, que se ajoelhava devagar ao lado do enfermo e, de olhos fechados, pegava seus dois pulsos depois os dois tornozelos. O Irmão respirava lentamente, profundamente, insistindo claramente em cada inspiração, como se quisesse filtrar, rejeitar uma força desgastada.

— Simão — disse de repente à meia-voz — torna-te útil agora.

Aproximei-me da cama, lisonjeado e ao mesmo tempo preocupado com o que esperavam de mim.

— Não, afasta-te alguns passos, de preferência. Chegou o momento de pôr em prática o que te ensinamos; olha bem para este homem e procura ver suas três lâmpadas.

Eu estava quase paralisado: era a primeira vez que me pediam uma coisa assim... uma coisa assim em público... e para uma pessoa realmente doente. Então, durante alguns segundos, duvidei de mim, procurei dar a entender que eu não sabia mais, que não era possível. Mas não encontrei palavras e, diante da minha imobilidade, um Irmão de quem só senti o firme contato das mãos sobre meus ombros, levou-me a certa distância do homem deitado, com todos os membros trêmulos.

Eu não podia pretextar mais nada; o pequeno grupo separou-se e eu tentei encontrar uma centelha de calma no fundo de mim mesmo, uma centelhazinha que me fizesse crer para ver...

O filho do velho Jacó tinha fechado os olhos e parecia não esperar mais nada. Rapidamente, pareceu-me rodeado de um pobre halo cinza-amarelado, atravessado por listras de um marrom sujo. Uma espécie de turbilhão, ou de depressão, manifestava-se claramente na região superior do ventre. Dir-se-ia que as energias que pareciam querer ser aspiradas lá, reviravam-se sobre si mesmas para dispersar-se em seguida. A chama etérea mostrava-se fraca, quase extinta.

— Irmão — disse, recuperando de repente o equilíbrio — acho que "o pequeno sol" está doente...

Enquanto pronunciava estas palavras, meu olhar afastou-se do filho de Jacó e voltou a encontrar-se com a silhueta branca e esguia de um Irmão que, evidentemente, observava meu trabalho.

— Está bem, Simão — disse esse mesmo Irmão, como se pronunciasse um veredito. — Realmente é o "pequeno sol" que não funciona mais; ele não absorve as energias do Pai e deixa o corpo sem defesa.

No outro lado da peça, sob um raio de luz poeirenta, o velho estava sentado, a fronte sobre os joelhos, e desfiava com voz fraca um rosário de palavras incompreensíveis: estava rezando. Então, sem terem combinado, Moshab e os outros aproximaram-se de novo do enfermo. Vi-os juntarem os pés, arregaçarem as mangas de sua veste até o alto e com um movimento único estenderem os braços um côvado acima do corpo deitado. Também os vi, instintivamente, regular sua respiração no ritmo daquele que sofria abaixo deles, como tinham-me ensinado muitas vezes.

Vê, Simão, ainda ressoavam em mim os mestres do Krmel, o nome da primeira chave que o homem perdeu na terra é "compaixão". Só ela te abrirá a porta da ajuda total... absolutamente total, absoluta, sem "mas"! Se um ser sofre, procura saber qual é seu sofrimento, procura tomar sua desarmonia em ti, identificando-te com ele. Através disso, respirarás e vibrarás no ritmo desse ser, captarás assim com precisão a fonte da sua doença, a desviarás fazendo teu corpo luminoso tocar o dele. Bastará que o desejes com toda a força do mundo, Simão, que o desejes e conheças alguns procedimentos, alguns gestos simples, tão simples que um dia farão com que os que procuram imposturas e os apaixonados por pedras achem graça. Para quem usa seu coração como um tambor, Simão, o instrumento se esboroa, a poção evapora, o mal roda como a mó de um moinho onde são polidos os corpos de compaixão. Aquece, pois, teu coração, faze tuas mãos brilharem e não existirá dor que possa desenvolver sua espiral, nem mal que continue a tecer sua trama. Aprende também, Simão, que não destruímos o mal dotado de existência própria; porque foi a fragilidade de nossa alma que permitiu que ele formasse seu núcleo. Em cada fração de nosso tempo interior, nós fabricamos mundos! Tinhas esquecido disso? Aprende a ser um pai para esses mundos e não um demônio devido à fraqueza do teu amor.

Os Irmãos ficaram muito tempo ao redor do filho do velho Jacó. Pouco a pouco, a respiração deles foi ficando imperceptível. Era como se estivessem absorvendo a vida através dos poros, como se respirassem com a alma, como se lançassem pelas palmas e pelos dedos afastados raios de fogo. Abaixo deles, o homem que ainda transpirava não tiritava mais; parecia simplesmente estar dormindo. Após trocar rápidos olhares, os Irmãos aproximaram bem mais suas mãos e braços do doente, tomando cuidado para não se tocarem entre si. Com as palmas sempre estendidas, puseram-se em seguida a executar pequenos movimentos verticais, depois circulares, para estabelecer, como costumavam fazer, um elo preciso e sólido com o corpo vital do enfermo.

Nesse estágio do trabalho, meu colega e eu fomos convidados a juntar-nos ao grupo. Os Irmãos, semicurvados sobre o corpo entorpecido, separaram-se para nos dar lugar. Minhas mãos agora estavam acima do peito do doente e pela primeira vez observei, naquele ponto do corpo, depois sobre o ventre, pequenas manchas rosadas. Atrás de nós, os dois companheiros que tinham-se ausentado voltavam a aparecer. Entre ruídos que captei ao acaso, adivinhei que tinham trazido recipientes metálicos do andar inferior. Uma pequena claridade brotou de repente na peça, depois houve crepitações e um forte odor de ervas elevou-se devagarzinho do chão. Não era cheiro de incenso, que eu tão bem conhecia; sentia-o acre e forte, prestes a insinuar-se por todo lado. Finalmente só ouvi o passo regular dos dois Irmãos que se atarefavam dispondo ao longo das paredes pequenas vasilhas com braseiros aromáticos. Ao mesmo tempo, muito rapidamente, as duas aberturas da peça foram tapadas com pedaços de pano velho e grosso. Tive então a impressão de que a escuridão, espessa a ponto de tornar-se quase palpável, nos reaproximava a todos, fundia-nos num só corpo, numa só energia, lutando para transformar qualquer outra força. A alquimia de nosso coração operava...

Doravante só havia um objetivo, uma única razão fundamental no presente que se eternizava: curar. Com toda força de minha alma, pus-me a fechar as portas dos meus sentidos. Devia esquecer o peso de minha túnica sobre meus ombros, minhas mãos acima do corpo e o contato dos meus pés com a madeira do assoalho. Devia também relegar meu corpo a um plano abaixo de mim; aprender a visualizar uma pequena esfera de "não-luz", impregnada de febre, e transmutá-la num sol resplandecente e novo. Perdi minha identidade e a sensação do tempo passado, sustentado pela força do amor que emanava dos Irmãos. Só alguns formigamentos agudos no côncavo das minhas mãos conseguiram, pouco a pouco, quebrar o encanto. De repente o ar pareceu-me irrespirável. Tinha a impressão de que um vapor denso, sufocante, saturado pelos odores acres das terras mais altas, nos esgotava. Inesperada, a voz do Irmão Moshab elevou-se clara em meio ao ar úmido. Era chegada a hora de nos afastarmos do leito. Houve apenas ruídos de passos abafados, roçar de vestes. A claridade de uma lâmpada a óleo que alguém trouxe acabou por tirar-me do meu torpor.

Irmão Moshab deu ordens para que deixassem as aberturas vedadas até o dia seguinte, depois, só, aproximou-se do enfermo que dormia e ajoelhou-se ao seu lado. Consegui vê-lo reunir num único feixe os dedos de sua mão direita e com um gesto lento e grave pousá-los sucessivamente sobre o baço, depois sobre os pulmões do homem. Deixamos assim o mais experiente dentre nós durante alguns minutos e aproveitamos para voltar ao piso térreo, onde sem dúvida poderíamos respirar mais livremente. Doce esperança... Ao pé da escada acabava de arder uma grande quantidade de ervas.

Então saímos rapidamente da casa. O velho Jacó tinha saído antes; encontramo-lo na rua, encostado a um muro, mastigando nervosamente alguns grãos de cereal... Não ousava encarar-nos, sem dúvida com medo de um diagnóstico terrível. Um de nós dirigiu-se a ele e simplesmente pediu-lhe que queimasse todas as roupas de seu filho, inclusive os objetos que tinha usado e ainda usava. O velho não respondeu, só o vimos menear a cabeça concordando.

— Jacó — disse um irmão, adiantando-se na sua direção —, esta noite rogaremos muito ao Eterno pela cura do teu filho e dos outros. Crê na ajuda do pai como acreditas no nascer do sol a cada manhã; assim, nenhum mal conseguirá durar muito tempo...

Uma porta se abriu e depois fechou-se atrás de nós; era o Irmão Moshab que vinha ao nosso encontro. Parecia esgotado e com a mão protegia os olhos contra a luz. Agora devíamos juntar-nos a outros que, como nós, tinham descido do Krmel. Deixei-me guiar cegamente, não procurando adivinhar a lógica de nossa caminhada através do emaranhado de ruelas. Tivemos que cruzar a praça, agora mais calma. Os animais tinham desaparecido; só alguns retardatários e comerciantes empilhando suas mercadorias às pressas ainda testemunhavam a atividade que havia reinado. A sede, além do mais, começava a secar nossas gargantas e tivemos que correr a uma tendinha que expunha algumas frutas cítricas. Tivemos a surpresa de encontrar lá um peregrino de nosso povo que não residia no Krmel. Tinha vindo do Sul, lá onde nossos mestres também dispensavam um ensinamento regular[2] e estava prolongando sua estada na cidade devido à epidemia que não tinha deixado de observar. Segundo suas palavras, a doença já tinha feito muitas vítimas e ele nem se lembrava mais de quantas toalhas de linho tinha atado, segundo o costume, ao redor da cabeça dos defuntos.

Entretanto, a vida continuava seu curso, pois a maioria, dizia ele, esperava muito do "Grande Perdão", das oferendas, da penitência do sumo sacerdote e dos sacrifícios que daí resultariam.

Os bois e os carneiros já tinham sido escolhidos e não havia um pobre que não tivesse oferecido um simples pássaro em holocausto. Para todos nós, embora respeitássemos o pensamento do povo de Israel e admitíssemos seus fundamentos, as coisas não se apresentavam sob um aspecto tão simples. Desde o início tinham-nos ensinado que os homens, antes de mais nada, tinham a própria existência e o próprio destino entre suas mãos e deviam encontrar suas forças em si mesmos, em harmonia com o Pai em vez de unicamente recorrer a ele. Sempre nos foi dito que isso seria uma das condições do crescimento de nosso ser profundo.

2 Sem dúvida Qumrân.

A noite caiu rapidamente, pondo sobre nossa cabeça seu manto violáceo. Fora da aldeia, tínhamos nos encontrado com os outros e lá nos preparamos para passar a noite sobre uma pedra ainda quente, sobre uns ralos tufos de erva. Meus olhos vasculharam avidamente o céu; fazia muito tempo que não conseguiam observar Lua-Sol com calma. Aquilo me fazia viajar na minha memória, que já me parecia tão pesada, fazia-me reencontrar odores escondidos sob os anos.

A estrela estava lá, fiel ao encontro, e pus-me a fixá-la para captar seu curso e seu brilho. Ao meu redor, o ambiente anunciava-se decididamente alegre, embora alguns estivessem preocupados com a gravidade da epidemia. Finalmente, assim que o decidimos, pusemo-nos a recitar longas, intermináveis orações, ladainhas que pareciam querer estender seu murmúrio até o alvorecer. Depois, mais tarde, dois Irmãos levantaram-se para anunciar que quem o desejasse se revezaria em orações durante toda a noite. Ficou decidido que isso se realizaria por equipes de três, assim como três Irmãos ficariam meditando constantemente e em jejum enquanto a epidemia não fosse contida. Compreendi, a seguir, que seu trabalho à distância, e em planos da existência que eu ainda não suspeitava, podia facilitar enormemente a tarefa aparentemente mais concreta dos outros. Eu também queria ficar em vigília; este primeiro contato com a face de uma determinada realidade, o papel que me haviam confiado davam-me uma leve sensação de importância. O treinamento por que tinha passado no Krmel finalmente produzia seus frutos; me convencia de "alguma coisa" e, tarde da noite, senti também uma incrível felicidade em beber o fluir das ladainhas... Os dias que se seguiram foram em tudo semelhantes ao primeiro. Nos dispersávamos pela aldeia, até mesmo pelos campos, e, na medida do possível, nos empenhávamos em dispensar cuidados e conselhos. Só raramente vi os Irmãos recomendarem o emprego de alguma poção. Eles preferiam o calor de suas mãos e de seu coração, sua fé e o conhecimento dos mecanismos íntimos tal como tinham aprendido de seus pais. Três dias se passaram, depois chegou o "Grande Perdão": os sacerdotes desfilaram pelas ruazinhas, envoltos em nuvens de incenso que se elevavam, de todas as casas. Soubemos, por uma terceira pessoa, que o filho do velho Jacó tinha saído da cama no dia seguinte à nossa passagem e quisera comer, quanto a Jacó, não voltou a aparecer. Rapidamente a doença retrocedeu. Não só não notávamos mais novas vítimas, como alguns Irmãos tinham conseguido, em algumas horas, melhoras espetaculares; alguns viram nisso a força da festa; outros, ao contrário, quiseram pagar-nos, mas a regra era aceitar apenas comida se os cuidados exigissem nossa presença durante o dia todo. Tivemos que ficar lá por mais cinco dias após a festa, cinco dias extenuantes, em que os homens de branco deram tudo o que podiam dar.

Ainda hoje, revivendo aquelas horas, não posso deixar de rever vossos olhos, os teus, Moshab, os teus, Judas, e os de todos os outros, vossos olhos claros ou sombrios onde se podia adivinhar tanta luz, vossos olhos que dois mil anos não conseguiriam embaçar...

Capítulo 9
O labirinto

FINALMENTE SOARAM MEUS DOZE ANOS... A VIDA NO KRMEL, outrora tão rude para mim, hoje mais suave, devia deixar em meu espírito uma marca indelével. As intermináveis vigílias de oração, as longas meditações solitárias e os ritos que pontuavam cada hora do dia e da noite só poderiam ter sobre uma alma duas conseqüências contrárias: ou a desequilibram e a despedaçam pelo excesso de rigidez, ou a modelam e a transcendem tornando-a capaz de enfrentar todas as dificuldades da existência.

Enquadrado pela exigência dos Irmãos, no estrito respeito de nossas regras de vida, sustentado pelo calor do seu ser no menor dos meus sofrimentos, tive a sorte de desenvolver pouco a pouco as capacidades e a resistência que esperavam de mim. Eu não sabia para onde ia, mas acabei por compreender que era preciso ir, que eu o quisera assim outrora, nos mundos onde a alma forja sua vida futura. Nazarenos, nazaritas e essênios acreditavam na doutrina dos múltiplos nascimentos da alma. Para eles, reencarnação não era uma palavra vã. Mais do que uma doutrina a ser seguida, ela era, para aqueles homens, uma realidade de todos os dias, que provas contínuas sustentavam. Por outro lado, esta noção de "provas" num domínio puramente metafísico não tinha credibilidade. Cada qual sentia a ordem das coisas com sentidos hoje embotados o que, em inúmeros casos, sem dúvida equivalia ao rigor das experiências que se obstinam a "deixar o espírito na porta do laboratório".

Esta concepção do mundo, aliás, não isolava os Irmãos de veste branca da maioria do povo da Palestina. Assim, entre os que seguiam estritamente a lei de Moisés, numerosos eram os fiéis que acreditavam que a alma continuava sua evolução de corpo em corpo.

Quanto a mim, tudo tinha aparência de evidência e jamais senti a necessidade de interrogar os Irmãos a este respeito... Soube um dia que o Venerável desejava ver-me, bem como a alguns jovens da minha idade. Impacientes e meio inquietos, fomos cinco a passar pela porta dos aposentos do Irmão do Véu Vermelho, do Irmão sem idade. Como de hábito, nós o encontramos de olhos semicerrados sentado numa simples esteira, encostado à parede.

A peça parecia-me menos ampla do que antigamente, mas continuava nua. Dois pesados reposteiros de um azul desbotado mal aqueciam as paredes. Num grande raio de sol, meu olhar captou acima do Venerável uma estrela de oito pontas, um triângulo com o vértice dirigido para o alto e um simples ponto, tudo pintado com muita delicadeza.

— Aproximai-vos — ouvimos debilmente. — Aproximai-vos e sede benditos.

Respondemos e nos curvamos ligeiramente, os braços cruzados no peito como era costume.

— Sentai-vos e tomai deste leite, eu o pedi para vós.

Obedecemos sem pronunciar uma palavra, fazendo circular uma jarra de barro vermelho larga e pesada, cheia de um leite cremoso.

— Vosso tempo entre nós agora chega ao fim — acrescentou o Venerável com uma voz mais forte.

Esboçou um sorriso tranqüilo através de longas mechas da cabeleira cor de prata que lhe caía sobre o rosto; víamos brilharem as duas pérolas de seus pequenos olhos semelhantes ao nácar.

Ele continuou:

— Como percebestes... vosso trabalho aqui nem sempre foi fácil. Exigiram muito de vós, mas só se exige de quem pode dar muito! Que isto seja uma chama para vós em vossa nova vida!

Se vos tomaram muito, foi para dar-vos ainda mais. Cabe-vos agora, portanto, não apenas guardar esses embriões de tesouros que depositamos em vosso cadinho. Misturai-os, fazei-os ferver e expandir em flores escarlates que espalhareis em torno de vós... Contudo, vos guardareis de semear ao sabor dos ventos. Há terras em que o grão germina, outras onde ele seca, por não sentirem a relha do arado há muito tempo. Isto vos foi dito e repetido mil vezes. Logo vossos pais virão buscar-vos e percorrereis o país. Talvez entre vós exista um que imagina que a silhueta do Krmel vai apagar-se de sua alma quando tiver voltado aos seus. É um erro, porque o seus estão tanto aqui como na sua aldeia e seu coração está impregnado para sempre pelo suco destilado pelo Sem Nome. Durante oito anos devereis continuar vossos trabalhos no seio de vossas aldeias, crescereis fazendo mais do que nunca as regras de vida dos filhos de Sdech.[1] Continuareis sendo sempre alunos de nossa Fraternidade até vosso vigésimo primeiro ano, depois sereis autorizados a usar nossa veste de linho branco. Então, somente então, um trabalho, uma missão vos será confiada como a todos de nosso povo, uma missão que o Pai vos pedirá que cumprais até o fim... Talvez até com sacrifício de vossa vida. Minhas palavras provavelmente vão chocar-vos, mas é o que vos desejo, a todos, nos tempos presentes. Isto significará que tereis participado da Grande Obra que se elabora sobre esta Terra; a armadura decisiva estará cravada em vossa alma, a armadura do rubi e do cisne, da vontade única e do Amor total.

Neste momento, vi no olhar do Venerável surgir uma luz, até então desconhecida para mim. Era um fogo e uma onda ao mesmo tempo, um vapor, um sopro que se projetava longe, muito longe no futuro...

Aquele a quem às vezes chamávamos o Justo dos Justos tomou então um pouco de areia de uma taça pousada às suas costas, depois, delicadamente, passando a mão diante dele, ao rés-do-chão, desenhou com os grãos um círculo amplo e fino. Prosseguiu com seu gesto e logo apareceram os quatro braços iguais de uma cruz singular, quatro braços representados por tantos arcos circulares que davam uma impressão de movimento ao conjunto. O sábio terminou seu esquema sobre a laje:

[1] Outro nome dos essênios.

de um lado e outro do círculo, traçou também duas letras do alfabeto hebraico. No Krmel, não utilizávamos este alfabeto no estudo corrente; seu conhecimento, porém, nos era imposto e nós até lhe devíamos uma certa veneração.

À direita e à esquerda do desenho, pude ler assim, respectivamente, os sinais "Heth" e "Caph".[2]

Enquanto agia assim, o Venerável parecia ter tecido à sua volta um verdadeiro véu de silêncio que o isolava do resto do mundo, e nenhum de nós, naquele instante, teria ousado quebrar o encanto sutil que ele acabava de criar a partir de alguns gestos simples. Nós nos contentávamos em vê-lo passear o indicador pelos meandros do círculo, da cruz e das letras. Evidentemente, ele decifrava qualquer coisa naqueles símbolos, alguma coisa que nosso saber ainda pequeno não conseguiria entrever. Finalmente, levantou os olhos e piscou-os uma só vez, muito lentamente, aquiescendo com a cabeça: isto significava que nossa conversa estava encerrada. Num gesto único, nos aproximamos dele então, de cabeça baixa, braços sobre o peito em sinal de respeito, e todos recebemos suas palmas quentes e envolventes no alto do crânio. Senti, curiosamente, que uma página de minha vida estava sendo virada ali, e, ainda hoje, parece-me que naqueles segundos mágicos minha alma infantil amadureceu alguns anos...

Saímos dos aposentos do Venerável, os olhos vasculhando a pedra fria das lajes como se alguma verdade pesada ou uma sentença terrível tivesse acabado de ser pronunciada a nosso respeito. Ouvi simplesmente o ranger das portas que um Irmão fechava atrás de nós.

Minha partida não deveria acontecer antes de duas ou três semanas, mas em meu coração abria-se a ferida fria e crispada dos que deverão deixar tudo atrás de si.

Então uma mão agarrou meu braço, mão firme que me levou para longe de meus companheiros; era a mão de um velho com quem às vezes cruzava pelos corredores e cuja bonomia me divertia muito.

— O justo me encarrega de uma mensagem para ti, Simão — disse ele, precedendo-me numa escada que levava a um pátio interno. — Não ignoras — continuou em tom decidido

[2] O valor numérico destas duas letras é 8 e 100.

— que tudo fizemos aqui para desenvolver em ti certas capacidades. Por diversas vezes nós te sondamos para saber em que caminho o Pai te esperava. Achamos agora que o adivinhamos e como a hora da tua partida está próxima, devemos submeter-te a provas relacionadas com o que está acordando em teu coração... Compreendes?

Eu nada compreendia nas palavras do Irmão e tive simplesmente a vontade de sentar-me no chão, num canto do pátio, sob o sol de chumbo.

— Deves desenvolver tua visão à distância, Simão — disse o velho, dando-me palmadinhas na cabeça — ... e depois tua vontade também. Quando o Sem Nome põe um dom no coração de um recém-nascido, ele o põe na esperança de que este dom não se cubra com a poeira do Tempo. Uma possibilidade inesperada é uma terra gorda deixada sem cultivo, um tesouro desprezado... Que pensarias de um homem cuja família tem fome e a quem a preguiça impede de juntar o ouro que a Força eterna põe sob seus pés a cada curva do caminho?

Eu continuava sem saber aonde o Irmão queria chegar, além do fato de que era indispensável que eu desenvolvesse algumas capacidades de que eu mal suspeitava.

— A existência de todo ser tem um objetivo preciso, Simão. O objetivo de todos nós aqui, num primeiro momento, é a aquisição de uma dimensão que não deverá fazer de nós nem caça nem caçadores, mas fiéis de balança, pontos de equilíbrio. Num segundo momento, é exigido de nós um domínio dos fenômenos que parecem tirar toda liberdade real do comum dos mortais. Isto se opera inicialmente através da germinação, da floração do quinto elemento de nosso ser. Por que isso? Para não falar mais, Simão, para cantar! Para ensinar o homem a cantar a melodia que as estrelas e o Pai inscreveram nele.

Para isso, Irmão, nós te deixaremos três dias...

Eu continuava sem compreender o que o velho homem procurava dizer-me e, no momento, aquilo pouco me importava. Era a primeira vez que alguém me chamava de "Irmão", eis a única coisa que me tocou realmente naquele instante. Orgulhosamente, recebi o título como uma iniciação, como a promessa de uma nobreza futura. Entretanto, pela segunda vez, as palavras verdadeiramente essenciais, fatídicas, golpearam meus ouvidos:

— Nós te deixaremos três dias... te deixaremos três dias num lugar que ignoras. O escuro lá será total. Teu dever, pequeno Simão, se resumirá a isto: encontrar a saída. Mas deverás também encontrar a saída dos teus medos, a saída de teu pequeno personagem de monge, a pedra da luz... Conseguirás ouvir minhas palavras no momento desejado! Agora, pega isto!

O Irmão, cujos olhinhos quase desprovidos de cílios só apareciam através de duas fendas horizontais fininhas, abriu então a mão e pôs, na palma da minha, uma pedra redonda e cinzenta. Revirei-a entre os dedos e vi que um sulco profundo a dividia em dois hemisférios iguais, hemisférios também percorridos por numerosos entalhes que se entrelaçavam, parecendo obedecer a uma certa lógica. Deixando minhas unhas seguirem o dédalo maquinalmente, levantei a cabeça.

José agora estava lá, ao lado do Irmão, e simplesmente me sorria. Ambos, meio curvados sobre mim, estavam com ar cúmplice. Contudo, meu rosto deve ter refletido não sei que vazio interior ou que espanto; num só ímpeto, desataram a rir.

Chegada a noite, as poucas corujas que tinham o costume de sobrevoar o Krmel puderam observar duas silhuetas atravessando o pátio principal. Um Irmão, bem mais jovem do que o que me instruíra sobre a prova que viria, levou-me com ele até um ponto do mosteiro onde raramente íamos: uma sala minúscula, repleta de manuscritos antigos, que exalava um velho e simpático cheiro de pó, um desses cheiros que parecem prestes a falar. A porta, cuidadosamente fechada com um cadeado enorme, embora rudimentar, foi, não menos cuidadosamente, fechada atrás de nós pelo Irmão.

Num ângulo da peça, sob um cofre de madeira que tiramos do lugar, apareceu uma laje de dimensões maiores do que as das outras. O Irmão apanhou um gancho de metal que pendia da sua cintura e encaixou a extremidade num buraco da grande laje de pedra que, assim, revelava-se um alçapão. Sem dúvida, naquele momento eu não tinha idéia do que estava acontecendo, nem para onde eu ia, porque a vista do buraco escancarado, de um negror total, que surgiu aos meus pés provocou em, mim mais curiosidade do que preocupação.

Tinha compreendido bem que deveria passar lá três dias,

alguns metros abaixo da terra, e resolver um problema cujo enunciado eu mal conseguia entrever? Não acreditei.

O Irmão apanhou uma corda comprida, sucintamente trançada, que tinha levado consigo e desenrolou-a na abertura do chão. Depois de prender a extremidade da corda embaixo da laje deslocada, tomou minha cabeça delicadamente entre as mãos.

— Três dias, Simão, é o máximo que será exigido de ti. Que possas antes desse prazo chegar ao final dessas habitações subterrâneas e conquistar o ar livre por tua própria força.

O Irmão de branco então recitou uma breve oração em voz baixa e apertou-me por alguns segundos entre seus braços, como só meus pais o faziam outrora. Depois, de novo, pegou a extremidade da corda. Devia agarrar-me a ela e deslizar naquele poço escuro, provável revelador do meu ser secreto. Foi com o espírito embaçado que penetrei naquela noite nas entranhas do Krmel. A descida pareceu-me longa, embora a profundidade não ultrapassasse, na verdade, a altura de três ou quatro homens. Finalmente, meus pés nus reencontraram a terra meio úmida e eu soltei a corda, Só ouvi breves palavras do Irmão informando-se sobre a minha chegada, depois o ranger da laje deslizando no chão...

De repente... um barulho surdo, seco, cujo eco impiedoso me chegou através dos muros da minha prisão: o alçapão acabava de fechar-se irremediavelmente. Maquinalmente, apalpei meu lado esquerdo onde tinham pendurado um odre cheio de água e uma bolacha de cevada. Não sei exatamente o que fiz durante aqueles primeiros instantes mas, no espaço de um relâmpago, compreendi todo o significado, toda a negra e pegajosa densidade da palavra "solidão". Decididamente não era tanto a escuridão que me incomodava, mas o fato de encontrar-me diante de mim mesmo, suspenso entre o que eu pensava ser e o que eu queria ser. Os Irmãos tinham-me recomendado a prática de profundas inspirações em todos os momentos de perturbação, mas eu nem sabia que estava perturbado: precisava compreender tudo, ao mesmo tempo em que provava minha força saindo de lá o mais rápido possível; e depois, o ar exalava um tal odor, um tal cheiro de bolor...

A primeira resolução foi encontrar uma parede, qualquer

parede, que eu seguiria e então me faltaria visualizar a menor aresta para traçar o plano mental dos lugares. O solo parecia perfeitamente horizontal, pus-me a andar na noite como um sonâmbulo. Minhas mãos não tardaram a encontrar uma parede rugosa, úmida, de onde extraí uma singular sensação de acidez. Continuei então a andar com mil preocupações, os dedos roçando a parede. Localizei assim um ângulo, depois dois, depois três, e finalmente um quarto. Continuei tateando mais um pouco; segundo toda lógica, eu devia ter voltado aproximadamente ao meu ponto de partida. Agora uma idéia precisa a respeito dos lugares podia esboçar-se em mim: a peça representava um quadrado, não tendo mais do que três braças[3] de lado. Deu-me vontade de dar um gritinho; quem sabe seu eco acabaria completando a imagem que eu já fazia do lugar? Não foi um grito que saiu do meu peito, mas dez, vinte, uma enormidade de lamentos que se transformavam em provas da minha existência, uma existência que eu achava imperativamente bem concreta. Eram bóias salva-vidas que eu atirava para mim mesmo. Conseguiria agarrar-me a elas e reencontrar a calma cuja fuga me tinha sido ocultada por uma espécie de auto-hipnose, mas uma suspeita terrível tomou conta de mim. E se eu estivesse mesmo numa prisão, num porão que não seria aberto antes de três dias, e se a possibilidade de saída não passasse de uma mentira pavorosa, teste implacável de minha resistência nervosa e de minha perseverança? Esta idéia foi quase insuportável. Porque, afinal, o que pretendiam exatamente dos meus doze anos se isso não passava de uma espera interminável?

Como me pareciam esboroar-se todos os grandes discursos sobre o Pai que a gente chamava para perto de si nas horas de angústia, nas horas em que o coração fica enregelado dentro de nós! Mas, meu coração estava realmente gelado! Haveria sempre este abismo entre a palavra e o ato, este fosso de incomunicabilidade entre a idéia e a concretização? Instintivamente, enrolei-me em meu manto e meus dedos, encontraram, no meu único bolso, a pequena esfera de pedra do velho Irmão. Parecia-me quente e, no meio de meu oceano de escuridão, esperava adivinhar-lhe os contornos. De vez em quando eu

3 Seis metros aproximadamente.

tinha ouvido irmãos falarem da matéria que às vezes usavam e com a qual besuntavam certos objetos para aumentar-lhes a radiação, para melhor perceber-lhes o éter. Sem dúvida, só faltava que eu também visse nisso uma fábula, como na possibilidade de sair daquele calabouço! Sentei-me no chão, encostado à muralha e acho que comecei a tremer...

Sem dúvida, várias horas passaram-se assim. Atrás de mim só havia doze anos de vazio.

O edifício de orgulho do pequeno monge que já se acreditava Irmão não estava suportando os golpes da provação; a imagem que tinha feito de si mesmo desmoronava pouco a pouco.

Minha vontade tinha fugido pela ponta dos meus dedos; eu o tinha sentido como me tinham descrito, esta substância vital que voltava ao seu mundo, carregada com meus medos.

"Sê um ser que quer, sê um ser que quer", tinham-me repetido tantas vezes nos meus tempos de estudo. "Cada vez que baixas o braço, tua energia vital evola-se do teu corpo em vôo rápido, vai juntar-se a uma força comum, a grande emergência dos reveses humanos; ela vai envenenar um pouco mais a Terra, encerrar-te com mais segurança em tua negatividade. O desespero é uma pirâmide invertida que mina os mundos! Uma máquina complexa perde facilmente suas engrenagens; portanto, sê simples, livra-te de tudo o que todas as manhãs, quando rolas na tua esteira, te faz dizer: 'Eu sou eu'; joga fora tuas couraças de forças vãs e gélidas; faz-te pequeno até te infiltrares na trama do vento, faz-te bem pequeno..."

Minha estranha esfera de pedra com mil nervuras rolava entre meus dedos. Dir-se-ia que acabava de adquirir o poder de ligar-me de novo aos meus mestres, que através dela a voz deles podia sussurrar aos meus ouvidos as verdades esquecidas.

Fazer-se bem pequeno! Num relâmpago veio-me a idéia...

"A porta de um templo é sempre baixa", tinham-nos ensinado também, "e o homem deve sempre encolher-se do alto do seu orgulho para atravessá-la. Mas não penseis que é o Pai que exige que nos inclinemos diante dele, ele deixa seus filhos livres. São os que um dia se dão conta de que cresceram prematuramente, que o edifício de seu arcabouço pesado demais sufoca a chama do seu coração."

Parecia-me adivinhar. Em todos os tempos, os irmãos tinham lançado pontes entre os símbolos e a matéria. Eles não ignoravam que grandes seres de luz falam às almas através de suas imagens. Levantei-me e novamente tentei dar volta à peça; minhas mãos agora acariciavam a parede na altura dos meus joelhos. Um ângulo, dois ângulos sucederam-se, depois, de repente, uma aresta viva, uma ruptura na muralha. Havia uma saída, bem pequena, e eu não conseguia atingi-Ia a não ser andando ao rés-do-chão, de cabeça baixa. Minha percepção do espaço ao redor imediatamente mudou: a julgar pela pouca latitude de que eu dispunha ao meu redor, devia estar avançando numa espécie de desfiladeiro que subia ligeiramente. Novamente, minhas sensações se modificaram; as paredes já não devolviam minha respiração com a mesma intensidade, sem dúvida eu acabava de entrar numa segunda sala. Imediatamente, minha respiração ficou suspensa. Havia alguma coisa lá.

"Alguma coisa" vivia naquela peça... um murmúrio metálico e contínuo, um frescor inesperado. Pensei imediatamente em água e localizei uma pequena fonte, um fiozinho correndo bem na minha frente, à direita. Levantei-me; meu objetivo era estabelecer mais uma vez a localização do lugar. Seis paredes de pedra dura, rugosa, foram assim contadas. Meu recente sucesso animou-me um pouco e, sem demora, tentei procurar a saída pelo mesmo processo. Não havia uma porta ao meu dispor, mas três, aparentemente de dimensões iguais. Desta vez também, sentia-me bloqueado. Parecia-me que um espírito perverso tinha resolvido zombar de mim. Provavelmente, eu iria assim de dificuldade em dificuldade até o fim da viagem; a materialidade dos enigmas que eu devia resolver após algumas horas desconcertava-me. Será que no Krmel tinham concebido percursos inverossímeis com o único objetivo de desafiar a sagacidade e a tenacidade dos jovens monges? Meu espírito esvaziava-se... Devia lançar-me de cabeça baixa por uma das três galerias que se abriam ao nível da terra, arriscando-me a voltar sobre meus passos? Então, por que os Irmãos se deleitavam com tanta freqüência em ensinar-nos "a paciência do gato que observa"? Além do mais, observar o quê? Que havia lá para observar, para desvendar, se eu estava só? Então, comecei a rezar, a rezar e rezar com toda minha vontade que não queria vacilar. Quantas fórmulas não repeti assim, na esperança de alguma manifestação miraculosa e salvadora? Provavelmente, centenas e centenas. Rezei tanto e tão bem que me vi agindo como autômato; meus lábios articulavam palavras, frases, sem que meu livre-arbítrio interviesse. Eu era uma mola que se distende, que desenrola sua espiral até a liberação total do seu eixo.

O sono foi minha libertação; mergulhei em enormes triângulos luminosos, nadei ali e, ao despertar, meus lábios pronunciavam sempre as mesmas palavras. Não tinha a menor idéia do tempo que tinha passado, mas em meu espírito estava impregnada a sensação de uma atividade intensa. Sem refletir, ajeitei meu manto em volta de mim e engolfei-me no corredor central; algo me dizia que ele representava o fiel da balança tão procurado pelos Irmãos. E houve uma terceira sala... ainda hoje percebo suas dez paredes lisas e quentes, aquela pungente sensação de abafamento. A história recomeçava, sempre idêntica a si mesma... minha bolacha pareceu-me ridícula, deixei-a de lado. Três outras salas sucederam-se assim, comunicando-se sempre por desfiladeiros de formas diferentes, cujos detalhes não guardei.

Cada uma das peças que eu descobria tinha um número de paredes superior à precedente. Na terceira, contei dez, na quarta, doze, depois dezesseis e, curiosamente, surgiu uma peça pequena, cuja forma irregular me escapava. Parecia-me que as paredes se deformavam. Saí de lá por uma porta larga e certamente alta que levava a uma sala sem dúvida enorme. Parecia circular e suas muralhas polidas com perfeição apresentavam inúmeras facetas de uma superfície superior à das minhas mãos.

Eu estava cansado, cansado por todos aqueles problemas, por todas aquelas soluções que não levavam a nada. Queriam realmente que eu vivesse aquela vida durante três dias? Cheguei a pensar que eu ficaria lá... Mais uma vez o sono me venceu; um sono vazio. Tinha a constante impressão de que a aparente ausência de vida dos lugares infiltrava-se em mim progressivamente e cavava um abismo no mais profundo do meu ser. Eu já não achava mais que estava me dirigindo para uma saída, mas para uma espécie de exéquias interiores. Este estado de torpor, depois de inconsciência, certamente prolongou-se por muito tempo.

Ao meu "despertar", contudo, alguma coisa havia mudado. Um instante, quase pensei que podia enxergar no escuro e tive até a sensação de estar em casa. Os fatos, a caminhada que me tinham feito seguir até agora, alinhavam-se em meu espírito com uma clareza espantosa: eu tinha descoberto sete peças; cada uma delas dotada de características próprias: ambiente, dimensões, formas, calor, tudo era diferente. Compreendi que tinha viajado entre os símbolos dos estados de consciência humana. Aquelas sete salas não significariam as sete rodas de fogo do corpo do homem, sobre as quais o Venerável tinha-me falado? Aqueles três canais que, com freqüência, ligavam umas às outras não poderiam ser identificados com a tríplice chama da Terra-Mãe, ao fogo serpentino subindo ao centro de nossas vértebras? Parecia-me claramente que devia encontrar-me no topo da árvore vital de um homem cuja imagem os Irmãos dos tempos remotos tinham construído embaixo da terra. Será que esperavam que a cada limiar transposto um novo nível de consciência se abriria? Sendo assim, eu devia concluir que a experiência terminava num lamentável fracasso. Tinha encontrado minha rota como sem dúvida um simples rato o teria feito, ou seja, sem a chama interior que me haviam prometido. Eu cavava em mim um buraco em vez de encher-me de uma força nova...

De repente, três palavras me golpearam com uma violência inusitada:

"Quem és tu?"

A voz tinha sido interior e exterior ao mesmo tempo, nem amiga, nem inimiga.

"Um rato! Um rato!", lembro-me de ter tido vontade de gritar; e uma resposta, um sopro penetraram então em mim, muito claros, calmos e com uma nitidez perfeita.

"Simão! Simão! Falas de buraco, de abismo, mas não é necessário escavar para encher? Lembra-te dos cantares do Templo: 'Esvazia, esvazia tua alma e ela se encherá com o Eterno.' O rato é uma imagem da promessa dos tempos que virão; é chegada a hora do Homem que mergulha no labirinto do seu crânio, nos meandros do seu cérebro e volta à sua fonte de origem. Seu nome está inscrito nos céus ao lado d'Aquele onde matam sua sede, na corte do Pai, os filhos pródigos. O rato vem do ponto onde o sol nasce. Ele brilha, promessa do astro interior![4] É preciso ver o centro do alvo, o coração da árvore; tira as cascas, não te deixes aspirar por sua eterna ronda magnética. Diminui tua corrida! Junta-te ao teu eixo!"

Pulei sobre os dois pés e, como um sonâmbulo, precipitei-me para o suposto centro da sala. Dei assim uns vinte passos, depois comecei a sentir a curiosa sensação de afundar no chão. O declive era forte e sem a menor dúvida me levava num movimento de espiral, como logo me mostraram as paredes de pedra à direita e à esquerda. Novamente, a planta dos meus pés encontrou um plano horizontal. Então, rapidamente, tateando, percebi que uma galeria levemente abobadada abria-se à minha frente. Parecia ter sido escavada na própria rocha do solo e lá eu avançava sem dificuldade.

Depois, sem transição, o percurso tornou-se desconcertante; a galeria enviesava para a direita, depois para a esquerda, e assim por diante, indefinidamente, parecia. O que aconteceu então desencadeou em mim uma reação de pânico; mais uma vez minha confiança se esboroava. Uma, duas, três, quatro galerias abriam-se nos lados, distribuídas de maneira irregular, verdadeiros desafios ao instinto que, um minuto antes, tinha-me revestido com a couraça de confiança de um cego. Tomei a primeira à direita, ou à esquerda, não me lembro mais, mas fiz isso sem refletir. Esta, por sua vez, dividia-se em quatro outros corredores. O que segui com a mesma inconsciência, como todos os outros que percorri em seguida, executava um amplo movimento circular. Logo compreendi que estava na engrenagem de um labirinto que podia obrigar-me a dar voltas ao redor da saída. Quase corria, como se só a rapidez pudesse dar-me a luz que de novo se afastava. Formas roçavam em mim, tive a nítida sensação, e pus-me a sonhar com os seres subterrâneos que certa vez tinha descoberto na companhia de um irmão... Eu não estava só! É claro que não podia estar só... e isso desde o início. A solidão, tinham-me ensinado, é a arma-

4 Submetemos estas palavras aparentemente enigmáticas à consideração do leitor. De um ponto de vista ao mesmo tempo simbólico e sonoro, ele poderá orientar suas pesquisas sobre as palavras "RAM", "RA", e "RATO" (linguagem fundamentalmente solar).

dilha de quem fecha os olhos.

"Quando fechamos os postigos de nosso coração, só percebemos a nós e quando não percebemos mais nada a não ser nós, a única coisa que fazemos é olhar para nós mesmos. Então, nos amamos ou detestamos, mas tiramos a casca, nos dissecamos, esparramamos nosso ser, tornamo-nos mais do que nunca incapazes de captar a união, aliás, a unidade das coisas. O ermitão jamais está só, ele capta a vida que fervilha até no ar que respira e, captando-a, transforma-a numa vida ainda mais intensa que ele projeta na esfera universal."

Era assim que os Irmãos falavam.

Parei de repente e comecei a soluçar. Evidentemente, impunham-me um retorno para dentro de mim mesmo, coisa de que talvez eu não fosse capaz.

O que aconteceu então continua ainda na minha alma com a força tenaz de uma realidade saída de um outro mundo.

Enquanto eu me deixava escorregar no chão, uma mão pousou docemente no alto do meu crânio. Sobressaltado, levantei os olhos. José estava lá, de pé, rodeado por um halo de luz azul magnífica, radiosa. Simplesmente sorria, e seus olhos, de uma claridade inimaginável, insuflavam em mim a força das conversações mais belas. Desdobravam em minha alma uma fita de palavras encantadas das quais não saberia, nem conseguiria, reproduzir uma só.

A visão, ou a presença, esfumou-se quase imediatamente. Bastou para fazer nascer em mim uma rocha de serenidade e para provocar um silêncio capaz de construir mundos.

No lugar onde José estivera, havia uma enorme pedra cúbica, de um negro intenso, que se destacava sobre um fundo de um branco total e luminoso. O cubo estava lá, diante de mim, como uma construção colossal reinando no alto de uma série de degraus. Atrás dele, eu sentia a presença reconfortante de uma força incrível, de um poder que eu não conseguia qualificar mas com o qual me sentia em comunhão íntima. De novo, por duas vezes, uma voz me chamou. Parecia vir detrás do cubo gigantesco. Chegou-me ao mesmo tempo como uma súplica, uma ordem e um encorajamento.

Entretanto, sentia a curiosa sensação de que meus braços se transformavam em duas asas pesadas que eu não conseguia levantar. Minha garganta apertou-se e provavelmente desandei num rio de lágrimas... Não sei, porque a consciência que tinha do meu corpo estava totalmente modificada. Na verdade, eu não era mais um corpo; eu habitava uma carcaça, um conjunto de vísceras profundamente estranhas a mim mesmo. Sentia-me pequenino dentro de uma veste muito ampla, tão pequeno que com estranha facilidade eu podia sair dela à vontade. O interior do meu corpo mostrou-se assim, órgão por órgão, lentamente; via meus músculos inflarem e distenderem-se, meu sangue borbulhando nas artérias, meu sangue secretando sucos e meu coração palpitando de forma lancinante. Para mim era um espetáculo frio, desprovido de emoção. Um olho interior me fez voltar ao centro de meu crânio. Vi ali uma rede inextricável de fibras fosforescentes percorridas por arrepios. A energia circulava, impalpável, continuamente alerta. Eu via, sentia, o fio condutor que seguia a vida através do labirinto do meu cérebro. A pedrinha cheia de nervuras... Era uma brincadeira de criança, um trajeto de um rigor surpreendente. Cada centro estrelado, cada impasse, tinha sua razão de ser e parecia reunir numa única entidade alegrias e tristezas, vitórias e fracassos.

Brutalmente, tudo desapareceu; eu só consegui distinguir o corpo de uma criança de doze anos que parecia estar dormindo, deitada de lado, na interseção de duas galerias. Eu estava reduzido a um par de olhos e a um estado de alma submisso a eles em meus deslocamentos. Não compreendi imediatamente que era meu corpo que eu podia assim contemplar e aquele corpo pareceu-me estranho. Talvez a morte fosse aquilo... Pouco me importava. Um vento de liberdade tomava as rédeas de meu ser e só isto me interessava.

Então, sem que meu consciente tivesse que intervir, senti uma força invisível puxando-me através dos estreitos corredores abobadados do labirinto de pedra. A escuridão metamorfoseara-se num crepitar de luzes brancas e azuis e a interminável sucessão de cores aparecia-me com tanta nitidez como se estivesse sob um sol radioso.

Logo, meu olhar, que agora queria abranger o labirinto em sua totalidade, encontrou um enorme bloco de rocha cinzenta fechando parcialmente um buraco na muralha. Uma luz fria mas crepitante de vida brotava da fenda. Sem que me desse conta, vi-me do outro lado do bloco rochoso. O assombro era total; abaixo de mim estendiam-se a perder de vista florestas de carvalhos verdes e tapetes de flores amarelas e roxas, enquanto lá embaixo, bem lá embaixo, ao longe, a linha azul do mar estendia-se indefinidamente. Tanta beleza, tanto frescor inesperado inundaram-me de felicidade. Eu tinha a sensação de estar flutuando pelos ares e, sem precisar voltar-me, percebi atrás de mim a massa impressionante do Krmel e as poucas construções anexas a ele. Parecia-me estar contemplando tudo aquilo através de uma esfera branca, ou melhor, de um ovo translúcido, um ovo de paz, de profunda calma...

Esses instantes de êxtase e de liberdade infinita prolongaram-se, depois achei que alguém ou alguma coisa estendia um véu negro diante dos olhos da minha alma. Novamente eu estava aprisionado e erguia com dificuldade meu corpo entorpecido. Mas não era mais o mesmo Simão que continuava encerrado nos dédalos subterrâneos do Krmel, era um ser que finalmente acabava de compreender o verdadeiro sentido da palavra "prisão" e que tinha a impressão de acordar de um sonho de doze anos. A partir de então, encontrar a saída do labirinto foi uma brincadeira de criança. Eu estava dotado de uma espécie de bússola interior e bastava que me deixasse guiar por ela sem fazer com que minha razão interferisse. Logo eu estava diante do pesado bloco de pedra que meus olhos de luz tinham conseguido detectar um momento antes. Um vasto raio de sol infiltrava-se ainda por uma anfractuosidade da última parede, bastava-me segui-lo e atravessar um pequeno poço d'água em nível mais baixo para me perder entre os carvalhos...

Mais tarde, quando voltei ao Krmel, meus instrutores me explicaram que o percurso que me tinha sido imposto seguia uma linha de força telúrica que os iniciados de tempos antigos tinham conseguido localizar com precisão e canalizar segundo o objetivo estabelecido. Eles me ensinaram que aquela prática não era rara e que as sete salas que eu tinha atravessado representavam condensadores de energia cuja função era ativar os diversos centros sagrados do corpo humano.

"Existem duas forças primordiais", disseram-me os Irmãos mais velhos, "a da Terra-Mãe e a do Pai Cósmico." Eu tinha passado pela iniciação da primeira destas duas forças, a do sólido e das energias germes. Também a chamavam de Iniciação da Terra-Virgem. Sua finalidade era despertar todos os impulsos profundos do ser humano, expulsar um certo número de escórias da alma através de um autoconhecimento e finalmente de um autojulgamento. O ser que passasse por ela só poderia entrar em si mesmo e empreender um trabalho de sapa de tudo o que não fosse realmente ele. De certo modo, ele se despia sem ter sequer a opção de se perdoar a menor fraqueza. Esta iniciação parecia-se com a morte, mas, como toda morte, ela se transformava em portadora de germes de ressurreição. Era este o símbolo e também a força do número sete, do Shebas[5] da tradição oculta de Moisés e dos Irmãos.

"Muitos homens e mulheres", disse-me o Irmão Moshab por ocasião de nossa primeira entrevista, "pensam que podem desprezar a Terra-Mãe que os alimenta. No entanto, sua força é indissociável da Força celeste. Cada um tem o dever de assimilar e dominar todas as energias da Virgem original, que se torna matriz negra, antes de poder apresentar-se como ele mesmo diante do Pai. Existem, pois, duas energias ao nível dos seres de carne que somos, duas energias que podem transformar-se estupidamente em bem ou em mal se não soubermos compreendê-las. Contudo, se a Mãe vem antes do Pai no caminho da ascensão, sua força pode apenas dormitar se ele vier tirá-la de seu sonho como Bem-Amado. É preciso que uma corrente de Amor desça para que a outra possa elevar-se para juntar-se a ela na fonte de origem. A força total nasce desse intercâmbio incessante e concretiza-se num único fogo, glorificado, que se coloca entre os outros dois, o Fogo do Sem Nome. Ele continua a ser sempre o fruto da suprema iniciação, o bastão Thot; de nossos Irmãos da Terra Vermelha. Continua a ser eternamente o rumo correto do verdadeiro iniciado que abriu seu caminho no meio da escada em espiral de trinta e três barrotes. Quanto à iniciação do Pai, ela leva o sagrado nome de Noé. De agora em diante, tua preocupação será buscá-la. Só comeste um pedaço de pão, agora precisas de vinho!"

Meus últimos dias no Krmel foram meio enfadonhos. Uma

[5] Isto, sem dúvida, deve ser relacionado à divindade hindu Shiva, igualmente imagem de uma morte anunciadora de renascimento.

chama verdadeira pela primeira vez tinha brilhado em meu coração e precisavam arrancar-me à força dos lugares e dos seres que tinham dado origem à minha metamorfose!

Eu procurava o rastro de José para declarar-lhe minha afeição e confiar-lhe o segredo das minhas angústias e das minhas exaltações, mas disseram-me que eu não o encontraria. Ele devia ficar isolado por algum tempo; tive que me resignar.

Uma bela manhã, quando começava minhas abluções rituais, um Irmão irrompeu no meu quarto e anunciou-me a chegada do meu pai. Reencontros como o que se seguiu não podem ser descritos. Seis anos tinham um peso enorme na vida de um rapazinho e eu não sabia se era alegria ou medo o que velava meus olhos. Na hora trocamos poucas palavras, tínhamos coisas demais para dizer-nos. Os asnos aguardavam no pátio, era só o que nos importava.

Então, uma última vez, escutei o rumor dos meus pés sobre as lajes do Krmel, uma última vez meu olhar abrangeu a enorme construção.

O caminho para Jerusalém era longo, era preciso partir...

Capítulo 10
Jerusalém

"HAMLA, HAMLA...!"

À nossa frente, à margem do caminho poeirento, dois vendedores de água arengavam para os pequenos grupos de peregrinos e de mercadores que, locomovendo-se com dificuldade, seguiam para Jerusalém. Naquela estação, em que o sol já era quente, encontrá-los parecia uma bênção. Era um pretexto para desmontar, para deixar os asnos pastarem e para conversar com os que, como nós, viajavam. Havia quase uma multidão naquela estrada que atravessava toda a Galiléia, chegando às portas do Grande Templo de Salomão. Aproximava-se a Páscoa, estávamos mais ou menos no décimo dia do primeiro mês, segundo o calendário dos sacerdotes de Jerusalém. Meu pai logo de início tinha-me dito que não poderíamos parar na aldeia, o que exigiria um importante desvio. A lei exigia que toda criança fosse apresentada no Templo por ocasião da Páscoa que antecedia seu décimo terceiro aniversário. Portanto, eu não podia fugir à regra geral, mesmo que seu valor não fosse reconhecido por nossa fé. A rigor, estava combi nado que não podíamos assistir às cerimônias dos dois primeiros dias da festa. Quanto a mim, pouco me importava: entrar em Jerusalém, admirar suas casas magníficas, seus palácios e seus templos, tudo tinha o encanto de um sonho. A jornada foi longa, mas deu-me enorme prazer; permitiu que reencontrasse meu pai, como antigamente, com suas mãos grandes e calosas, sua voz cálida e discreta, sua presença de uma solicitude tranqüilizante. Só umas rugas a mais marcavam sua fronte. Esses detalhes levaram-me há muito tempo atrás e me distraí retraçando diante de mim o rosto de minha mãe, o rosto de Míriam e de tantas outras pessoas que outrora eu tinha deixado num recinto sobre uma encosta... Que rosto os anos tinham modelado nelas? Senti prazer também em descobrir toda a região que atravessávamos e que eu só conhecia através das narrativas dos mercadores. Era uma sinfonia verde-amarela; a perder de vista, meu olhar só percebia vales e árvores em flor. De tempos em tempos, um bosque de ciprestes erguia sua silhueta escura contra o céu, enquanto as oliveiras pareciam querer ficar ligadas à terra.

À medida que nos aproximávamos de Jerusalém, a paisagem mudava. Em menos de meia jornada os vales luxuriantes deram lugar a uma sucessão de colinas áridas onde bandos de carneiros disputavam as pobres ervas do solo. Passamos por algumas aldeiazinhas, manchas brancas e ocres no flanco das colinas nuas ou no centro de um olival. A festa já se anunciava lá; o som estridente da flauta enchia suas vielas e numerosos grupos de peregrinos organizavam-se. A não ser na noite em que encontramos um bethsaïd, tivemos que dormir ao ar livre, cuidadosamente enrolados em nossos mantos.

Certa manhã, finalmente — devia ser a quarta depois de nossa partida — as altas muralhas de Jerusalém perfilaram-se no azul intenso do céu. A vista pareceu-me mais bonita do que tinha imaginado. A cidade era encravada na montanha; dir-se-ia que tinha absorvido ao mesmo tempo toda sua majestade, toda sua austeridade e também todo seu calor. Eu a vi como uma construção única ou uma só força, cor de rocha. Distribuía-se ao redor de um bloco: o templo cinza e ocre como a terra dos pastores. Mas naquela manhã, Jerusalém não era só aquilo; a um observador atento ela mostrava um mosaico de tecidos multicores, de véus, de cortinas, algumas flutuando ao vento acima dos muros. A seus pés, a montanha apresentava aqui e ali belos espaços verdejantes. Uma multidão ruidosa amontoava-se lá, esgueirando-se entre as tendas dos nômades e algumas casas humildes. Logo nos incorporamos a ela e nos pusemos a abrir caminho, puxando com dificuldade nossos asnos assustados com as longas procissões de camelos e com os gritos dos mercadores.

O objetivo do meu pai era chegar a um grupo de casas acinzentadas um pouco afastadas das muralhas. Era uma espécie de bethsaïd, um conjunto de construções erguidas pelo povo de Essânia e se destinava a ser um local de acolhida para os Irmãos, um centro de cuidados para os doentes ou necessitados. Todos podiam entrar lá à vontade e não se pedia nenhum pagamento em dinheiro. A boa vontade de alguns viajantes de passagem e o trabalho da comunidade dos Irmãos de Jerusalém bastavam para mantê-lo. Inúmeras eram as mulheres que lá davam à luz, inúmeros os pobres ou mendigos que iam lá reclamar o que acabavam considerando seu direito. Meu pai afirmou-me que aquele abrigo até então jamais tinha dado lugar a abusos por parte do povo. Embora não fossem apreciados por todos, os Irmãos de veste branca pelo menos gozavam de respeito geral. Sua reputação de honestidade cercava-os de uma espécie de aura que bastava para protegê-los.

Eu sabia que tínhamos alguns parentes naquele bethsaïd e assim esperávamos encontrar um quarto, o que certamente seria impossível dentro dos muros. Entretanto, a Páscoa tinha começado na véspera e, não obstante a acolhida calorosa que nos foi dada, só puderam oferecer-nos um canto da estrebaria, o que, em certo sentido, não me desagradava pois as noites lá certamente seriam mais quentes. O Irmão que nos recebeu confirmou-nos que as formalidades de recenseamento estavam previstas para o dia seguinte. Diante dos sacerdotes e letrados, eu devia anunciar que tinha nascido de Joshé, o oleiro de uma aldeiazinha do centro da Galiléia; que acreditava no Eterno e que seguia a sua lei. Sem dúvida, tinha acrescentado meu pai, eu também teria que responder algumas perguntas mais precisas com relação à minha fé e aos meus deveres. De forma alguma deveria mencionar minha estada no Krmel, o que certamente provocaria a ira dos sacerdotes e doutores. Meu pai era oleiro e eu seria oleiro, estas informações bastariam; só meu rosto, meus cabelos gritariam que eu era, segundo a expressão deles, um nazareno. De qualquer modo, devia fazer com que o esquecessem, enganando com alguns conhecimentos religiosos...

Os Irmãos tinham-me preparado longamente para aquela entrevista e, sem dúvida, como muitos de nosso povo, eu conhecia mais os escritos sagrados do que um bom número de fiéis que freqüentavam o templo diariamente. Nós, aliás, respeitávamos a palavra de Moisés e dos grandes guias que o tinham sucedido.

Sabíamos perfeitamente que alguns dentre eles eram da raça de Essânia,[1] verdade que não se devia proclamá-lo e que poderíamos ser apedrejados. Suas palavras, por mais sagradas que fossem, não eram, para nós, as únicas a deverem ser honradas e estudadas. Tinham, para nós, a aparência de um aspecto da revelação progressiva do Pai, representavam uma simples página de um livro imenso que as estrelas escrevem sobre a Terra desde épocas imemoriais, uma página que se podia ler em diferentes níveis e que continha algo bem diferente do significado de suas simples letras.

Depois de deixarmos com os Irmãos nossos dois asnos e os poucos objetos que possuíamos, tentamos entrar no templo. Novamente tivemos que misturar-nos à maré de peregrinos. O acesso ao templo era possível diretamente do vale; simplesmente tínhamos que contornar um trecho dos muros da cidade e galgar uma escada muito abrupta, felizmente situada no meio de uma vegetação agradável. Acima de nossas cabeças só havia a massa formidável da morada do Eterno, com suas muralhas gigantescas, suas bandeirolas azuis e brancas desfraldadas ao vento. Um pouco recuadas, no lado esquerdo, percebi as arestas de outras construções, aparentemente importantes, embora de dimensões menores do que as do templo. Meu pai explicou-me que se tratava de uma praça-forte militar, uma verdadeira fortaleza,[2] de onde podiam partir ordens para os quatro cantos do país. Enquanto subíamos e um canto tonitruante de trombetas ecoava em nossos ouvidos, observei num nível inferior uma estrada bem traçada que parecia levar de uma das portas do templo a uma bela montanha coberta de oliveiras. Entre os tufos de vegetação e as excêntricas bancas dos mercadores ambulantes, distinguiam-se numerosas arcadas muito

1 Foi assim, entre outros, com Ezequiel e Elias.

2 Sem dúvida, tratava-se da famosa fortaleza Antônia.

altas. Finalmente, passamos sob um pórtico imenso, meio sufocados pelas exalações úmidas de uma população inteira que surgia das montanhas e que, superexcitada e extenuada ao mesmo tempo pela viagem, vinha cantar sua fé.

Foi então que descobrimos um grande pátio. Parecia estender-se a perder de vista à direita e à esquerda. Para mim, não passavam de colunatas: uma fila dupla de pilares de mármore seguindo fielmente o contorno do espaço fechado. Alguns serviam de cerca ocasional, onde, entre cordas, animais aguardavam, pisoteando sua forragem. Viam-se ali asnos, carneiros, ovelhas com a cabeça pintada de vermelho ou de azul e, no meio daquela tropa irrequieta, pareceu-me até adivinhar o perfil altivo de um camelo. Enfim, aquele espetáculo perdia-se na dança langorosa das espirais de incenso que saíam de todos os lados. À minha direita, regularmente escondida pela silhueta alta de meu pai, uma torre maciça tentava furar o céu. Fiquei sabendo, bem mais tarde, que alguns sacerdotes iam até lá todas as manhãs ao nascer do sol a fim de colher dados astronômicos e às vezes, mais raramente, fazer profecias.[3] A maré agitada da multidão finalmente nos fez desembocar num segundo pátio bem menor que o primeiro, mas mais alto, e tivemos que escalar alguns degraus cuja pedra, muito gasta no centro, atestava sua antiguidade.

Meus instrutores às vezes nos falavam da concepção do grande templo de Jerusalém e, tentando reunir minhas lembranças, pensei reconhecer o pátio do grande Sinédrio. Em aramaico, significava que era o lugar onde eminentes personagens saduceus e fariseus tinham o costume de emitir seu julgamento quanto a assuntos de importância, jurídicos ou religiosos. Lá as colunas eram mais raras e imediatamente observei que o chão caracterizava-se por uma alternância de grandes lajes, ora claras, ora escuras. Eu estava acostumado com aquele simbolismo e, logo captei seu significado num lugar como aquele. Uma representação das forças de luz e de trevas testemunhava a origem dos construtores do santuário. Tradicionalmente, os sumos sacerdotes amaldiçoavam com veemência qualquer religião que não fosse a sua. Ignoravam, ou fingiam ignorar, que para a realização da sua obra o rei Salomão tinha apelado para grandes

[3] Esta torre é tradicionalmente chamada "Torre do Pináculo".

sábios da Babilônia e da terra de Sabá. Os sacerdotes execravam, Tot e Zoroastro, mas eu já sabia que ambos figuravam entre os representantes do Pai e que, do fundo dos tempos, uniam suas vozes. Esforçando-me para não perder meu pai de vista, lembrei-me também de que o número daquelas lajes era calculado, que cada uma, por sua cor e localização, representava uma das tendências do ser humano. À medida que penetrávamos mais no coração do templo, pensei que a agitação seria menor; não era.

Tivemos que galgar outros degraus, depois atravessar uma larga porta cujos pesados batentes de madeira eram cuidadosamente guarnecidos de ferro. Tive a repentina sensação de estar chegando a uma das praças de Jappa. Uma multidão variegada, indo e vindo em torno de um braseiro perfumado, estava numa agitação intensa. Logo eu só distinguia fardos de palha, ricos tecidos e montanhas de frutas. Fomos abordados por um mendigo, depois por dois, e não vi mais nada, não compreendi mais nada. Agora eu não passava de um pontinho perdido, isolado do resto do mundo, fechado em sua concha, agredido por mil ruídos, mil cores, penetrado por todos os odores de vida e de morte que se mesclavam. Frutas cítricas espalhavam seu perfume ácido; mercadores berravam apregoando suas ofertas aos peregrinos que salmodiavam suas orações com o olhar perdido em seus pensamentos. Aquele mundo não era mais o meu; a doçura da galiléia tinha dado lugar à aspereza da Judéia. Quanto a meu pai, deslocava-se com facilidade no meio daquela confusão e daquela agitação maluca. Eu sabia, por algumas palavras fugidas de seus lábios, que ele não gostava nada daquilo, mas as torrentes de palavras e as propostas que caíam sobre ele pareciam ricochetear imediatamente sem nunca atingi-lo. Eu tentava observar os rostos, os olhos, as bocas, às vezes via espanto, um olhar zombeteiro ou um gracejo. Meu pai calava-se e sorria, mas compreendi que não era nada fácil estar vestido de linho branco lá onde os homens supunham ser os únicos certos.

No fundo do pátio percebi, flanqueada por duas enormes colunas de mármore rosado, outra porta mais alta do que larga, levemente deslocada com relação à precedente e cujo acesso era ostensivamente guardado por imponentes personagens. Eu não saberia precisar se se tratavam de sacerdotes ou de guardas. Na verdade, tinham o porte venerável dos primeiros e a musculatura, a bestialidade dos segundos. Curiosa mescla a daquelas barbas grisalhas, respeitáveis, daquelas longas vestes franjadas de azul e branco com aqueles ornamentos de metal dignos de um governador de província. Esperavam lá, a vinte passos de mim, no alto de uma série de degraus, exibindo orgulhosamente, ao mesmo tempo, a pesada lança dos soldados e, pregada no peito, a estrela de ouro dos doutores. Nosso avanço devia parar diante deles.

Eu seguia meu pai docilmente e ele não ignorava que o acesso aos outros pátios, depois às salas do templo, nos era formalmente vetado. A lei tinha feito de nós, essênios, nazarenos, nazaritas e outros, seres demasiado impuros para poderem gozar daquele privilégio. Em trechos de conversas ao acaso, por toda parte, fiquei sabendo que era àquele pátio que eu devia voltar no dia seguinte para submeter-me aos testes do recenseamento. Diante daquela desordem de corpos e de almas, eu sentia um curioso mal-estar, sábia mistura de curiosidade e de receio. Meu pai certamente adivinhou meu embaraço, pois aquela primeira visita ao templo do Eterno durou pouco. Se estava entusiasmado ou decepcionado, não o soube na hora, tudo lá anunciava-se tão diferente de quanto eu tinha me aproximado até então. Entretanto, não deveríamos voltar diretamente para o bethsaïd; tínhamos tempo e as ruas de Jerusalém haviam assombrado tantas vezes meus sonhos... Saímos dos muros da cidade através de um gigantesco pórtico de madeira. Muitos soldados, estranhos à nossa raça, parecia-me, lá estavam postados. Eu não sabia bem o que representavam e não me preocupava com eles: o Krmel tinha omitido um determinado aspecto do mundo que eu precisava descobrir. Uma ilhazinha não passa de uma ilhazinha, embora seja de paz, e sempre chega a hora em que seus habitantes vêem as vagas chegarem dos horizontes longínquos.

Vi meu pai tirar algumas moedas de sua sacola e dá-las a um homem de rosto rabugento e mais uma vez houve tumulto, a agitação frenética dos mercadores e dos compradores. Cheiros de comida, de flores e de lenha queimada misturavam-se estranhamente, mas eu me sentia subjugado pela beleza e pelo perfume das especiarias. Quantas coisas de que eu nunca sentira necessidade e que talvez um dia me pareceriam necessárias! Compreendi, muitos anos mais tarde, que não era mérito nenhum bancar o sábio, mas que a verdadeira grandeza consistia em ficar acordado entre os que dormem. Jerusalém era uma cilada, um turbilhão que poderia transformar-me em amnésico, e tive a nítida consciência disso naqueles dias que precediam à Páscoa; sem dúvida, hoje devo agradecer àquela sensação salutar que fez com que me mantivesse fiel aos que queriam preparar um caminho... Destacamentos de soldados pareciam numerosos nas ruazinhas tortuosas da cidade. Descobrimos isso no alto de uma encosta, ao abrigo de um arco de pedras enormes. Conversavam com a população civil que parecia tolerar sua presença com naturalidade. Assim, Jerusalém logo me pareceu uma incrível praça-forte onde sacerdotes, militares e mercadores dividiam entre si a autoridade; uma mistura fantástica, em que a luz, o sangue e o ouro tinham inventado uma forma de compromisso. Demoramo-nos ainda diante de alguns palácios, propriedades de estrangeiros poderosos ou de ricos saduceus, e descobrimos os templos mais curiosos. Como é que todos os credos da terra e todas as superstições podiam ter-se encontrado em escarpas montanhosas tão áridas?

De volta ao bethsaïd, meu pai resolveu deixar-me só no canto da estrebaria que nos servia de quarto; ele precisava manter contato com os Irmãos que trabalhavam em relação com o grande templo de Hélios.

Acabava de sentar-me sobre a palha, encostado à parede de taipa, quando se produziu um acontecimento que mostrou todo o valor das horas vividas em Jerusalém, entre verdade falsa e aparência. Um homem deslizou pelo raio de sol da porta deixada entreaberta, um homem que eu conhecia, um velho outrora curvado, mas que agora estava ereto e altivo como um cipreste. Era Zérah, o velho Zérah de longa barba grisalha, da veste pobre mas bela de linho branco que cantava sua pureza. Seu rosto apergaminhado, suas pupilas claras me sorriam como antigamente. O velho homem da casa do antigo poço deu alguns passos e eu não consegui articular uma palavra, tomado pelo espanto, pelo amor e pelo reconhecimento.

— Simão — disse ele docemente, adiantando-se mais —, Simão, fica onde estás não precisas levantar-te, nossos corações já estão se tocando, não vês?

Quis fazer um esforço para falar, mas minha garganta se fechava, um agradável frescor infiltrava-se em minha carne.

— Simão — repetiu ele uma terceira vez — faz agora quase

sete anos que velo por ti. Amanhã a lei dos homens fará de ti um adulto... e eu sei que estás te perguntando se a lei do Pai terá vez em meio ao tumulto dos apetites exaltados. Deixa-me guiar-te mais uma vez, a última. Que teu coração não te interrogue, Irmão! Na verdade, na sociedade dos homens, além das montanhas da Terra inteira, não há lei do Pai. Os templos só conseguirão ditar-te sempre a lei da sombra do Pai. A única lei, a verdadeira lei, não é uma lei, mas uma compreensão, uma harmonia, uma inspiração e uma expiração que fazem do ser uma célula do Divino. Amanhã, quando penetrares no templo, a Páscoa será, para muitos homens, todos os cordeiros degolados e uma quantidade de oferendas depositadas aos pés do Eterno. A força vital do sangue derramado encontrará sua morada, o éter; a natureza física da terra de Moisés será regenerada com isso.

Quanto a ti, sabe que o dia de Páscoa é por excelência o dia em que do embrião pode brotar o homem. Ele recorda aos que têm o ouvido da alma que cabe a eles transformar-se, em senhores da carruagem de Davi. O Sem Nome modela hoje o primeiro dia da Terra sob o signo do boi.[4] O dia de Páscoa reúne sete para puxar a carruagem dos Homens do futuro, para rememorar-lhes o País Branco. Mas tu, Simão, tu verás o sentido dessas sete forças, verás a morte chamando a vida? Esmiúça minhas palavras e guarda-as no fundo do teu coração. Olha para a carruagem de Davi, vê os cinco pinos de ouro que ornamentam sua natureza cúbica. Eles exprimem a quintessência do Ser, a Força que absorve e compreende as quatro forças elementares. Eis o lugar, eis o instante em que o espírito sublima a matéria. Digo o lugar, Simão, porque o cinco é um ponto do teu corpo, é a boca pela qual absorves o éter, uma etapa do caminho que leva ao sete. Amanhã receberás a Páscoa como uma coroa no alto do teu crânio, como um alvorecer entre a morte e a vida, como um fênix. O Fogo sem nome jamais exige o sacrifício, ele suscita a Aliança pelo Dom.

À medida que pronunciava estas palavras, Zérah deu alguns passos e eu vi que uma franja de luz irisada envolvia seu corpo. Era o fundo do seu ser, todo bondade e calor, que

[4] Sem dúvida deve-se comparar isto com o fato de certos herméticos colocarem a época de real criação da Terra sob o signo do boi ou do touro. (Ver o hebraico "alpu", o boi e as letras "aleph e alfa", as primeiras do alfabeto.) Isto nos remete também ao simbolismo do setentrião ("os sete bois" — pátria-Mãe do povo branco).

parecia estar assim me oferecendo.

— Sabes o que o grande templo contém, Simão? No fundo de seu último santuário, no Santo dos Santos, dorme e reluz também a Rocha fundamental, ponto de partida de muitas das civilizações passadas e futuras. Dupla força, concreta e abstrata, ela permite que determinados homens construam pirâmides de povos e se construam a si próprios. Ela fecha o primeiro dos orifícios através dos quais é possível ver pulsar o coração da Mãe terrestre, vê, uma porta de acesso a planos de existência que sustentam nossa vida elementar. Isto não é uma imagem; compreende que ela é a base quadrada da pirâmide do corpo humano e também a pedra cúbica de um edifício em permanente construção...

Elas são cento e dezenove! Cento e dezenove, como tu, esperando o momento exato em que acrescentarão seu tijolo; tijolo de terra, de bronze ou de ouro, pouco importa, será o seu tijolo, um mundo em formação que ajudará a Pedra-Mãe a abrir-se e depois estender-se nas quatro direções...

O velho interrompeu a frase como se temesse estar falando demais. Seus olhinhos franziram-se num último sorriso, depois me fez um sinal com a mão, muito humilde. Vi-o então voltar sobre seus passos e atravessar o raio de luz que entrava pela porta para finalmente desaparecer no pátio. À minha frente só restava o espetáculo de uma infinidade de partículas de pó revoluteando num último raio de sol alaranjado e a seguir o silêncio, um silêncio que se podia dizer espesso.

Meu pai empurrou com a mão os dois batentes lamentosos da porta. Entrou com um embrulho de tecido na mão e, com um suspiro pretensamente engraçado, procurou retomar o fôlego.

— Pai — disse-lhe sem me levantar —, Zérah acaba de ir embora.

— Zérah?

Novamente se fez silêncio. Meu pai depôs seu embrulho perto dos asnos, com uma lentidão extrema, olhando longe à sua frente como se quisesse penetrar o mundo ou, ao contrário, parti-lo ao meio. Finalmente levantei-me impressionado por ver meu pai tão calado. Instantes depois começamos a conversar sobre diversas coisas e só tarde da noite, após uma refeição comum, ele fez alusão ao meu comentário.

— É curioso, Zérah certamente partiu...

O dia seguinte foi fatigante. Como estava previsto, fomos para o templo, onde meu pai deixou-me longas horas com um grupo de adolescentes da minha idade. Só reapareceu no exato momento em que eu devia apresentar-me diante de uma dúzia de sacerdotes cujo ar grave impressionava a assistência; esta mantinha um mutismo impressionante num pátio habitualmente tomado pelo tumulto dos mercadores. Quanto a mim, estava meio assustado com o olhar dos sacerdotes, curiosa mescla de severidade, intransigência e doçura. A maioria dos doutores estavam sentados em grandes cadeiras de madeira lavrada, outros aguardavam atrás deles, de pé, e pareciam analisar a multidão. Todos ostentavam ricos brocados onde o branco, o azul, o violeta e o ouro resplandeciam com toda sua força. Sob seu barrete carregado de jóias, um deles começou meu interrogatório. O que tinha imaginado que seria um exame, mostrou-se uma rápida formalidade. Contentaram-se em verificar sucintamente meus conhecimentos sobre os pais do povo da Palestina e em fazer-me enumerar os deveres cotidianos e anuais perante o Eterno.

Observei, porém, que não acontecia a mesma coisa com todos. Alguns eram obrigados a dar amplos detalhes sobre o sabá e suas razões profundas. No que me dizia respeito, eu estava muito feliz com a minha sorte.

Não tardamos a deixar o templo, depois Jerusalém, onde o ar saturado de incenso e de essências variadas em certos pontos tornava-se irrespirável. A Páscoa e os rituais do pão deviam prolongar-se por mais cinco dias durante os quais os doutores percorriam as vielas e as praças a fim de instruir o povo, desenrolando seus impressionantes pergaminhos, comentando as leis e as palavras antigas.

Quando o atalho que saía da cidade a nordeste nos levou à crista de uma colina árida, uma brumazinha matinal elevava-se sobre os rochedos, parecendo o lamento langoroso de caramujos escalando muros. Tinha a impressão de que estendia um manto muito quente, muito pesado para mim. Aquela terra fervilhava demais; para os meus treze anos florescentes, muitos opostos enfrentavam-se lá... Então, com um gesto decidido, arrastamos nossos dois asnos rumo aos caminhos da Galiléia.

Capítulo 11
Pedras levantadas

Meu coração cantava, dançava ao ritmo dos solavancos do caminho. Alguns toques de luz branca e cinzenta, brechas pastel de amendoeiras e oliveiras, mosaicos de pedras envelhecidas contra o declive de um monte, a aldeia, minha aldeia esboçava-se muito próxima Tinha desmontado e os seixos agora rolavam sob os meus passos. Uma silhueta longilínea, ainda fluida, desenhava-se à sombra das figueiras, lá onde a ladeira se encontrava com o murinho. Apressei o passo; a silhueta pôs-se a correr em nossa direção, depois outra, duas outras a imitaram, ágeis traços brancos, azuis e rosados saltando sobre as pedras. Não tardei a reconhecer Míriam, seguida por dois de meus antigos companheiros de brincadeiras, Míriam... à medida que se aproximava sua silhueta se modificava, transformando as velhas imagens gravadas em mim; a garotinha ruiva dos meus seis anos era quase uma mulher, quase uma estranha. Dez vezes, cem vezes, tinha imaginado aquele encontro, tinha-o imaginado nos mínimos detalhes... Tinha visto o poço do velho Zérah e agora só existia a beira de um caminho; tinha avistado Míriam, tinha sorrido para ela e agora não enxergava nada, eu não conseguia sorrir. Restava só uma presença que esfumava as outras. Lembro-me de ter respondido com evasivas às suas perguntas, precisando esforçar-me para que meu olhar encontrasse o seu e conseguisse captar os relevos de seu rosto.

Minha mãe surgiu imediatamente e uma emoção quase igual seguiu-se à outra. Foi ela quem, sem uma palavra, deu o primeiro passo e me abraçou. Fiquei calado e imóvel. A adolescência provoca uma rispidez que na verdade é timidez, quando o coração se sente frágil. E eu procurava pretextos para rir, parecia-me o melhor remédio para a minha falta de jeito. Entretanto, minha mãe, que trazia consigo um cântaro de água, pôs-se a aspergi-la no meu rosto, nas mãos, depois nos pés, em sinal de boas-vindas. Segundo o costume, tive que retribuir pousando os lábios na sua testa, que tomei entre as mãos. Felizmente o clima de nosso pequeno grupo mudou bem depressa. Enquanto eu era alvo das atenções de minha mãe e de meus antigos companheiros, vi Míriam dirigir-se a meu pai e falar-lhe com seriedade. A notícia não tardou a chegar aos meus ouvidos: Zérah tinha-nos deixado dois dias antes e ainda repousava no chão da sua casa. Meu pai não pareceu surpreso ao saber da partida do seu velho amigo; quanto a mim, estranhamente, não senti pesar. Compreendia plenamente o valor e o significado da repentina aparição em Jerusalém daquele que foi meu primeiro instrutor. Realmente eu não tinha refletido sobre aquilo, mas o fenômeno tornava-se claro. Lá o velho tinha-me dado uma última forma de iniciação. O Krmel, embora construindo um ensinamento concreto, não podia propor tudo aos que eram abrigados por ele.

Os outros universos de vida, quando me aproximava deles, para mim nunca tinham passado de belas histórias em que se devia acreditar. Eu não ignorava que um ser vivo podia projetar longe de si, através da ação do seu pensamento, da sua vontade, de seu amor, seu corpo luminoso: José me tinha dado uma impressionante prova disso, que guardava nas profundezas do meu ser. Mas, além da morte, eu só podia concordar com uma teoria... A partir de agora tudo seria diferente, eu não poderia olhar da mesma maneira trágica as fronteiras do nosso mundo, não me basearia mais em simples palavras. Zérah tinha vindo a mim sem dúvida de um mundo real e compreendi que eu estivera certo ao beber as palavras dos Irmãos.

"Bem-aventurado será aquele que, na curva de um caminho, receber a sublime imagem emitida a partir de um outro universo. Ele poderá dizer que viu, e conseguirá dar autenticidade às suas palavras... Aprendei que existem dois métodos usados por seres que deixaram nosso mundo para se manifestarem a nós, dois métodos que eles utilizam conforme a evolução a que seu coração chegou. O primeiro permite que construam um corpo, ou melhor, uma aparência de corpo, graças à energia vital dos seres que vivem no local onde eles se manifestam. Mas, os que conseguiram fazer o sol nascer em si mesmos não ignoram o quanto esse fenômeno é artificial: ele se utiliza de forças exteriores primárias, essencialmente físicas. Sabei, a presença de tal corpo luminoso muitas vezes dá origem a desagradáveis sensações de frio; seu contato, também, não é recomendado: o ser que se manifesta pode provocar involuntariamente um importante desperdício na chama vital de quem o toca, uma desorganização das correntes de vida que percorrem seu corpo segundo um esquema bem preciso. Consagrai, de preferência, a outro método, Irmãos, que fará eclodir diante de vossos olhos o corpo de um defunto reconstituído unicamente por sua vontade solar. Então, só então, podereis dizer: Eis um grande ser, um ser que não existe por sua alma humana, mas por sua alma transcendente.[1] Ele sabe ordenar o fogo divino que arde nele e de que cada raio é uma pedra de amor sobre a qual ele tudo pode construir. Ele sabe combinar os germes de vida do universo[2] segundo o jogo da sua vontade e das necessidades, por dom, puro dom!"

Assim que descarregamos os asnos e recebemos as mil demonstrações de amizade de toda a aldeia, apressamo-nos a chegar à nossa pequena casa, cujas paredes semelhantes ao chão da Galiléia agora, pareciam querer dissimular-se atrás de uma farta vegetação. Árvores novas nos canteiros do jardim floresciam por toda parte. Neste mundo, aquilo talvez fosse uma espécie de riqueza a que nos apegávamos como a um símbolo, uma enseada de luz e de calma no coração de um recinto sagrado. Na soleira de nossa porta eu vi, ainda no mesmo lugar, nosso eterno cântaro, reservado às purificações rituais, depois, na fresca penumbra da única peça baixa, numa das paredes, como antigamente, meu olhar acariciou uma pequena estrela

1 O Espírito, situado além do ego que ainda se nutre de matéria densa, mesmo tendo uma aparência astral ou etérea.

2 A noção de átomo era bem conhecida dos esssênios. É certo que eles distinguiam também espécies de corpos mais sutis no interior dos próprios átomos.

com oito pontas de vime.

Nada tinha sido tocado, era a pobreza em seu estado nobre, a vida simples, uma vida igual à da Terra... e, talvez por isso, tão afastada da Terra, tão próxima do Além. Segundo o costume, deitei-me no chão, com os braços em cruz, e beijei-o sete vezes. Este gesto para mim não era mais o gesto rotineiro que eu executava outrora querendo imitar meus pais.

Eu sabia que recebíamos energias da própria terra que nos tem em si, que ela não nos nutre somente através do que produz, mas por um constante sopro de forças que faz brotar de suas profundezas. Eu sabia, através da boca dos Irmãos do Krmel, que nossos pés são como raízes móveis de nossa árvore corporal e que recebem constantemente uma seiva secreta, maternal em sua polaridade, reflexo transmutado da seiva solar. Assim, nossas aldeias, nossas casas, não tinham surgido ao sabor da imaginação de nossos pais; eles tinham construído sua habitação lá onde sabiam, por métodos bem precisos,[3] que a energia vital da Terra circulava plenamente. No coração de cada recinto, aliás, um local exato era reservado para uma espécie de templo de reunião, de oração, de refeição comum; era o ponto por excelência onde a força se erguia do solo. Esta comunhão com as energias terrestres, que sabíamos necessária, motivava toda a Fraternidade à recusa quase geral do uso de sandálias. Assim, a Terra nos falava e nós não fechávamos os ouvidos, sabendo muito bem que cada uma das células do nosso corpo, estivesse ela na planta dos pés, trazia em si o embrião de todos os nossos órgãos, de todos os nossos sentidos e de nosso coração luminoso.

Após ter cumprido o ritual, saí da peça baixa. Míriam e meus pais me esperavam lá fora para uma última visita a Zérah. Ela tomou a dianteira de nosso pequeno grupo e levou-nos por caminhos tortuosos até a casa do velho sábio. Fora da morada de pedra, em cada um de seus ângulos, um Irmão de veste branca estava absorto em orações e salmodiava em voz baixa um canto cujas palavras eu não captava.

— Eles ajudam Zérah — disse-me Míriam docemente ao

[3] Propriamente falando, não havia "pesquisador de mananciais" entre os essênios. O ser humano, mais sensível do que hoje a certas forças, não precisava de instrumentos de amplificação para determinar com exatidão a localização das linhas de correntes telúricas e tirar proveito delas.

ouvido. — Não podes compreender estes cantos. Irmãos que voltaram do País da Terra Vermelha os ensinaram a uns poucos da aldeia logo depois da tua partida. Foram nossos Irmãos das margens do grande rio que os compuseram na língua deles. Mas sei que todas as palavras pronunciadas nem sequer têm um sentido exato entre eles. É a maneira de ressoarem nos corações e contra os muros da nossa aldeia que ajuda Zérah a chegar ao país da sua alma. Mas, Simão... duvido que Zérah precise de tudo isso... há dois dias, quando acabava de adormecer, ele foi visitar-me perto do velho celeiro. Esperou que eu ficasse sozinha e aproximou-se, mais brilhante do que a luz, e senti tamanha emoção...!

— Tu também, Míriam?

A partir daquele instante não duvidei mais que Míriam tinha sido beneficiada com uma mensagem do velho sábio. Não me atrevia a contar-lhe meus pensamentos porque havia alguma coisa nela, no seu olhar sem dúvida, que me intimidava. Provavelmente me falaria quando o desejasse... não fora ela que um dia me tinha iniciado quanto à "pequena chama"?

Ao entrar na casa de pedra, costas curvadas em sinal de humildade, ao cruzar a soleira, vimos Zérah com sua longa veste branca, deitado no chão de terra, braços unidos ao nível do coração. Fazia dois dias que ele repousava assim e parecia simplesmente estar dormindo. Só seus lábios descorados e seus olhos, seus grandes olhos fechados, me faziam pensar na morte. Entre as rugas do seu pescoço estava pendurado um objeto cinzento que eu não tinha visto antes: a cruz da abundância dos Reis Vermelhos.[4] Senti necessidade de ajoelhar-me de frente para meu velho mestre para vê-lo melhor, pois a atmosfera da única peça, carregada de fumaça de incenso, estava realmente muito densa. Isso permitiu-me ver, espalhado sobre todo seu corpo, um pó castanho, fininho, que as comunidades de Essânia utilizavam para retardar a decomposição dos órgãos. A regra de vida dos Irmãos prescrevia estritamente que nenhum corpo devia ser sepultado, nem mesmo tocado, antes que se passassem três dias completos a contar do instante da morte. As leis de Essânia eram geralmente muito flexíveis mas, num caso como aquele, mostravam-se imperiosas. Lá, mais do

4 A Crux Ansata egípcia.

que nunca, elas não cediam ao arbitrário. Quem usava a veste de linho não ignorava que três dias eram necessários para que um corpo vital pudesse desligar-se, órgão por órgão, do que era seu suporte de carne... Durante alguns instantes, o tempo perdeu todo o significado, depois fui arrancado de minhas meditações pelo roçar da longa veste de Míriam e pelas langorosas salmodias que, lá fora, redobravam de força.

Saímos em silêncio. Uma brisa fresca subia das montanhas azuladas. Aproximava-se a noite e nós nos separamos. Assim, Míriam e alguns companheiros que nesse tempo tinham-se juntado a nós, voltaram para os fogos que começavam a crepitar diante de suas respectivas casas. O ar noturno cheirava a madeira queimada. Eu gostava daquele odor, cem vezes desejado e finalmente reencontrado, que agia em mim como um pano de fundo sobre o qual perfilavam-se longas silhuetas vestidas de linho, ora puxando um asno, ora carregando uma jarra. Aquelas formas brancas, envoltas em fumaça, para mim eram o esboço de um mundo, ao mesmo tempo prolongamento e sombra de um outro, de um mundo de consolação rumo ao qual as mesmas formas dirigiam resolutamente seus passos. Era lindo, simplesmente lindo.

Tive que aguardar até a tardinha do dia seguinte para ver Míriam de novo. Ela tinha suas ocupações nos campos e junto aos animais; eu tinha as minhas. Eu ainda não tinha indicações sobre minha vida futura e o mais sensato era envolver-me de novo com as atividades da nossa aldeia. Observei, a respeito disso, como a existência da pequena comunidade estava modificada desde a minha partida. Todos pareciam pobres e não apenas humildes como antes. Várias colheitas ruins tinham empobrecido os Irmãos e esperava-se, para os próximos anos, horas ainda mais difíceis. Meu pai disse-me que os sacerdotes do templo de Hélios, em Jerusalém, previam a passagem pelos céus de vários bólidos de fogo que perturbariam os ritmos da natureza e toda raça humana.

"Uma determinada hora deve soar nos tempos celestes", ouvia-se dizer às vezes em tom desiludido.

Até mesmo meu pai agora se dedicava ao trabalho nos campos; a olaria não conseguia mais suprir aos escambos e os mercadores da cidade não paravam mais para comprar suas produções: inúmeros estrangeiros percorriam o país e o comércio estava mudado.

O sol declinava e eu tinha sentado, encostado ao murinho que cingia nossa aldeia, o rosto voltado para a linha de montanhas, quando Míriam veio ao meu encontro. Talvez tenha sido naquela noite que eu realmente a vi pela primeira vez. Seu rosto comprido, enquadrado por uma cabeleira castanho--avermelhada caindo em mechas até a cintura fascinou-me. O nariz era reto, bem desenhado, e os olhos de um brilho profundo cintilavam como duas esmeraldas. Aqueles olhos falavam muito; diziam que queriam contar a vida, os anos passados... Míriam logo me pediu que lhe descrevesse o Krmel, a existência que levávamos lá, todo aquele mundo rico e misterioso que eu ainda sentia vibrar em mim continuamente. Mas eu não tinha aprendido a ser tagarela e era desajeitado em meus relatos, principalmente, talvez, diante de minha companheira de infância, diante da figura em que ela tinha se transformado. Falei-lhe de José e ela reteve a respiração como se conhecesse a ponta de um segredo.

— José! — disse-me ela. — Toda sua família agora mora aqui. Eles construíram uma casa maior atrás da nossa, são muitos. Curioso, nunca vi família mais silenciosa e mais respeitada do que aquela. Com freqüência, homens ricos que vêm de países longínquos, caminham até a casa deles depois de terem se avistado com o Venerável Irmão da aldeia. Acho que há quem saiba... mas a razão de tudo isso ainda não chegou aos ouvidos da pequena Míriam, Simão!

E ela começou a rir comunicativamente, um riso que tinha o gosto bom dos montes da Galiléia...

Logo começou a falar e com voz clara iniciou uma longa narrativa.

— Sabe, Simão... há quase sete anos, quando mal acabavas de deixar-nos, outros irmãos e irmãs de José, mais velhos do que ele, vieram juntar-se a nós. Depois nasceu outra criança, tem hoje quatro anos. A chegada deles coincidiu sempre com sérias perturbações em toda a região, até em Jerusalém e mesmo, ao que dizem, bem mais ao sul, lá onde os montes são muito altos, mais áridos e mais quentes.[5] Por três vezes os soldados estran-

5 Talvez se trate da atual região de Massada ou (talvez) do próprio Sinai.

geiros galgaram as veredas para chegar até aqui. Contamos uns cinqüenta. Com suas vestes em couro e púrpura, assustavam-me. Quanto aos Irmãos, ficaram nas soleiras de suas portas enquanto os soldados vasculhavam para encontrar não se sabe o quê. Nada disseram; quem trabalhava nos campos nem se deu ao trabalho de voltar para casa. Jamais gostei daquilo, mas agora sei que eles tinham razão. Os soldados passavam como uma tempestade, mas não se luta contra o vento, a gente espera que passe, depois a gente se levanta, mais forte, quando ele fica cansado. Mas... o vento também tem sua razão de ser.

Entretanto só compreendi tudo isso a partir de uma certa data, um dia em que Zérah, sempre Zérah, vês, foi falar longa e discretamente com meus pais. Jamais soube o que foi dito, mas, no dia seguinte, ele me levou para longe daqui, para a montanha, ao pé de uma rocha a que os tempos tinham dado a forma pesada de um touro. Nada é deixado ao acaso pela natureza e o que muito facilmente pensamos serem caprichos seus são coisas pensadas e motivadas por leis muito profundas. Percebi isso bem depressa. O que agora tenho a revelar-te não deverá sair da tua boca, mesmo que te custe a vida, Simão.

Seria mais fácil calar-me sobre a história que se seguirá, mas devo confiá-la a ti porque assim me foi pedido.

Quando chegamos a uma dobra do terreno, nos flancos da montanha com aparência de touro, surgiu à nossa frente uma fila de três ou quatro túmulos. Eram iguais às sepulturas que vemos habitualmente, aparentemente simples cavidades fechadas por um bloco rochoso circular. O lugar entretanto intrigou-me, porque alguma coisa em mim queria fazer sua origem remontar à noite dos tempos. O trabalho parecia grosseiro e musgos amarelos e cinzentos cresciam em abundância. À nossa volta, os vales anunciavam-se decididamente desérticos e os balidos dos rebanhos de carneiros com que tínhamos cruzado pareciam ter sumido para sempre na distância. Estávamos sós: nem uma ruína, nem o sumário acampamento de um pastor. Zérah, que até então se mostrara pouco loquaz a respeito do objetivo de nossa pequena expedição, entregou-se de repente a um curioso exercício. Ordenou que me sentasse não longe de lá, depois, com a ajuda de três pobres galhinhos que juncavam o chão, desenhou um triângulo diante da sepultura que parecia ser a mais importante. Feito isto, pôs-se no centro da figura e, com o auxílio do indicador, traçou um grande círculo no chão, englobando a totalidade do desenho. Sentou-se então no local e mergulhou numa longa e silenciosa oração, foi assim, pelo menos, que compreendi sua atitude. De repente, tornou a levantar-se para dirigir-se com passos decididos à maior das pedras tumulares. Sob a simples pressão de uma de suas mãos, esta rolou encosta abaixo, deixando aparecer um buraco escancarado, maior do que os habitualmente feitos para receber os defuntos.

"Vem depressa", disse-me ele dando meia-volta, "vamos entrar aqui e fechar a rocha atrás de nós".

Não sei como Zérah fez para deslocar de novo o enorme bloco mas, em pouco tempo, fomos envolvidos pela mais completa escuridão. O chão anunciava-se ligeiramente em declive e eu tinha a impressão de ter dado meus primeiros passos numa espécie de garganta prestes a engolir-nos. Um ruído seco e a luz brotou. Voltei-me e vi o Irmão brandindo uma enorme tocha que exalava uma espessa fumaça marrom. Ele me indicava o caminho, um largo sorriso nos lábios. Zérah logo tentou tranqüilizar-me tomando-me a mão, contudo eu não estava inquieta em sua companhia; para dizer a verdade, o que eu tomava como simples aventura suscitava em mim mais curiosidade do que medo. Caminhamos assim um bom tempo medindo cada um de nossos passos, prendendo ao máximo à respiração devido ao cheiro acre da nossa tocha. Enchia meu guia de perguntas sobre nosso destino e também sobre a origem tão repentina da fonte de luz que tinha apanhado, mas nada conseguia, suas respostas eram ao mesmo tempo evasivas e engraçadas. De repente, uma fonte luminosa, branca, pareceu brotar como um jorro muito delicado a uns cinqüenta passos à nossa frente. Nosso passo acelerou-se e, logo, descobri um lugar, Simão, cuja imagem acho que nada conseguirá apagar de minha memória: uma vasta peça hexagonal mostrava-se aos meus olhos ofuscados, uma peça onde reinava uma claridade tão imaculada que tive dificuldade em acostumar-me a ela. Aquela luz era como a vida, Simão, tão bela, tão pura; recebi-a em pleno coração... um fogo calmante e nutritivo, um rio de paz que ainda hoje me dá vontade de derramar lágrimas de alegria. Podes compreender isso?... Tomando-me pelos ombros, Zérah me fez passar à sua frente. Descobri doze homens, todos vestidos de branco, sentados no chão, as pernas cruzadas. Eu distinguia seus rostos muito mal porque estes estavam em parte escondidos sob um véu vermelho. Contudo, posso acrescentar que aqueles seres não me pareceram velhos. Não sei porque, quase me fizeram pensar em estátuas cujos traços tinham sido petrificados para a eternidade... Um deles, porém, esboçou um gesto e Zérah levou-me para o centro da peça, diante do grupo, no meio de um enorme quadrado forrado com um tecido azul. Feito isto, meu guia deitou-se sobre as lajes do chão na posição ritual, depois levantou-se lentamente e ouvi seus passos afastando-se atrás de mim. Quatro dos doze Irmãos aproximaram-se então, num único movimento sereno.

"Nada temas, pequena Míriam", disse um deles com uma voz que ecoava singularmente, "nós te fizemos vir aqui para ensinar-te algumas coisas de cuja existência poucos homens suspeitam. Primeiro, devemos prevenir-te: o que vais ver hoje geralmente não é proposto aos seres da tua idade, pois os chamados corpos de luz[6] ainda estão muito pouco instalados neles. A claridade da tua alma já nos pareceu bem sólida, eis a razão que te traz aqui entre nós. Que teus ouvidos, no entanto, não imprimam estas palavras em teu coração como um cumprimento seguido de um privilégio. Claro, talvez haja um privilégio, Míriam, mas há também, e principalmente, dever, o dever de continuar o caminho sem voltares, o dever maior ainda de levar no teu rastro os milhares de seres que tudo o que desejam é saber. É uma grilheta que prendemos nos teus calcanhares. Tua própria força sobressairá e esperamos que ela não traia nossas esperanças."

Um quinto Irmão adiantou-se na minha direção enquanto os outros quatro instalavam-se em torno do tapete azul, rodeando-me. O recém-chegado, cujos cabelos longos atestavam com verossimilhança sua vinculação ao nosso povo, levantou de imediato uma jóia diante dos meus olhos; talvez fosse simplesmente um cristal de rocha maravilhosamente talhado. Sua beleza me fascinou de tal forma que todos os meus pen-

[6] Deve-se compreender aqui corpo astral e corpo mental, os quais só se desenvolvem em torno dos quatorze e dos vinte e um anos respectivamente.

samentos voaram rapidamente. Achei que os outros Irmãos emitiram então um canto grave, mas esta impressão continua muito vaga. Simplesmente ouvi sussurrarem ao meu ouvido: "Respira, respira profundamente"...

Depois, quando me parecia que tinham cavado um buraco enorme no centro do meu crânio, a imagem da pequena pedra cintilante tornou-se fluida. Não sei exatamente o que se passou, mas tive a sensação de flutuar no meio de uma bruma leitosa. Nenhum ponto de referência... Eu ignorava o que era alto, o que era baixo. A bela sala luminosa tinha sumido com seus doze ocupantes, com Zérah. Durante um longo momento, achei que caía numa espécie de nada e todo meu corpo ficou gelado. Então, sem que me desse conta, uma floresta plantou seu cenário ao meu redor. Eram árvores espinhosas muito altas, idênticas às que vi depois ao norte do nosso país. O ar parecia carregado de umidade; aquilo se mostrava tão real que eu tinha a sensação de poder tocá-las. Ao longe, ouvi gritos que pareciam ordens e, à medida que se aproximavam rapidamente, um grupo de homens e mulheres perfilou-se entre os troncos escamosos. A cena prenunciava-se das mais estranhas. Na verdade, dir-se-ia que uns vinte homens estavam reduzidos à escravidão por sete ou oito mulheres. Eles puxavam com dificuldade enormes carros, desmoronando sob impressionantes cargas de madeira. Vi-os semelhantes a animais, seminus, usando apenas uma simples tanga de couro mal curtido. Seus pés e a barriga de suas pernas estavam envoltos por correias e faixas sumárias que pendiam miseravelmente. Quanto às mulheres, posso assegurar-te que comandavam autoritariamente as manobras. Armadas de longos chicotes, de lanças curtas e todo tipo de armas que eu não conhecia, agiam com extrema severidade, golpeando à vontade. Duas delas, particularmente, chamavam minha atenção; o torso nu, meio envolto em véus brancos e vermelhos, comandavam toda a ação; não usavam armas, mas muitas jóias esplêndidas, de formas pesadas. O único homem livre marchava atrás delas, flutuando sob uma ampla veste castanha. O grupo vociferante passou assim ao meu lado sem notar minha presença. Achei que tudo tinha acabado, mas minha estranha experiência estava apenas começando, Simão. Parecia-me ser prisioneira de um corpo que não me obedecia mais... Percebi isso quando minhas pernas me levaram atrás da tropa até a orla de uma aldeia, conjunto heterogêneo de cabanas plantadas às margens de um pequeno lago. Fui golpeada pela intensa animação que lá reinava. Era uma vida de cidade grande, que parecia repousar essencialmente sobre atividades de caça e pesca, a julgar pelo jeito das pessoas que cruzavam por nós. Lá, também, as mulheres pareciam dominar. Quase todas brandiam armas, davam ordens, enquanto os homens, bem diferentes dos primeiros, viam-se nitidamente relegados ao segundo plano. Ao acaso no percurso que minhas pernas me faziam seguir, vi que lá não havia ruas, propriamente falando; cada qual tinha construído onde bem queria, sem lógica aparente, uns perto de um bosquezinho, outros sobre estacas no meio de um minúsculo charco escuro. Imediatamente a população pareceu-me dividida em três castas, pelas tarefas executadas e pelos costumes. Entretanto, um fenômeno muito curioso impôs-se ao meu espírito: embora eu não compreendesse as palavras daqueles seres, espantosa mescla de sonoridades fluentes e secas, eu captava nitidamente o sentido das conversas. Não era uma intuição, Simão, mas um conhecimento imediato, uma compreensão ao mesmo tempo íntima e involuntária da linguagem deles. Havia em mim uma faculdade qualquer que traduzia; era como se as simples vibrações de suas palavras trouxessem consigo um significado evidente para a alma. Entretanto, eu não estava nem no começo de meu assombro, pois uma voz muito profunda escondida no fundo de mim e que eu não conseguiria localizar se pôs a falar-me com tal ímpeto que por um momento tive receio de não guardar suas palavras. Era uma voz harmoniosa e amigável, talvez fosse, agora me parece, a voz de um dos Irmãos que provocavam a experiência.

"Oito mil anos, Míriam, estas cenas aconteceram há oito mil anos. Compreende que não és mais do que um pontinho suspenso fora do tempo. Não passas de uma luz que lê na grande memória da Terra. Abriste seu livro e agora sabes que o passado pode ser também o presente para quem compreende a ilusão momentânea do instante que passa. Mais tarde entenderás bem melhor o sentido destas palavras. Por enquanto, liga-te a este mundo e às palavras-vibraçoes que gravamos em ti... que gravamos em ti porque a vontade do Sem Nome se expressa por mil e uma fontes de Paz e de Saber ao mesmo tempo...

Há oito mil anos, bem ao norte da Galiléia e sobre uma grande parte da Terra, homens e mulheres viviam assim. A mulher esmagava o homem e o homem sufocava seu grito. A lei dos universos é análoga à da pedra presa a uma corda que oscila num movimento sempre igual e contínuo, da direita para a esquerda, depois da esquerda para a direita. É a lei da justiça e dos equilíbrios que se buscam. É a lei dos mundos que pulsam como um coração a caminho do universo do Pai, ponto último, fixo, pulsação primeira, sopro e inspiração de tudo. As dominações, Míriam, continuarão assim a passar de um ao outro, enquanto homens e mulheres não souberem que são como a mão direita e a mão esquerda do homem Kadmon, sombra da fonte de Tevé. Desde o trabalho do grande carneiro branco que as gerações futuras conhecerão pelo nome de Reêm,[7] o mundo não é mais como o vês.

O pêndulo divino operou, ainda opera. O carma dos sexos, das polaridades, continua a ser uma fonte atuante. As mulheres dos filhos de Moisés o conhecem intimamente, elas a quem o homem atual nega até a posse de uma alma. Os de Essânia sabem o que ele é, mas enquanto a Terra os abrigar, deverão submeter-se à lei de seus ventos, fingindo submeter-se a ele. Assim, saberás que as mulheres de Essânia oficialmente não podem beneficiar-se com os ensinamentos secretos que o Pai estabeleceu em seu aspecto masculino por e para os homens. Mas não te enganes, pois tua presença entre nós é um sinal. Agora te confiamos um segredo, segredo a respeito do qual meditarás durante inúmeros anos. Do teu universo surgiu agora o peixe, e este peixe nasceu do mar,[8] e este peixe é duplo. Ele se ocultará sob o rosto que fala à alma masculina, ao metal da sua razão e tomará o que se dirige à alma feminina, ao recôndito do seu coração. Teu olhar voará até ele; eis porque vives estes instantes; para conheceres o porquê do homem e da mulher, a lei das polaridades e do fiel da balança, a do primeiro som que se desdobra. Quando ouves o cantar de uma flauta, pequena

[7] Ram ou Rama. (Segundo a tradição hindu, Rama, um avatar de Vishnu, manifestou-se numa época de crise para salvaguardar a ordem sociocósmica ameaçada pelas potências da desordem, da fome e da destruição. — N. da T.)

[8] O nome Maria encontra sua raiz na palavra "mar".

Míriam, precisas de dois ouvidos para captá-lo plenamente e traduzir todo seu sabor. Ele se divide em dois na entrada do teu corpo depois volta à sua unidade primeira para lançar seu apelo ao teu espírito. O Sem Nome sopra através dos mundos como um tocador de flauta, desdobrando em cada um de nós a onda da sua presença...[9] Mas há seres surdos e seres que só sabem escutar através do ouvido. Não sejas como eles, aprende a lei da vibração Lua-Sol, depois a vibração única do Eterno: para tanto, volta desde já os olhos da tua alma para os seres de outrora, pois, sem sabê-lo, seu mental continua mais perto da flauta do que o teu pode estar hoje..." A voz pareceu então desagregar-se em mim e, de novo, pude absorver-me no espetáculo que se propunha aos meus olhos. Parecia-me estar andando há um bom tempo quando percebi uma paliçada de madeira contra a qual apoiava-se uma quantidade enorme de bastões, ou melhor, de estacas enegrecidas, certamente metálicas a julgar pelo modo como eram aguçadas. O que devia ser um dos meus braços, mas que eu não comandava, agarrou uma firmemente, e minhas pernas me levaram num passo mais lépido para um vasto espaço desmatado longe das habitações. Uma multidão de homens e mulheres já se encontrava lá. De queixo erguido, pernas firmes, todos tinham nas mãos estacas iguais à minha, solidamente plantadas no chão. Com um gesto seco e decidido, meu braço imitou-os. Fiquei esperando assim, através dos olhos da minha alma, durante um longo momento, enquanto me parecia que alguma coisa estava acontecendo não muito longe de mim, lá onde a multidão se tornava mais densa. Com efeito, um grito feminino ressoou de repente. Como um eco, um som elevou-se de todos nós, um som puro e grave que era alimentado, parecia, pelo sopro do coração de cada um. No mesmo instante, da garganta de algumas mulheres brotou um lamento estridente e longo, um som que, combinando-se com a profundidade do primeiro, tornou-se quase insuportável. Eu o sentia agitando as pétalas de nossas almas e fazendo nossos corpos fremirem. Foi nesse exato momento, Simão, que aconteceu um fenômeno assombroso. Vi uma pedra, cinzenta, enor-

[9] Não é assim que se deveria compreender a divindade Pã, imagem da natureza criadora que os antigos gregos nos legaram e que nos dá a idéia de uma força primária tocando uma flauta dupla.

me, elevar-se pelos ares diante de mim, no meio da multidão compacta. A massa parecia obedecer a não sei que vontade, englobada num halo branco, ou numa espécie de nuvem delicada e intensamente viva. O canto, o grito, o lamento — como qualificá-lo? — continuava num tom sustido, como se para nutrir aquela força prodigiosa. Depois, quando o fluxo das vibrações que chegavam ao meu ser começava a enfraquecer, o bloco rochoso, cuja forma rústica era nitidamente alongada, baixou lentamente na direção do solo. Logo ele atravessou a multidão com dificuldade, depois ouvi um barulho surdo. Um silêncio total pairou sobre todos nós e aguardamos um longo momento como se para abeberar-nos de algumas gotas de vida interior, de disponibilidade perfeita. Finalmente, todos se moveram e as estacas foram arrancadas do chão quase num movimento único. Os seres começaram a dispersar-se e surpreendi o corpo que me continha no ato de andar na direção da alta pedra cinzenta cravada no chão em meio a muitas pétalas de flores coloridas. Não tive tempo suficiente para melhor apreciar a cena nem para dela tirar uma conclusão, porque senti uma força puxando-me para trás com violência. Num relâmpago, pensei perceber a forma vaga de uma mulher de véu vermelho sumindo lá embaixo de mim e tudo se apagou... Fui tomada por uma leve náusea e, novamente, reencontrei-me no coração da montanha, entre os doze Irmãos. Podes imaginar, Simão, que levei um momento para compreender o que me tinha acontecido. Mal tinha começado a experiência de pé, vi-me de novo estendida sobre o tapete azul, rodeada pelos quatro primeiros Irmãos. Estes esfregavam vigorosamente minhas pernas e meus braços, como se para fazê-los recuperar um calor perdido. Quando consegui me levantar, ofereceram-me uma bebida muito aromatizada que acabou por restituir-me todo o vigor. Os Irmãos, cujos rostos eu continuava sem ver direito, pediram que me sentasse e disseram-me que, quanto a mim, eu devia aprender a utilizar a força do som, não à semelhança dos seres vivos que eu tinha visto, mas de uma outra forma, mais adaptada às necessidades de nossa época. Fizeram-me compreender que, sendo o som apenas a manifestação ao mesmo tempo sutil e concreta de um sopro, cabia-me trabalhar a qualidade da minha respiração. Lembro-me das palavras deles com exatidão:

"O sopro, em nosso mundo, é o elemento mais divino que se possa conceber. Contudo, é preciso não ver nele só uma expiração, mas uma inspiração também. É uma lavagem total e profunda do ser humano, não apenas do corpo de carne, mas de seus sucessivos corpos-luz. Muitos dos Irmãos de Essânia que praticam a verdadeira respiração, e que às vezes ficam absortos em métodos sábios, de quando em quando se espantam por não verem seu envoltório material gozar de uma saúde melhor. Como admitir isso, uma vez que se purificam através do sopro? É importante que o saibas para que não te falte coragem ao longo do caminho que hoje te abrimos. O ar que respiras é um elemento mais imaterial do que concreto; ele contém em sua essência a substância de toda vida, o germe profundo do fogo, da água, da terra e de mil outras coisas mais. É preciso vê-lo como apoio, como morada da centelha primordial. Compreende então, pequena Míriam, que, antes de atuar no mundo dos fenômenos, ele age no plano das origens, ou seja, no plano do espírito.

O Sem Nome quer que as coisas sejam assim: a alma transcendente jamais germina de um corpo de carne, bem ao contrário, ela o constrói, depois o habita. Antes, ela deverá ter instalado e desenvolvido seus constituintes inferiores: a alma humana e suas sete chamazinhas que se superpõem. A purificação pelo sopro, se melhora uma veste de matéria, logo será efetiva nos reinos invisíveis. Compreende bem, com isso, que ela lava os sucessivos corpos do homem, começando pelos mais imateriais.

Assim, pequena irmã, a sublimação dos corpos toscos é a última a realizar-se. O sopro vital age bem mais facilmente nos reinos onde já reina como senhor absoluto! Estas palavras devem ensinar ao teu coração a razão pela qual grande número de seres de alma limpa e vida nobre não gozam de perfeição corporal. A limpeza de uma de suas pequenas chamas não foi totalmente feita; a transmutação completa de seus corpos não pode efetuar-se por este motivo, a transmutação completa de seus corpos não se pode efetuar. É preciso saber bem que esta transmutação será sempre uma das tarefas mais rudes do ser humano. Se basta um simples sopro para modelar o espírito, é indispensável um vento solar à regeneração de um corpo denso. É então nesta tempestade de raios do Pai que se deve trabalhar, Míriam.

Mestre, no coração do Eterno, será quem intercalar os grãos de vida do sopro divino com os átomos de sua carne. Ele se tornará leve como o vento das manhãs da nossa Terra, transparente como uma jóia e seu corpo não projetará mais sombra no chão pois ele terá despertado em si o sol. Não vê imagem nestas palavras, não poderiam existir outras mais concretas.

Mas antes desse tempo, em que todos os seres que compõem a melodia da humanidade terão deixado falar neles o Mestre, é preciso utilizar o sopro em sua força sonora para amenizar os ferimentos. Se teus olhos dizem sim, receberás um ensinamento, filha de Sdech, o ensinamento que te dará um domínio do som.

O canto que se derrama de uma garganta como um leite ou uma beberagem de mel é um curativo sobre uma ferida, um bálsamo que acalma a dor muitas vezes obcecante. Saberás isso."

Quando os irmãos se calaram, compreendi que suas palavras iriam ressoar em mim durante muito tempo. Seu modo de pronunciá-las tinha sido tal, que tudo se passou como se tivessem criado uma multidão de pequenos seres que ainda dançavam ao redor de minha alma. Hoje mesmo, continua me parecendo que as palavras deles eram uma força cálida e viva que eu poderia tocar. Um dos doze fez-me um sinal para que me levantasse e todos desfilaram diante de mim, depondo uma mão paternal no topo do meu crânio. Acho, Simão, que não pronunciei uma palavra durante toda a estranha experiência. Disseram-me, também, que antes de cada Sabá alguém viria procurar-me e me ensinaria, no silêncio da solitude da montanha, o segredo do som que cura.

Tudo aconteceu assim, Simão, e, ainda hoje, um Irmão de longos cabelos claros vem sempre procurar-me para ensinar-me a arte de falar e cantar segundo os ventos do Grande Sol.

Agora, continua escutando, porque, se minha própria história se encerra, um pequena frase percorre sempre meu espírito como um refrão. Foi nosso velho amigo quem a gravou em mim ao sair da estranha sepultura onde me tinha introduzido.

"Sabe, Míriam, que vós também tereis que remover pedras..."

Que significa esse "vós", Simão? É isso que meu coração passa as noites procurando.

Eu não soube responder e Míriam, que parecia meio decepcionada, encerrou aqui sua longa narrativa.

A noite estava escura e o pio de uma coruja, acordando nas acácias novas que orlavam nosso muro, lembrou-nos a hora tardia. Devíamos juntar-nos a nossas famílias, felizes, mas oprimidos por mil perguntas. Quantos anos, quantos séculos se passaram desde aquele instante em que pela primeira vez, naquela vida lá, nós comungamos um mesmo arrebatamento com a mesma força? Quantos séculos, e no entanto... Hoje, para nós, continua brilhando a luz das pequenas lâmpadas a óleo que, colocadas aqui e ali, nos escoltaram até nossas casas. Era o apelo ritual dos Irmãos para os céus, o sinal de que suas almas estavam em vigília...

O segundo dia foi consagrado aos funerais de Zérah. Na ocasião, Míriam e eu compreendemos que existiam algumas divergências de opinião sobre o assunto no próprio seio de nossa comunidade. Percebemos que alguns Irmãos recusavam-se a tocar o corpo de nosso amigo. Explicaram-nos que eles achavam que um corpo do qual a chama tinha fugido para sempre se tornava impuro, já que tinha sido retomado pelas forças baixas e atrativas deste mundo. A maior parte da aldeia definitivamente não aprovava esta opinião que os aproximava mais de nossos Irmãos nazaritas do que dos Irmãos de Essânia.[10] O corpo de Zérah, apesar da nossa pobreza, foi ungido com óleos aromáticos e, segundo o costume, nós lhe cingimos a cabeça com uma tríplice faixa de linho em sinal de purificação final. Foi a mãe de José quem se encarregou das tarefas principais; foi ela também quem costurou o sudário imaculado que envolveu o corpo do velho. Pela primeira vez, pude contemplar a nobreza e a pureza dos traços daquela mulher, ainda muito jovem e que diziam ter sido "Donzela" do grande templo de nosso povo. Não ignorávamos o que aquilo representava em termos de conhecimento e de sabedoria e admiramos ainda mais o trabalho humilde de suas longas mãos costurando o grande pano de linho.

10 Ver, quanto a isto, o Velho Testamento a respeito do voto de nazarenato no momento possível entre os hebreus (Números, VI, 5 a 7): "Durante todo o tempo de seu nazarenato, a navalha não passará sobre sua cabeça... durante todo o tempo que devotou ao Eterno, não se aproximará de uma pessoa morta..."

Zérah não foi enterrado na vala comum, todos devíamos a ele muito de nosso saber. Em algum lugar da montanha, uma anfractuosidade tinha sido marcada no rochedo. Em cortejo, depusemos lá o corpo e a sepultura foi fechada por pedras vedadas com uma mistura de barro e palha. Zérah não teria gostado de carpideiras, embora o costume ainda vigorasse muitas vezes entre nós. Teria desejado que sua alma se fosse em paz... Tudo foi respeitado.

Este detalhe nos valeu uma chuva de pedras quando nossa pequena procissão atravessou a grande estrada de Jappa. As pessoas da cidade não gostavam que fôssemos claramente diferentes delas, e nossa sobriedade as chocou. Assim, portanto, pedras se levantaram lá também...

Capítulo 12
Entre os Zelotas

Os meses se passaram e nos trouxeram os fortes calores do verão. Pela primeira vez, depois de muito tempo, nossos olhos fartaram-se de flores escarlates e brancas que caíam em cachos sobre os terraços da aldeia. Aprendi os segredos da olaria, depois Míriam e minha mãe, sempre tão discretas, me iniciaram no trabalho do linho. De suas mãos infatigáveis, sobre o tear rudimentar nascia a veste dos Irmãos, a veste que eu sonhava usar um dia, a veste que a tradição exigia inteiriça, sem uma única costura. Ela era Una como o ideal da Fraternidade. Esta característica conferia-lhe, afirmava-se, uma força etérea inegável por ocasião dos rituais e na intimidade das meditações. Parecia que a vida deveria correr assim, humilde mas serenamente. Sem as longas horas de oração e as inúmeras purificações cotidianas a que eu continuava obrigado, sem dúvida todo o aprendizado e a disciplina do Krmel teriam se esfumado lentamente da minha memória. As vagas promessas de um trabalho futuro que me tinham feito, e a partir de agora eu deveria dizer "que nos tinham feito", teriam soçobrado nas profundezas entorpecidas do esquecimento sem a chegada inesperada, no recinto de nossa comunidade, de um Irmão forasteiro.

Sua agitação, tão pouco usual em nossa ética, reuniu toda a aldeia perto do velho poço. O Irmão, que parecia ter corrido boa parte da jornada, anunciou-nos com voz trêmula que graves motins haviam explodido na antevéspera mais ao norte, na região do mar da Galiléia. Já se contavam muitas vítimas. As confusões deviam-se, segundo ele, aos altos tributos infligidos aos habitantes da região. Para Míriam e eu, como provavelmente para muitos adolescentes da aldeia, aquela data marcou o início de uma verdadeira tomada de consciência. Sabíamos que nosso país estava ocupado por forças estrangeiras, tínhamos visto muitas vezes a cena meio opressiva. Míriam em nosso recinto, e eu sob os pórticos de Jerusalém. Entretanto, nunca tínhamos, de fato, chegado a convencer-nos da agressão e da revolta que tal estado provocava. Em nossa ingenuidade, e do alto de nossos montes crestados pelo sol, tínhamos encarado os poucos soldados que víamos mais como ocupantes semipacíficos do que como uma força violenta e invasora. Isto se explicava em parte pelo fato de que bom número de saduceus, que de alguma forma constituíam a nobreza de nosso país, há muito tempo estavam envolvidos com eles. Os próprios sacerdotes fariseus, apesar de toda sua intransigência quanto a manter intactas as leis hebraicas, pareciam ter-se acostumado àquela situação. É verdade que a opulência deles, que não deixavam de ostentar, muitas vezes provinha de sua relação direta com o exterior. Seu mutismo, sua intolerância com relação à púrpura das legiões tinham sido comprados; eles eram fiadores de uma paz, aliás muito precária. O povo da Palestina, conseqüentemente, continuava sob um duplo jugo e não parava de pagar impostos.

Assim que o Irmão terminou o relato preciso dos motivos da revolta, percebemos que o estado fora ferido em seu flanco. O ferimento, embora sem gravidade, fez brotar nossa indignação. Foi assim que compreendemos a ambigüidade da situação e todo o peso de um nome até então raramente pronunciado: Roma.

Foi o Irmão Joab, um velho firme de cabelos cor de ébano, quem se encarregou de acalmar os espíritos perturbados. Suas palavras, impregnadas pela sabedoria dos escritos do nosso povo, entraram direto no coração de todos nós.

— Não penseis — disse ele, tranqüilamente sentado sobre o que restava do poço — não penseis que tudo isto não tenha sido autorizado pelo Pai. Isto é tolerado pelo divino, meus Irmãos, porque os tempos estão próximos e logo teremos que virar uma página de nossa história. Isto é tolerado porque a força humana com muita freqüência continua a ser uma força bestial. Infelizmente, só se pode fazer uma criança raciocinar quando ela está cansada de tanto tropeçar; mas vós, meus Irmãos, vós que fugis das cidades e de seu luxo, vós que procurais a palavra límpida, não vos deixeis levar pelo ciclo das aparências. Agradecei ao Sem Nome por dar-vos hoje a oportunidade de refrear um impulso, um impulso que pretendia levar--vos a uma luta armada. Há anos esperamos, eu o sei, o dia que verá nossa liberdade desabrochar... Mas nossas Escrituras Sagradas não nos prometem um auxílio divino? Vossos corações sabem que o ferro é para aquele cuja alma se assemelha à ponta da lança. Permiti, pois, que vossos corações falem!

A estas palavras, nossa pequena comunidade separou-se e todos se dirigiram, uns à sua vinha, outros ao seu campo, esforçando-se, segundo as prescrições ancestrais, por desabrochar em si uma flor de meditação.

"As forças obscuras atrativas", tinham me ensinado no Krmel, "gostam de ser odiadas; isto as torna mais fortes, assim elas vão corroendo as energias de luz branca..."

Então, que significavam as palavras pronunciadas pelo mais velho dentre nós? Será que iríamos confundir paz com submissão? Uma dúvida insinuava-se em mim, em nós, uma dúvida que talvez estivesse incubada há muito tempo. Que significavam aquela paz, aquele amor do Divino, aquele respeito à nossa Fraternidade e às promessas antigas que nos tinham ensinado desde sempre? Aquilo não se resumia a simples princípios éticos, aos princípios de quem espera por um maná que nunca virá? Será que pretendiam instilar a debilidade em nossas veias?

Que era então o sonho de Essânia? Era o que se perguntavam nossos corações que ainda não tinham quinze anos.

Ao alvorecer do segundo dia após este acontecimento, o jovem Irmão que exercia o trabalho de escriba em nossa comunidade visitou cada habitação comunicando em tom imperativo o que tradicionalmente chamávamos de conselho dos anciãos. Excepcionalmente, o conselho se reuniria ao ar livre para que todo mundo pudesse assistir. Começamos pelas invocações habituais, uma breve oração e purificação pela água, depois os anciãos, onze ao todo, ombros cobertos por uma larga estola de linho azul, tomaram a palavra. Foi um conselho pastoral: algumas ovelhas, de que não tivéramos tempo de cuidar, puseram-se a andar ao redor de nós. Sentados no chão em círculos concêntricos, os Irmãos foram sucintos. A situação perto de Genesaré nos foi exposta claramente, com mais detalhes do que na véspera, mas sem complacência. Ficamos sabendo, com certeza, que um pequeno grupo de homens dispostos a tudo instigava e dirigia a revolta do povo na região em que as desordens tinham começado. Quase quarenta anos depois, proclamavam-se inimigos declarados das legiões romanas. A vontade deles era pôr fogo em toda parte onde fosse possível, na esperança de uma sublevação maciça do povo da Palestina. Em nosso foro íntimo, nós os compreendíamos: eles eram puros em seu modo de ser, convencidos de que a submissão às armas estrangeiras tomava a forma de uma infidelidade para com o Eterno. Ficou decidido que uma parte de nós seria mandada, sem mais tardar, para as margens do mar da Galiléia. O objetivo, que seria triplo, respondia a um pedido distante proveniente de uma misteriosa assembléia de Irmãos a respeito da qual eu às vezes me perguntava se não tinha um caráter puramente mítico. Era preciso tratar das feridas, acalmar os espíritos e difundir, na medida do possível, os princípios de nossa razão de ser. O conselho secreto da Fraternidade reafirmava assim sua existência e nos indicava que precisávamos empreender um grande renascimento de nossa ação em toda a Palestina. Muitas vezes na história havíamos desempenhado um papel de primeiro plano, pois possuíamos nosso próprio ensinamento vindo em linha direta de Moisés e sempre tínhamos agido segundo os ciclos de sonolência e de ação concreta, continuando ocultamente sempre presentes.

Alguma coisa que mal distinguíamos preparava-se no cadinho da raça humana; devíamos, pois, levantar-nos. Conforme esperávamos, estávamos entre os autorizados a tomar o caminho de Genesaré. Era importante partir sem demora e não seguir as estradas traçadas onde correríamos o risco de encontrar tropas armadas que a atmosfera e nossa aparição poderiam tomar agressivas. Alguns asnos foram selados às pressas e, após um breve adeus, começamos nossa marcha, descendo direto através dos montes, através do mosaico dos olivais, dos vinhedos e dos campos de cevada já ceifados. Foram duas boas jornadas de marcha que ficaram gravadas em nós por sua dureza. O sol parecia obstinar-se em ficar bem alto no céu e nossas pernas, arranhadas sem parar pelas moitas de espinheiros e cardos, não podiam permitir-se muitas paradas. Às vezes víamos o fogo de um pastor, as manchas brancas de uma aldeiazinha e as nuvens de incenso que saíam de sua sinagoga. Tudo era harmonia, camafeu verde, amarelo e ocre; o próprio vento quente não se decidia a divulgar a tensão às margens de Genesaré. Tivemos que chegar às suas bordas para ver os primeiros sinais da revolta. Tivemos, assim, que enterrar vários corpos abandonados que estavam sendo disputados por aves de rapina. Finalmente atingimos Genesaré e a encontramos num estado lamentável. As casas dispostas ao longo das praias em sua maioria estavam vazias. Tinham sido deixadas entregues à pilhagem e seus últimos ocupantes, apavorados, tentavam recuperar o que podiam. Fios de cânhamo, cordas, jaziam aqui e ali; até o pequeno porto só mostrava farrapos de tecidos calcinados e enormes barcos com os mastros partidos pela fúria humana. Nossa chegada imediatamente atraiu a atenção de um grupo de homens armados que percorriam as vielas como milicianos. Suas vestes pobres, rústicas, e suas armas estranhas atestavam sua vinculação ao povo hebreu. Logo reconhecemos neles os encarniçados partidários da revolta sangrenta, os zelotas,[1] de quem alguns mentores passavam por fanáticos.

Nossa primeira reação foi de desconfiança porque o Irmão que chefiava nosso grupo, formado por umas cinqüenta almas, não tinha deixado de dizer-nos que, devido às necessidades da causa, eles contavam com alguns bandidos em suas fileiras. Os zelotas punham seu ideal acima de qualquer outra coisa e recrutavam aqui e ali robustos capangas. Assim, aqueles místicos partidários da luta armada andavam lado a lado com

[1] Facção político-religiosa dos judeus cujo fanatismo (excesso de zelo), provocou, de 6 a 70 d.C., vários conflitos com o Império Romano, tentando impor a teocracia judaica na Palestina. (N. da T.)

simples criminosos. Preparamo-nos para um contato agressivo e nos repreendemos por isso: encontramos, naqueles homens plantados à nossa frente, seres sofredores.

Só conseguimos resolver-nos a voltar à aldeia depois de passados vários dias... E todo nosso ser agitado esperou ainda muito tempo para rever a nuvem de Paz entre a cálida solidão das montanhas. Seus olhos diziam mais do que suas palavras desajeitadas e, em alguns casos, adivinhávamos Irmãos cujo coração só tinha aprendido a vibrar segundo um modo diferente do nosso. A força que os animava era a mesma, mas sua ação era aflitiva, dispersiva, separadora e não conservadora. Conhecendo a reputação médica do povo de Essânia, em vez de combater acolheram-nos com uma espécie de alegria que, entretanto, procuravam conter. Nós chegávamos para curar feridas. Ficamos sabendo do entrincheiramento da legião a Oeste e do massacre dos ricos partidários de Roma.

Enquanto os Irmãos se informavam, nossos corações de repente sobressaltaram-se. A alguns metros diante de nós, no grupo zelota, estava, um pouco recuado, um rapaz da minha idade cujos cabelos compridos saíam em mechas de um turbante grosseiro.

— José! — dissemos instantaneamente e em uníssono e o rapaz virou a cabeça, cravando em nossos olhos a chama de um olhar terrível.

"Não", suspirei intimamente, "não é José, não pode ser José, um olhar é uma alma, um olhar não engana."

Suspendemos a respiração. A semelhança com nosso amigo era flagrante e havia também o nome... Aquele que tinha respondido ao nosso chamado, aquele outro José, pôs-se então a olhar-nos do fundo de seus olhos em brasa. Depois aproximou-se e perguntou se nós o conhecíamos. Sua voz apaziguou nossos espíritos, era a voz áspera de um pequeno coração guerreiro. De um pequeno coração! Seria tão pequeno? Na verdade, as poucas horas que passamos em sua companhia puseram em evidência a estranha presença que dele emanava. Parecia uma força bruta dissimulada sob uma aparência tranqüila, um impulso velado, em resumo, uma força de deslocamento. Os próprios zelotas pareciam dar-lhe muita importância e, curiosamente, considerando sua idade, ele era consultado freqüentemente.

Só bem mais tarde compreendemos o caráter singular daquele ser, sua semelhança com nosso amigo, seu destino breve e desconcertante... Tomamos a decisão de espalhar-nos entre o que restava da pequena cidade e as margens do lago. Quanto a nós, as circunstâncias fizeram com que ficássemos em Genesaré na companhia de uns dez Irmãos. Foi lá que instalamos um pequeno acampamento ao abrigo de uma velha casa de pescador a poucos passos da água. Ainda não sabíamos que nos demoraríamos lá até os primeiros frios. A população ferida, na alma e no corpo, rapidamente nos dispensou total confiança. Para nós dois, que não tínhamos mais de treze anos, foi um duro aprendizado. Feridas e seres revoltados não nos eram familiares. Começamos servindo de auxiliares para os mais velhos, preparando decocções, pastas de lama à base de ervas, entre as quais a murta desempenhava um papel importante. Depois, pouco a pouco, quando conseguimos respirar sem temor e a plenos pulmões o ar azul do lago, os mais velhos apelaram para nossas habilidades. Pela primeira vez, vi Míriam atuar desenvolvendo a surpreendente técnica que lhe tinha sido transmitida...

— As almas enfraquecidas são como a pedra de Magnés,[2] Simão, elas atraem para si os corpos de baixa vibração, os "seres doentios".[3] Cada órgão emite uma sutil nota musical e o conjunto dos órgãos faz do corpo uma harmonia de onde emana um som de base diretor de todos os outros. Quando um órgão é devorado ou ferido e seu corpo sonoro imediatamente falseia, a melodia do corpo que o contém torna-se discordante. O Irmão que vive só na montanha ensinou-me a fechar todos os dias a porta do meu corpo e a abrir os ouvidos do meu coração para perceber o canto de base de todo o organismo. Para tanto, preciso estender minha mão esquerda um côvado acima do ser deitado, ao nível do côncavo de seu estômago, ou seja, no local da quarta roda de luz. Se a paz reina em minha alma, um sonzinho persistente vem perturbar meu silêncio

---

[2] Provavelmente, trata-se da magnetita, mineral opaco, de cor negra e brilho metálico, que apresenta grande suscetibilidade magnética. (N. da T.)

[3] A Fraternidade essênia considerava as doenças como seres etéreos que se nutriam da força vital de um órgão ou de um corpo inteiro e agiam num plano vibratório diferente do nosso.

interior, é o som que se encontra na base da pirâmide da vida desse ser. É necessário então varrer com a mão a totalidade do corpo estendido, mas agora só a um palmo dele,[4] sem que o contato sonoro seja interrompido uma única vez. Se uma parte do corpo sofre, a pequena nota que fala ao meu coração se modificará imediatamente quando minha mão passar por alto sobre o órgão doente. O exercício é simples e árduo ao mesmo tempo, Simão. É preciso expulsar de si a priori as impressões, o julgamento e o que o Irmão chamava de razão inquisitiva, que desenvolve uma lógica ilusória.

Só depois disso pode-se dispensar os cuidados. Do fundo de mim devo emitir uma nota musical, a nota exata que meu coração capta. Assim, todo meu ser vibrará com a vida do corpo sofredor e meu canto, embora monótono, será um bálsamo para o órgão cuja voz ficou desafinada. Os olhos da minha alma verão raios de luz saindo do côncavo da minha mão esquerda a fim de voltar a harmonizar o que falta ao ser. Finalmente, um enorme cansaço me invade, mas só se meu amor e minha vontade conseguiram romper todas as barreiras. Muitas vezes, Simão, ao final de duas ou três aplicações, a cura se instala.

Quantos seres ainda ignoram que são uma nota no grande teclado do Pai! Quantos sabem que todos juntos compõem um canto perpétuo, um canto de onde devem eliminar os tons de ódio e, pior, de indiferença?

Pusemo-nos então a curar como tínhamos aprendido, um e outro, com a ajuda dos Irmãos que guiavam nossas mãos ainda pouco experientes. E nós que, mal saídos da infância, pensávamos ser detentores de grandes segredos, percebemos que os Irmãos manejavam a luz e o som de sua alma com uma força e uma segurança de que ainda não éramos capazes. Eles não eram mais os humildes irmãos de uma aldeia desconhecida pela maioria; suas mãos calosas sabiam transformar-se em força radiosa, lá onde um coração chamava. Às vezes, como os mais velhos tinham pedido, eles falavam oficialmente com grupos de homens e mulheres sobre seu próprio conhecimento do Sem Nome. Mas o povo da Galiléia desconfiava, então deviam mostrar-se prudentes em suas declarações. Mais do que curá-los, eles queriam acalmar os seres e dar-lhes a esperança de um

4 Em torno de vinte centímetros.

auxilio divino. O entardecer nos reunia em torno de um fogo de lenha onde jogávamos alguns grãos de incenso. O marulho das ondas e uma brisa perfumada nos levavam a ambos para perto da praia, onde saltávamos de pedra em pedra. Sem dúvida foi naquelas margens do mar da Galiléia que nasceu para nós, nesta existência, uma certa flor que não tardaria a desabrochar...

Durante três anos levamos aquela vida entrecortada de tempos em tempos por retornos à nossa aldeia, onde não ficávamos mais de dois meses. A comunidade empobreceu um pouco mais, por falta de braços; mas os ventos do Eterno, como nos tinham dito, agora sopravam numa direção bem definida e era preciso falar, curar, agir onde fosse possível. Devíamos, mantendo-nos suficientemente discretos, comportar-nos como o fermento em todo lugar em que só o que as almas pediam era escutar para saciar sua sede. Nem sempre dirigíamos nossos passos para a pequena aldeia de Genesaré, que aos poucos estava sendo reconstruída. Segundo um itinerário de uma lógica ainda inacessível aos nossos espíritos, percorremos a Samaria, a longa costa oeste, e finalmente descemos para a aridez do país de Jericó, onde importantes comunidades de Essânia estavam sediadas. As estradas poeirentas ou verdes do antigo país de Canaã desfilaram assim sob nossos pés e toda a natureza, com suas forças simples, suas forças íntimas, transformou-se em nossa verdadeira morada.

Capítulo 13
A nuvem de paz

FINALMENTE A HORA DOS NOSSOS DEZESSEIS ANOS VEIO EMOcionar nossos corações e com ela veio o desejo de rasgarmos os véus da infância. Nossos olhos se cruzavam até nas mínimas ocupações, tinham-se feito juramentos tácitos... Os dois adolescentes que éramos leram em suas almas e desejaram unir-se. Segundo a tradição, nossos respectivos pais, que já o sabiam há muito tempo, organizaram as cerimônias. Tínhamos poucos bens, mas o costume de nosso povo era considerado um bem a ser salvaguardado. Joshé, o oleiro, e Ela, o tecelão, trocaram então os presentes rituais: alguns objetos de sua própria fabricação, depois alguns víveres. Assim foi selado nosso noivado. O casamento foi marcado para algumas semanas mais tarde. Foi no mês de Tammuz, o quarto. Já tínhamos colhido as primeiras uvas, e foi com uma braçada de cachos que o casado em que me tornaria foi levado em cortejo à casa de sua esposa. Nossas famílias se abraçaram e, finalmente, surgiu Míriam, que eu tinha sido proibido de ver há três dias. Foi ao cair da tarde e, segundo o costume, ela apareceu na soleira de sua casa humilde, à luz vacilante das lâmpadas a óleo. Ela avançou, radiosa, envolta na simplicidade de uma longa veste vermelha. Sob o véu azul vi saindo da sua cabeleira ruiva intermináveis fios de contas de argila pintada. Eu estava fascinado, nunca a tinha imaginado assim, ela que, quase sempre, flutuava na sua larga veste cor de ocre. Mas é de seu olhar que não me esqueço, olhar de um pequeno ser esquivo, dois olhos imensos com reflexos de esmeralda. Nossos pais nos colocaram um ao lado do outro, depois quatro Irmãos suspenderam sobre nossas cabeças um quadrado de tecido azul com franjas brancas.

O mais idoso Irmão da aldeia chegou e postou-se à nossa frente. Escondia a espessa cabeleira de ébano e todo o rosto sob um véu de linho branco. Pôs-se então a recitar uma breve oração à guisa de bênção. Por fim nossas famílias entoaram um canto muito agudo e alguém, na multidão que nos tinha seguido, pôs-se a soprar num chifre enorme. Nesse instante tivemos que atravessar toda a aldeia, de mãos dadas, entre uma ala de Irmãos que erguiam tochas. Não pronunciamos uma palavra, e a noite se fechou sobre nós na casa de nossos pais. Tudo aconteceu assim, simples e solene ao mesmo tempo, segundo a lei milenar. A partir daquele dia, não houve mais Míriam, não houve mais Simão; houve apenas um único ser, uma só força que dizia "nós", uma força movida por uma vontade da qual ela ainda não podia ter consciência.

Nossa nova vida organizou-se, com os Irmãos e nossos companheiros de infância ajudando-nos a construir o que seria nossa pequena casa. Ainda os vemos fazendo os tijolos de barro, a veste levantada e presa à cintura, colhendo de quando em quando um cacho de uva ácida... Nossa casa era um simples cubo de pedra e terra, igual às outras, com sua peça única, seu telhado em terraço e suas frinchas à guisa de janelas. Vivemos lá cinco anos divididos entre os trabalhos nos campos galileus e os cuidados que devíamos prodigalizar pelos caminhos do país. Prensávamos as azeitonas, semeávamos e colhíamos a cevada e o linho; preparávamos ervas de acordo com as prescrições antigas e falávamos do Sem Nome nos lugares onde o coração parecia abrir-se. Aquele, como muitos de nós sentíamos era o momento de agir. Meus vinte e um anos finalmente me trouxeram a almejada veste. Isto aconteceu no início de uma grande cerimônia da qual o pai de José participou, cerimônia cujos detalhes o tempo quis guardar. Como estava previsto, confiaram-me uma missão que se limitava a duas palavras lapidares: "abrir caminho"... Quanto a José, passaram-se anos sem que nos fosse permitido voltar a vê-lo reaparecer, escalando nossa ladeira. Contudo ele tinha deixado o Krmel e tinha voltado à aldeia, mas isso tinha coincidido com nossos múltiplos périplos através do país. Sua mãe, cuja simples presença para nós era uma felicidade, disse-nos que Irmãos de uma região estrangeira o tinham chamado para um ensinamento sobre o qual ela afirmava nada saber. Uma ou duas vezes ela tinha recebido, por algum meio que ignorávamos, um pequeno rolo de pergaminho onde ele dizia que seu coração voava para junto dela e da nossa terra. Nosso vigésimo segundo ano foi marcado por um acontecimento de uma intensidade toda particular, um acontecimento que supera em muito o clima simples desta narrativa. Queremos descrevê-lo como foi sentido por nós naquela época, ou seja, com uma ingenuidade que nosso século não conhece mais...

Tínhamos adquirido o hábito de às vezes acompanhar os rebanhos durante alguns dias, longe da nossa aldeia e de seus habitantes. Para nós era uma alegria que nos permitia saborear uma espécie de solidão e fartar nossos olhos com a linha pastel das colinas e dos pequenos montes rochosos. Naquele dia o sol declinava e estendia no horizonte um véu púrpura e alaranjado. Antes do anoitecer, tínhamos acendido um fogo com galhinhos secos e tínhamos estendido um pano qualquer para abrigar-nos. Sobravam-nos longos instantes antes que a escuridão fosse total, e nós estávamos enrolados em nossos mantos, com os olhos mergulhados num céu onde as nuvens desfiavam-se. Em dado momento, nossa atenção foi atraída por uma delas, completamente diferente das outras por sua forma e luminosidade. Era uma pequena massa ovóide que parecia suspensa no ar, enquanto as formações vizinhas desfilavam indefinidamente. Após alguns momentos de observação intensa, uma certa inquietação tomou conta de nós quando brotou da nuvem, duas vezes, uma luz verde que abrasou metade do céu. A emoção chegou ao máximo quando a massa algodoada, em vez de desagregar-se como esperávamos, pôs-se a crescer e a aproximar-se rapidamente. A lógica diria que devíamos fugir, pois a memória de nosso povo falava de um tipo de estranhas histórias que não compreendíamos bem. Para dizer a verdade, nem sequer tivemos tempo para sonhar em fugir. A brisa das colinas de repente pareceu suspender sua rota e um grande clarão branco estendeu-se à nossa volta por várias braças, como um fio. Fez-se um silêncio total e um carro enorme, com o brilho de mil fogos, apareceu diante de nós, suspenso nos ares a aproximadamente dois côvados do chão. Não fizemos um gesto, incapazes de reagir e nem mesmo de pensar. Então, quase instantaneamente, sem que pudéssemos ver de onde vinham, três seres surgiram à nossa frente. Usavam uma longa veste branca, meio parecida com a nossa, mas muito mais fina, muito mais sedosa. Descrever seus rostos seria impossível.

Eram de uma luminosidade e de uma pureza perfeitas comparados com os nossos, já burilados pelo sol, e deles emanava uma forma de amor que até então só conhecíamos em nossos mais belos sonhos. Uma longa cabeleira loura caía-lhes harmoniosamente sobre os ombros, enquanto sua pele, levemente ambarina, parecia desprovida de qualquer pilosidade. Seriam homens? Não poderíamos dizê-lo, tal era a delicadeza de seus traços, que podia ser almejada por muitas mulheres. Instantaneamente, sentimos uma onda de calor indefinível subir em nós e engolfar todo nosso ser. Depois, rapidamente, o cenário esfumou-se e pareceu-nos estar presos num raio de luz branca onde nossos membros paralisados tentavam em vão reencontrar-se. Parecia-nos que estávamos suspensos por algum vento quente e anestesiante ou por uma energia que nos tirava docentemente do próprio seio da matéria. Finalmente, sem saber ao certo o que tinha acontecido, encontramo-nos num lugar fechado onde se irradiava, por todos os lados, uma luz de Paz. Os três seres continuavam lá, diante de nós, iluminados por um sorriso de bondade. Eles se adiantaram, garantindo-nos, em nossa língua, que nada tínhamos a temer com relação a eles.

— Amigos — disse um deles —, permiti que vos chame assim e sede bem-vindos entre as forças do Pai que percorrem os mundos. A glória do eterno aquece nossos corações e estamos felizes por podermos falar a vossas almas. Estais num dos carros que os ventos solares levam através do universo. Estais entre os que povoam vossa pequena estrela, a que à noite brilha mais do que as outras no firmamento. Estais com Lua-Sol...

O que se disse a seguir não teria lugar aqui, mas a voz que pronunciava as palavras era bem clara, bem decidida e teve imediatamente o efeito de um bálsamo em nossos espíritos perturbados. Então começamos a distinguir ao redor de nós as paredes de uma vasta sala hexagonal, tendo por centro o que parecia ser uma jóia enorme, que emitia vários clarões. Entretanto, em volta havia uma dúzia de assentos estranhos, semelhantes a tronos. Sobre uma longa e única mesa, que estava à nossa frente, estavam dispostos muitos objetos esquisitos, rodeados por desenhos não menos estranhos. Alguns pulsavam como estrelas à noite.

— Estais com Lua-Sol — recomeçou um dos seres no mesmo tom... — Vossos pais humanos vos falam desde o início da imensidão dos mundos habitados. Pensais que é uma lenda? O Eterno delega seus poderes a todos que têm a capacidade de fazer surgir luz à sua volta. Assim, nós somos os anjos do Sem Nome e nossa Terra está neste diamante pulsante que clareia as noites de vossa fraternidade. Desde o início dos tempos, nós semeamos este mundo e vosso coração a fim de expulsar deles as trevas. Falamos aos homens da Terra em múltiplas línguas, sob múltiplas aparências, demos a eles deuses adequados, conforme o brilho de sua alma. Não vos escandalizeis com estas palavras, amigos, porque uma luz demasiado forte cega quem sempre viveu na noite. As cortinas que velam o esplendor da Terra do Pai só, podem ser afastadas uma a uma, com infinitas precauções. Sabemos o que dizemos. Houve um tempo em que os homens deste mundo viviam numa outra Terra, diferente desta, em alguma parte da espiral... a luz forte demais aniquilou o sopro de seus corações; a força mental matou seu amor, e seu mundo foi projetado nos confins dos universos. Nós cultivamos as almas, e a providência do Eterno quis que as replantássemos aqui, entre a luz e as trevas, para ensiná-las a discernir. Mas a sabedoria também quis que o jardineiro permanecesse entre as plantas que estavam sob sua guarda. Assim, há um lugar preciso neste mundo, lá onde a terra e os céus se encontram, que vossos Irmãos das estrelas, de Lua-Sol e de muitas outras, elegeram como domicílio. Raios de luz saem de lá desde a aurora dos tempos, são como o fermento e o fio diretor das grandes civilizações humanas. Nada do que se faz de bom sobre esta Terra é feito sem eles. É chegada a hora de levantar um outro véu, e todos os que podem ver devem erguer-

-se. Eis porque batemos à porta dos corações: nosso Amor emite sons que a razão não percebe e que vos dirigem para lugares bem determinados. Isto motiva nossa presença aqui.

Sabei também que um dos nossos foi para junto de vós há pouco tempo ainda. Cabe-vos reconhecê-lo e preparar o caminho que ele deve seguir. Não vos enganeis, pedem-vos que sejais mais servidores do que embaixadores. As forças mais nobres e mais sólidas são sempre as forças ocultas, não vos esqueçais disso. Logo compreendereis que esta época se assemelha a um cadinho onde estão lado a lado as mais negras substâncias e as luzes mais vivas. Todas essas forças quase sempre ignoram sua verdadeira origem, o que as torna mais aptas a suportarem as vibrações deste mundo; poderá ser pedido a vós, como a outros, que lhes revelem o momento chegado. Vós o fareis?

Não era a primeira vez que nos faziam uma pergunta tão repentina, mas o ser não esperou que lhe respondêssemos, preferindo convidar-nos a dar alguns passos na enorme sala que nos abrigava. Pareceu-nos semelhante a um palácio, com suas mil jóias suspensas nas paredes e suas forças que se moviam nos fachos de luz ondulante. Logo percebemos que um quarto ser, em tudo semelhante aos outros, acabava de entrar. No entanto, não havia uma porta, um esconderijo visível.

— Eis a energia do Pai transformada segundo a vontade de nossos corações — disse um dos seres, englobando o local com um amplo gesto do braço. — Tudo isso pode tornar-se tão duro quanto a rocha e tão translúcido quanto o fulgor das tochas da alma. Basta que se faça a vida circular mais, ou menos, rapidamente. Esta é uma das formas da criação. Vós próprios sois criadores através dos vossos pensamentos; são estes pensamentos que, neste reino, depois em outros, devem transformar-se, depois criar a matéria como escada do Espírito. Precisais aprender a manejar o éter através da força do vosso amor. Sabei que cada idéia inclui uma partícula de vida etérea num movimento vibratório e aprendei o que é a matéria: uma miríade de partículas de vida magnetizadas pela força de uma idéia persistente e dirigida. Assim é construído o homem, assim é modelado este carro, assim se deve aprender a obrar. A Matéria, o Espírito e a Força são Um, sede portanto Um com o divino, queremos dizer, com um estado de espírito que aceita a substância criativa onipresente. Isto não seria a aceitação de uma fé vaga, sem discernimento, pois a verdadeira fé exige a união da sabedoria com grandes leis para criar sem limites. Tampouco seria uma técnica do mental; este, na verdade, só pode governar em universos concretos, por falta de união com os entrelaçamentos do sol interior... Sabemos que vós, sem dúvida, não compreendereis bem tudo isto até o dia em que acordareis do sono que vos levou à Terra. De imediato, pouco importa, pois as palavras insufladas num coração nele ficam impressas para sempre... Nossa tarefa, hoje, é ensinar-vos a permanecer fora do tempo. O tempo, também, tem apenas a força relativa de uma matéria que se manipula e que deve sublimar-se. O tempo em si não existe, guardai bem isto, ele é o reflexo do vosso mental desconectado de sua fonte! Pensareis por períodos e ciclos, pensareis por feixes de luz; assim, se vossa alma o desejar, preparareis, à semelhança de vossos Irmãos, o caminho d'Aquele que deve chegar.

A voz do ser pareceu extinguir-se como uma lâmpada soprada pelo vento, a seguir só ouvimos estas palavras, carregadas do ouro mais belo:

— Recebei a Paz.

Não saberíamos contar exatamente o que aconteceu. Sem transição, vimo-nos descendo ao longo de um raio de luz branca e muito densa, ou melhor, em seu centro, no interior de um facho, ou de um tubo, translúcido e radiante.

Nossos pés logo tocaram um solo rochoso e, à nossa volta apareceu a montanha envolta por um véu de algodão. Uma sensação estranha, uma opressão difusa, ao mesmo tempo que uma intensa alegria tomava conta de nossos dois seres... Nossos olhos surpreenderam uma bola de fogo sumindo muito alto no céu, depois vimos nossos carneiros, que não tinham saído do lugar. Estava amanhecendo, e compreendemos que a noite tinha desfilado em nós ao ritmo de algumas frases cristalinas. Então, sem trocar uma palavra, sentimos necessidade, um e outro, de estender-nos com o rosto contra o chão, entre o cascalho e os mirrados tufos de capim. Há dois mil anos era nossa maneira, a maneira dos galileus, de agradecer a uma força que não compreendíamos, mas que tinha conseguido comunicar-se com o nosso ser mais profundo. Foi também nossa maneira de acalmar nossos espíritos onde fervilhavam tantas coisas que nos pareciam inacessíveis.

Só conseguimos decidir-nos a voltar à aldeia passados vários dias... E, com nosso ser agitado, esperamos muito tempo ainda para rever a nuvem de paz em meio à cálida solidão das montanhas.

Capítulo 14
No país da Terra Vermelha

NAQUELES DIAS, UM SOPRO PERCORRIA NOSSA TERRA... Os filhos de Essânia, nazaritas e nazarenos, o sabiam. Era um sopro renovador. Nós o desejávamos e o pressentíamos como um sopro de paz. Para outros, devia identificar-se com o estraçalhamento pela espada. Assim, a terra de nossas antigas promessas hesitava entre a consolação e a rebelião.

Naqueles dias, um sopro passava e os filhos de Sdech viram chegado o momento em que deviam reunir-se no país de seus pais, o país dos ancestrais vermelhos...

Na velha terra de Pha-Râ-Won havia muito poucos dos nossos e estes nos enviaram seus mensageiros a fim de formar um conselho onde a conduta a ser seguida seria estabelecida. Eles chegaram à aldeia disfarçados como dois mercadores de especiarias. Entre os mais letrados de nossa comunidade, dez foram designados para partir sem demora. Tivemos a sorte de estar entre eles, e nos dias que se seguiram tomamos a estrada de Jappa, onde sabíamos que simpatizantes fretavam pequenas embarcações. Parecia-nos mais fácil viajar assim em vez de enfrentar o calor terrível do Sinai ou atravessar a passagem de Moisés e as areias escaldantes.

Encontramos com facilidade uma embarcação que freqüentemente servia ao comércio entre os dois países. Na verdade, era um grande barco de pesca, dotado de um sólido mastro e de uma pesada vela remendada. Dormimos lá embalados pelas vagas e enrolados em nossos mantos, enquanto a embarcação margeava as costas onde havia fogueiras acesas. Tínhamos desistido de usar nossas vestes de linho branco durante a travessia para não chamar atenção para o repentino deslocamento dos membros da Fraternidade para um país estrangeiro. Foram então uns dez mercadores, pescadores e simples viajantes que desembarcaram num pequeno porto do delta do Nilo, perdido entre as areias, as plantas aquáticas e algumas filas de tamareiras.

Soprava um vento quente quando atracamos e nossa primeira preocupação foi misturar-nos entre a população cosmopolita que fervilhava às margens do rio. O ambiente nos pareceu alegre, e, apesar do calor sufocante, todos se empenhavam em descarregar pacotes ou esvaziar redes. Logo tivemos que abrir caminho entre uma quantidade enorme de vasilhas de argila que secavam ao sol e para nós foi uma festa atravessar as vielas onde pendiam montes de meadas de lã multicor. O país parecia rico e aquilo contrastava muito com a relativa austeridade a que estávamos acostumados. Forçoso também foi constatarmos que muitos homens e mulheres continuavam em evidente estado de servidão. Nós os víamos desfilando em pequenos grupos, vestidos uns e outras com simples tangas, curvados ao peso das mercadorias. Os portos de nosso país às vezes nos mostravam um espetáculo parecido, mas nunca com a mesma intensidade...

A maioria dos que estavam obrigados àquelas tarefas pesadas eram seres de cor, núbios ou escravos deportados após alguma conquista. Ao percorrer as vielas de terra do pequeno porto, percebemos que lá, como além, o exército romano supervisionava tudo. Havia até um acampamento completo, cujas barracas típicas conseguimos observar entre as filas de casas tão baixas que pareciam achatadas no chão.

Depois de nos termos informado sobre a geografia dos locais com um grupo de mercadores gregos, dirigimos nossos passos para um dos muitos braços do rio que se perdia entre papiros e campos de cevada. Lá havia algumas romãzeiras a cuja sombra dormia um homem atarracado, de tez morena. Como o previsto, reconhecemos nele um típico trapaceiro, pronto a vender-nos seus serviços. Antes de chegarmos ao nosso destino — um templo cuja origem remontava aos primeiros tempos de nossa Fraternidade na Terra — devíamos subir o Nilo até às imediações de Heliópolis. Segundo o que apreendemos no Krmel, Heliópolis era uma cidade cujo traçado tinha sido imposto por uma raça de seres que não fazia parte da raça humana. Esses seres, que evoluíam na atmosfera etérea do sol, tinham empreendido, desde tempos imemoriais, o plano da iniciação primordial do nosso planeta, e a grande Fraternidade de que descendiam os filhos de Essânia lá encontrava sua origem nesta parte do mundo. Através das narrativas contadas em segredo, Heliópolis devia parecer-se com um verdadeiro formigueiro da espiritualidade, com uma colméia que espalhava seu mel sem se preocupar com fronteiras. A viagem foi breve. Parece que ainda vemos o barquinho frágil singrando as águas do rio, sobrevoadas por íbis. Seus gritos ecoavam nas margens fazendo um ou outro grande batráquio saltar alucinado salpicando lama.

Era um mundo desconhecido e que nos fascinou, um canto da natureza em verde e vermelho onde a riqueza das palmeiras lutava eternamente com um cascalho puro como brasas. O sol finalmente declinou e nós atracamos lá onde a margem mostrava enormes degraus de madeira. Mulheres cobertas de braceletes e envoltas em véus azuis e brancos lavavam barulhentamente pilhas de roupa. Esgueiramo-nos entre elas, desandando a soltar risinhos agudos, sem saber por que razão. A vegetação que era densa nas margens, logo a seguir ficou mais rara e ficou difícil nos protegermos dos ventos quentes. Uma aldeiazinha toda em tijolos de terra nos abria sua vida, com seus homens e mulheres voltando dos campos situados próximos à costa. Reinava lá uma certa agitação. Logo um grupo de crianças rodeou-nos e deixamo-nos guiar, segundo as indicações de um Irmão, pelo barulho surdo e longínquo de um tantã. Vários caminhos embrenhavam-se através de um oásis de tamareiras; seguimos um que parecia mais particularmente levar à fonte sonora que buscávamos. Isso nos afastou consideravelmente da aldeia e as crianças nos deixaram; a vereda, que se estreitava cada vez mais, acompanhando fielmente as sinuosidades de um regato, logo nos levou a uma colina ocre, avermelhada aqui e ali pelos últimos raios de sol poente. Um templo de dimensões médias, como nunca tínhamos visto igual, erguia-se lá, como se enraizado no solo. Parecia ter sido extraído da própria terra pelo cinzel de um escultor colossal. A construção, pesada e majestosa ao mesmo tempo, ficava semi-encravada numa pequena falésia rochosa. Contornando-a, vimos que a entrada era protegida por um largo pátio formado por dois muros fortes e flanqueados por colunatas. Uma meia dúzia de homens de cabeça raspada e vestidos com uma simples tanga branca estavam ao seu redor, com tochas na mão. Provavelmente eram sacerdotes.

Depois de acenderem um fogo ardente em cada uma das grandes bacias dispostas entre a maioria das colunas, decidimo-nos a avançar até eles. Tivemos que falar em grego e imediatamente compreendemos que o conhecimento daquela língua era sem dúvida uma das razões pelas quais tínhamos sido escolhidos. Desde a primeira abordagem, os sacerdotes mostraram-se muito corteses, mas desconfiados. Foi preciso, antes de obtermos todas as informações, darmos provas de nosso vínculo com a Fraternidade. Fizeram-nos muitas perguntas precisas e, entre outras, pediram-nos explicações sobre as figuras hieroglíficas esculpidas nas colunas em baixo-relevo. A maioria delas nos eram familiares, as paredes dos bethsaïds freqüentemente eram ornadas com elas. Finalmente ficamos sabendo que o grande conselho previsto só se realizaria dentro de dois dias, pois numerosos Irmãos ainda estavam sendo esperados. Seriam organizadas refeições nas antecâmaras do templo, mas teríamos que dormir ao ar livre, em esteiras estendidas entre as colunas.

Quando ficamos novamente a sós, uma onda de calor nos invadiu a todos. Seria devido ao lugar, à alegria de reencontrar Irmãos vindos de todas as margens do Mediterrâneo? A noite que caía nos reuniu em torno de uma sopa de grão-de-bico e do crepitar de um braseiro aceso contra o muro externo do pátio. Homens e mulheres de origem grega vieram juntar-se a nós. A sonoridade de suas vozes e qualquer coisa em seu olhar fizeram-nos confiar de imediato. Logo a conversa ficou animada, e um deles, que tinha estado muitas vezes naquela região da Terra Vermelha, começou a falar-nos sobre sua arquitetura sagrada. Como alguém se espantou com o nome daquela terra, ele nos deu uma longa explicação.

— Não, Irmão, este nome não se deve à cor quente do seu solo nem à fornalha de seus desertos. Ele foi tirado de uma história muito antiga, que já conheces. Esqueceste o grande continente submerso de que nosso povo descende em linha direta? Os homens daquele país tinham a pele acobreada e os das outras regiões os apelidavam de "homens vermelhos". Quando se aproximou o momento da sua queda, eles implantaram sua civilização nesta mesma terra em que agora estamos. Os mais nobres entre eles, em tribos inteiras, vieram refugiar-se aqui para trazer o fogo de sua alma e de seu sangue. Foi em sua memória e na de seu ancestral Admah que a Fraternidade escolheu esta denominação. Contudo, Irmãos, não ignorais que toda denominação sempre se orgulha de apresentar vários aspectos. O vermelho é a cor do rubi e o pó de um determinado rubi mostra-se, desde o início dos tempos, capaz de transmutar almas e corpos, minerais, vegetais e humanos...

Enquanto o Irmão falava, frases inteiras do que outrora tinha ressoado entre as paredes do Krmel voltavam de roldão ao meu espírito... Eram frases de um de nossos instrutores, um homem de olhos claros como águas-marinhas:

"Considerai este país como um rubi palpitante: exatamente como a nossa Galiléia, ele encerra cadinhos de onde sempre brotou a mais bela força. Lá souberam construir os maiores templos, da mesma forma como a natureza elabora suas plantas. Tudo lá sempre foi pesado, ritmado. Tudo lá sempre foi insuflado e não imposto.

Assim, de longa data, solos sagrados são lá preparados por uma forma de semeadura simbólica. Os sacerdotes sabem espargir o carvão de lenha, espalhar os múltiplos sais, as resinas da natureza e mil outras substâncias consagradas, segundo o Eterno. Um templo é uma criatura que deve evoluir, uma planta que necessita de uma força viva para expandir-se ritmadamente, repetitivamente. O que faz o segredo da grande Fraternidade desse povo está encerrado em suas construções baseadas exclusivamente no conhecimento da força de morte que faz nascer toda a força de vida. Jamais esquecei isto, é um mistério mais profundo do que parece e convém assimilá-lo. Virai e revirai estas palavras por si mesmas..."

Finalmente, a noite envolveu-nos e as conversas extinguiram-se como o braseiro crepitante. Enrolamo-nos uma vez mais em nossos mantos e um frescor brutal vindo das areias espalhava-se no ar. Passamos o dia seguinte discutindo e estudando as pinturas e a concepção das salas do templo cujo acesso só então nos foi autorizado. Um sacerdote com um amplo peitoral azul e ouro atestou nossos conhecimentos da véspera. O templo vivia da vida de formas aparentemente imóveis.

Seu solo tinha sido minuciosamente preparado, sua orientação, escrupulosamente estudada. Isso denotava um sentido místico evidente, mas também um sentido prático. Os arquitetos tinham trabalhado a partir das vibrações solares. Estas eram utilizadas conforme as peças, com relação ao eixo do sol em determinada hora. Assim, cada sala do templo "funcionava" plenamente num exato momento e algumas até mesmo mostravam-se capazes de condensar o que hoje chamaríamos de raios ultravioleta e infravermelhos. O sacerdote nos fez notar que a orientação judiciosa não era o único fator decisivo. A forma bem exata das salas, a espessura de suas pedras, bem como sua densidade mostravam-se não menos determinantes. Assim, uma sala de iniciação que parecia quadrada não o era: seus lados podiam ser levemente abaulados ou encurvados em função do que hoje reencontramos sob a denominação "ondas de forma", e que estabelecem um contato estreito entre a mecânica cósmica e o psiquismo.

Passamos assim de peça em peça, de sala em sala, com a nítida sensação de sermos cada vez mais atravessados por uma infinidade de raios de luz. Cada sala, aliás, com seus relevos, seus afrescos, parecia produzir uma luz que lhe era própria; evoluíamos assim da esmeralda ao rubi, depois do rubi à ametista. Sob seus forros de vibrações intensas, os baixo-relevos petrificados e as personagens hieráticas manifestavam um desejo de movimento visível aos olhos. Era efetivamente uma flor que crescia lá e, como ela, a alma transcendente podia expandir-se em harmonia com a evolução infinita da natureza. Era um barco, ou uma nave solar que possibilitava penetrar nas mais sutis engrenagens da vida. Sobre o frontão do templo, Míriam e eu tínhamos notado uma frase lapidar que significava muito para os corações prevenidos: "Observa tua imagem..."

Finalmente chegou a hora do grande conselho. Voltáramos

a usar, como era devido, nossas vestes brancas e avançamos em pequenos grupos até uma sala imensa situada no interior da falésia. Tratava-se de uma peça retangular provida de uma simples fila de colunas ligeiramente abauladas. As paredes, de rara beleza, mostravam cenas da vida de Hórus, em cor ocre; nossos olhos iam do ouro ao lápis-lazúli. Que contraste com a sobriedade do Krmel! Dois modos de penetrar no Grande Sol, dois modos, sem dúvida alguma complementares, de viver o fogo interior. As flores do mental e as do coração certamente não poderiam estar melhor mescladas do que nesses dois modos de viver. Um caminho ao mesmo tempo dual e único propunha-se à nossa compreensão...

Quando nos sentamos no chão, centenas de Irmãos, alguns dos quais usavam veste azul, já estavam em seu lugar. Um silêncio vivificante instalou-se naturalmente enquanto, num canto da sala iluminada por aberturas no alto, um grupo de sacerdotes ricamente paramentados rezavam em voz alta em meio a muito incenso. Diante de nós doze cadeiras aguardavam e nessas doze cadeiras vieram sentar-se doze homens cuja presença era extraordinária. Suas auras radiosas me fascinaram. Jamais me tinha sido dado contemplar uma tal melodia em branco, ouro e violeta. Imediatamente ocorreu-me a idéia de que devíamos estar diante do alto conselho da Fraternidade. Eram exatamente doze, como afirmavam os relatos até então inverificáveis que eram divulgados. Míriam e eu não conseguimos deixar de nos olhar, sem dúvida para partilhar nossa emoção. Um arrepio percorreu a multidão durante alguns instantes; tinha a força de um sopro fresco subindo do solo e que se encaminhava através de ondas para nossa coluna vertebral. Nossa vida interior e a ambientação do lugar foram instantaneamente perturbadas. Compreendíamos o que estava acontecendo, sabíamos que a presença de um único grande Ser de Paz numa assembléia bastava para revelar a força sagrada de cada um de seus membros. A tríplice serpente de nossa coluna vertebral escalava assim com uma lentidão deliciosa os degraus de nossos estados de consciência, e, após alguns momentos de silêncio total, nos encontrávamos todos num extraordinário estado de receptividade.

Então um dos doze seres levantou-se. Era um homem de

aparência jovem e de postura ereta. Usava uma veste branca de um tecido finíssimo, cuidadosamente drapeado, e tinha longos cabelos louros que lhe caíam sobre os ombros em mechas regulares. Não vimos sobre ele nenhum dos ornamentos com que um sumo sacerdote ou um alto responsável poderia paramentar-se. Tinha a sobriedade da verdadeira nobreza, e usava, como único emblema oficial, um cajado sobre o qual faiscavam sete jóias de formas e cores diferentes. Não consegui deixar de fixar meus olhos nas longas espirais de luz azulada que se desprendiam dele. Elas formavam uma espécie de regato de amor que corria em nossa direção. Por um momento fiquei persuadido de que ele me olhava direto nos olhos, mas soube depois que todos nós tínhamos tido a mesma convicção.

— Meus Irmãos — disse finalmente, pondo a mão direita sobre o coração —, hoje tendes diante de vós os descendentes dos que guardaram a Tradição desde o país de Atl. Eles estão aqui ao meu lado. Onze vieram há dez mil anos, continuam a ser ainda onze, trabalhando infatigavelmente comigo, último missionário dos sacerdotes de Aton. Se decidimos convocar este conselho, único até agora, é porque algo infinitamente solene se prepara sobre nossa Terra. É chegada, para ela, a hora de receber finalmente a visita da grande chama solar que modificará seu passado e preparará a trajetória do seu futuro. Já falei demais e todos devem ter compreendido que a palavra do Logos se aproxima de nós. Mas sem dúvida já o sabíeis, porque os corações que aprenderam a ouvir o silêncio conhecem as pulsações do universo e enumeram com facilidade as estações do Cosmos... Decidimos reunir-vos aqui por duas razões precisas. Primeiramente, para possibilitar que vos reconheçais melhor quando for chegado o momento... Os olhos do coração às vezes precisam dos olhos da carne... Depois, para vos pôr em guarda! Há muito, muito tempo, a humanidade está em sua fase involutiva, ela desenvolve seus instintos mais brutais e mais egoístas, pois a busca da divindade passa necessariamente pelo esgotamento e pela dominação das forças inferiores. Assim, nossos Irmãos dos outros mundos permitiram que as energias mais pérfidas se estabelecessem em nossa Terra. Deixaram-lhes todas as latitudes para fazer com que o ser humano descobrisse e depois usasse seu livre-arbítrio. Isto acontecerá até um certo ponto, mas não além! Os anos que virão serão cruciais; nossos Irmãos de veste negra o sabem tão bem como nós, e já se preparam para reforçar sua atuação. Vários deles acabam de encarnar-se entre nós para semear a desordem, o ódio e, pior ainda, a dúvida. Vários acabam de encarnar-se e, vos afirmo, estão hoje entre nós, aqui mesmo, nesta assembléia.

Esta palavra, deliberadamente pronunciada mais distintamente do que as outras, foi recebida como um verdadeiro choque, e um profundo murmúrio, semelhante a uma onda, percorreu toda a assembléia.

— Acalmai vossos espíritos, Irmãos! Seremos tão desprovidos de amor que não queremos admitir ninguém à nossa mesa? Acalmai vossos espíritos, porque eu disse "Irmãos negros"; como nós, são filhos de Aton e, sem sabê-lo, trabalham para ele ao nosso lado. Sem o saber, nos fornecem a arma com a qual detectamos nossas próprias fraquezas; eles nos mostram a escuridão para que a luz brilhe com mais força!

Irmãos da força negra que me ouvis, isto é dito sem ironia, sem malícia, nem cálculo, não trabalhais para o que chamamos de mal. O amor absoluto grita sua existência até no menor átomo de vida, então que o ódio absoluto se anule a si mesmo e não conseguirá ter consistência. Que é o ódio? Só poderia ser o amor que é contra o Pai. Ele tem, afirmo-vos, a aparência de um amor simplesmente oculto sob alguma máscara. Começa pelo puro amor a si mesmo, sem o qual não veríamos nele a menor força de coesão.

Assim, meus Irmãos da força obscura que me escutais, as partículas dos corpos que vos compõem só estão reunidas pela grande força do amor do Grande Aton, interior e exterior a vós, sem o que seriam imediatamente projetadas aos confins do universo, numa ronda sem fim. O amor se revela como razão única de tudo e a única força de coesão... sua criação é algo permanente!...

De repente um forte ruído ressoou no meio de nós, era o estilhaçar de um objeto pesado. A assembléia toda fez um gesto. Lá no fundo, atrás de nós, num canto da grande sala, uns dez homens acabavam de levantar-se precipitadamente, semi-engolfados numa espessa fumaça de incenso em meio a um crepitar de brasas. A alguns passos de lá, esgueirando-se com dificuldade entre os Irmãos ainda sentados, um homem com uma longa veste branca fugia desajeitado, esbarrando em todo mundo. Compreendemos que, em sua precipitação, ele acabava de virar uma bacia onde a resina sagrada derretia sobre os carvões de lenha incandescentes.

Felizmente, parecia que ninguém tinha-se ferido e a calma voltou. Ninguém disse uma palavra, mas no silêncio do seu coração, no olhar furtivo de um vizinho, todos compreenderam.

Existe verdade muito forte, ela às vezes se mostra com tanta força que nem todos os ouvidos podem ouvi-la.

Um ser acabava de desmascarar-se, vencido não por outro ser, mas por si mesmo, por sua incapacidade de respirar uma certa espécie de ar.

Durante esse tempo, o Irmão mais velho de longos cabelos louros tinha sentado e os sacerdotes entoaram um canto grave numa língua que não conhecíamos e que forçava ao recolhimento. As sílabas eram escandidas com uma regularidade extrema, sustentadas pelo martelar de um gongo. Depois o grupo de sacerdotes, imperturbáveis, esgueiraram-se através da multidão aspergindo à esquerda e à direita gotinhas de água lustral.[1] O costume da Fraternidade mandava que, em casos como aquele, inclinássemos a cabeça e levássemos as duas mãos ao nível do coração. Quando tudo acabou, um dos doze Irmãos, notável pelo seu rosto bronzeado, levantou-se e pediu que cada uma das comunidades presentes rezasse em silêncio em seu próprio dialeto. É difícil descrever o que aconteceu nos longos instantes que se seguiram, mas Míriam e eu tivemos a nítida sensação de que uma força tecia-se na atmosfera ambiente. Criávamos uma verdadeira rede de pensamentos que se entrelaçavam habilmente, respondendo a um esquema lógico. Dávamos assim origem a uma gigantesca cortina etérea, a um tecido sobre o qual as mais puras formas-pensamentos de que éramos capazes iam imprimir-se umas sobre as outras.

Era uma velha técnica que nos tinham ensinado, ora no Krmel, ora nas escolas de mistério da Grécia ou ainda no silêncio de algum retiro rochoso... Todos conhecíamos a força de um véu etéreo como aquele, em que cada uma das formas-

[1] Água de purificação. (N. da T.)

-pensamentos tinha a pureza de um fio de ouro e contribuía para a rápida elaboração de uma emergência de paz. Tal força, cardíaca e mental ao mesmo tempo, podia, em seu desfecho, transformar até a estrutura da matéria, transmutar os corpos que a emitiam como também os que a recebiam. Ela podia ser a pedra angular de um novo mundo, o rubi transformador de uma humanidade inteira. O velho Zérah não nos tinha afirmado, quando ainda estávamos em idade de saltar sobre o muro do nosso recinto, que se tratava da técnica transmutadora por excelência? Suas palavras claras e concisas ainda hoje podem ecoar com a mesma verdade.

"Que um terço dos homens se ponha ao mesmo tempo, e voluntariamente, a emitir idéias semelhantes de paz e de amor incondicional, e a estrutura de toda matéria será modificada para sempre."

Assim, os estados de consciência impõem estados de matéria... Verdade tão simples mas tão difícil de compreender bem... Pequena chave que abre delicadamente muitas fechaduras que pensamos estarem enferrujadas!

Então, bem no meio de nosso silêncio vivo, no coração das nuvens de incenso que vinham acariciar os afrescos das muralhas, uma onda de luz propagou-se como uma vaga, rolando de um universo inacessível aos corações fechados.

Uma forma emergiu dela, um ser nasceu. Era um homem, todo vestido de luz, um homem cujas dobras da veste imaculada pareciam raios de luar. Era alto, extraordinariamente bem proporcionado e usava barba e cabelos longos, como a maioria de nós. Deu alguns passos, deixando atrás de si um rastro de azul, depois ficou diante dos doze Irmãos, cujos olhos tinham-se fechado.

— Irmãos, recebei nossa paz, a paz das almas deste mundo e a paz do UNO!

Cada núcleo comporta seu próprio núcleo... e isto ao infinito. Para agirdes como vos é pedido, sabei frear o curso de vossas sedes! Assim, Irmãos, deixareis a periferia do círculo das aparências para chegar ao ponto central onde as causas se concebem.

Que vossos corações guardem estas palavras e saibam também que os Irmãos das estrelas, que escolheram para domicílio as entranhas do vosso mundo desde a floração de toda a vida, vos agradecem pela tarefa empreendida no UNO a partir de hoje. Eu sou o Irmão M. e meu espírito acompanhará vossos passos até o cumprimento total...

O mestre de luz iluminou seus traços com um largo sorriso, depois, num relâmpago, sumiu aos nossos olhos, deixando na atmosfera algumas crepitações de vida que continuavam atestando sua presença invisível.

Levamos muito tempo antes de ousarmos mexer um membro, ou simplesmente piscar os olhos.

Há instantes em que o menor movimento bastaria para destruir um oceano de felicidade!...

Naquele dia, nada mais desejávamos... Nossos olhos e nossas almas estavam repletos.

Finalmente o futuro desenhava-se com maior precisão e dir-se-ia que uma nova energia circulava em nossas veias.

Separamo-nos, então, ao som lancinante de um pedaço de madeira oca batido por um sacerdote.

Assim decorreu a primeira reunião do grande conselho dos Irmãos daquele tempo. Seguiram-se muitas jornadas das quais a memória de nossas almas só conseguiu reviver trechos esparsos. Orações sucediam-se a meditações e meditações a conselhos. Poucos ensinamentos nos foram transmitidos, mas sentimos que alguma coisa, ou alguém, enraizava em nós uma força mais resistente do que nunca.

Lembro-me ainda que todos bebemos uma água radiante. Era uma água de que alguns tinham o segredo e cuja finalidade era esclarecer os sacerdotes sobre o grau de pureza de nossas auras, sacerdotes que deveriam ensinar-nos sinais de reconhecimento a serem utilizados nos dias cruciais. Cada um de nós, consciente da importância de tais atos, abriu voluntariamente sua alma e quando, dez dias mais tarde, voltamos às margens do Nilo, tínhamos compreendido que o perigo estava entre nós. Ingenuamente, sempre tínhamos pensado que uma veste branca não podia dissimular um coração negro!

Capítulo 15
Aos pés do vigilante silencioso

A AURORA MAL COMEÇAVA A DESPERTAR QUANDO REENCONtramos o Nilo. Um barco esperava-nos entre a confusão dos papiros e flores aquáticas. A hora era agradável; a claridade azulada do dia nascente brincava com graça infinita sobre as corolas dos lótus que brotavam acima d'água. Para chegarmos à nossa embarcação, tivemos que avançar na onda ainda fresca até a metade das coxas, expulsando de seus ninhos famílias inteiras de patos aninhados entre as folhagens. Nossa chegada provocou uma desordem indescritível e quase nos sentimos culpados por nossa presença. Só alguns bandos de grous coroados que fossavam o lodo entre buquês de folhas continuavam insensíveis à nossa vista. Nossa embarcação, muito longilínea e flanqueada por dois flutuadores de caniços pareceu-nos muito frágil e no entanto foi ela que nos levou durante horas pelo curso do rio. Míriam e eu estávamos enlevados diante do espetáculo. Gozamos plenamente daqueles instantes fugidios e preciosos, quando o calor ainda era suportável. Descobrimos assim uma das facetas da vida secreta do grande rio, e até surpreendemos, escondidos entre os caniços, alguns felás que, de rede na mão, preparavam-se para capturar aves que passavam. Era o assombro, mas também a desconfiança; não nos atrevíamos a imaginar nossa embarcação soçobrando quando bandos de crocodilos fendiam as águas silenciosamente.

Em determinado ponto, a vegetação tornou-se mais esparsa e, sob as ordens do Irmão que dirigia nossa pequena expedição, voltamos à terra firme. Afastamo-nos da margem circulando sobre pequenas faixas de limo endurecido que separavam culturas meio invadidas pelas águas e novamente sentimos todo o peso do calor abater-se sobre os nossos ombros. Devíamos atravessar assim uma aldeia, depois duas, depois três, pobres blocos de terra calcinada, onde uma vida ativa já chegava ao seu ponto culminante. Olhavam-nos com a curiosidade com que se encaram os estranhos e nós só trocamos alguns sorrisos, dignando-nos simplesmente a pedir água de algum poço improvável.

Logo, só houve areia, um deserto aparentemente sem fim que se abrasava sob um céu branco de tão quente.

No topo de uma pequena elevação rochosa, finalmente nossos olhos encontraram o que procuravam: algumas silhuetas imprecisas, de um branco reluzente, enquanto à nossa esquerda o rio corria imperturbável. Ficamos surpresos com o pouco caminho percorrido por nossos pés que já ardiam... As silhuetas novamente nos atraíram: eram construções gigantescas de que a Fraternidade nos falava desde nossa mais tenra infância, as pirâmides de nossos ancestrais vermelhos.

Lá havia algumas choupanas de tijolos feitos de barro e palha e nós não ignorávamos que de tempos em tempos, regularmente, aconteciam cerimônias em que uma quantidade de almas preparavam-se para agir. O Irmão que nos guiava sabia que devíamos ter importantes contatos lá e foi este o motivo que nos forçou a pedir abrigo após aguardarmos o cair do dia. Contrariando nossa expectativa, os abrigos de terra, estreitamente superpostos sobre os poucos relevos da paisagem, não eram ocupados por homens do país; a cor mais clara de sua pele logo nos provou isso. À troca do primeiro olhar, os braços cruzaram-se sobre o peito, de ambas as partes. Os Irmãos disseram ser médicos gregos, membros da Fraternidade e ligados ao que restava dos antigos templos de Asklapios.[1] Na primeira das construções, eles mantinham, em companhia de um velho

[1] Esses médicos, iniciados nas técnicas de cura pelo Espírito, pertenciam à ordem dos famosos "Terapeutas". (Deus grego, por nós conhecido como Esculápio, a cujos santuários só era permitida a entrada de pacientes em estado de pureza ritual. — N. da T.)

sacerdote de Aton, um fogo permanente em memória dos ritos outrora celebrados e como sinal prenunciante da grande obra cósmica que estava em elaboração. Aquele sacerdote era um velhinho franzino, com o olhar matreiro e bondoso. Sua primeira preocupação foi levar-nos aos pés das pirâmides... Sentimo-nos desolados diante da massa impressionante daquelas construções que pareciam ter sido plantadas lá por algum gigante. De tempos em tempos, refletindo sobre as grandes placas de calcário que cobriam o rochedo aqui e ali, o sol nos queimava os olhos. Uma emoção intensa tomava conta de nós. Parecia que nossos corações, em tempos remotos, já tivessem palpitado ardentemente sobre aqueles trechos de areia... e não conseguimos deixar de beijar o chão antes de observar as massas rochosas, semelhantes a colossais escadas de pedra que os milênios percorriam.

Um nômade e sua família tinham montado um acampamento aos pés da mais gigantesca daquelas construções. O sacerdote garantiu-nos que se tratava de um homem culto que, embora estranho à Fraternidade, possuía antigos conhecimentos. Jurara que viveria isolado naquelas regiões onde um dia deveria surgir, dizia ele, um grande enviado do Pai. Assim, sua vida não teria sido em vão...

Nossos passos nos conduziram, inexoravelmente, até a Esfinge, de imponente majestade embora já tivesse sofrido os assaltos destruidores dos ventos do deserto. Eu estava feliz!

Quantas vezes, outrora, quando eu ainda usava a veste escura de pequeno monge, minha visão interior não tinha ficado absorta naquela idéia do homem do futuro, do único homem que realmente sempre tinha sido? Era o homem, tinham-nos ensinado, a quem a ultrapassagem dos quatro elementos primários tinha iluminado, tinha tornado impenetrável, insensível às ilusões que acalentam nosso mental. Era a imagem do homem que, para tornar-se assim, tinha conseguido superar a humanidade.

"Devemos saber", diziam os Irmãos do Krmel, "que há duas formas de ser inumano: a primeira diz respeito ao animal que satisfaz os apetites do seu ego coberto de escamas; a segunda é a de todo mestre de luz, ao qual numerosas existências de ação e reflexão lhe permitiram compreender o verdadeiro sentido do bem e do mal. Este sabe que compreendeu a finalidade de ambos os conceitos, não se deixando levar pela moral episódica de uma época e de um corpo. O cosmos não sabe o que é moral, ele sabe o que é amor e isto basta, pois o amor é tudo. De preferência, debrucemos nossas almas sobre a imagem da luz e sobre a da insuficiência de luz; isto possibilita a ação no sentido nobre do termo..."

Estas palavras turbilhonavam em minha memória e nós avançávamos com dificuldade sobre a areia escaldante, tão escaldante...

Logo estávamos ao pé do Grande Homem de olhar felino. Avançamos imediatamente entre os seus membros anteriores, membros que protegiam uma espécie de grande pátio limitado por altos muros. Bem na extremidade, quase contra o tórax do Ser-pensamento, erguia-se um pequeno altar de formas toscas, ladeado por duas colinas: a da luz e a da falta de luz.[2]

Não fomos mais longe, preferindo esperar a noite para nos recolhermos, como achávamos necessário. Recolhemo-nos ao acaso nas cabanas de terra... depois caiu a escuridão, profunda e fria. O pequeno povoado de taipa animou-se então com uma vida secreta e nós adivinhamos sombras brancas delineando-se sobre as paredes. A luz de uma tocha rasgou a escuridão do deserto; depois duas, três, quatro tochas, e assim surgiu um pequeno grupo de olhos claros, nutrido pelo mesmo ardor. Havia alguns camelos resfolegando no escuro, tinidos de sineta que o vento noturno espalhava, ranger de pés nus sobre a areia das dunas. Cada um de nós abraçou seu vizinho espontaneamente, como se aquela espontaneidade fosse o mais puro dos sinais de reconhecimento. Entre os imensos vigilantes de pedra havia uma verdadeira família, uma família completa, acima das convenções e dos liames da carne. Logo estávamos todos entre os muros do grande recinto, entre os braços da grande Esfinge. Todos os Irmãos presentes usavam a longa túnica branca. Entretanto, um se destacava entre eles, pois usava na mão direita um anel de lápis-lazúli. Ele nos levou para o fundo do pátio, atrás do altar. Lá, todos tivemos que dar-nos as mãos; formou-se um círculo e foi entoado um breve canto na língua

[2] Outra concepção das famosas "Jakim e Bohas", outra representação de "Ida e Pingala".

grega. Foi então que o Irmão com o anel azul começou a desprender uma força indescritível, uma coisa arrebatadora que nos apertava a garganta e que chegou ao auge quando, de sob as dobras de sua veste, saiu um longo bastão metálico com o qual, sem tardar, ele traçou sobre a areia um desenho que nem Míriam nem eu pudemos distinguir.

Estávamos contra o peito do grande símbolo e a emoção foi tanta que tivemos a impressão de que o solo sumia sob nossos pés. Nossos corpos puseram-se a vibrar como nunca... Só um frio estranho que vinha do íntimo me fez sonhar com a iniciação suprema que o Krmel me tinha proporcionado. Parecera-me que uma laje quadrada se desenhava sobre a areia; seus quatro lados, depois suas arestas foram sumindo com a lentidão de um corpo aspirado pela vida ao sair de um longo sono. A laje esfumou-se... Então... Uma escada de pedra apareceu aos nossos olhos, mergulhando direta na areia. Escondia-se nas profundezas do altar ou nas profundezas da Esfinge? Hoje é impossível dizê-lo.

A verdade é que umas trinta almas entraram solo a dentro, seguindo degraus tão abruptos quanto estreitos. Nossos membros, cujos átomos pareciam vibrar fora do tempo, levaram-nos assim até uma pequena galeria escavada numa rocha amarela. Naquele lugar reinava o silêncio das pedras e, para quem sabe escutar, é o silêncio mais loquaz que existe. Nada mais nos surpreendia naqueles preciosos segundos e avançamos sem ao menos questionar a presença da luzinha branca que inundava a galeria. Ainda guardamos a sensação de ter descido uma leve encosta durante longos instantes. Finalmente houve o deslumbramento, vimo-nos na entrada de uma vasta sala triangular, banhada por uma claridade virginal...

— Estamos sob a maior das pirâmides — disse docemente o Irmão de anel azul. — Esta sala é uma espécie de crivo que leva a outras salas da pirâmide e depois ainda mais profundamente no solo. Digo "crivo" porque, para penetrar nela, foi preciso conseguir suportar um reajustamento dos átomos do nosso corpo. Meus irmãos, aqui todos vibramos num plano próximo do etéreo, embora estes lugares sejam também perfeitamente concretos. Segundo vosso grau de pureza, este triângulo vos permitirá passar a outras peças de formas diferentes que, também, vivem de uma outra radiação e exigem outros níveis de consciência. Uma delas contém a maior parte do que constituiu a força das primeiras humanidades que evoluíram sobre a Terra. De nada nos serviria entrar lá agora.

Lá veríeis objetos, energias que vosso mental talvez assimilasse imperfeitamente. Sabei que mais de dois milênios devem passar antes que alguns homens em seus revestimentos de carne possam atrever-se a esperar compreender um pouco. Eu mesmo, que vos falo, e que tive a chance de ver levantar-se uma ponta do véu, não conseguiria encontrar palavras capazes de traduzir com fidelidade minha visão. Só me é permitido afirmar, em nome das Forças que me impelem a conduzir os membros da Fraternidade até aqui, que tudo o que este solo esconde sob nossos pés vem das estrelas através dos povos de outrora. Trata-se de uma herança sagrada que contém o essencial do saber de nossa galáxia. Esta herança é sagrada menos por decreto de uma determinada religião do que pelo dom do amor que ela representa e resume. Na verdade, ela oferece o conhecimento do UNO, ou seja, da não-dualidade entre o espírito e a matéria. Cada uma de suas produções só pode ser ao mesmo tempo espírito e corpo, sutileza e densidade, para operar em todos os reinos com uma flexibilidade absoluta. São as criações de Lua-Sol, de Hrma e de outros que conseguiram integrar seu sol interior no grande sol central. Para alguns de vós isto não lembra nada? Imagino que agora alguns estejam perguntando a si mesmos: "Mas por que estamos aqui, não estamos aprendendo nada, o Irmão fala de coisas vagas..."

Não vos enganeis, cada um dos termos que acabei de usar têm uma dupla face, foi-me ditado com exatidão. Quanto à nossa presença aqui, ela nos purifica mais do que possa supor nosso pequeno mental que tudo quer analisar. As vibrações da forma que nos acolhe constroem miríades de athanors que metamorfoseiam nossas células, imprimindo em sua memória imagens de paz. Que cada um de nós separe uns dos outros seus próprios envoltórios e seus olhos se abrirão.

Enquanto nos conduzia através da vasta sala, o Irmão acrescentou que a localização das pirâmides tinha sido escolhida em função de forças telúricas que percorrem a Terra em todos os sentidos. Sua orientação exata serviria, entre outras coisas, para evitar importantes sismos no mundo material, para fornecer uma determinada energia aos veículos dos Irmãos das estrelas no mundo vital e, finalmente, para insuflar o impalpável entre o palpável no mundo do Espírito.

No espaço de um relâmpago, a sala pareceu-me invadida por uma infinidade de jóias de formas singulares. Seriam as forças primeiras, os arcanos de toda criação? Seriam objetos verdadeiros que nossos corações impuros não sabiam condensar? A nostalgia de um paraíso perdido apertou-me a garganta e nos olhos de Míriam, e de todos os Irmãos presentes, pensei ler emoção semelhante.

Tornamos a subir para o pátio da grande Esfinge, tal como quando tínhamos chegado, depois de uma meditação, sem compreender como hoje que as partículas de nossos corpos podiam misturar-se às partículas das areias do deserto, às das rochas da terra, já que definitivamente, e de modo bem concreto, só podiam confundir-se com elas.

Acabada nossa subida, o Irmão com o anel de lápis-lazúli desapareceu no silêncio de um pequeno abrigo de terra, enquanto boa parte de nós sentíamos necessidade de reunir-nos. Foi no côncavo de uma duna, não distante das brasas agonizantes de um fogo de nômades, que uns quinze de veste branca se reuniram para conversar.

— Escutai, Irmãos — disse bruscamente um de nós que parecia não querer sentar-se. — Preciso falar-vos sobre a razão do que há muito me corrói...

Era um homem da nossa idade, de olhos muito claros mas de olhar selvagem, ao qual a lua acrescentava um brilho curioso. Ele contrastava com nosso pequeno grupo por seu manto de lã grossa mal cardada e por sua cabeleira incrivelmente longa.

— Escutai, todos vós, porque todos nós somos como crianças aguardando a surra ou o favo de mel. Desde minha mais tenra infância, meus pais de Essânia dividiram o mundo em dois. Eles me falam de sua raça de luz e da raça dos outros, mais negra do que o azeviche! Esperam tudo das estrelas e só sabem viver em seus recintos sagrados. Querem ensinar pelo Altíssimo e se negam o direito de pronunciar seu nome fora de seus muros! A terra inteira está aí para ser cultivada... Não se joeira a boa e a má erva ao sabor de alguns princípios e de linho branco.

Bastam-vos alguns cuidados prodigalizados aqui e ali para tranqüilizar vossos corações! A hora se aproxima, dizem-nos! Mas hora de quê? Lamento as promessas que me fazem, a moral que me cravam no rosto... Quero que vós o saibais!

— João!

Uma voz firme e doce ondulou entre as dunas. Todos voltamos a cabeça para o ponto onde uma silhueta alta acabava de surgir. Era o Irmão do anel azul-noite.

— João — continuou ele no mesmo tom —, é preciso que existam homens como tu, é preciso que existam vulcões em todas as terras do mundo. O sol te chama para revolver as pedras do deserto. Ele precisa do teu fogo, mas toma cuidado para que esse fogo não te queime como o fez em outros tempos... Recusas o caminho dual, e vês certo, mas ao pronunciar tuas palavras, toma cuidado para que a amargura com que as enches não te salpique com o veneno desta mesma dualidade.

Não julgues, João, segue teu caminho, não te rebeles contra os Pais que, talvez, não tenham sabido ver bastante claro nem bastante longe. O espírito do homem que capta o espírito divino é muitas vezes inábil e se perde num moralismo primitivo...

Vossa "moral", a moral de todos que escutais, não é deste mundo, ela não passará com os ventos que varrem as civilizações.

E tu, João, não entendas minhas palavras como sendo as de um sacerdote que quer ditar-te uma conduta. Recebe-as, antes, como palavras de um amigo de longa data que sentiu as inquietações que hoje são as tuas. Eu sei, não pelo que me ensinaram em nome de um deus impalpável e cuja própria sombra foge sem cessar... Sei porque caí muitas vezes e porque meu coração aprendeu por si mesmo como abraçar a Força.

Rebela-te, então, se tua alma o deseja, mas que essa rebelião não seja cheia de fel, que, ao contrário, ela acrescente um degrau à tua ascensão e à ascensão do próximo pelo qual és responsável, eu o afirmo!

João, o Irmão dos cabelos muito longos, desatou então em soluços. Antes que pudéssemos fazer um gesto, ele já tinha fugido a passos largos na escuridão das dunas.

— Deixai-o, meus Irmãos — murmurou o sacerdote com o anel —, seu ser é forte e assim se forja. Ele tem o coração de todos os animais do deserto, prontos a esquartejar-se quando uma estrutura quer aglomerá-los. Ele tem o olhar penetrante, asseguro-vos!

Naquela noite os pensamentos de Míriam, os meus e de muitos outros vogaram ao encontro de João, João dos olhos de fera que imaginávamos no oco de um rochedo, na dobra de uma duna.

E pensamos em nossas próprias rebeliões, que não tínhamos conseguido fazer explodir à luz do dia, nas dúvidas que não tínhamos ousado expor, naquela espera interminável cujo objetivo só entrevíamos em momentos muito raros.

Onde estava, então, a Paz que os Irmãos sem idade nos prometiam? Onde estava o Logos de todos os corações, Aquele que nos livraria de nossas cascas?

Sem dúvida ainda teríamos que pisar por muito tempo o pó da Palestina e da Judéia, depois de novo e sempre repelir as exortações impetuosas dos zelotas.

Que iríamos escolher, a paz humana ou a Paz do Sem Nome?

Naquela noite, o vento frio do deserto nos envolveu até a aurora em nossas dúvidas e quando, no firmamento, Lua-Sol cintilou de novo, todos recebemos sua luz em pleno coração. Era a rápida visão dos que sabem que o calor dos trópicos e o frio das terras geladas estão sempre lado a lado. Era, enfim, a visão dos que sabiam que a Grande Obra iria consumar-se.

Livro II

Capítulo I
Batismos

UMA BRISA QUENTE NOS TINHA EMPURRADO PARA FORA DE Jericó e seguíamos para o Norte, tentando acompanhar as trilhas apagadas das caravanas, que se perdiam entre a areia e a rocha. Um homem rico chamado Alfeu muitas vezes nos oferecia pousada e alimentação na antiga cidade e, naqueles anos perturbados, em que o passo pesado das legiões romanas sulcava o país, sua ajuda nos foi preciosa.

Alfeu não era do nosso povo pelo sangue, mas sem dúvida o era pelo coração. Fazia parte daqueles seres que de tempos em tempos aparecem ao longo de uma vida e que, sem que se saiba porquê, sempre estendem a mão que alguém precisa na direção onde é necessário.

— Não é bom que se demorem mais um dia aqui — tinha-nos assegurado. — Dois dos meus criados acabam de chegar de Jerusalém. Afirmaram-me que estavam pouco à frente de uma legião romana completa, cujo objetivo é desalojar os zelotas de toda a região. Sabeis que cuidado alguns deles tomaram para associar-vos sempre às suas ações aos olhos dos romanos... só o Eterno sabe porquê! Amanhã, talvez corra sangue, é melhor afastar-vos.

Simão tinha tomado a dianteira de nosso pequeno grupo de uns quinze homens e mulheres; quanto a mim, Míriam, voltava a ouvir em meu coração as últimas palavras de nosso anfitrião, que nos faziam voltar para o Norte, para as margens do Jordão.

— Procurem lá embaixo — repetiam-me as palavras —, lá eu conheço um homem que fala impetuosamente. Não sei ao certo o que ele quer fazer e o que pretende ser, mas seus olhos têm o brilho das brasas, ele vos interessará. O povo diz que ele é o apoio do Pai, o Mashiah[1] das Escrituras; de todas as partes correm até ele...

Foram aquelas palavras que nos decidiram. Não temíamos as legiões que, apesar dos boatos que alguns se empenhavam em espalhar, não acusavam a Fraternidade de nada preciso... Procurávamos principalmente aquele homem que, há meses, deslocava-se como o vento. Os que voltavam do deserto juravam que ele era o ungido anunciado pelas profecias.

Fazia muito tempo que não voltávamos à nossa aldeia, e estávamos cansados de percorrer estradas, de prestar socorro depois de cada motim, de cada epidemia. Então nossa missão era simplesmente essa? Nosso encontro com os Irmãos das estrelas parecia ter-se dissipado para sempre no tempo e lutávamos para que o jorro de esperança que tinha sido vertido em nossos corações não evaporasse de forma alguma sob o sol da Judéia.

Assim, os anos não paravam de passar, pontuados por nossas abluções cotidianas e por nossas orações cuja tessitura às vezes esquecíamos. O pai de José não pertencia mais a esta Terra; quanto à mãe de Simão e a meus pais, eles também dormiam em algum rochedo, não muito distante do velho Zérah.

O sol dardejava seus raios quase no zênite quando chegamos ao alto de uma terra que se projetava sobre um braço do Jordão. Na orla do rio, descobrimos com surpresa uma multidão enorme sentada no chão. Um murmúrio abafado subia de lá como um canto ritual da alma de todo o povo, discreto e uníssono. Sós, alguns homens e mulheres entravam na água até à cintura, abrindo caminho entre o verde delicado das plantas aquáticas. Um ser seminu parecia falar-lhes com energia, mas nós não distinguíamos suas palavras.

A alguns passos de nós, entretanto, estava um personagem com uma longa veste branca. Ele também contemplava a cena;

1 Messias (N. da T.)

parecia atribuir-lhe uma importância muito particular. Quando se voltou para nós, meu coração disparou. Aquele olhar, aquele rosto esguio, eu os conhecia, para onde me levavam eu já não sabia mais.

O homem então dirigiu-nos um largo sorriso, deu alguns passos e levou a mão direita ao coração, a mão ornada com um belo anel de lápis-lazúli. Então compreendi tudo, então meus olhos fecharam-se em mim no espaço de um relâmpago e revi um Irmão, ao pé de uma pirâmide, ao pé da grande Esfinge... Seu rosto não tinha uma ruga; estava lá como outrora, impenetrável.

— Estais me reconhecendo? — perguntou simplesmente. — Sou da linhagem de Manéthon[2] e aqui se encerra o essencial do meu caminho. Aproximai-vos, segui-me e compreendereis melhor... Eu vos asseguro, guardai as horas que se seguirem em vosso coração como uma jóia. Guardai minhas palavras, pois virá um tempo em que tudo o que tenho a dizer-vos e o que vereis deverá surgir com estrondo diante do mundo. Sabei que eu sou um dos sete Irmãos encarregados dos tesouros cósmicos da Terra Vermelha. O dia em que nos encontramos nesta vida foi o dia em que minha missão final tomou forma. Nada está abandonado ao chamado acaso! Teríeis esquecido isso?

O Irmão tinha pronunciado estas palavras a meia-voz, com um sorrisozinho encorajador, e sem hesitar nós o seguimos ao longo da vereda que nos levava mais abaixo, às margens. A multidão fervilhava, mais numerosa do que eu pensava, agora dividindo seus ímpetos entre o recolhimento e a exaltação.

De quando em quando elevava-se um grito, seguido por aclamações, depois misturava-se ao pio estridente de algum pássaro de passagem; finalmente o silêncio caiu de novo, como um véu que tudo petrificava.

— É ele, é ele, o Mashiah! Que estais esperando?

E homens e mulheres, em pequenos grupos, precipitavam-se na água, seguidos por outros, andando com humildade, de cabeça baixa. Quem provocava toda aquela agitação mantinha-se dentro da água até as coxas, lá onde o rio era mais largo,

[2] Teólogo egípcio que, juntamente com o teólogo grego Timóteo de Elêusis, estabeleceu, no início do séc. III a.C., um novo princípio doutrinário, unindo os deuses solares e agrários no culto do grande deus Serápis. (N. da T.)

lá onde os muitos juncos davam passagem aos homens. Dele só percebíamos os longos cabelos caindo em grandes mechas sobre uma barba cerrada.

Às dezenas, homens, mulheres, depois crianças desfilavam diante dele que, com as duas mãos pousadas no seu crânio, imergia-os totalmente por um instante. Ele falava em voz baixa, interrompendo-se regularmente para gritar com voz rouca:

— Calai-vos! Calai-vos! Ignorais o que dizeis, silenciai vossos corações...

João! João! Um grito, palavras queriam sair do meu peito. Tínhamos avançado, transpondo corpos sentados ou deitados... Agora eu enxergava o rosto daquele ser; eu o reconhecia, o rosto daquele Irmão cuja revolta outrora tinha tocado o fundo de nossa alma na depressão de uma duna. Era João, o Irmão revoltado que procurava seu caminho. Então era ele o Tão Esperado, o Consolador dos povos?

Voltei meu olhar para Simão, ele estava pálido, como se transtornado, e sem dúvida às voltas com todas as interrogações do mundo. Quase dez anos tinham-se passado depois daquela noite em que tínhamos visto João engolfar-se solitário e atormentado na escuridão. E agora ele reaparecia rodeado pelo fogo que tinha lutado para canalizar e que o devorava...

— Ele queria ser o estopim de uma revolução interior e finalmente o conseguiu — murmurou Manéthon, levando-nos até ele. — De agora em diante, o homem se purificará pela água, é a água que queimará suas escórias. A água, como a terra, é uma matriz. Eis, Irmãos, a força de Noé, a segunda iniciação! Ela é o segundo nascimento dos que vêem, mas também sua primeira morte.

Há anos venho preparando João, à espera destas horas sublimes. Transmiti a tocha do Mestre M. que, outrora, também purificava às margens de um grande lago. Mas sabei, meus Irmãos de Essânia, que o símbolo significa muito pouco em relação aos fatos.

O Irmão do anel azul fez um longa pausa e nós o seguimos suspendendo nossa respiração, vivendo um presente absoluto, contando os passos que nos separavam de João. Depois, suas explicações recomeçaram e nos levaram, como um longo fio sonoro, até lá, onde uma ponta do véu se levantava.

— Lembrai-vos, porque vós sabeis, vós sabeis...

E o mestre das criptas da Esfinge despertou em nós antigos conhecimentos. Lembrou-nos da importância do batismo pela imersão total, que permitia que a chama etérea saísse do corpo no espaço de um relâmpago, um relâmpago que seria uma eternidade num outro mundo, uma eternidade durante a qual um ser de luz deixava sobre o homem um sinal indelével. Era o influxo motor que ligava o novo iniciado ao círculo da nova forma de Paz estabelecida. Assim, João edificava uma gigantesca forma-pensamento à qual centenas de seres juntavam sua própria energia renovada. Assim, ele assentava a primeira pedra visível.

— Calai-vos, calai-vos! — repetia continuamente, com a voz cada vez mais fraca...

E o Irmão de olhos de fera tomava a aparência de ovelha da Galiléia... Seria mesmo ele? Seria possível? Nosso caminho teria cruzado com o seu sem que o soubéssemos?

— Ele prepara... — disse simplesmente o nosso guia, que lia em nossos corações. — Vede como seus olhos brilham e buscai outros, mil vezes mais penetrantes; estes pertencerão Àquele que estais esperando.

O Irmão desapareceu atrás de um grupo de homens e nós avançamos para a água, maquinalmente, movidos por uma vontade que nos impunha o silêncio.

Quando cheguei diante de João, por um instante nossos olhos se uniram. Ele sorriu, ele se lembrava. Não disse uma só palavra, baixei as pálpebras e senti simplesmente suas duas palmas fortes no alto da minha cabeça e meu corpo mergulhou na água, tomado por uma coisa inexplicável. Adivinhava o marulho das pequenas vagas nas minhas costas, depois mais nada, uma eternidade de silêncio. Uma repentina vertigem me tomou e projetou-me num turbilhão branco... Eu estava a alguns côvados acima do Jordão, reduzida ou ampliada a um par de olhos que vagavam entre dois mundos. Contemplava a multidão, Simão, meu corpo submerso, e João, de olhos fechados, pingando água. Minha alma, minha força astral, tinha deixado seu envoltório e aguardava entre salpicos de luz e de felicidade.

Sem dúvida tudo isto durou apenas um breve instante, mas foi também uma parcela de eternidade, ou seja, uma parcela de energia, uma dimensão que se dilatava segundo meu coração.

"O tempo se afirma assim", dizia outrora o velho Zérah, "uma ilusão necessária, um meio a ser aproveitado..."

Parecia-me adivinhar as pulsações da multidão e meu olhar ia perder-se nas almas, absorvendo todos os pensamentos.

Finalmente, houve uma fenda, uma espécie de náusea fugaz, uma torrente de felicidade. Meu corpo novamente encerrava minha alma e dois pulsos fortes me agarravam para dar espaço aos que me seguiam. Voltei-me, e Simão já ressurgia da onda. Chegou então a vez do pequeno Joshé, nascido em nosso grupo, de Ester e Zaqueu; finalmente de muitos outros que percebiam a Hora.

Afastamo-nos para juntar-nos ao Irmão Manéthon e só então percebemos que João tinha trocado a veste branca por uma tanga de pele de camelo mal trançada. Ainda estávamos sob o choque do que acabava de acontecer e este detalhe misturou-se confusamente a mil outros. Ele só reapareceu mais tarde, quando já tínhamos voltado à nossa colina, tomados por uma paz escaldante, a paz de João, por uma vontade de agir, enfim, verdadeiramente.

— Em que isso vos importa? — declarou o Irmão do anel de lápis-lazúli, aproveitando o momento de nossa observação. — Que vos importa ver um dos vossos vestido como um dos inúmeros magos do deserto? João fugiu de qualquer estrutura porque o coração profundo não reconhece estrutura alguma. Ele não renega a alma de uma raça, ele renega o tempo que a congela numa forma. João é o mago que molda a alma das multidões que estão à espera. Como todos os que manejam as forças ocultas da natureza, ele trabalha sobre a raça humana pela base, transmutando sua força elétrica. A pele de camelo, reservatório de energias vitais, ajuda-o nesse sentido. É a morte do animal agindo no homem que ela proclama. Sabei, Irmãos, que ele veste a animalidade de outros e tenta transformá-la bem longe de nós, em suas noites de recolhimento. Aí está a figura de um Mestre, de um autêntico iniciador. Como observastes, muitos dos que se faziam purificar reconheciam suas faltas em voz alta antes da imersão. João absorveu a culpa de cada um; que ele fez sua, ajudado através do seu amor, estimulado por uma técnica; com isso ele livra muitos seres de seu doloroso passado, ele veste a sua pele de animal.

Este é também o verdadeiro batismo; não é um rito enganador, mas uma ação concreta, direta, que age tanto sobre o passado como sobre o futuro e que vai deixar no eterno presente do ser seu toque indelével. Quero dizer: uma jóia engastada em sua forma astral.

Este dom pertence ao verdadeiro Mestre, eu vos disse... Existem tão poucos que sabem amar acima das palavras, tão poucos que souberam expulsar o condicionamento e a dúvida do seu coração. Vosso Irmão não se nutre de "mas" nem de "se", ele absorve o que todos nós respiramos e de que só raramente sabemos reconhecer o gosto.

Naquela noite adormecemos com nosso coração repleto de todas as alegrias, envoltos em nossos amplos mantos, encostados uns aos outros ao redor de uma fogueira.

Manéthon queria que permanecêssemos lá mais alguns dias. As razões que invocava nos pareciam pouco claras. Parecia que estava esperando por alguma coisa que nos escapava, parecia aguardar a antecipação do Destino. Obedecemos, muito felizes com aqueles momentos de paz, longe da agitação das aldeias, desejando trocar idéias com outros Irmãos de branco que tínhamos localizado aqui e ali em meio à multidão.

Na segunda noite, de repente, vi Simão afastando-se do nosso grupo. Ele corria na direção de uma silhueta branca; parecia ser um homem idoso. Ambos se abraçaram longamente. O Irmão, que eu não conhecia, veio até nós e partilhou da nossa refeição, olhando-nos um a um com suas pupilas cintilantes. Foi assim que conheci Moshab, que tanto tinha ensinado a Simão.

O velho homem do Krmel parecia feliz com a surpresa que nos causava. Ele divagou por muito tempo sobre os acasos da vida, mas eu compreendi perfeitamente que seu ar bonachão dissimulava alguma coisa essencial.

— Míriam — disse finalmente —, há épocas em que os seres humanos entrelaçam suas vidas de um modo singular, compreendes?

Ficamos assim quatro dias às margens de um pequeno rio cujo nome iria propagar-se até aos confins do mundo. Quatro dias vendo desfilarem grupos de homens exaltados, místicos saídos de algum retiro montanhoso, famílias simples que atendiam ao chamado, jovens que fugiam dos motins das cidades. Lá, naquela região quase desértica da velha terra de Canaã, entre seixos e juncos, alguma coisa acontecia... João purificava, falava com o ímpeto de um Mashiah que viria, purificava de novo, isolava-se num mutismo exigente, depois recomeçava. Não nos atrevíamos sequer a cumprimentá-lo, mas isso pouco importava. Mais do que nunca, agora eu sei que há palavras inúteis, palavras que atrapalham tudo porque nosso espírito mostra-se incapaz de nelas insuflar seu ouro. João tinha-se transformado num grito do coração, numa prece viva cujas ondas concêntricas nos atingiam.

O calor era insuportável, o sol, alto no céu, nos esmagava, quando da multidão levantou-se uma alta silhueta branca. Era a silhueta de um homem, provavelmente dos nossos, de constituição sólida. Lentamente nós o vimos adiantar-se, abrindo caminho até a margem. Tinha um ar decidido e doce ao mesmo tempo, e de repente todos pareceram apagar-se à sua passagem.

João, que recomeçava a batizar, deteve seus gestos e pareceu petrificado.

Quanto a mim, não sei o que aconteceu; minhas pernas decidiram correr, correr... Só consegui parar quando meus pés reencontraram o frescor da água. O Irmão da longa veste de linho branco tinha entrado na água até a metade das coxas e parecia estar conversando com João. Lentamente, cruzou as mãos sobre o peito, a direita sobre a esquerda, segundo o antigo ritual, e o batista respondeu-lhe da mesma forma. Os gritos da multidão tinham cessado. Algumas pessoas que estavam acampadas lá há várias semanas levantaram-se para andar até a ribanceira. Foi então que a voz de João rasgou um véu, foi então que ela explodiu em todos os corações com um ímpeto apaixonado que nunca mais ouvimos.

— Filhos, eu vos digo, eu vos afirmo perante o Altíssimo, eis aqui o Tão Esperado, eis o Mashiah. Rebentai vossas cadeias e segui-o. É chegada, para mim, a hora de apagar-me, aqui cessa meu tempo!

Estas palavras pareceram estalar como o trovão e ecoar sobre todos os rochedos. Sem dúvida o vento quente as levou além do antigo mar da solidão, desfiou-as sobre as velhas terras vulcânicas, sacudindo toda aquela região cara aos filhos de Essânia. Hoje, quando as imagens daqueles instantes desfilam em nosso coração, nossas almas sabem que dois mil anos não se escoaram... foi ainda ontem, e a mesma força continua a animá-las.

Houve uma espécie de grito silencioso que transpassou nosso coração, uma espécie de estalar de um chicote saído das outras dimensões do ser. A luz transformou-se num branco total. O sol esmagava tudo, seu vento varria tudo.

Então vimos João fazer o grande gesto ritual. O grande ser branco mergulhou vivamente nas águas e saiu instantaneamente, salpicado de luz, brilhando com um fogo que ninguém poderia deixar de perceber. Na radiação do seu corpo, sombras brancas, fugidias, pareceram esvoaçar no espaço de um olhar, de uma emoção. Seria a projeção dos desejos de nossas almas, aquilo seria real? Cada qual encontrará a chave que lhe convém. Nossas mãos só sabem escrever o que sentiram e que, por sorte, os séculos guardaram intacto.

Imagens do Canto Sagrado de todos os tempos, imagens de todos os catecismos petrificados, assim são os instantes que conseguistes preservar...

O Grande Ser Branco voltou para a margem, lentamente. Dir-se-ia que uma trilha de fogo violeta saía de seus membros. A multidão quis correr para ele e ele parou de repente, contendo todo o ímpeto... Novamente, nós o vimos cruzar os braços sobre o peito. Finalmente, saiu da água em silêncio. Diante dele abriu-se um caminho, talvez um caminho de temor, mas de respeito também. Sua silhueta falava por si só, tudo o mais agora se reduzia a palavras fúteis.

À medida que subia as colinas para afastar-se, pequenos grupos de homens, mulheres e crianças deitaram-se atrás dele, na areia que ele acabava de pisar. Logo, só percebi seus longos cabelos avermelhados que se confundiam com os relevos amarelados das rochas retorcidas. Só duas ou três silhuetas brancas, o seguiam.

Uma voz transpassou nosso silêncio interior:

— Que estais esperando, estareis com medo?

Era o Irmão Manéthon. Olhava para nós com um ar de

censura, mas também com os olhos do mais feliz dos seres. Não foi preciso mais nada; surpreendemo-nos a correr, a saltar de rocha em rocha, mal tentando evitar os espinheiros.

Em seguida o Grande Ser de veste branca apareceu-nos de novo. Estava andando lá, alguns passos à nossa frente, com um passo regular, levando as mãos ao rosto de quando em quando.

Estávamos ofegantes e o barulho que fazíamos fê-lo voltar-se. Foi o mais belo de todos os segundos, o mais intenso, marcou-nos nas próprias raízes do nosso ser. Só havia dois olhos de uma profundidade inaudita abrasando-nos a todos, que eram para cada um de nós e para todos nós ao mesmo tempo. Levei muito tempo para perceber as longas mechas de seus cabelos que continuavam pingando e sua barba ainda curta no meio da qual aparecia um sorriso. Parecia que naquele rosto não havia uma única imperfeição, nenhuma outra marca a não ser a que o amor tinha deixado: alguns pequenos vincos no canto dos olhos que pareciam querer dizer "é tão simples". Mas havia também alguma coisa a mais, alguma coisa que, naquele rosto, obrigava-me a entrar em mim mesma. Ele despertava sensações confusas, espalhava as peças de um quebra-cabeças lentamente, e eu me sentia muito pequena, sem saber por quê.

O ser levou ambas as mãos ao coração, dirigiu-nos um último sorriso que parecia dizer: "dentro em breve, dentro em breve"; depois continuou seu caminho.

Um ruído de seixos rolando, uma respiração, era o Irmão Manéthon. Levou-nos atrás dele. Tinha enrolado seu manto numa bola que levava sob o braço e nós compreendemos que nada mais tínhamos a fazer naquele lugar.

Olhei para Simão e vi que estava mais pálido do que nunca. Nenhum de nós ousava falar, avançávamos como num sonho, mal nos atrevendo a esperar que a Hora tivesse realmente chegado...

Seguíamos para Betânia. De repente, Simão se deteve e nós o vimos precipitar-se para o Manéthon e segurá-lo firmemente pelo braço. Sua voz esganiçou-se.

— É ele, Irmão, é ele, não é? É José! Deve ser ele, ou então...

— É ele, Simão, é ele... Mas José não existe mais. José adormeceu para sempre no Krmel. Tu o sabes, isto te foi dito.

Ele já foi despojado do seu nome, de suas limitações. Foi Jesus... agora é Kristos, o Sol!

E estas palavras estalaram como o segundo trovão de nossa jornada. Partilhamos todos de um imenso sorriso, num jorro de alegria inextinguível. Havia um sopro, alguma coisa louca saindo de nosso peito. Sim, aqueles olhos, aqueles olhos! Era a eles que eu tinha buscado sem reconhecê-los. Eram os mesmos olhos do José de outrora, olhos que resplandeciam por toda a aldeia, olhos que provocavam murmúrios de Zérah e de muitos outros!

Anos e anos haviam passado desde o nosso último encontro... Ele nos tinha reconhecido imediatamente, eu tinha certeza...

— O trabalho de toda a Fraternidade pode tomar forma agora — declarou Manéthon, interrompendo com isso nossas efusões.

O Mestre precisa de solidão por algum tempo, depois, se vosso coração quiser agir, ireis ao seu encontro.

Por enquanto, avancemos; eu vos contarei sua história porque os Irmãos das estrelas encarregaram-me de transmiti-la.

E assim, continuamos no caminho para Betânia, ouvindo com os outros uma narrativa que muitos depois contestaram e ainda contestam...

Capítulo 2
Os dezessete anos

DURANTE ALGUM TEMPO AINDA, COSTEAMOS O JORDÃO POR margens escarpadas. Só havia areia e espinheiros. Uma aridez sem fim levou-nos através dos montes pelados da Judéia. Era o grande silêncio dos ermos e nós estávamos felizes com isso, fugindo até da companhia de alguns pastores que tentavam puxar conversa. Queríamos ficar atentos a Manéthon e à sua prodigiosa narrativa, que recebemos como um penhor sagrado.

— Há pouco tempo ainda — começou nosso guia, caminhando com passos rápidos — eu estava na terra de nosso Grande Irmão Tutmés,[1] aquele que estabeleceu solidamente as bases da nossa Fraternidade. Estava, com seis companheiros, passando uns dias na cidade chamada Alexandria. Estes seis companheiros, sabei, tinham feito uma longa viagem até chegar àquela terra. Um deles vinha mesmo do país de Ashia, que significa "Aurora". Trata-se do país onde os olhos dos homens são tão pequenos que se poderia pensar que contemplam o interior do seu ser. Mingts, assim soava o nome do irmão vindo daquela região da Terra. Outro, contudo, tinha chegado do grande país de Ishwar,[2] um outro, da Babilônia, Gspar,[3]

---

1 Tutmés (ou Tuthutmoses). Nome de quatro faraós egípcios que reinaram do séc. XVIII até 1420-1411 a.C. aproximadamente. Tutmés I, o primeiro faraó, a ser enterrado no vale dos Reis, ampliou o grande templo de Amon em Karnak. (N. da T.)

2 A Índia.— Talvez se tratasse do Gaspar dos Evangelhos.

3 Talvez se tratasse do Gaspar dos Evangelhos.

depois finalmente, da Grécia; todos tinham saído dos pontos principais do nosso mundo, onde o pensamento verdadeiro refugiou-se nos últimos séculos. Segundo ordens vindas das estrelas, reunimo-nos em conselho durante três vezes sete dias, pois o triplo setenário transcende o humano e toda matéria em trabalho de purificação. Éramos sete, conhecendo-nos por via que o homem comum ignora. Nossas almas tinham-se falado muitas vezes fora das camadas de carne, na região onde a alma conversa com a alma e pode conceber o avanço cíclico das eras. Sabíamos que deveríamos receber um ser entre nós, um ser que faria o setenário de uma civilização agonizante passar para o signo da Eternidade através do renascimento. Assim, sempre transmitimos a tocha, assim impelimos o sete na direção do oito. Este homem, nós o sabíamos, voltava de uma longa viagem. Nós próprios tínhamos preparado seu itinerário desde o início. Era uma viagem de dezessete anos segundo a vontade dos Irmãos de Lua-Sol, uma viagem em que ele teria a possibilidade de submeter seu corpo e sua alma a todas as afinações que a matéria supõe suportar. Guardai bem o número dezessete, pois ele resume o octângulo tão caro ao povo de Ishtar, como o testemunham as pequenas estrelas de oito pontas que desde o início vedes brilhar até nas moradas mais humildes de nosso povo. Este ser de que vos falo seguiu, pois, seu caminho inscrito no pergaminho do zodíaco, etapa após etapa. Isto, Irmãos, não para que pudesse aprender o que ignorava. Todo o raciocínio seria falseado através de um discurso como este. Seu coração e sua alma transcendente sabiam, após uma infinidade de existências... Isto aconteceu para que ele unisse, como Ísis, que reúne as parcelas do corpo de seu esposo, todos os vestígios da antiga sabedoria que o homem conseguiu preservar para o mundo. Ele atuou como o eleito de um novo Osíris, para recolher o cadáver espiritual da luz que iluminava os velhos sábios de Atl e de Ma. Quero falar do saber confiado à Terra para que o humano se transforme em Homem, do saber que gerações de turbas ignorantes abafaram sob montes de superstição de colorações variadas. Cinco vezes, até hoje, a cor desses desvios mudou de acordo com os ventos que varreram as quase cinco eras passadas de nossa humanidade e segundo as cinco raças que se sucederam até o presente. Vosso pensamento, Irmãos, penetrou no meu e não ignorais, agora, que o Grande Enviado de Lua-Sol que eu proclamo está entre nós há pouco tempo. Foi o José de uma pequena aldeia que alguns conheceram, o José inscrito nas muralhas do Krmel, que depois partiu para as terras distantes. Sete, tivemos o privilégio de reconhecê-lo na terra dos "Pharawon". Foi com a acácia na mão, rebelde a qualquer análise, que, aos dezessete anos, surgiu vestindo o manto de peregrino, acompanhado por dois magos da fraternidade. A razão essencial da sua caminhada chamava-se "Reino de Ishwar", encruzilhada dos pensamentos, das raças do homem e, finalmente, cadinho por excelência da humanidade. Ele não tinha mais de quatorze anos quando seus passos o levaram a uma grande cidade branca batizada como Ie-Nagar,[4] que significa "Fogo elevando-se do Criador". Naquela cidade ensinava o grande sacerdote Lamaas, ele próprio buscando uma síntese vivificante dos mais belos conhecimentos. Quando viu o Irmão Jesus chegando a ele, reconheceu nos seus olhos um grande Avatar dos tempos remotos. Lembrou-se do importante legislador do povo de Atl, depois da sabedoria de Zoroastro, que em outras épocas tinha enchido sua alma. Foram reencontros, e Jesus, o Mestre de outrora, aceitou ser de novo aluno, para transcender ao que já tinha realizado. Só os verdadeiros Mestres sabem que continuarão sempre a ser alunos, não vos esqueçais disto, Irmãos. A verdadeira humildade jamais pode gerar humilhação... Era assim que Jesus pensava, e estudou com Lamaas os textos deixados por Gautama. Assim, o aluno voltou a ser mestre e pôde voltar a usar a juba do leão a fim de penetrar nos seus refúgios mais resguardados. Os sacerdotes daquela região, filhos de Indra, concordaram em aceitá-lo e foi entre eles que ele aprendeu o Verbo de Krishna, suas técnicas de cura, a reorganização dos átomos de vida, extraindo no reservatório fluidos da natureza, e finalmente a transmutação dos elementos. Agora guardai bem isto: Indra era a abóbada celeste, mas era também a noite. Havia jóias pulsando no seu firmamento, imagens de conhecimento que permitem dirigir o mundo e o ser, mas havia também a escuridão, a escuridão

---

4 Atual Puri, na índia. (Antigamente Jagannath, um dos mais importantes centros hindus de peregrinação. Lá, no séc. XII, foi construído o templo consagrado a Krishna. — N. da T.)

do dogma querendo absorver tudo, a das castas separando tudo. Então Jesus separou-se dos sacerdotes e foi ao encontro do povo para falar-lhe do Sem Nome. Foi por ocasião de seu vigésimo-primeiro ano. O Ganges e Varanasi[5] recolheram suas primeiras palavras de fogo. Elas varriam barreiras, sopravam um vento de amor, mas também de reflexão. "Sabei reconhecer o Eterno", anunciavam. "Não façais mais o bem apenas por temer o mal."

Aqui e ali o povo quis sublevar-se e sacudir os entraves brâmanes. Só Lamaas e alguns outros compreendiam... Eles também sabiam que o Mestre ainda aprendia e que aquela terra de Ishwar não podia ser a sua naquele tempo.

Jesus então se retirou e aperfeiçoou-se na arte de manejar imagens sonoras, de modelar as silhuetas exatas que envolvem o mental. Mas ele tinha falado demais entre aquele povo, e, quando um sacerdote tentou tirar-lhe a vida, ele compreendeu que seu caminho o levava além. Não, Irmãos, não penseis que a luz penetra o homem uma só e única vez, estando ele acima do mais puro entre todos. O ser que agora guiará vossa vida, se o desejardes, não foi sempre invariavelmente como o conhecereis. Tornou-se o que é porque sabia que nada do que é autêntico é transmitido de improviso. Ele sabia que devia tornar-se alquimista de seus próprios corpos se quisesse ser o pó de rubi dos outros, tal como lhe pediam. O sábio compreende o sentido desta verdade: "Não existe eleito". Nada é oferecido a um e não ao outro pelo Sem Nome. Nada predestina melhor os seres do que o que realizaram outrora e do que o que concordam em construir hoje. Assim, meus Irmãos, não existe acaso. Jamais deveis dizer: "Esse aí tem sorte porque o Pai o escolheu por suas obras". E se gostais da palavra sorte, sabei que esta sorte não tem a aparência de uma graça divina; cada um a edificou e continua a edificá-la para si com suas próprias mãos.

Nenhuma hierarquia neste mundo e na multidão dos outros está excluída desta lei. Toda criatura é o arquiteto dos seus templos presentes e futuros e o foi dos templos do passado... Vosso Irmão Jesus nem sempre soube exatamente que tarefa precisa lhe caberia, nem onde a empreenderia. Ele teve que aprender a conhecer sua origem e sua força adormecendo,

[5] Benares.

teve que abrir seu coração aos ouvidos dos outros até conseguir afirmar. "Os outros estão dentro de mim mesmo, não além. Se eu não for Um com eles em espírito, proclamarei falsamente a Palavra do Pai". Estas palavras, afirmo-vos, são as realmente pronunciadas por Aquele que hoje merece o título de Mestre. Ele as articulou entre os sete na sala real da Grande Pirâmide, há poucas luas...

Manéthon interrompeu sua narrativa por algum tempo, pois chegávamos às cercanias de um vilarejo abrigado num encaixe no sopé de uma colina rochosa. Havia um olival e lá fizemos alto para a noite. O Irmão do anel azul finalmente retomou a palavra, sob o crepitar de um fogo. Um de nós, segundo o costume, pós uns grãos de resina para derreter e o ar começou a embalsamar-se...

— Depois de ter deixado Lamaas, Jesus se dirigiu para o Norte, lá onde a terra parece conversar com os céus. É uma região montanhosa onde o ar é rarefeito e onde muito poucos penetram. Jesus sabia o que encontraria lá. Muitas vezes antes, sua alma tinha visitado aqueles lugares e tinha trazido de lá elementos suplementares para a compreensão de sua missão. Assim, não ia lá para completar seus conhecimentos, mas para receber vibrações cuja força seu corpo reclamava. Compreendei que há terras como os homens, cada qual se pretende igualmente portadora de mensagens e energias. Não deveis fugir dos lugares que vos atraem. Às vezes eles se tornam por si sós os reveladores do nosso ser e mostram-se capazes de mudar até nossa natureza sutil. Não são apenas palavras, podeis crer... Jesus viveu vários anos naquelas altas regiões. Seu corpo, em união cada vez mais perfeita com o Todo pela prática de certas disciplinas baseadas no domínio da respiração, pôs-se a vibrar de modo diferente e os altos cimos o receberam freqüentemente tanto em seu estado etéreo como carnal. Aquele ponto de nossa Terra, já vos ensinaram, é um dos seus centros vitais, o coração, poderíamos dizê-lo por analogia. Em seu éter estende-se uma região em que os seres regulam os acontecimentos de nossas sociedades. Dão-lhe muitos nomes, mas aqui, para nós, é a Estrela Branca, devido à sua radiação total e à sua pureza. É a guardiã de todas as tradições das estrelas, é a mãe de nossa Fraternidade, a fonte do que motiva nossos atos. Desde a Aurora dos Tempos, Seres-Radiações lá vivem, trabalham e amam, deixando aos reis a ilusão de que governam. Cada um desses seres está associado a uma chama de cor diferente. Esta atribuição não é arbitrária, ela corresponde à luz, ao som melodioso que emana de cada um deles. São a concretização da qualidade que encarnam com toda a perfeição que a Terra pode suportar. Sem dúvida vos parece, Irmãos, que estou narrando um conto como os que se tem prazer em narrar entre os nômades do deserto, enquanto o vento fustiga o rosto e reúne os homens sob a tenda. Não é, eu vos afirmo. Este lugar é mais verdadeiro do que estas montanhas por onde andamos. São nossos olhos que não conseguem captá-lo e nós não conseguimos representá-lo mais do que o cego de nascença que tenta imaginar o azul do céu. Há matéria e matéria! Ignorante é o nome de quem a limita ao que suas mãos podem agarrar! As coisas só podem ser reveladas muito lentamente neste domínio, Irmãos, pois, durante muito tempo, o homem ainda manterá o hábito de conspurcar o que seu pensamento não pode esperar nem aceitar.

De tudo isto, recordai que foi nesses lugares que o Mestre Jesus compreendeu plenamente o papel que lhe era confiado. Desde então, ele deixou o continente de Ishwar e voltou sobre seus passos com alguns de seus antigos instrutores... para grande desespero de todo um povo que só sonhava em retê-lo, mas que ele teria conduzido ao que menos desejava: à revolta armada. Pessoalmente, ele me afirmou que suas palavras não eram bem compreendidas quando ele pronunciava o nome da "Terra de Iesse", uma Terra cuja substância só pode ser concebida pelos corações que viajam além das palavras.

Jesus então conheceu a Caldéia e a Babilônia, reencontrando os traços do que tinha sido outrora, folheando os textos do Superior Solar,[6] retomando a essência já embotada por séculos de sacerdócio. Faltava uma palavra, uma só, que faria avançar a revelação progressiva organizada de longe, de muito longe, além das estrelas mas também de tão perto de nós, dele.

Uma cultura ainda aguardava o Mestre antes que recebesse a consagração suprema. Os sacerdotes de Orfeu o acolheram

[6] O que hoje chamamos Zend Avesta e cujo estudo era quase obrigatório em todas as escolas essênias.

então na Grécia, e entre eles o sábio Fílon. Era preciso analisar os inconvenientes e as vantagens da forma de politeísmo que os seres da Estrela Branca haviam instalado outrora. Isso foi feito e veio juntar-se a todos os conhecimentos adquiridos. Mas não imagineis, meus Irmãos, que os Mestres das altas montanhas tivessem pedido a Jesus uma simples síntese dos grandes sistemas de pensamento já existentes. A síntese nunca passa de uma espécie de compilação; possibilita que quem busca enxergue melhor, mas só poderia ter a força de uma repetição desnecessária; ela não cria, em caso algum, o grau suplementar que permite elevar-se a um nível superior de consciência. Ela satisfaz o intelecto e o ego, raramente mais.

Não, não era aquela a tarefa d'Aquele que todos esperávamos. Nossa Fraternidade ensinou-nos que os diferentes corpos do homem são também edifícios que se superpõem e se encaixam. Sabeis que eles se desenvolvem em função da idade que atingimos, mas também, e principalmente, em função do trabalho interior ao qual nos submetemos. Estes corpos são como sete chamas sucessivas que é conveniente fazer com que cresçam depois de pô-las em contato umas com as outras. Elas têm o valor de uma cadeia de ouro, ininterrupta, entre a consciência suprema e vós, nisso reside a pura ligação de amor sem obstáculo, que permite que as energias ditas inferiores e superiores se fundam.

O Homem que entra em ligação permanente com os sete vínculos de seu ser nada mais tem a ver com o mundo da matéria. Ele dominou suas leis e leva o nome de Adepto. Mas, entendamos bem, pois não ignorais que a ascensão do ser não pára aí. Há outras chamas de consciência a conquistar para atingir o umbral da morada do Pai. São estas outras chamas que, desde o seu nascimento, Jesus teve por missão reunir de modo a aperfeiçoar um corpo e uma alma transcendentes, que alguns já consideravam perfeitos e que, através de honrarias, poderiam fazer estagnar.

O estágio capital da sublimação foi completado, como já vos disse, no coração da Grande Pirâmide, no local exato em que todas as energias podem ser focalizadas num ponto que liga o átomo-germe de todo ser com o Espírito desta criação. Assim, o espírito de Kristos penetrou no espírito de Jesus. Isto não poderia acontecer de outra forma nem em outro lugar; estava previsto desde a chegada de Melquisedeque a esta Terra. O que faltava era que um deles fosse capaz de ir até o fim do compromisso assumido, sem diminuir a marcha.

Com efeito, não vos enganeis, quem desce a este mundo faz aliança com Satã e submete-se de certa forma à sua lei. Satã não é outro senão o grande adversário cujo outro nome é "densidade"; entendo, com isso, que todo ser nascido nesta Terra veste uma pesada túnica que torna penoso seu avanço. A encarnação de um Avatar seria um sofrimento indizível para ele, se não houvesse o amor incomensurável como energia primeira.

Imaginai por um momento, Irmãos, que vossa consciência, vossa razão, vossa vontade, em resumo, que vossa alma de repente fosse encerrada no corpo de um animal. Imaginai as ações que seríeis capazes de realizar, os pensamentos que só poderíeis transmitir diminuídos...

Assim, analogamente, os humildes reconhecerão que há tanta diferença entre o Mestre e eles, como entre eles e o animal. A alma do Mestre Jesus não nasceu neste mundo, compreendestes. Ela voou de Ishtar com outras, há muito, muito tempo, quando as criaturas da Terra falharam num giro da sua evolução.

A alma do Mestre Jesus, entretanto, faz parte da mesma onda de vida que nos criou, emanada do Pai deste universo. A verdade se resume no fato de existirem alunos mais ou menos lentos... Há os que preferem a infância ao estado adulto, a ponto de se recusarem a sair das portas da ilusão que construíram para si mesmos.

A aventura e o drama dos filhos desta Terra se resumem nisso, Irmãos... e a dificuldade surge do fato de algumas crianças se atribuírem poderes de adultos.

Reavivamos um pouco o fogo que estava se extinguindo e, como Manéthon começasse a guardar certo mutismo, achamos que tinha terminado sua narrativa.

Foi então que uma pergunta escapou dos lábios de um de nós, pergunta talvez ingênua, mas que sem dúvida todos alimentávamos em nossos corações:

— Irmão, agora devemos seguir o Mestre Jesus já que, segundo vós, ele é o único homem nesta Terra que acendeu em si todas as lâmpadas da consciência além, mesmo, dos sete níveis?

— Estás certo, mas não é ao Mestre Jesus que seguireis, Este Mestre dorme, tal como José esfumou-se um dia. Não é unicamente Kristos que ouvireis, é também o Espírito Solar do Logos de nosso universo. Aquele que, nesta mesma manhã, diante de vossos olhos, assumiu o corpo de Jesus Kristos. Entendestes bem? Compreendestes bem o valor daqueles momentos em que todos bebemos da mesma taça de alegria?

Novamente Manéthon calou-se e o silêncio pairou sobre nosso pequeno grupo. Todos pareciam esmiuçar dentro de si mesmos. Vi pupilas cintilando, perdidas nas brasas da fogueira, pálpebras fechando-se, ombros encolhendo-se sob os mantos... Que significavam as palavras ouvidas?

As Escrituras bem que nos tinham falado de Kristos, do Ungido dos povos que finalmente pensávamos compreender, encontrá-lo simplesmente na pessoa de José, daquele José que ainda não conseguíamos chamar de Jesus. E agora faltava compreender o Logos...

— Kristos é diferente do Mestre Jesus...

Manéthon recomeçava lentamente, destacando bem sílaba por sílaba, como se para gravar eternamente em nós palavras--chave.

— Kristos é o mestre mais avançado de uma onda de vida que o Eterno emitiu antes da nossa. É o regente do nosso universo, o homem realizado, tão luminoso, tão sublimado que sua entrada direta na matéria densa criaria cataclismos. Quanto ao Logos, os "átomos" de seu ser poderiam pulverizar os nossos pela rapidez da sua dança.

"Mihaël", esta é a transcrição terrestre do seu nome cósmico. Guardai bem isso em vossos corações, porque devemos evitar dispersar jóias onde não conseguem reconhecê-las. Esta continua a ser uma das regras fundamentais da nossa Fraternidade, não esqueçais. Mihaël, eis o que podeis saber a respeito de quem investiu Kristos. Sabei que a sílaba "Mi" de seu nome é a base vibratória dos exercícios que permitem a todos os filhos de Essânia adquirirem a prática da voz doce. O que nosso coração ouve em "Mi" continua a ser para sempre a segunda vibração da triplicidade do Sem Nome. É o próprio reflexo do sopro criador.[7] Eis uma das forças que nos ligam a ele, e também uma das forças que devemos partilhar com o próximo.

Assim, agora compreendestes, só a perfeição dos veículos do Mestre Jesus podia permitir que fosse investido com a presença contínua de Kristos e do Logos.

A partir desta manhã, meus Irmãos, três grandes seres vivem num único corpo, o terceiro irradiando os dois primeiros a ponto de dar-lhes uma força ilimitada, uma capacidade de amor que se expandirá em nós como mil torrentes.

A partir deste momento cabe a vós saber o que devereis fazer. Muitas almas estão a ponto de atravessar um umbral... Mas estareis entre os que as ajudarão a compreender?

As coisas são assim porque, se uma era de respostas começa hoje, a era das perguntas também se inicia... Não se oferece liberdade a quem não quer nem escolha nem decisão...

Quando a aurora mostrou seus primeiros raios dourados, poucos de nós tinham conseguido conciliar o sono. Simão, que habitualmente pouco falava, ofereceu-se para ir procurar água nos poços da aldeia. Betânia ainda estava longe, e uma vez cumpridas nossas abluções rituais, retomamos o caminho levando um cesto cheio de tâmaras.

A partir desse momento, ninguém deu mais um passo que não tivesse um único motivo: rever Aquele que tinha chegado.

---

[7] Reportar-se ao acorde DÓ, MI, SOL, freqüentemente utilizado no Aum oriental e no canto gregoriano.

Capítulo 3
Onde estão vossas verdadeiras armas?

Betânia era uma pequena povoação de terraços brancos; ficava meio escondida num palmeiral e foi para nós um oásis de frescor, mas também lugar de uma meditação que se prolongou por vários dias. Não sabíamos exatamente como agir, nem como encontrar-nos com o verdadeiro mestre, que finalmente tinha-se dado a conhecer. A alegria da notícia que tínhamos recebido nos enchia de vácuos profundos, mas também às vezes nos exaltava a tal ponto que tínhamos certa dificuldade em dedicar-nos aos ritos cotidianos preconizados pela Fraternidade.

Em meu silêncio interior, eu, como muitos outros, me interrogava: "Para que tudo isso agora, já que devemos segui-lo, já que ele vai nos mostrar o caminho?"

E meu espírito respondia a si mesmo, imaginando um diálogo: "Como então? A verdade pode mudar ao sabor de um ser? A Fraternidade de Essânia deve apagar-se diante dele?"

Ficamos algumas semanas em Betânia. Mantínhamos lá, na saída da vila, no caminho para Jerusalém, um bethsaïd. À medida que o tempo passava, observamos uma agitação entre o povo. Logo compreendemos que vinha das margens do Jordão e, pela primeira vez, numa tenda, ouvimos falar abertamente de um Mashiah que teria vindo para libertar a terra da Palestina. Não pudemos deixar de juntar nosso testemunho aos relatos divulgados, tendo o cuidado de não insistirmos demais. Nossas vestes brancas sempre inspiravam certa reserva e, de qualquer modo, o Mestre não deveria ser aceito por todos através de um porta-voz nazarita, e muito menos nazareno.

Manéthon nos deixou, preferindo voltar a Heliópolis, onde o grupo-mãe da Fraternidade provavelmente aguardava um relato detalhado dos acontecimentos. Como o Irmão nos tinha aconselhado, deixamos Betânia, subindo mais para o Norte, para o coração da Galiléia, até as margens do grande lago de Tiberíades. Quanto mais caminhávamos, mais percebíamos que nosso itinerário se tornava claro. A chegada do Mestre parecia ter percorrido o país com a rapidez do relâmpago. Atravessamos Genesaré onde, mais uma vez, acabava de ocorrer um motim provocado pelo anúncio da chegada do libertador, depois, finalmente, seguimos na direção de Cafarnaum.

— Ele está lá — tinham-nos dito quase furtivamente. — Ele acaba de chegar dos desertos da região da Terra Vermelha... segundo as profecias!

As mais antigas profecias dos arquivos da Fraternidade, realmente, anunciavam isso...

Mas então o que estava acontecendo? Esperávamos Aquele que despertaria as almas, enviado pelo Altíssimo, e diziam que toda a Palestina queria sublevar-se. Era a arma ou a palavra que nos traziam?

Cafarnaum nos abriu os braços com suas mansões de mármore, sua majestosa sinagoga e seu mercado que tinha o aroma de todas as riquezas da Galiléia. Que contraste com a aridez do deserto de onde mal tínhamos saído! Os perfumes mais sutis flutuavam pelas vielas, e para nós foi um prazer redescobrir a flor escarlate da romãzeira recortando-se contra o azul do céu. Encontramos a cidade em calma, o lago espalhava seu frescor tranqüilo. Só alguns legionários envoltos em tiras de couro e que passavam em pequenos grupos faziam com que não esquecêssemos... O Mestre Jesus estava lá, como tínhamos imaginado. Talvez fora um pouco do José de sua infância que o levara àquelas margens próximas à nossa antiga aldeia.

Havia uma espécie de praça à sombra das amendoeiras na saída das ruazinhas que levavam em direção à montanha de Chorazeïn. Lá encontramos um ajuntamento de uma centena de pessoas. O Mestre estava no meio delas, estava no centro, no coração. Não o vimos logo; filas de homens e mulheres formavam uma muralha, só ouvimos sua voz. Isto bastou-nos; era a prova, se precisávamos de provas, de que não tínhamos vivido em vão.

Diante de nós havia costas multicores, ombros queimados de sol, cestos sobre as cabeças, mas havia também, e principalmente, aquela voz palpável e imperceptível como uma onda fresca, aquela voz doce, amiga, em que, entretanto, ressoava certa autoridade.

Finalmente, a multidão sentou-se e pela segunda vez nossos olhos puderam reencontrar o Mestre.

— Deveis, agora, depor as armas — dizia ele —, o Pai me envia até vós para que deponhais as armas mas, onde estão vossas verdadeiras armas? Estas espadas e estas facas que vejo pendentes na cintura de alguns? Ou os pensamentos que dia após dia arruínam vossos corações? Dizei-me, filhos de Cafarnaum... É na arma ou na idéia da arma que se oculta o verdadeiro mal? Assim, ao matar vossos inimigos, vós vos matais a vós mesmos pelo veneno de vossas idéias. Eu vos digo, só da pureza nascerá a liberdade; só desta pureza nascerá a verdadeira terra de Canaã de todos os homens, a terra prometida de meu Pai.

— Quem és tu, Mestre, tu que falas assim em nome do Altíssimo? O mal desta Terra não é a idéia de Roma?

Uma velha mulher acabava de levantar-se na multidão. Tinha olhos vivos e inquisidores, duros como os seixos de lago, da cor de suas tempestades, da revolta de seus pescadores.

Um murmúrio elevou-se do chão, quase um descontentamento. Quem era aquela mulher para atrever-se a participar daquela forma de discussões públicas e principalmente religiosas?

— Eu sou a palavra do Pai, Tisbeh... foi teu coração que te fez falar; assim, é a teu coração que responderei. Eu te pergunto, que é o mal senão a ausência do amor? Que é a noite senão a ausência do sol? Percebes a cor dos olhos dos homens por quem passas na penumbra? Da mesma forma, a alma obscurecida por seu ódio não distingue os desígnios do Pai. Que sabes sobre teu inimigo se não viste o Homem nele? Que sabes sobre as forças que o trouxeram para perto de ti? Eu te asseguro, aquele que vê no outro o inimigo contempla sua imagem deformada num espelho, ele se nutre de seus rancores e condena-se a viver entre as sombras.

No mundo existe apenas uma arma que merece ser respeitada, a única que vosso Pai poliu para vós: o amor.

Amai, pois, como eu vos amo! O sol dispensa seus raios mais a um do que a outro?

O Mestre calou-se e passou-se um longo tempo sem que algo acontecesse. Sem que algo acontecesse, como nos atreveríamos a afirmá-lo? Há instantes que superam as palavras, segundos em que as almas se folheiam e se lêem melhor do que em mil anos. Sem dúvida vivíamos um desses precisos instantes em que os olhares que se cruzam finalmente compreenderam o essencial. Mas por quanto tempo tínhamos compreendido? Era preciso captar esta última sensação e agarrar-se a ela. Alguns da multidão levantaram-se e aproximaram-se do Mestre, que também acabava de levantar-se. Não ouvi suas palavras, mas, entre duas mulheres que se acotovelavam à minha frente, vi a alta silhueta branca apor as duas mãos na testa de um homenzinho muito moreno, vestido com uma simples túnica cinzenta.

Simão, os outros e eu mesma queríamos aproximar-nos, dizer-lhe que nós também estávamos lá, prontos para ouvi-lo, segui-lo, falar. Entretanto, dois ou três homens afastavam-se da multidão, aparentemente decepcionados, insensíveis àquela presença que nos levantava.

"Míriam", dissera-me um dia Zérah, na montanha não distante de casa, "se deres ouro à tua mula, que achas que ela pode fazer com ele? Não adiantaria um rei servi-la numa manjedoura de prata, porque ela iria preferir os restos de forragem do inverno anterior. O mesmo acontece com os homens; a cada um seu quinhão. O caminho da evolução é longo e a percepção do autêntico se adquire com dificuldade. A quem só puder ver a divindade entre as árvores, fala-lhe de um deus que se fez árvore. Aprende, então, a admitir as diferenças, porque o ouro espiritual não se impõe..."

Finalmente, conseguimos aproximar-nos. Ele estava lá, à nossa frente, com a simplicidade de outrora, e no entanto tão diferente. Era o mesmo porte de cabeça, o mesmo tom de bondade no olhar e alguma coisa mais, alguma coisa fulgurante que nos levou para tão longe. Ele continuava usando no pescoço o rosário de cento e oito contas dos Irmãos, só faltava o saquinho preto que antigamente dormia sobre seu peito.

Nossos olhos se cruzaram.

— Está bem — disse ele simplesmente, dirigindo-se a nós —, está bem...

Adiantou-se e abraçou-nos, mostrando claramente que nos reconhecia, que se lembrava...

Cada qual sinta a satisfação de imaginar, seria inútil descrever aqueles instantes.

O Mestre recuou dois passos, depois acrescentou estas poucas palavras com uma voz cálida:

— Peço-vos que espereis algum tempo ainda... Bem pouco tempo, na verdade... Vossa hora está chegando.

Era mais do que precisávamos. Um de nós quis dobrar um joelho no chão, mas a multidão nos cercou e fomos engolidos por seu fluxo. Vi Simão subir numa velha meda de feno e estender-me a mão. Nosso equilíbrio mostrava ser dos mais precários, mas nós podíamos ver, era isso o que importava. A multidão tinha aumentado desmesuradamente e, ao rever a cena, parece-me que toda Cafarnaum tinha-se reunido lá de repente; alguns talvez sem saber por que, outros porque começavam a compreender. Estes eram os que, desde o início das eras, tinham aceito moldar seu ser, a fim de um dia deixá-lo falar diante de uma presença, A Presença. Do alto de nossa meda, víamos homens e mulheres que queriam compreender, outros que pensavam compreender, um povo variegado. Finalmente, o Mestre afastou-se por uma ruazinha sombreada, seguido por dois Irmãos que não conhecíamos e pelo homenzinho moreno que ele havia abençoado. A multidão dispersou-se lentamente, envolta numa emoção intensa, e nós nos dirigimos para as margens do lago. Alguns pescadores, ignorantes do que se passava, esvaziavam suas redes, enchendo pequenos cestos com peixes agitados.

Precisávamos descansar e aguardar o que chamávamos de "sinais do destino", que fariam com que compreendêssemos nossa utilidade.

Após uma noite ao ar livre, o dia seguinte nos mostrou que o Mestre tinha deixado a cidade e caminhava às margens do lago, visitando as casas isoladas, as aldeiazinhas de pescadores, das quais hoje nada guarda vestígios. Nossa espera era doce. Durou vários dias, até que um grito que vinha da estrada de Betsaida atraiu nossa atenção. Ao longo do caminho, embaixo de enormes figueiras, três homens corriam. Levantamo-nos e percebemos diante deles, vindo da montanha, um grupo de algumas silhuetas que, parecia, caminhavam a passos rápidos. Não tardaríamos a reconhecer o Mestre, graças à sua alta estatura e a algo indefinível que nos faria dizer: é ele. Devíamos mexer-nos, correr para ele como aqueles três homens? Não tínhamos certeza. Sem dúvida ele de novo nos mandaria esperar e que poderíamos dizer-lhe que ele já não tivesse planejado fazer? Apesar disso, timidamente vencemos a distância que nos separava dele.

Nos últimos passos, sua voz penetrou em nós

— Jacó, Simão, Míriam, Saul e Ester, aproximai-vos e reconhecei estes aqui como dos vossos. De agora em diante, eles estarão ao meu lado, meu Pai precisa deles.

Apresentou-nos quatro homens de estatura diferente, mas de aparência sólida. Mãos calosas, túnicas remendadas, decididamente não eram como aqueles escribas de que muitas vezes tínhamos visto sacerdotes e doutores cercar-se. Não ficamos sabendo seus nomes logo, mas isso pouco importava, desde que ele os tinha reconhecido.

Ao notarmos que não usavam a veste de linho branco, nossa expressão, deve ter denunciado alguma surpresa, pois o Mestre acrescentou:

— Não vos admireis, não se conhece o bom operário pela qualidade de sua tanga, mas pela largura dos seus ombros... Escutai minha palavra, pois os filhos do sol são recrutados em todas as terras do mundo; não há dois que vistam o mesmo manto e, no entanto, todos falam a mesma língua. O que tenho a dizer-vos não poderia continuar só nos ouvidos dos Irmãos de Essânia. Agora começa a era da partilha total e muitos ficarão chocados. O Pai reclama homens que rezam, homens que curam, mas também homens-fermento, homens que encontramos no próprio seio do povo...

O Mestre calou-se e seu olhar pareceu perder-se na direção do lago, longe, atrás das montanhas que contornavam a outra margem.

— Devemos partir — disse por fim, com doçura —, temos muito que fazer.

E olhou em nossa direção, dando-nos a entender que nossa presença fora aceita. Quase tínhamos esquecido da presença dos três homens que minutos antes corriam e que tinham parado, provavelmente impressionados pela reunião de longas vestes de linho que formávamos. Antes que pudessem pronunciar uma palavra, o Mestre pôs a mão sobre o ombro de um deles e perguntou:

— Para onde me levas?

— Para a casa de meu filho, Rabi, se o permites. Há dois dias que te procuro. Alguns pescadores e comerciantes dizem que és o Mashiah dos antigos profetas. Dizem que podes tudo... tudo.

O homem, de uns quarenta anos, começava a tremer e teve muita dificuldade para prosseguir.

— Há dois anos que meu filho não anda... pensei que talvez pudesses pedir ao Eterno...

O Mestre olhou-o intensamente, sorriu-lhe e respondeu simplesmente:

— O principal, vês, é que tu, tu, já tenhas pedido ao Eterno...

Visivelmente, o homem não sabia o que pensar e tudo o que conseguiu fazer foi indicar o caminho de sua casa através de gestos confusos. Nosso pequeno grupo tomou a direção de Cafarnaum, de onde quase não nos tínhamos afastado. O Mestre ia na frente, precedido de tempos em tempos pelos que reclamavam sua presença e não sabiam que atitude tomar. Quanto a nós, preferíamos ir um pouco atrás do Mestre e dos quatro homens que ele nos tinha apresentado. Às vezes ele se voltava e nos lançava um olhar divertido, mas também de uma ternura infinita. Que mais poderíamos desejar? Parecia-nos que as eras poderiam escoar-se assim, diluir-se na eternidade e que tudo mais poderia esperar, já que ele estava lá. Sem dúvida, são palavras que hoje parecerão bem ingênuas aos que descobrirem estas linhas; mas uma palavra jamais conseguiu descrever uma emoção, no máximo consegue fazer sua caricatura, deformá-la, projetando dela um reflexo às vezes ridículo. A emoção daqueles instantes, porém, não é a única coisa que minha alma preserva; existe outra coisa bem mais sutil e que repousa numa espécie de conhecimento concreto totalmente incomunicável.

A manhã chegava ao fim quando as pobres habitações brancas e ocres de Cafarnaum, depois suas ricas moradas, delinearam-se à nossa frente. Um pequeno bando de moleques e mendigos correu ao nosso encontro e levou-nos, como se todos estivessem a par, pelo labirinto de vielas. Passamos diante de casas de saduceus, com suas impressionantes colunas de mármore. Uma leve claridade azulada inundava a aldeia e nos deixamos levar com prazer até uma passagem estreita situada atrás da sinagoga. Os três homens pararam diante de uma casa muito grande e subiram por uma escada larga que dava acesso a um terraço. O Mestre subiu sem hesitar e nós decidimos segui-lo. O terraço era amplo e rodeado por grandes bacias de terra de onde saíam cachos brancos e violáceos. De lá tínhamos uma vista magnífica do mar da Galiléia, cujas ondas cintilavam aqui e ali. Vimos também que, através de outras escadas, era possível chegar a outros terraços e a peças internas. Entretanto, não fomos longe: precedido pelos três homens, o Mestre dirigiu-se imediatamente para um canto, ao abrigo de dois altos muros de taipa, onde tinha sido colocada uma cama de corda. Um homem jovem, de uns vinte anos talvez, esperava deitado e apoiado nos antebraços.

— Há dois anos que ele está assim — disse um dos homens, adiantando-se. — Depois de febres muito fortes, nunca mais conseguiu andar nem erguer-se.

O homem jovem limitou-se a sorrir e a cumprimentar-nos, ignorando, evidentemente, a identidade da grande silhueta branca que já segurava sua mão. No entanto, seu olhar mudou de expressão quando o mestre ajoelhou-se ao seu lado. Vimos então, estreitamente confundidas, a interrogação e a surpresa. Quem eram aqueles nazaritas que atravessavam assim a soleira de sua casa?

Vimos o Mestre levar sua mão esquerda à altura do coração e a direita apertar com mais força ainda a mão que estava segurando. Fechou os olhos e o paralítico estendeu-se bruscamente, como se um choque acabasse de obrigá-lo a isso, deixando em seu corpo sinais de profundo calafrio. Estávamos a postos para entoar algum canto para assistir o Mestre, como se fazia na Fraternidade, mas o punho já tinha afrouxado, os olhos já estavam abertos. O homem jovem apoiava-se de novo nos cotovelos enquanto duas lágrimas lhe brilhavam nos cantos dos olhos. Com um leve sorriso e erguendo os supercílios, fez uma cara de espanto, mas a extrema palidez do seu rosto mostrava a que ponto ele estava abalado.

Então o Mestre se levantou e chamou decidido:

— Vem!

O eco de sua voz ressoou nos terraços vizinhos, onde notamos que pequenos grupos de homens e mulheres tinham-se formado aqui e ali.

Sempre percorrido por longos arrepios, o paralítico pôs os dois pés no chão e, num esforço supremo, levantou-se sobre as pernas.

O silêncio era total, parecendo estender-se sobre toda a cidade. Era um silêncio vivo, que tinha tragado até o grito estridente das nuvens de pássaros que planavam sobre o lago.

Então, o jovem homem deu um passo, dois passos, aos arrancos, depois pôs-se a andar por todo o terraço com a expressão de uma criancinha começando a caminhar.

Nos telhados próximos houve uma explosão de alegria e ouvimos a nova correr de viela em viela. O dono da casa, seu filho e nós próprios ficamos mudos. Sem dúvida tínhamos assistido ao acontecimento bem de perto... Ainda não percebíamos toda sua importância.

Finalmente, um dos três homens que nos tinham escoltado conseguiu emitir um som:

— Rabi, Rabi!

— Guarda bem isto: basta que um só homem peça ao Pai para que seja atendido, basta que três homens peçam em meu nome, com a mesma força do coração, para que seu desejo se realize... Eu te afirmo!

O Mestre sorriu, abraçou os três homens que o tinham procurado, depois, sem hesitar, dirigiu-se para a escada. Parecia-me que meu espírito acabava de esvaziar-se de toda substância; eu não conseguia mais pensar, formular a mínima idéia coerente. Todos seguimos o Mestre e logo depois estávamos novamente na rua, abafados por uma pequena multidão suja e barulhenta.

Que havia acontecido? Simão e eu já tínhamos visto prodígios como aquele; em nossos longos anos de cuidados nas aldeias, tivéramos oportunidade de assistir a algumas daquelas curas feitas por um Irmão, geralmente idoso, que se perdia em orações, com as mãos postas sobre a testa do enfermo. É claro, também, que sabíamos que o Espírito era todo-poderoso, que muitas vezes tínhamos a prova viva da sua existência na volta de cada caminho, de cada colina da Galiléia e da Judéia... mas aquela facilidade, aquela rapidez em emitir a mais pura onda de amor...

Aquilo me perturbava... e depois o olhar que a todos nos penetrava até nossa raiz primeira!

Foi muito difícil sairmos do meio da turba que crescia. De que forma tudo tinha se espalhado tão rapidamente? Eu pensava num chamado interior sentido pelo povo, num sopro de intuição que lhe havia sussurrado algo como: "é preciso estar lá!" Sem que tivéssemos desejado, nossas longas vestes brancas associavam-nos ao prodígio que acabava de acontecer. Simão e eu ficamos constrangidos com aquilo, o mérito não era nosso. E precisamos de toda a reserva dos Irmãos, do recato que nos tinham ensinado por tanto tempo, para que finalmente conseguíssemos, ajudados por algumas sílabas cálidas, obter a calma que nossos corações almejavam. Esta técnica era considerada secreta no seio da Fraternidade. Não se devia, sob pretexto algum, utilizá-la freqüentemente, nem divulgá-la. O som pode ser portador de silêncio ou de ruído, de paz ou de guerra. Existem algumas técnicas que atingem a alma das multidões com a rapidez de um raio. É tudo uma questão de respiração, de ritmo e de vontade centrada num ponto preciso. Este conhecimento era uma faca de dois gumes, nós o sabíamos. Podia ajudar a manipular as massas e o pouco espaço que deixava ao livre arbítrio nos levava a utilizá-la com extrema parcimônia.

Quando se restabeleceu a calma, quase todos puseram-se a cochichar, comentando tranqüilamente o que acabava de acontecer...

Só então percebemos que o Mestre não estava mais entre nós. Os quatro homens que ele nos tinha apresentado continuavam lá, mas ele parecia ter-se evaporado. Tentamos fazer o mesmo, querendo, mais do que outra coisa, ir à procura dele.

Foi só ao final da tarde que o avistamos, meio fora da cidade, às margens do lago, à sombra de um barco que já tinha regressado. Um animal andava ao redor dele, era uma cabra à qual ele parecia murmurar algumas palavras.

Rapidamente trocamos alguns cumprimentos pelo reencontro; finalmente, Simão foi o primeiro a atrever-se a abordar o que nossos corações não conseguiam mais conter.

— Mestre, aquele milagre...

— Que milagre, Simão?

A resposta, pronunciada em voz baixa, calou-nos.

— Esqueceste tão depressa os ensinamentos do Krmel? O que o Pai hoje põe em mim não deve fazer-te esquecer que a lei da natureza continua a ser sempre idêntica para todos nós. O verdadeiro milagre, o único, é a vida que respiramos, a verdadeira desesperança é que todos os seres desta Terra não percebem. Passam através dela sem captar todos os pequenos fermentos que anseiam apenas transformar-se em forças reparadoras. Milagre é para o cego de coração, meus Irmãos, não finjais que esquecestes... Toda a força do mundo fervilha ao alcance de vossa mão. Às vezes a vedes cintilar na cavidade do peito quando meditais e orais. Dai uma vontade, dai mãos ao vosso coração, assim a dirigireis para o ponto onde é exigida, no momento em que exigida. Não a dirigireis com vosso mental, pois ela é rebelde a qualquer ordem. Eu vos afirmo, para manejar toda onda de vida, é preciso ser seu eterno amante, é preciso transformar-se na própria vida sem olhar para trás ou ao redor de si. Podeis extraí-la à vontade, meus Irmãos, porque o Pai pôs esta onda fresca à vossa disposição no grande reservatório cósmico que vos engloba. Assim, tende certeza, vós estais na Força. É a consciência de serdes vós mesmos, pequenos seres isolados dos outros, e vossa razão demasiado crítica que vos impedem de captá-la num relâmpago e depois insuflá-la na matéria que a reclama!

Não esqueçais minha palavra, homens que procurais! As técnicas são a disciplina do corpo e do mental, elas podem mudar o curso das coisas e dos seres, mas de quanto tempo necessitam? Vós as seguireis assim até certo ponto... aspirando, talvez, à técnica do coração. O coração é simplesmente todo-

-poderoso e para sempre. O homem sufoca-o ou escuta-o. Com muita freqüência, infelizmente, o homem pensa ouvi-lo quando mal o deixa respirar sob as razões e as desculpas do mental. Vós sabeis que não estou falando do coração que pulsa em nós ao ritmo das estações. Falo do sol interior que nos liga à cadeia dos mundos transcendentes. Estais no universo do ser, Irmãos, então ficai agora no universo do futuro. Aboli as barreiras, pois elas vos sujeitam às técnicas e ao tempo. Sabei simplesmente pedir sem preocupar-vos com a resposta, pois a resposta é sempre a mesma: sim. A força de meu Pai vos é concedida incondicionalmente, assim como a todo homem. Não escuteis só o eco de seu eterno querer, de sua presença em vós...

Nós nos calamos, mal ousando respirar para melhor receber os jorros de luz que o Mestre derramava em nossos corações! Cada uma de suas palavras era um mundo a explorar, uma estrela sonora e azul que sua paz tecia.

Estávamos todos sentados sobre as grandes pedras da margem escarpada; o vento do lago fazia nossos cabelos esvoaçarem. Finalmente, o sol se pôs e nós achamos melhor deixar o Mestre. Nos dias que se seguiram, pouco avistamos sua alta estatura pelas ruas de Cafarnaum. Cruzamos várias vezes com um dos quatro homens que o acompanhavam. Tinha a aparência de um sólido pescador e o sorriso franco dos homens leais que se mostram por inteiro num único olhar. Disse que se chamava André e afirmou-nos que o Mestre percorria a região situada ao redor do lago. Resolvemos, finalmente, ficar em Cafarnaum. Com a concordância do conselho dos Irmãos de Jerusalém, de quem tínhamos recebido notícias, tomamos a iniciativa de construir um pequeno ***bethsaïd*** perto do alpendre situado na saída da cidade, no caminho de Magdala. Aquilo nos deu um objetivo imediato e nos permitia aguardar um sinal do Mestre. Muitas vezes, no decorrer de uma conversa surpreendida no porto ou nos degraus da sinagoga, ouvíamos seu nome ser pronunciado. Muitos o chamavam de "Grande Rabi Branco" ou então de "Nazarita" e isso nos causava um certo pesar. Compreendíamos que muitas histórias mais ou menos verdadeiras já eram contadas a seu respeito. Falava-se também de outras curas realizadas nas pequenas aldeias das redondezas; um rabino chegou a interromper violentamente uma conversa, exigindo a desconfiança. O que mais nos aborrecia eram as ações dos zelotas que o rumor público alimentava. Aqueles homens reivindicavam a qualquer preço um Mashiah que brandisse a espada. Certa manhã, finalmente, reconhecemos o Mestre, sentado sob um portal perto da pequena praça. A multidão, já numerosa, estava espalhada por toda parte e ouvia-o falar da única Terra em que se devia ter esperanças.

Uma dezena de homens, dois dos quais deviam pertencer ao nosso povo, mantinham-se de pé às costas do Mestre.

Então, enquanto a paz era destilada no sangue dos homens, um pequeno grupo de soldados romanos irrompeu. À força de gritos, o ajuntamento foi dispersado...

O Mestre não disse uma palavra, nós o vimos dar alguns passos e pôr a mão na testa da montaria do centurião.

De modo irracional, de repente nos sentimos felizes. Talvez compreendêssemos que uma palavra que começa a perturbar é uma palavra que começa a ser ouvida...

Capítulo 4
Alimentos e tabernáculos

O Mestre às vezes hospedava-se em nosso Bethsaïd, mas gostava de dar a entender ao povo de Cafarnaum que seu coração não pertencia mais aos Irmãos de branco do que ao restante da Palestina.

Assim, sempre que surgia uma ocasião, ele aceitava o convite de qualquer pessoa. Antes de mais nada, adivinhávamos tanto curiosidade como respeito nos oferecimentos feitos ao "Grande Rabi Branco". Só saduceus e fariseus continuavam nitidamente em guarda. Percebíamos, nas grandes discussões animadas que explodiam freqüentemente entre as colunatas da sinagoga, que eles se interrogavam sobre a súbita presença e o objetivo do Mestre na região. Que buscava, ele que era nazarita mas que não guardava o recato dos nazaritas, ele que curava e atrevia-se a considerar-se "filho do Eterno"?

O Mestre incomodava, sua firmeza constrangia.

Com o correr das semanas, sua presença tornou-se familiar nos mercados e portos das pequenas aldeias do lago. Sabia-se até que em determinadas horas ele deveria estar em tal lugar... e estava. Os sacerdotes vieram misturar-se às discussões que ele suscitava entre as multidões. Seu princípio era partir de um detalhe da vida cotidiana, de um fato que observava ao "acaso" de seus passos e dos seres com quem cruzava. Hoje tenho a convicção de que aqueles "acasos" eram de alguma forma provocados por ele. Ele tinha presciência do que encontraria no caminho e do partido que a palavra a ser propagada podia tirar disso.

Não podíamos segui-lo por toda parte porque o bethsaïd, que adquiria uma importância crescente, tomava muito de nosso tempo. Entretanto, sempre que era possível, nós o acompanhávamos discretamente pelas ruelas de Cafarnaum, onde seu passeio diário se transformava num rito.

Lembro-me de um deles, quando o pequeno mercado das arcadas acordava. Os mercadores, com suas roupas largas cor de terra, ainda desempacotavam seus gêneros, e os pescadores, com suas túnicas curtas, dispunham sobre as grandes lajes seus carregamentos de peixes prateados. Finalmente, camelos e asnos arrastavam-se, indesejáveis em qualquer lugar para onde fossem levados. O Mestre parou diante de um balcão onde, sob o sol ainda fresco, alguns homens disputavam as partes de um carneiro.

— Agrada ao Pai que vos empenheis assim na aplicação da sua palavra — disse ele, com um divertido ar de provocação.

Esta observação alegrou bastante os compradores. Desandaram a rir e logo formou-se um pequeno círculo em torno do "Rabi" que gostava de brincar.

Observei a roupa reluzente, os pesados anéis de um saduceu; o homem não pareceu descontente por apreciar uma distração que, em outras circunstâncias, talvez lhe custasse a reputação. De todo lado espocaram gracejos mas, com voz forte e clara, o Mestre interrompeu:

— Meu gracejo não é uma zombaria, meus Irmãos, aprecio vosso ardor em procurar o alimento. Meu Pai gosta de ver-vos manter o corpo que vos deu para suporte de vossa alma.

Aquelas palavras surpreenderam, pois imediatamente instalou-se o mais completo silêncio. O hábito exigia que os sacerdotes, os doutores e os "outros" pregassem o jejum.

— Vede, meus Irmãos, a casa grande e bela que edificastes para o Eterno — disse ele, apontando para um ângulo da sinagoga —, olhai para suas colunas, sob as quais ouvis discorrerem sobre a lei. Vós as vedes daqui; observai como são robustas. Pensai no amor e na força que vós ou vossos Pais empregastes para talhar as pedras da sua base. Pois bem, digo-

-vos, vosso corpo é semelhante àquela casa que se eleva para os céus. Ele possui todo o valor e todas as promessas de uma pedra angular. Assim, o homem deve trabalhar a base que lhe permite elevar-se até ao Reino.

No entanto, que pensaríeis de um construtor que resumisse sua arte no fato de empilhar todas as variedades de pedras sem discernimento? Que pensaríeis de um construtor que desprezasse o sentido do corte, que ignorasse o uso do esquadro e do cinzel que dão à obra o acabamento que ela merece?

Vós o chamaríeis de insensato. Também vos afirmo, meus Irmãos, agi de modo a fazer com que o Pai que vive em vós não tenha do que se queixar de sua morada. Não prego para a dimensão nem para a quantidade de pedras que fazeis vossas, prego para o coração que vos permite estimar seu sentido e destinação. Falo também para o coração que vos ajuda a compreender sua proveniência. Assim, não destruireis pelo que vosso corpo reclama sem ter-vos assegurado da finalidade construtiva desse gesto. Apreciais a carne do animal, mas tende cuidado para que o animal não impregne demais vossa carne e não introduza nela sua vitalidade primeira.[1]

É a força que vossa alma ainda impõe a esta terra que vos faz desejar tal alimento. Que os que conseguirem se lembrem das palavras da antiga Escritura: "Dou-vos todas as ervas que contêm semente e que existem em toda a superfície da Terra, e toda a árvore que dá fruto com semente: será este o vosso alimento.[2]"

— Quereis dizer, Rabi, que devemos banir toda carne?

— Quero dizer que um coração pronto acha por si só o caminho e pode manter-se nele sem que isto lhe seja pesado. Se teu corpo reclama carne de animal, dá-lhe carne de animal, mas saibas que nela, como em qualquer coisa, absorves uma parcela do Pai, um grão de sua Vida que germinou com amor e te é dado com amor.

Estas palavras, que refletiam a opinião da Fraternidade, criaram um certo remoinho no agrupamento. Alguns chegaram a esboçar um gesto de humor ou de zombaria, e partiram.

1 Seguramente, alusão ao corpo etéreo animal presente nas carnes, mas que diminui nos tecidos dos animais sangrados.
2 Ver Gênesis, 1:29.

Perguntas pipocaram por todos os lados, mas o que devia ser saduceu impôs a sua.

— Como podes dizer, Rabi, que o Eterno reside no fundo de todas as coisas? Se fosse assim, como me atreveria a continuar comendo?

Alguns homens riram e o Mestre abriu a multidão para aproximar-se do balcãozinho, onde havia pedaços de carne empilhados. Pegou um prontamente e o estendeu a quem quisesse. Todos calaram-se; ignoravam o que significava aquilo. Então, na palma do Mestre, chamazinhas brancas e azuis começaram a aparecer e a crepitar ao redor do pedaço de carne. Dir-se-ia que um gás inflamado, ou alguma energia secreta, saía dele, depois dispersava-se em pequenos sopros de vida.

A multidão recuou um passo.

— É um mago — ouvi gritarem de um ponto qualquer —, é preciso avisar o Sinédrio![3]

— Onde estais vendo magia, meus Irmãos? Queríeis uma resposta e foi vosso próprio Pai quem vos falou. Vós o imaginais tão distante que não possa ouvir-vos? Assim, afirmo-vos, e que estas palavras permaneçam em vós para sempre: cada dia de vossa vida, vos alimentais de meu Pai que pretende ser o vosso, vós tomais sua vida. Sede, pois, tabernáculos puros. Aprendei a transformar o amor pelos apetites materiais em amor pelo Eterno que dorme no que cobiçais. Desta forma, conhecereis o Divino que brilha em cada coisa. Eis o começo do verdadeiro caminho.

Houve um empurrão, depois ouvimos os nomes de João, André, Tiago e de vários outros que se interpelavam. Um pequeno grupo pareceu formar um muro em torno do Mestre, que se livrou dele rapidamente.

Duas mulheres e três homens abriam caminho a cotoveladas no meio do ajuntamento que não conseguiam furar... Percebi a alta silhueta branca dirigir-se lentamente para eles, impor-lhes a mão sobre a testa, esgueirar-se entre dois balcões de madeira e esfumar-se na ruazinha. Não a seguimos, começando a compreender, por experiência, seu desejo regular de solidão. Então, timidamente, tentamos explicar a uns poucos

[3] Corte de justiça, constituída de 71 membros, sediada no templo de Jerusalém, nos séculos que precederam a Era Cristã. (N. da T.)

que continuavam lá o que pensávamos que o "Rabi" tinha querido dizer.

André, João e os outros oito que o acompanhavam tentaram fazer o mesmo e quem sabe suas pobres vestes remendadas facilitassem sua tarefa, lhes dessem mais credibilidade? Para muitos, representávamos uma filosofia e aquilo nos fazia mal... Não nos atrevíamos a aproximar-nos muito de André e de seus companheiros. O Mestre parecia tê-los escolhido, talvez os tivesse testado individualmente. Quanto a nós, nosso exato destino jamais seria determinado?

— A paciência forja as almas — repetíamos a nós mesmos — que ela não as embote também!

Era o jogo de nossos egos, estávamos conscientes disso, mas pouco faltava para que alguns se embriagassem com a felicidade que jorrava pelas ruazinhas de Cafarnaum. O dia seguinte guiou nossos passos para a montanha. Precisávamos de algumas ervas indispensáveis para umas infusões. Antes da chegada dos meses tórridos, a colheita devia ser feita ao alvorecer, na hora exata em que a força crescente do sol faz seus diamantes reluzirem no oco dos cálices. Um dos costumes dos membros da Fraternidade era rolarem nus no orvalho matinal. Aquela prática, afirmavam-nos, tinha a propriedade de recarregar os corpos vitais, de dar-lhes uma juventude que muitas poções procuravam em vão. A tradição ensinava-nos, desde o início, que naquele orvalho estava um pouco do Pai cósmico e da Mãe terrestre. De certa forma, era a união de uma mesma força diferenciada, a união de dois princípios aparentemente contrários. Daquele casamento podia nascer um ouro líquido, desde que não faltasse o instante fugaz em que o sol dardeja seu primeiro raio.

Éramos quatro, duas mulheres da Fraternidade, Simão e eu. A caminho, no flanco da colina, encontramos um homem muito esguio, de cabelos castanho-escuros. Dirigiu-nos um sonoro cumprimento e nele reconhecemos imediatamente um dos companheiros de André. Veio ao nosso encontro com surpreendente vivacidade, e sua túnica vermelha semilonga estalava ao vento fresco. Será que queria nos ver? Como sabia que estávamos lá? Realmente era a nós que procurava, ou melhor, que estava certo de que encontraria.

— O Mestre está lá em cima, se quiserdes ir ao seu encontro — disse ele de imediato; e com o dedo apontou para o cume arredondado da montanha, rodeado por grandes pedras cinzentas. Bastou para que nos puséssemos a correr entre as pequenas moitas espinhosas, os cardos e a murta, espantando algumas ovelhas dispersas.

O Mestre realmente estava lá; encostado ao que restava do tronco de uma grande árvore, conversava com dois dos que já sentíamos como seus próximos discípulos. Nós o saudamos com o gesto da Fraternidade e ele o retribuiu. Não sabíamos como participar da conversa, mas foi fácil perceber que se tratava do prolongamento do que tinha sido dito na véspera na cidade.

— Ensinai os homens a trabalharem a base de seu ser — dizia o Mestre, com um timbre que se assemelhava a um canto. — Quereis que estes homens tenham asas, quando nem sequer têm pés. Se não reconhecem a Terra como sua Mãe nutriz, achais que durante toda sua existência estejam procurando meu Pai desesperadamente?

Uma de vossas funções, de todos vós cujos corações aspiram a abrir os outros corações, é ensinar o povo da terra a purificar-se pela base. Com isto quero dizer a persuadir-se da divindade que reside na mais ínfima das coisas e conseqüentemente a comportar-se. Os resultados que obtereis poderão parecer-vos fáceis, mas não vos enganeis, porque a persuasão é fácil: quem fala com o coração manipula todo o peso das palavras. Vossa missão não será tanto persuadir como fazer compreender e, vos afirmo, existe um universo entre estes dois termos. Aquele que se diz persuadido é quem acaba joguete de seu intelecto e a quem as palavras fazem mudar de opinião ao sabor das filosofias; aquele que, ao contrário, compreende, é quem sabe, porque mergulha em sua própria essência. Assim, direis em nome de meu Pai: contemplai-vos vós próprios em vosso ser íntimo, vós que buscais sem saber que já encontrastes, vós que já sois homens e possuís tudo em vós. Mas, meus Irmãos, tende o cuidado de só ensinar o que vossas almas estão aptas a viver. Que a taça do vosso amor não esteja pela metade, porque muito poucos poderiam dela beber. Peço-vos, pois, em nome de tudo que nos faz viver estes instantes: reformai vossos corpos a fim de transcender aos corpos das multidões. Sabei absorver a essência eterna de todos os alimentos da terra. Que vossas refeições sejam como cerimônias. A arte primordial do Homem verdadeiro é domesticar o alimento, fazê-lo vibrar ao ritmo de seu corpo.

Não são frases que vos apresento aqui, mas a descrição de um fenômeno concreto, embora infinitamente sutil. Domesticar o alimento é domesticar os próprios pensamentos. Vossos pensamentos são a única força que envenena ou purifica vosso alimento. Assim, pois, se pudésseis ver as regiões e as circunstâncias de vossa criação celeste, não mais ousaríeis dar ao vosso corpo mais do que um quarto do que habitualmente o nutre...

Deveis vivificar a matéria ao comê-la. Deveis compreender também que ao comê-la servis ao grande desígnio da criação, pois tendes o dom de sublimar o que absorveis. Não é o trabalho de vosso corpo que deve parecer-vos essencial nisso, mas o trabalho de vosso espírito, que chamais para vós e que imprime suas ordens em vossa chama etérea. Eu vos digo, Irmãos, vosso amor pode ordenar a vosso ser etéreo que modifique as partículas vitais de todo alimento; ele pode dar-lhe o influxo que transmuta essas partículas com vista a outras encarnações nos reinos que são os delas. Compreendei, então, como é grande a responsabilidade do homem desta Terra. Ele é o centro das trocas, o campo de transmutação das forças.

— Mestre — interrompeu o homem que nos servira de guia —, e quanto ao vinho? Inúmeros são os mercadores de origem grega que chegam à região e que afirmam que esta bebida é sagrada; entretanto, todos vemos como ela priva da razão...

— Tu mesmo não resolveste o problema, Judas? Um homem sem razão assemelha-se a um barco sem leme. Entretanto, o que o povo grego afirma não é destituído de todo fundamento. Serve para a Grécia como para o País da Terra Vermelha; esta região continua a ser herdeira privilegiada dos conhecimentos da Terra de Atl, mesmo que, há milhares e milhares de anos, lhe tenha sido insubmissa.

A preparação das bebidas fermentadas foi introduzida entre os homens no final da dominação do continente de Atl. Os Elohims de meu Pai viram que os humanos, em sua grande maioria, tinham caído num excessivo materialismo. As proezas que a prática dos ritos lhes permitia realizar nem sequer eram mais atribuídas à onipresença da Grande Força. Dominava-se pela vontade, sem ter mais consciência dos domínios em que a vontade agia. Pouco a pouco o ser perdia a noção de seus estados de consciência superior. Sob o impulso das estrelas, um grande sacerdote do Uno, de nome Mayan, ensinou então a fabricação de um líquido fermentado à base de grãos. Isto permitia, no curso de certos ritos, e em determinadas proporções, fazer experiências sobre a multiplicidade dos corpos habitados pelo homem. Não era o vinho que hoje conhecemos e que os próprios humanos descobriram mais tarde, por analogia. Este líquido, meus Irmãos, podia ser um artesão de redenção pelas portas que abria em determinada época.[4] Posso afirmar-vos que ele foi este artesão, porque sua preparação e sua absorção eram objeto de ritos precisos que eram respeitados com um estado de espírito próximo do que vos ensinei.

Agora que sabeis estas coisas, dizei-me se o uso do vinho ainda vos parece desejável hoje, quando o homem voltou a tomar consciência de uma dimensão superior do seu ser embora seu conhecimento continue muito confuso?

— Então devemos banir o vinho, Mestre!

— Não disse isso, Judas. Deves adaptar-te, em determinada medida, à época que é a tua. Se queres ser ouvido, não sejas muito diferente dos outros. A diferença que se cultiva voluntariamente muitas vezes mostra-se como a raiz de um orgulho inexpugnável! Se queres que ouçam a divindade que habita em ti, não expulses completamente o humano que lhe serve de suporte. O não-respeito a esta regra, digo-te, fará com que te receiem mais do que te amem. O que anunciares e realizares será imediatamente dispersado pelo vento.

Assim, Judas, meu Pai pôs em mim toda a Força prometida ao Homem, mas também os atributos do humano... Beberei o vinho que me oferecerem. Minha vontade apenas limitará sua quantidade.

Eu sou o Reconciliador, meus Irmãos, não o profeta dos ascetas da montanha!

Com estas palavras, o Mestre levantou-se e pôs-se a andar pela crista da alta colina.

4 Ver aqui o antigo uso da cerveja, do hidromel, da ambrosia e do soma.

— Que vos importa se não sabemos mais preparar o vinho! Quanto a vós, basta-vos saber bebê-lo lembrando-vos das minhas palavras. O bem de uma era pode ser o mal de outra.

Só quando tiverdes realizado o Divino em vós, fundireis estas duas noções em vosso ser, ultrapassando-as pelo exercício de vosso amor.

Que estais esperando para sublimar em um ponto de vosso ser as duas tendências duais? Do encontro da Terra com o Cósmico nasce, desde sempre, a imagem cruciforme da escolha. Sabei colocar-vos no seu centro; o fogo solar de meu Pai reside aí e é aí que florescerá em vós a quintessência...

Uma vereda por onde passavam as mulas levava-nos na direção de um grupo de cedros. O sol realmente não se decidia a atravessar a bruma matinal e, sempre caminhando, contemplávamos o lago que não conseguia livrar-se de uma luz azulada, quase cegante. Sem dúvida devia estar frio naquelas alturas; não me lembro mais, e que importa isso hoje?

Foi naqueles instantes de caminhada silenciosa que Simão e eu compreendemos claramente que havia duas formas de ensinamento na boca do Mestre. Um destinava-se ao povo da Palestina em seu conjunto; o outro, a um grupo mais restrito de homens e mulheres do qual, até então, não tínhamos a sorte de participar. Durante algum tempo, pensamos que aquilo era feito de modo a criar uma escola reservada a uma elite; mas não era nada disso: o Mestre queria falar aos homens conforme o entendimento de cada um, e quem sabe se alguns entre os dez que o acompanhavam mais particularmente naquela época não se beneficiavam com uma terceira forma de ensinamento...

Estas diferenças aparentes pouco nos importavam. Tínhamos aprendido a ver nisso uma ilusão a mais, um artifício do nosso mental que se diverte continuamente em tudo açambarcar para dividir. A palavra que bebíamos assemelhava-se a uma escada que nos levava muito longe. Em que nível ela nos situava? Isto acabou não nos importando muito, pois a escada pretendia ser Una... Caminhávamos ao lado de um sol, e isso era Tudo!

Capítulo 5
A árvore de sete raízes...

Voltávamos a encontrá-las de cidade em cidade, de Magdala a Tiberíades... Nas multidões, feições curiosas chamavam nossa atenção. Ora era o rosto de um rico proprietário, de um pescador e de sua família, de um vagabundo de passagem ou de um mercador, com um ar aborrecido por terem chegado atrasados. Três meses haviam decorrido desde nossa chegada às margens do mar da Galiléia e nos dávamos conta de que um núcleo ainda informal criava-se em torno da silhueta do Mestre. Ninguém se conhecia, ou pelo menos não parecia conhecer-se. No entanto, tudo levava a crer que velhas almas se reencontravam lá sob as máscaras enganadoras dos papéis terrestres e dos carmas. Tínhamos disso uma convicção inexplicável. Elas se cruzavam, aquelas almas se cruzavam e se confundiam, não sabendo ainda manejar a linguagem do silêncio. Durante todo o tempo, Aquele a quem dedicávamos todo nosso fôlego continuava a percorrer mais do que nunca a região, com uma rapidez surpreendente, demorando-se no coração de cada aldeia, ao longo de cada margem. Era como se quisesse avaliar os diferentes ambientes e lá deixar um traço tangível de sua passagem. As curas e as palestras públicas já não podiam ser contadas... Vimos grupos de homens e mulheres chegando da Samaria, da Judéia, e que estabeleciam acampamentos. As autoridades militares e religiosas faziam ouvidos moucos, tanto era verdade que as palavras do "Nazareno" tendiam à conciliação geral e pareciam opor-se a todo desejo de poder. Sem dúvida, ele não passava, segundo muitos, de um profeta a mais...

Poucos Irmãos essênios apareceram por perto. Sabíamos que devia ser assim, pois a maioria deles tinham ordens para evitar avistar-se muito claramente com o Mestre. Essas decisões emanavam do alto Conselho de Jerusalém, que por sua vez as recebia de Heliópolis. Ficava cada vez mais claro que o Enviado devia permanecer isento quanto a qualquer doutrina já existente, mesmo que o corpo de Jesus estivesse ligado para sempre à Fraternidade. Quanto a nós, procurávamos horas e lugares discretos para nos aproximarmos dele, não hesitando, como ele nos tinha aconselhado, a trocar nossa veste pela túnica de um pescador ou de qualquer homem do povo. Foi vestidos assim que muitas vezes fomos ao seu encontro às margens do lago, na direção de Magdala, longe de qualquer povoado. Mais uma vez Judas nos servia de guia. No caminho, ele parecia tomado por intensa excitação. Como alguns homens que tínhamos encontrado, ele esperava um feito brilhante. Era preciso, dizia ele, que toda Palestina se agitasse e que, diante do grande número de curas, todos se rendessem à evidência. Era necessário, acrescentava, que conseguíssemos juntar-nos aos zelotas a fim de "associar Força e Fé". Nós nos calávamos, meio perturbados pelas reações de um homem que supúnhamos mais distante daquelas idéias. Por que tinha sido escolhido, ele que parecia ter no coração mais revolta do que paz? Mal tínhamos chegado diante do Mestre, e tudo aconteceu como se ele tivesse transpassado o segredo de nossas interrogações. Uns quinze homens já estavam a seu lado, sentados sobre os seixos da margem, e chegaram outros, talvez cinco, cujos perfis reconhecemos aqui e ali.

— Quem acreditais terem sido através dos tempos os enviados do Altíssimo? — disse imediatamente a alta silhueta branca que estava de costas para o mar. — Foram menos filósofos do que guerreiros. Li a surpresa em vossos rostos, meus irmãos mas sabeis o que pode ser um guerreiro? É um homem que ignora o descanso... Um desses operários, ourives da alma que não tem medo dos terrenos mais agrestes. Que resta das palavras se não passam de promessas de fatos? Que resta das palavras se os fatos as traem? Então, que o discurso seja o ato ao mesmo tempo... Compreendei bem isto: uma palavra pode ser um carregamento de amor que corre ao encontro da humanidade; quero falar de um mundo tangível que penetra em outro mundo. Quando a palavra se faz ato, o objetivo é atingido, porque ela transmuta.

Eis, então, a única energia com que devereis lidar, a única que tem alguma força, pois é a única que cria. A espada celeste só poderia ter o perfil da ponta do vosso coração. Conhecendo esta lei, a batalha está ganha antes de ter começado; ela toma a forma de um dom. O amor, eu vos afirmo, ignora até mesmo a força do escudo que vê à sua frente, pois a vitória foi formulada desde o início no mundo a que só ele tem acesso...

O Mestre fez alguns minutos de silêncio e a ressaca das vagas sobre os seixos azulados pôs-se a ressoar no fundo do nosso peito.

A alta silhueta destacava-se da massa escura das ondas com tal brilho que quase precisávamos baixar os olhos... Não era submissão... a gente não se submete ao amor verdadeiro, transforma-o em seu amor; era uma tomada de consciência do caminho que faltava percorrer. Sentíamo-nos gigantes e minúsculos ao mesmo tempo; alguma coisa fervilhava em nossos seres, uma decocção de orgulho e humildade. Uma estrada abria-se à nossa frente, mas devíamos segui-la com a mesma simplicidade com que se devia seguir uma trilha de mulas.

Novamente, a voz profunda nos fez levantar a cabeça.

— Há dias e dias que vos falo de meu Pai, do amor, do coração de toda a humanidade. Sei que alguns vêem nisso apenas símbolos, reflexos, talvez enfadonhos, de mundos invisíveis, e surge a interrogação: que fazer para que as imagens mentais criadas por cada um a partir de suas palavras sejam levadas de volta à origem para não continuarem como conchas vazias que se tenta encher com o auxílio de conceitos filosóficos? Eu vos afirmo, é preciso começar por restabelecer a corrente que vos liga à Natureza. Tantas formas de vida explodem de alegria abaixo e acima de vós, e vós as esquecestes!

Guardai isto: o homem é uma variedade de árvore a mais sobre a Terra. O cosmos dotou-a de sete raízes e sete galhos. Às vezes sua consciência suspeita de alguns e faz eclodir uns brotos... mas em tal desordem!

Suas raízes são as forças terrestres que as alimentam.

Ao contrário do vegetal, elas são visíveis e seu nome é Raiz-Mãe, Raiz-Terra, Vida, Alegria, Sol, Água e Ar. São os canais de nossos alimentos, mas também uma pequena população de seres que destilam em nós os sucos da Grande Matriz.

Quanto a seus sete galhos, eles se desenvolvem e velam no éter transcendente. Eles se chamam Pai cósmico, Fluido eterno, Força criadora, Paz, Potência, Amor, Sabedoria.

Assim, vos assemelhais à árvore que ainda procura aquele modo harmonioso de desenvolver-se e que se divide em duas tendências que seu tronco, com sua casca muito rugosa, aparentemente não lhe permite reunir

Por enquanto, a fim de que as seivas terrestres e cósmicas vos inundem, eis quais são as regras de vida...

Nós nos olhamos e o Mestre interrompeu-se. Até então, ele sempre nos falara de um amor total e imediato que podia investir nosso ser a partir do momento em que dele adquiríssemos uma consciência perfeita. Bastava amar, não adotar novas disciplinas.

— O que quereis amar? — O curso de nossos pensamentos fora penetrado... — O amor total a que aspirais beber, jamais será um amor vago e incontrolado. Ele segue as linhas de forças que lançam suas ramificações no Universo inteiro.

Assim, por enquanto, aprendei a reconhecer esses canais, a domesticá-los para que se transformem no simples prolongamento de vosso corpo.

Não é uma disciplina que vos imponho, meus Irmãos, mas a chave de uma purificação que vos proponho a fim de que em total confiança vos sintais aliados de meu Pai.

Por esta razão, durante três luas, praticareis duas meditações cotidianas e não absorvereis nada que tiver perecido pelo fogo, pela água ou pelo gelo, nada do que tiver sido preparado a uma temperatura superior à do corpo humano.

Sabei que nenhum detalhe é arbitrário. Todo calor situado além do calor do sangue humano destrói as qualidades essenciais e impalpáveis da vida regeneradora.[1]

---

[1] Hoje diríamos que se tratava de uma alimentação "crudívora", adaptada à época e ao país em questão.

Estas indicações marcaram o segundo estágio de nossa tomada de consciência concreta da luz interior, devíamos reforçar nosso modo de viver. O Mestre não desejava, como tinha deixado bem claro, formar ascetas, mas modificar hábitos. Era também a volta ao respeito por antigas regras que, em geral, tinham ficado como letras mortas e cujos efeitos profundos ele conhecia.

Duas vezes por dia, praticamos uma meditação dirigida no pátio do bethsaïd. Algumas tamareiras nos protegiam dos raios do sol e muitas vezes adivinhamos uma grande presença branca às nossas costas. Sabíamos que Ele estava lá e talvez também longe de nós, em algum barco ou sob alguma tenda perdida na montanha, onde falava de seu Pai. Então, nos sentíamos felizes na aplicação dos seus conselhos.

O dia sagrado da Fraternidade sempre tinha sido a sexta-feira; era o dia consagrado à Lua-Sol.[2] Este o dia que nos foi indicado para empreender a purificação das diferentes chamas de nosso ser. Devíamos reconciliar-nos com as numerosas forças da Natureza, desde o nascer do sol, levando mais adiante os ritos ensinados pela Fraternidade.

Antes de mais nada, o Mestre queria que afinássemos a natureza etérea de nossos corpos, através do trabalho orientado pela vontade. Com efeito, ele nos ensinou que as ondas do querer humano, durante a maior parte do tempo, indispunham os seres que evoluem no interior do elemento Terra. Nós compreendemos que o homem cortava suas raízes só por causa do que hoje chamamos de "parasitas", e onde ele embebe a própria matéria que o sustenta. Eis os objetos de meditação que nos foram dados pelo Cristo-Jesus e que tivemos que pôr em aplicação durante quase três meses, dia após dia.

A manhã de sexta-feira devia ser dedicada a exercícios respiratórios, durante os quais nosso espírito se fixava na absorção das energias sutis. A noite do mesmo dia, nossa tarefa consistia em meditar sobre o Pai e sobre a união com suas correntes criadoras que devíamos esperar.

O sábado de manhã era consagrado à Raiz-Mãe e tentávamos compreender intimamente a unidade de nosso orga-

---

2 Em muitos idiomas, como o francês (vendredi), o italiano (venerdi), a sexta-feira tem seu nome associado a Vênus. (N. da T.)

nismo físico bem como a vocação nutriz da natureza tangível. Meditávamos essencialmente sobre a base da alimentação e sobre o fenômeno da absorção.

Durante a noite deste mesmo dia, nos debruçávamos sobre o alcance da expressão "Eternidade da existência" e tentávamos, em estado de receptividade, desenvolver a presciência dos acontecimentos.

Vinha a seguir o domingo, consagrado ao Espírito da Terra e a todo poder de regeneração, tanto a nível da natureza como do ser humano. Percebíamos e tentávamos utilizar a energia de base chamada Kundalini; dirigíamos seu fogo com o fim de regeneração pessoal, guiando-o através de cada uma de nossas glândulas endócrinas.

Era, pois, a coisa mais natural do mundo que, à noite desse mesmo dia, nossa meditação se orientasse para a idéia de criatividade e para a importância das artes para o pleno desabrochar da Consciência. Devíamos procurar a emissão do mais puro fluxo de amor de que éramos capazes.

Quando o sol nascia sobre a jornada de segunda-feira, agradecíamos a vida e tentávamos penetrar a harmonia, o paralelismo do microcosmo e do macrocosmo. Esta reflexão, que implicitamente era oração também, devia encerrar-se por um contato prolongado com uma árvore adulta cujo tronco abraçávamos. Hoje, vê-se naquele ato um símbolo, mas, para quem sabe, é muito mais do que isso.

Chegada a noite, invocávamos interiormente o espírito da Paz, o qual não é uma idéia ou um símbolo, mas uma entidade da qual podemos esperar auxílio.

Quanto à manhã de terça-feira, era consagrada à noção de alegria através da contemplação das maravilhas da natureza. Nossa consciência devia, assim, fazer a experiência de um dos aspectos da serenidade que nos permitia, ao final da tarde, carregar-nos de todos os influxos planetários. Dirigíamos mentalmente a radiação dos planetas para os órgãos de nosso corpo que lhes correspondem. Procedíamos da mesma forma desde as primeiras horas da manhã seguinte com o sol, cuja ação é íntima sobre nossa pele, depois sobre os chamados chacras, que nos esforçávamos por perceber.

Era, por excelência, o exercício que permitia o desenvolvimento de toda capacidade de cura. Isto acabava à tardinha com uma meditação sobre a forma de amor que é a compaixão. Quanto à aurora da quinta-feira, ela nos encontrava refletindo sobre a circulação da água no universo. A idéia-mestra era a dos ciclos eternos e da renovação, o que, por analogia, devia levar-nos a uma percepção do fluxo sanguíneo em nosso corpo e a uma compreensão de suas leis fundamentais. Nosso organismo transformava-se num mundo percorrido por regatos regeneradores. Devíamos controlar a quantidade do nosso sangue através da análise da nossa alma. Isso nos levava, naturalmente, a tentar a experiência da Sabedoria na quinta-feira à noite. O Mestre esperava que fundíssemos nosso espírito no oceano cósmico.

Quase três luas, como já foi dito, passaram-se assim. De modo algum devíamos "forçar" nossas meditações, caso contrário o resultado seria nulo. Este modo de viver, tão próximo dos ideais de que Zérah tinha tentado aproximar-nos, metamorfoseou-nos a todos com uma segurança espantosa. Contudo, é preciso assinalar que em caso algum precisávamos ficar reclusos; uma vez acabados os exercícios, nossas ocupações cotidianas prosseguiam. Continuávamos a cuidar dos doentes que nos chegavam de toda a região e nos misturávamos às multidões que cada vez com mais freqüência ouviam o "Rabi" diante da sinagoga ou sob os pórticos. Quando terminamos esta "entrada em diapasão" com o espírito da terra, houve um acontecimento que significou muito.

Freqüentemente acontecia, no final de nossos exercícios de meditação, perdermos a percepção de nosso corpo físico. Sabíamos concretamente que habitávamos uma concha e que pouco faltava para que ela desaparecesse embaixo de nós, deixando nossa alma flutuar até praias de uma beleza indescritível. Simão e eu já tínhamos feito a experiência mais de uma vez, ele no Krmel e eu na companhia de Zérah. A Fraternidade ensinava oficialmente a variedade de reinos da alma transcendente ou ainda dominada pelo ego, e nós achávamos tudo muito natural, felizes por termos mais uma vez provas palpáveis do que as filosofias esforçavam-se por provar através da retórica. A verdade, nos dizíamos naqueles instantes, é que não há nada a ser provado, tudo deve ser vivido. Portanto, não foi o fato de deixarmos nosso corpo encostado a um murinho de tijolos que gravou em meu espírito aquele amanhecer de Tishri.[3]

Durante algum tempo meu corpo de luz flutuou acima das margens do lago, entre as folhas das oliveiras. Os tons pastel da Galiléia transformavam-se num arco-íris de lantejoulas cristalinas. Tudo o que eu desejava era deixar-me embalar pelo misterioso astral que, sem objetivo aparente, guia as almas ainda próximas da Terra... De repente, houve o ofuscamento: as águas, as lavouras, os olivais desvaneceram-se... Acima de mim só havia um gigantesco cone de luz que me atraía e me tragava. Na verdade, aquilo durou muito pouco, só o tempo necessário para que um coração se abrisse diante de uma onda de amor. Encontrei-me numa sala imensa, com inúmeras colunas mais transparentes do que o cristal. Sentia tudo vibrando e pensava num palácio vivo, em algum ponto insuspeitado da nossa carne, onde a alma percebe a carícia da divindade. Naquele cenário de luz estava o Mestre, as mãos ritualmente cruzadas sobre o peito.

— Vês, Míriam — disse ele sem sequer entreabrir os lábios —, este lugar é a concretização de todos os nossos desejos de Paz. É um lugar de Forças, um desses lugares em que o pensamento se decuplica, onde o amor se multiplica ao infinito. Doravante, durante vosso sono, tu, todos os que ouvem o chamado de meu Pai, vos reunireis aqui, eu estarei entre vós e nós prepararemos o caminho. Cabe a cada homem da Terra edificar um santuário igual, onde a cada noite possa obrar pela humanidade. É preciso querê-lo, Míriam; não há nada como o amor e a vontade para criar mundos e palácios de Paz. É tão fácil construir verdadeiramente!

De agora em diante, é aqui, como também sobre a Terra, que será elaborado meu plano de Paz. Nem sempre tereis consciência disso, mas meu objetivo vos será ensinado aqui mesmo... Meu objetivo não é ajudar os seres, mas ajudá-los a ajudar-se a si mesmos... só isso os fará sair de seus casulos!

O Mestre perdeu-se num sorriso sublime e seu olhar projetava luzes de ternura...

Lembro-me simplesmente de ter sentido uma vontade irresistível de andar até ele e chorar de felicidade, ou de algu-

[3] Mais ou menos meados de setembro.

ma outra coisa que não existe em nossos corações Houve um relâmpago branco e novamente tudo estremeceu; o peso do meu corpo de carne tinha me chamado. Ela estava lá, ou melhor, eu estava lá, abaixo de mim, esperando com a rigidez de um cadáver, ao abrigo do muro do bethsaïd salpicado de luz. Simão e dois outros Irmãos ainda meditavam...

Logo senti o contato quente dos tijolos, a ardência do sol nos meus pés...

Onde estais agora, pequenas parcelas de Terra, de água e de fogo que naquelas horas suportastes meus pés? A que praias o tacão dos homens vos levou?

Sem dúvida vossa memória ainda guarda o instante em que minha alma evolou-se...

Capítulo 6
No caminho de Jericó

— FOI JOÃO QUEM NOS TRAÇOU ESTE CAMINHO E NOS REUNIU aqui. Quase todos o ouvimos durante semanas, enquanto pregava semi-imerso nas águas do vau.

O homem que pronunciara estas palavras tinha o nariz aquilino e seu olhar atestava a extensão do caminho já percorrido... Chamava-se Tiago e fazia parte do pequeno grupo que o Mestre tinha escolhido. Como a maioria de seus companheiros, levava ao lado uma espada sobre uma túnica semilonga de tecido grosso. Era no início da tarde e escalávamos as escarpas do monte em cujo topo voltamos a encontrar o Mestre. As primeiras semanas de inverno tinham posto sobre a Palestina seu manto de frescor e um sol tímido escoltava nossa caminhada entre as urzes.

— Aconteceu assim — recomeçou Tiago. — Fazia muito tempo que André, os outros e eu sentíamos que alguma coisa devia mudar. Nos escondíamos nestas margens à mercê do menor gesto dos zelotas, das legiões romanas, e até dos caprichos da pesca. Foi assim que chegamos a João. Tratava-se dele apenas e o que nos falavam sobre ele diferia completamente do que pensávamos desde o início! Não, Míriam, não é como já murmuram na aldeia, apontando o dedo para mim. Nunca estive perto do Eterno antes de ter dirigido meus passos para o Jordão. Simplesmente estava cansado daquela vida, daquela angústia incontrolável que me roía o coração e para a qual eu não achava um motivo exato. Posso afirmar-te que com os outros tudo aconteceu mais ou menos da mesma forma, exceto com Simão e Levi. Quando encontramos João, foi um deslumbramento total e, quanto a mim, acho que teria ficado ao lado dele se ele não nos tivesse indicado um homem na multidão, um homem vestido de branco, à sombra de um rochedo, e que parecia estar rezando, a cabeça apoiada nas mãos. Podes imaginar o que se seguiu! Contudo, não nos atrevemos a ir até ele e voltamos para Cafarnaum, certo de que ele iria até lá. Mas, acredita-me, acho que tudo o que aconteceu não foi decidido por nós. Era como se alguém nos levasse de um lugar a outro e tivesse imposto a nossos corações reações que hoje me parecem insensatas. Não sei se sou livre, Míriam; ainda não sei se o Mestre e João são magos que encantaram minha alma... Não sei para onde estou indo, mas com certeza não posso mais voltar! Foi o próprio Mestre quem deu os primeiros passos na minha direção, quando eu estava descarregando meu barco. Eu não sabia que ele tinha acabado de chegar à aldeia, mas ele parecia saber tudo sobre minha família e sobre mim...

— Isto realmente te espanta? — interrompeu Simão, entrando na conversa.

Com um sorriso meio constrangido, Tiago limitou-se a responder "não", depois esclareceu que o Mestre tinha afirmado que outrora o conhecera junto a Elias.

Senti que aquilo o deixava meio assustado, mas compreendi, principalmente, que estava feliz...

Quando chegamos ao topo da montanha, um vento glacial fustigou-nos o rosto. Descobrimos o Mestre na cavidade de um rochedo. Não o víamos há mais de três semanas e, se o encontramos bem mais magro, seu olhar e seu corpo estavam mais luminosos. Durante os anos em que nos beneficiamos com sua presença, em várias ocasiões observamos aqueles emagrecimentos. Seguiam-se a períodos em que ele sumia totalmente, até para seus discípulos mais próximos, e muitos anos se passaram antes que nos explicassem a razão daquilo: dois grandes iniciados da Fraternidade tinham sido incumbidos pelo Conselho de Heliópolis de velar por ele. É preciso que se saiba que o corpo de Jesus, permanentemente tomado por duas forças espirituais de uma intensidade inimaginável, era constantemente submetido a radiações de tal natureza que qualquer outro organismo humano ficaria arrasado. Portanto, ele precisava de longos períodos de isolamento, de repouso e de jejum, durante os quais os enviados de Heliópolis guardavam seu corpo físico, durante o tempo em que o Logos se afastava um pouco...

— Devemos deixar esta região — disse o Mestre, levantando-se quando nos aproximávamos dele... e seus olhos lançaram chispas semelhantes a chamas de bondade. Era uma força que, não duvidávamos, vinha de uma região onde o homem ainda não aprendeu a situar-se. Afastamo-nos imediatamente, com o olhar perdido na alta silhueta cujos cabelos esvoaçavam ao vento.

— A palavra de meu Pai quer ser ouvida além destas margens... Há entre vós quem me siga até Jericó?

O Mestre pareceu não esperar resposta e sentou-se de novo ao abrigo do rochedo. Então, todos nos precipitamos para ele garantindo-lhe nossa ajuda, por mais humilde que fosse.

Partimos na madrugada do dia seguinte, quando Cafarnaum ainda dormia. Éramos mais de vinte encontrando-nos à saída da aldeia, na direção de Tiberíades. Algumas lâmpadas a óleo continuavam brilhando nos terraços espaçosos quando, envoltos em nossos mantos, pusemo-nos a caminho. À medida que o sol avançava e atravessávamos pequenos lugarejos, nosso grupo aumentou com alguns mendigos, dois Irmãos, um dos quais tinha sido companheiro de Simão no Krmel, depois com três velhos zelotas.

O Mestre ensinava pouco pela palavra, mas muito através do seu modo de ser. Bastavam-lhe um olhar, a mão pousada num ombro, às vezes um nome pronunciado, e operava-se o prodígio, as almas abriam-se de par em par como se o reconhecessem desde a eternidade dos tempos. Dois cegos foram curados no primeiro dia de nossa viagem, em duas aldeias vizinhas. Vozes ásperas tinham gritado "Rabi! Rabi!", e o Rabi simplesmente pusera um pouco de sua saliva sobre as pálpebras endurecidas... Isso fora tudo; tudo tão simples!

— Vossa saliva é vós mesmos — respondia o Mestre às perguntas que se atropelavam e entrecortavam-se —, vossos cabelos são vós mesmos, o suor da vossa fronte e o pó da vossa pele são vós mesmos. Fazei agora com que o amor seja vós mesmos, então meu Pai operará em vós, através de vós...

E ele retomava o caminho, atirando sobre os ombros seu manto, com um gesto discreto, sabendo que as perguntas que deixava em suspenso fariam amadurecer as almas conforme seu grau de abertura.

Ficamos dois dias em Beth Shean. A reputação do Mestre tinha-o precedido e havia quem o convidasse para abrigar-se sob seu teto. Sufocado sob perguntas e pedidos, vimo-lo, na segunda noite de nossa chegada, deixar uma assembléia sem ter pronunciado uma só palavra. Depois desse incidente, percebemos tristeza em seu olhar.

— Que espetáculo esperam de mim? — disse-nos simplesmente, quando o reencontramos na penumbra de uma ruazinha. — Não há um nesta cidade que me veja por meu Pai. Estes homens só esperam prodígios e não sabem o que fazer com a força que os suscita. Eu vos afirmo, meus Irmãos, é preciso comedimento em tudo; aquele que encanta os olhos falha em seu objetivo, pois mostra o Pai; e é para Ele que olham. Ele quer abrir os corações, mas tudo o que consegue é pôr o egoísmo em evidência. Por que razão acreditais que discutem para saber quem me hospedará? Sem dúvida não há um que não deseje apenas uma cura ou uma profecia sob seu teto. Que corram pelo deserto e encontrarão os magos que seus olhos reclamam! É seu coração que tem fome, será que eles não compreendem? Onde estão os pedidos que seu coração formula sem que os lábios precisem entreabrir-se? Estes serão atendidos, eu vos afirmo. O auxílio de meu Pai não poderia vender-se a quem oferece mais, desde o início da eternidade Ele pertence a quem sabe encontrá-lo, lá onde Ele espera.

Sabei que sempre terá sede aquele que não quer ser uma fonte...

Alguns mendigos envoltos em farrapos tinham acendido uma fogueira que crepitava e perfumava a ruazinha que subia. À luz das chamas, nossos olhos se encontraram e compreendemos que dali por diante os prodígios com que o Mestre ornava seu caminho se tornariam mais raros. Os meios não deveriam mais tomar o lugar do alvo. Na manhã seguinte, uma multidão de pequenos artesãos, de camponeses e de pastores o aguardava na soleira da casa que o abrigava. Alguns manifestaram hostilidade.

— Como te pretendes filho do Eterno, tu que não te dignas a ouvir nossos pedidos? Estaremos muito distantes de Cafarnaum e de sua bela sinagoga? É claro, aqui a narrativa das tuas ações se perderia no ermo de nossos vales! Sabemos o que consegues fazer, é por orgulho que te manténs assim, Rabi? Se o que contam de ti é verdade, não há homem neste país que não te juraria obediência!

Meio sufocados pela multidão aglutinada, só conseguimos entrever a alta silhueta branca abrir caminho até quem o havia interpelado. Suas palavras ressoaram com a pureza do cristal e imediatamente impuseram silêncio.

— Eu não desejo ser obedecido, meu Irmão; nem meu Pai nem eu o queremos. A obediência tem como único aliado o medo, e o Eterno fala de amor; Ele só deseja uma coisa: que o reconheças em ti; o resto é apenas conseqüência. Queres prodígios? Realiza-os primeiro em teu coração... Aprende a amar o amor pelo amor, aprende a não mais te sentir diferente dos outros. É esta diferença que complica tudo... Eu vos afirmo, a vós todos que me escutais, só a sensação de unidade total com o Pai e sua criação é libertadora. Contai até dois mentalmente e já mergulhareis na dualidade, tomados pela ronda incessante dos desejos e da satisfação das paixões. Aquele dentre vós que contesta estas palavras, com certeza procura um Mestre... e eu não sou um Mestre... Eu sou Aquele que vem para romper cadeias!

Um pesado silêncio pairou sobre todos; vimos a grande silhueta branca entrar de novo na casa e tornar a sair pouco depois, o manto sobre os ombros. Soubemos que era preciso partir e uma fina chuva hibernal começou a cair.

Pela terceira vez, ouvimos o Mestre dirigir-se à multidão, nestes termos:

— Quando realmente sentirdes frio, sabereis que estou próximo...

Quantos compreenderam estas palavras? Lá havia só um pequeno grupo gelado, de olhos encarquilhados, encantado mais com uma presença do que com palavras...

Assim que deixamos a cidade, um pastor hirsuto, que se

protegia da chuva sob um saco de pano grosso, aproximou-se de nós:

— Evitai a estrada que leva ao caminho que margeia o Jordão — disse ele. — Os romanos estão lá há alguns dias, capturaram na aldeia uns dez de nossos Irmãos zelotas e os puseram na cruz no alto de uma colina a uma milha daqui, sendo proibido aproximar-se.

Fizemos o desvio aconselhado, mas ao longe, destacando-se do azul acinzentado de uma colina, o sinistro ajuntamento de pórticos e de troncos mal desbastados aparecia, apesar de tudo, com seu triste fardo que era disputado pelos pássaros. Nenhum de nós conseguiu descerrar os dentes, de tal forma aquela barbárie nos aterrava.

Que tinha acontecido lá? Sempre tínhamos ouvido dizer que os romanos deixavam as famílias recolherem os supliciados. Será que tinham querido maltratar mais impiedosamente, como exemplo? Jamais o soubemos. Logo nosso caminho embrenhou-se através das encostas; a erva ficou rara, a montanha tornou-se mais nua, mais vermelha, deixando ver aqui e ali habitações trogloditas. Finalmente, um raiozinho de sol atravessou as nuvens e aqueceu um pouco nossos corações entorpecidos e doloridos pelas dificuldades encontradas em Beth Shean.

Beth Shean! Significava "a morada do deus Serpente". Então, de que serpente se tratava? Será que estava mancomunada com o grande Adversário dos versículos do Gênesis? O Mestre deu-nos a solução deste pequeno enigma, uma solução que, na verdade, nos levou para horizontes bem mais distantes do que poderíamos supor.

— Existem no universo duas grandes "forças da serpente". Têm muito pouca relação entre si, e do seu antagonismo nasce uma terrível confusão. A primeira é familiar aos meus Irmãos de Essânia. Refiro-me à tríplice língua de fogo que dorme, enroscada, na base de toda coluna vertebral humana. É a força materna que aguarda o príncipe cósmico e que salta ao seu encontro desdobrando as múltiplas flores da consciência. É mais ou menos como a alma transcendente da Terra subindo em nós.

Quanto à segunda força da serpente, esta, eu vos afirmo, mostra uma face totalmente oposta. É uma força desestabilizadora, uma energia rastejante, e apesar disso nos vem das estrelas... de certas estrelas...

Sabei, meus Irmãos, nem tudo o que desce do firmamento tem sempre uma pureza total. Há em nosso universo mundos cintilantes onde se trabalha para meu Pai e para si, por orgulho, por falta de amor, porque não compreenderam...

São os reinos da raça da serpente; os anciãos da Terra chamaram-nos assim devido à duplicidade de sua palavra. Eles conhecem a dominação e não a familiarização, os poderes do intelecto e não as faculdades invencíveis do coração.

Eu vos digo, eles estão distantes de Ishtar, próximos do homem pela esperteza! Deveis saber que desde a aurora dos tempos eles visitam nosso mundo, com suas nuvens de luz ilusória, agentes inconscientes da Força Obscura.

Continuarão a chegar por muito tempo ainda.

— São o "Shatan" de nossas Escrituras, Mestre?

— Shatan não representa um ser, nem mesmo um espírito. Ele é a energia oculta do cosmos, a força de diferenciação, o sopro negro que o Sem Nome liberou para vós a fim de que saibais escolher. Shatan é também o pensamento dos homens que passam pela destruição antes de se transformarem em construtores. Ele representa menos a força a ser combatida do que a força a ser superada. Agora, meus Irmãos, aprendei isto: a serpente de Beth Shean é um deus emanado do fluxo terrestre do amor. Logo o sabereis.

Tivemos que andar vários dias para chegar à travessia do Jordão, lá onde o Mestre sabia que João continuava a falar às forças vivas de Israel. De quando em quando seguíamos a margem, descíamos por pequenas gargantas selvagens, passávamos a noite em algum palmeiral. Simão e eu gostávamos daquela paisagem agreste, do tom laranja de suas rochas, de todos os seus seixos, que certamente tinham muito que contar. Pareciam murmurar as narrativas dos patriarcas antigos e nunca a proximidade do deserto me pareceu mais vivificante do que naqueles dias. Uma espécie de cumplicidade estabelecera-se entre a imponente pobreza do solo e nós. As noites tornaram-se mais frias, os dias mais quentes, com uma profusão de sol branco.

Num amanhecer, no alto de uma colina, vimo-nos outra

vez diante de João. O Jordão corria aos nossos pés, enquanto uma centena de pessoas se acotovelava nas margens, aguardando o instante que confirmaria seu despertar.

João continuava a brilhar com o mesmo fogo, mas pareceu-me ver nele um fluxo de ternura quase invisível. Ele também caminhava, não tínhamos dúvida; embora enraizado em poucos metros de rochedos, ele percorria o mais belo caminho que existe.

Nós o deixamos a sós com o Mestre durante toda a manhã. Contudo, alguém descobriu sua presença numa ondulação do terreno e houve um arrebatamento. Ambos abençoaram a multidão e falaram longamente com ela. Será que na época tínhamos consciência da riqueza daqueles instantes? Não me recordo, mas nós vivíamos a hora presente, ainda ignorando que ela não se repetiria mais.

Depois do meio-dia, enquanto o Mestre continuava a falar à multidão e nós o esperávamos para partir, João aproximou-se, com um indefinível embrulho de lã castanho-escura na mão.

— Toma — disse, estendendo-o a um dos próximos do Mestre que também se chamava João. — Foi o de Elias, agora é o teu fardo até que Kristos te indique o lugar onde deverás depô-lo.

O discípulo olhou para ele, espantado, não tendo reconhecido de imediato um grande manto de pêlo de carneiro.

— Cuidarei dele — respondeu simplesmente, apertando-o contra si.

E os olhos dos dois João puseram-se a brilhar com o mesmo clarão... pequenas safiras que, naqueles instantes, falavam mais do que as palavras... A partir de então, João, o discípulo de Cafarnaum, não foi mais o mesmo, tornou-se cada vez mais grave e mais luminoso. Jamais soubemos o que aconteceu com o manto de Elias e do Precursor, sem dúvida foi posto num esconderijo de onde sairá, de onde talvez tenha saído, num dia de Grande Esperança...

Jericó reservava ao Mestre uma grande acolhida. Sua presença suscitou tal entusiasmo entre a pequena população da cidade, que um destacamento de soldados, que agora não eram romanos, achou prudente intervir, como tinha acontecido em Cafarnaum. À tarde, todos pensamos que seria melhor procurar um abrigo fora da cidade. Contrariando o hábito, nosso pequeno grupo mostrava-se loquaz. Tantos homens e mulheres acabavam de aclamar o Mestre, que não podíamos duvidar da força da sua Palavra. Mais do que antes ele espalhava tamanha onda de amor por todo lugar por onde passava, que aquilo tomava ares de um maremoto. Ao escrever estas linhas, tenho consciência de seu pouco alcance, mas como falar de um ser de Paz que bastava que aparecesse para que acontecessem coisas incríveis? Claro, sempre havia o olhar irônico ou incrédulo de alguns, mas os homens vinham, escutavam e questionavam. Alguma coisa agitava-se no fundo do seu coração, pequeno germe que, de existência em existência, conservaria a marca dos instantes em que a alma dos homens se livrava de suas películas.

Depois de Jericó, começamos a subir para o norte do país, pela Samaria. O Mestre não queria continuar o caminho para Jerusalém, ao contrário, sua preocupação era evitá-lo cuidadosamente. Através de alguns comentários ocasionais que nos fez, compreendemos facilmente que ele temia as conseqüências políticas de sua presença na capital da Judéia. Ele não pretendia ser de uma época, nem de um povo, mas bem sabia que os que se aproximavam dele não pensavam da mesma forma. A terra da Palestina, oprimida e sentindo falta de um sopro novo, queria que ele se ligasse a ela. A presença dos zelotas continuava a seguir-nos até em nossas mínimas paradas. Hoje podemos pensar na existência de uma rede bem organizada que vigiava os gestos do "grande Rabino" e do seu grupo sem cessar. O Mestre não seria o homem ideal da revolta contra o conquistador? Diante da autoridade indiscutível que ele manifestava em todos os lugares e em todos os domínios, seus companheiros mais próximos chegaram a interrogar-se a si mesmos. Três dentre eles não tinham combatido recentemente nas fileiras dos zelotas? Simão e eu sonhávamos com as narrativas de Manéthon, relatando-nos as dificuldades daquele que ainda era Jesus e cujas palavras tinham provocado, involuntariamente, perturbações perto de Vanarasi... O temporal devia então entravar, inevitavelmente, a marcha do espiritual?

Mais do que qualquer outra coisa, parecia que o cuidado que o Mestre tomava para evitar toda confrontação política era seu verdadeiro fardo.

— Eu sou o Príncipe de um reino que não é desta Terra — não cessava ele de repetir. — Gostaríeis de engaiolar o pássaro que pede para voar depois de ter anunciado a primavera? Escutai sua voz, pois é ela que transmite o que vossos corações precisam; ela se harmoniza com o movimento dos mundos e vos ensina a lei secreta de suas épocas...

Nosso avanço era lento e durou semanas, em meio ao doce inverno palestino. No final, quando descansávamos nos arredores da Samaria, vimos chegar, montada num pequeno asno empacador, a silhueta branca de um Irmão.

— Venho falar-vos de João — disse emocionado —, os soldados o prenderam há três dias!

A notícia nos deixou consternados, e é preciso confessar que um vento de medo soprou sobre nosso grupo. Então, João tinha caído na armadilha que o Mestre receava, criticando o poder investido, seus métodos, seus costumes dissolutos.

À medida que o Irmão nos dava detalhes, o Mestre procurou isolar-se... não escapou a ninguém a profunda tristeza do seu olhar e acho que lhe éramos gratos por estar tão próximo de nós. Nossos seres não teriam seguido um desses sábios impassíveis que, na sua busca do absoluto, fecham seu coração tanto às alegrias como às penas. Aquele a quem amávamos era humano quanto a tudo que nossas almas esperam desta palavra. O Logos e o Cristo viviam entre nós, mas jamais sufocavam a ternura de Jesus.

Uma das etapas da viagem devia ser a aldeiazinha de nossa infância...[1]

Chegamos lá ao anoitecer, extenuados por uma longa caminhada através das colinas. A uma milha, pareceu-me reconhecer todo o ambiente caro ao meu coração. Há eflúvios que nosso olfato não conseguiria perceber, mas que, num ímpeto de amor, nossa sensibilidade profunda consegue captar um pouco no invisível... Ao abrigo de nosso recinto, eu adivinhava a claridade de alguns fogos e os preparativos da refeição em comum, tomada ao cair da noite. Logo percebemos uma velha mulher andando ao nosso encontro. Era Sara, e fiquei triste vendo-a avançar com passos miúdos, dobrada ao meio, ela

---

1 Devemos precisar que não se tratava de Nazaré, cujo nome só surgiu alguns séculos depois, por confusão, mais uma vez, entre nazaritas e essênios.

que antigamente me encantara com pequenas lendas do nosso povo. Jamais tinha casado, mas, segundo o costume de Essânia, tinha adotado um filho que agora trabalhava no torno com o pai de Simão.

O Mestre desejava aquela parada na aldeia particularmente, pois seu desígnio era levar sua mãe e dois de seus irmãos conosco para Genesaré ou Cafarnaum.

Quando a alegria do reencontro com as silhuetas e os caminhos de nossa infância esfumou-se, tivemos a sensação de que alguma coisa havia mudado. Aquela impressão, a princípio difusa, concretizou-se. Alguns comentários ouvidos na penumbra das habitações permitiram-nos compreender que a estada prolongada no recinto sagrado de homens e mulheres estranhos à Fraternidade perturbava. Alguns pareciam não entender o que estava acontecendo. Para eles, o Mestre continuava a chamar-se José. Mal viam nele um grande iniciado da Fraternidade, talvez semelhante aos sacerdotes de Hélios, em Jerusalém. Da mesma forma que um corpo muitas vezes ignora seu sol interior, nossa aldeia recusava-se a reconhecer aquele a quem tinha abrigado. O Mestre parecia não preocupar-se com aquilo, conversando amigavelmente com todos, espantando alguns pelo calor da sua presença, mas também escandalizando outros por suas palavras consideradas demasiado livres. Corria um rumor de que ele tinha ensinado à multidão, na Samaria, verdades que até então só eram comunicadas aos iniciados e discípulos. Na verdade, tratava-se de alguns detalhes sobre a reencarnação, depois sobre as estreitas ligações que unem o que chamamos de Bem e Mal. Os anciãos da aldeia, que até então limitavam-se a murmurar, mudaram de atitude quando o Mestre propôs repartir a refeição comum dos membros da comunidade com André, Judas e os outros. A recusa foi categórica. Por que não existia mais Zérah para compreender? Será que ele veria nos olhos daqueles homens, às vezes rudes, a chama dos iniciados de um outro tempo? Eram doze que tinham bebido na ponte do Léthé, doze a terem trocado seu saber de outrora pelas túnicas simples dos pescadores... Sem dúvida, muitas vezes nos esquecemos disso!

A Letra parecia ter suplantado o Espírito e, pela primeira vez, aqueles que antigamente simbolizavam para mim a tolerância e a clarividência estavam presos às mesmas correntes de ignorância do povo comum.

Quando deixamos a aldeia, meu rosto devia estar refletindo tristeza ou amargura, porque um velho que por muito tempo havia trabalhado como tecelão com meu pai segurou meu braço...

— Por que este olhar, Míriam? A Fraternidade de nosso país tinha como objetivo essencial o surgimento de um Mashiah. Eis que está quase feito... agora ela pode decrescer. Aqueles a quem procuras, os que sabiam e que ainda sabem ver não estão mais entre estes muros. Como tu, como Simão e os outros, eles ouviram o chamado dos caminhos. Os homens da Fraternidade profunda espalharam-se sobre nossa terra, às vezes deixando de lado a veste branca para trabalharem mais discretamente.

Não fiques triste... o que aconteceu aqui tinha que acontecer. A vida do Mestre é um símbolo, não o compreendes? Ele próprio encerra em si toda a força de um hieróglifo! Achas que quando chegou aqui ele ignorava a acolhida desconfiada que lhe estava reservada? O Mestre não é um homem, Míriam, ele vê mais longe, com o olhar do Homem, quero dizer, do Homem autêntico. Ele sabe que, através de determinados procedimentos, deve apressar o apodrecimento do mundo antigo. Olha para seus olhos... que vês neles?

— Neles eu via o amor, velho Jacó, via o amor, e graças a ti distingui também a alegria...

O Mestre desceu a ladeira e nós o seguimos, puxando alguns asnos que tinham posto à nossa disposição. O Irmão falava a verdade, não havia a menor tristeza, o menor rancor nos olhos dele. E quando um ou outro o pressionava com perguntas sobre o comportamento de determinados Irmãos, ele se limitava a sorrir. Como o previsto, sua mãe nos acompanhava. Anos depois, ela parecia não ter mudado. Era como se tivesse afastado de sua pessoa qualquer processo de envelhecimento.

Seguimos, então, rumo a Cafarnaum, cortando caminho entre os olivais. No trajeto, quando saíamos de Tiberíades pelo caminho que margeava o lago, de repente fomos abordados por um grupo de homens armados.

— És tu o Nazareno? — perguntou um deles, avançando

para o Mestre. — Precisamos falar-te!

A conversa durou muito tempo. Nenhum de nós participou, mas percebendo, a certa distância, os gestos bruscos dos estranhos, a inquietação tomou conta de nós. Entretanto, nada aconteceu, pois a pequena tropa dispersou-se pelas colinas tal como tinha vindo, com surpreendente rapidez. Eram zelotas, logo compreendemos. Certamente tinham aguardado aquele encontro com ardor, pois Tiberíades, um dos símbolos do poderio de Roma na Palestina, abrigava inúmeras tropas que patrulhavam sem cessar. Quando estas os capturavam, geralmente os executavam como meros salteadores de estradas.

Era noite escura quando a claridade de algumas fogueiras e de uma miríade de pequenas lâmpadas a óleo anunciaram a entrada de Cafarnaum. Entramos na cidade margeando o lago, preferindo o marulho das vagas à companhia às vezes ruidosa de viajantes retardatários. O ar era estranhamente doce, carregado com os perfumes da pesca e da fumaça dos grelhados. Aquele lugar agora transformara-se em nosso lugar. Após meses de caminhada através do país, tínhamos disso profunda convicção. Alguma coisa que não podíamos encontrar em outro lugar vibrava naqueles trechos de terra; a presença prolongada do Mestre já lhes tinha insuflado Vida...

Quando nos dirigíamos em silêncio ao estábulo do beth-saïd, uma silhueta atarracada surgiu da sombra e arremessou-se pelo pátio.

— Rabi, Rabi — ouvimos dizer —, sou eu... eu sabia que te encontraria aqui...

E à luz de uma lâmpada de barro, reconhecemos o rosto do homem de Beth Shean, do homem cujas palavras nos tinham parecido tão duras.

Seus olhos, como duas enormes pérolas cinzentas, só pediam uma coisa: aprender.

Capítulo 7
Os cento e vinte

A PENUMBRA ERA ESPESSA, MAL QUEBRADA PELA CLARIDADE das lâmpadas a óleo que deixavam escapar finas nesgas de fumaça enegrecida. Éramos muitos, amontoados uns atrás dos outros naquela peça subterrânea que um discípulo do Mestre tinha posto à nossa disposição. Aproximava-se o final da tarde e aguardávamos, sentados no chão de pedra, após termos atendido a um chamado de André. Tivéramos que tomar mil precauções para chegar até lá. Era claro que a assembléia devia manter-se totalmente secreta. Acho que posso dizer que ignorávamos a razão daquilo. Simplesmente sabíamos que o Mestre devia vir, era o suficiente.

Naquela semi-obscuridade, os olhos se encontravam, as almas penetravam-se, sorrisos, pequenos sinais eram trocados, mal esboçados. Todos nos conhecíamos sem termos ousado uma vez sequer conversar ao acaso nas ruelas de Cafarnaum ou nos caminhos da Palestina; no entanto, havia entre nós uma espécie de íntima cumplicidade e nos sentíamos bem...

Simão e eu estávamos encostados contra a muralha meio úmida, conversando em voz baixa com um homem de uns cinqüenta anos sentado à nossa frente.

— Meu nome é Nicodemos — murmurou ele. — Há poucos meses que ouço a palavra do Mestre, assim fiquei espantado quando anteontem um de seus discípulos me convidou para esta reunião. Não sei o que está acontecendo... as coisas e os seres não têm mais a mesma aparência. Há duas luas apenas eu me escondia aos olhos dos meus para ir ter com o Mestre, e hoje, quando me parece nada mais ter a recear, pedem-me discrição absoluta...

O homem falava-nos com uma emoção profunda, escolhendo as palavras, mergulhando por completo em nosso olhar.

Senti nele o ser que muito buscou e sem dúvida amou mais ainda. Como o calor estivesse sufocante, ele tirou o véu que lhe cobria a cabeça, revelando assim uma basta cabeleira prateada e encaracolada. Conseguimos ver melhor seu rosto franzido, seus olhos grandes e cintilantes. Naquela noite, havia um fogo no olhar de Nicodemos, um fogo que se encontra nos seres que viram alguma coisa autêntica.

— Estive ontem com o Mestre — continuou ele, franzindo levemente as pálpebras de modo a voltar-se um pouco para si mesmo. — Ouvi dizer que estava voltando da terra dos gadareus, na outra margem do lago. Então, como muitos outros, esperei a chegada de seu barco na pequena praia. Mal ele pôs o pé na terra, houve uma confusão indescritível e eu fui empurrado para longe do Mestre. Por todo lado gritavam tanto que comecei a temer uma intervenção dos soldados. Pelos berros que vinham da multidão, compreendi que algum prodígio devia ter acontecido.[1] Quanto ao Mestre, parecia estar a mil braças de nós. Olhava para nós, abrindo caminho com uma facilidade que me fez pensar que ele devia projetar uma energia incrível à sua volta! Logo, foi monopolizado por Jairo, da sinagoga, que o levou com ele. Eu conhecia Jairo muito bem, assim tive a chance de entrar na sua casa atrás deles. Ao longo do caminho, o pobre homem tinha-se consumido em soluços. Sua filha acabava de morrer. Quando chegamos, ao redor do pequeno corpo já havia um cortejo de carpideiras fazendo muito barulho e batendo os calcanhares no chão. Quando o Mestre viu aquilo, ordenou que se calassem e saíssem da peça:

"Saí desta casa", disse ele com autoridade, "nada como o desespero para criar a morte... Vossos pensamentos de tristeza envenenam o ar desta peça. Eu vos afirmo, existe um ar de cuja existência não suspeitais, mas de que as almas se nutrem...

[1] Trata-se, sem dúvida, da cura da mulher relatada nos Evangelhos (Marcos, 5:25).

Abri bem a janela e alegrai vossos corações... tua filha, Jairo, só está dormindo, como faz todas as noites. Não vês que está sorrindo para mim?

O que chamais de morte é apenas um vôo! Conheceis algum pássaro ao qual meu Pai proíba pousar num galho?

Simplesmente às vezes falta ao galho um pouco de seiva para suportar o peso do pássaro."

Nós o vimos aproximar-se então do pequeno corpo, ajoelhar-se ao seu lado e, sem tocá-lo, soprar entre suas pálpebras, pronunciando docemente algumas palavras Acho que jamais vi um ser brilhar como ele naqueles instantes. Meus olhos ainda não tiveram a oportunidade de contemplar outra coisa a não ser o que minhas mãos agarram; no entanto, o Mestre pareceu-me igual a uma chama branca. A princípio pensei que ele tinha invocado sobre si uma força, mas agora sei que ele exalava uma força, que oferecia um pouco de si próprio ou talvez se oferecesse por inteiro.

Um ser como ele não reparte, não é? Não achais?

E o olhar de Nicodemos, cinza e azul, semelhante às profundezas das águas do lago, cravou-se no meu. Não me parece ter-lhe respondido, de tal forma a resposta era evidente para mim...

Não, o Mestre não repartia; nós o tínhamos inteiro em cada um de nós, promessa de um futuro que podíamos trazer para o presente, para o eterno presente que ele nos ensinava e que ainda não conseguíamos captar!

Lágrimas nos olhos, Nicodemos fez um gesto enxugando a fronte, depois continuou sua narrativa:

— Então o Mestre recuou alguns passos e as pálpebras da filha de Jairo puseram-se a bater rapidamente. Atrás de mim, ouvi um clamor que procuravam abafar e me senti empurrado por uma multidão que se acotovelava. Durante esse tempo, o Mestre, dando mais alguns passos, pegou a pequena pela mão como se quisesse tirá-la de um sonho. E ela se levantou; estais entendendo, ela se levantou!

Naquele exato momento, fui projetado no meio da peça. Eram os parentes de Jairo que não continham mais sua emoção. Tudo o que conseguiram foi beijar os pés do Mestre e da pequena que estava esfregando o rosto.

Guardarei para sempre aquela imagem! Aquela grande silhueta de fogo branco segurando a mão da criança exatamente sob o pequeno raio de luz que atravessava a abertura!

Mas, eu vos digo, o Mestre não quis permitir que lhe beijassem os pés. Apressou-se a sair com a menina, repetindo com voz doce que só havia morte para os cegos de coração!

"A morte é o esquecimento da palavra de meu Pai", disse ele a seguir, antes de pedir um pouco de pão. "É preciso dar-lhe de comer, é assim que acabareis de acordar sua alma sanguínea.[2]"

Mais tarde, como o acompanhei de volta, decidi-me a perguntar-lhe por que ele não realizava atos como aquele com mais freqüência. Realmente, eu sabia que inúmeras vezes lhe tinham suplicado que interviesse em circunstâncias quase iguais.

"A fuga da alma para fora de seu corpo não é um castigo para quem a vive", respondeu-me ele. "A hora da morte geralmente foi fixada pelo próprio defunto em outros tempos, em outros mundos. As razões e a data são, acredita, só a conseqüência de uma porção de ações passadas. Chamar uma alma de volta à vida terrestre, Nicodemos, nada mais é do que interferir no destino de um ser muito além do que conhecemos da sua existência. Uma alma voando para o reino que é seu apenas segue fielmente seu caminho para maior realização do Objetivo. É preciso que compreendas bem isso. Não há a menor injustiça, mas, ao contrário, aplicações de leis sutis.

Esta menininha, e outras que se seguirão, há muito tempo tem seu coração em harmonia com o coração de meu pai. Chamá-la de volta à vida não significou interferir no desenrolar de sua evolução, mas pôr em evidência uma parcela da onipresença do Sem Nome.

A filha de Jairo, eu te asseguro, colocou-se a si própria em meu caminho para que se consumasse o que devia ser consumado.

Assim, Nicodemos e vós que me escutais, aquele que reanima a vida da carne deverá assegurar-se de que o faz com razão, quero dizer, sem transgredir as leis que presidem à evolução de um ser. Insuflar a vida é fácil, meus Irmãos; saber por que a insuflamos e se é lícito fazê-lo, nisto reside a dificuldade.

[2] Ou ainda alma vital, outra denominação essênia para o corpo etéreo.

Se os homens soubessem dar um pouco de amor, as respostas a tudo isto brotariam de sua boca espontaneamente... mas eles só conseguem fazer brotar um simulacro de amor envolto em segundas intenções...

Vós curareis em meu nome, eu vos digo. Realizareis isso com um só ímpeto do coração, não pela glória obtida ou pela contemplação de vossa própria força, mas para retificar o erro: um corpo e alma que sofrem serão sempre ofensas do homem à natureza profunda dos mundos.

Olhai em vós mesmos, o perfeito jamais se engana. Ele vos indicará o caminho que vossa personalidade ilusória se compraz em dissimular. Não sejais mais do que pensais ser, meus Irmãos, pois por mais belo que possa ser vosso sonho, ele fica aquém da realidade. Transformai-vos em vossa Essência, então o Saber e a Força dos mundos brilharão em vosso espírito e em vossas mãos..."

Nicodemos acabou de contar-nos estas palavras, esmiuçando o chão com o olhar como se este dobrasse sob seus pés.

Senti que ele estava procurando as palavras, que tentava completar o que havia dito, com um detalhe a mais, talvez uma declaração do Mestre esquecida... mas nada mais saiu de seus lábios. Simão e eu conhecíamos muito bem aquela sensação. Era medo de ter omitido o essencial, ou ainda medo de ter empanado uma mensagem demasiado pura para comportar qualquer tradução. Medo de macular... medo de tirar o brilho.

Finalmente, Nicodemos ergueu os olhos e com um sorriso procurou juntar nossas mãos nas suas. Uma forma de comunicar o intraduzível e de abrir os ouvidos do coração...

Enquanto isso, um murmúrio percorreu nosso grupo. Olhos novamente buscaram-se na penumbra. Simão finalmente indicou-me, no alto de uma escada de pedra estreita, a presença de uma alta silhueta branca que descia lentamente até nós. Era o Mestre. Imediatamente fez-se silêncio, pontilhado de tempos em tempos por algumas tossidas provocadas pelo cheiro acre das lâmpadas a óleo. Estava muito escuro e eu não conseguia distinguir os traços do Mestre, mas pouco importava, pois a atmosfera da peça já tinha transcendido.

A voz cálida não deveria tardar a ecoar nas paredes de terra e rocha. Foi o elo que acabou por unir-nos, fazendo de todos nós um único edifício inabalável.

— É a primeira vez que vos peço para reunir-vos, mas todos já vos conheceis desde tempos imemoriais...

Foram as primeiras palavras que recebemos do Mestre naquela noite, foi também a lembrança da vontade comum que nos animava secretamente desde o início. Quer fôssemos tecelões, mercadores, alfaiates, pastores, Irmãos de alguma organização, quer usássemos outro disfarce, nada disso importava.

— Talvez tenhais contado... Sois cento e vinte aqui. Já vos instruí por tempo suficiente para que saibais que este número não se deve ao acaso. Ele corresponde a um ponto da geografia cósmica do Sem Nome, na terça parte de sua força de criação que incessantemente turbilhona no círculo eterno.[3] Agora cabe a vós constituir um núcleo, o centro de um fruto, depois crescer com método. Desejastes cultivar em vós o "despertador de almas". Sabei, então, meus Irmãos, que é chegado o momento de organizar-vos, ou seja, de reencontrar-vos, de conhecer-vos, de desenvolver-vos segundo as harmonias inscritas nas estrelas. Para isso, não quero que vos curveis aos números e à arquitetura que rege os universos, mas que os ameis, que os respeiteis e que os domineis de modo a melhor obrar.

Meu pai não quer escravos de uma matemática celeste, ele quer amantes de suas leis... Eu vos afirmo, estas leis não são leis no sentido humano do termo; o arbitrário não presidiu ao seu estabelecimento, pois antes de tudo elas continuam a ser harmonia, por toda a eternidade.

Quando se tiverem passado dois anos, tentareis ser trezentos e sessenta: a polpa do fruto. Crescereis assim, respeitando a proporção até que o fruto esteja completo, pronto para ser plantado, pronto para deixar expandir-se nele a energia de geração. A árvore partirá daí. Será uma árvore de homens prontos a receberem em seus galhos todos os pássaros de passagem. Eis as doze chamas que alimentarão seu germe... e eis minha mãe que trabalha ao meu lado desde sempre...

À medida que pronunciava estas palavras, o Mestre deu alguns passos na direção da multidão sentada. Com um gesto do

[3] Trata-se de uma alusão à geometria sagrada em vigor entre os essênios. Podemos observar que 120 representa um terço do número de graus do círculo. Esta cifra, por essência, associa-se a uma das Forças da Trindade cósmica.

braço, ele então englobou o pequeno grupo dos seus próximos e finalmente uma mulher envolta num longo véu branco, uma mulher que se mantinha muito ereta. Mostrava-se tão discreta que muitas vezes nos tínhamos esquecido dela. Era a mãe de José, não de Kristos nem do Logos, e sem dúvida tinha sido aquilo que havia dissimulado para nós a importância do seu trabalho subterrâneo. Muitas vezes esquecíamos que outrora ela tinha sido a "donzela" de Essânia, grande vestal dos iniciados do nosso povo, ela própria iniciada nos mais antigos ritos da Terra Vermelha, símbolo vivo da Mãe Primordial, suporte físico daquela que um dia será chamada a "Senhora de todos os povos"...

— Por que razão estou entre vós, meus Irmãos? — prosseguiu o Mestre, continuando de pé no meio do grupo. — Provavelmente muitas vezes vos fizestes esta pergunta. Eu não conseguiria dar-vos uma resposta definitiva, pois, quando mil seres ouvem a palavra que o Pai põe nos meus lábios, há mil soluções para o enigma. A verdadeira resposta à busca das almas será, sempre, individual, eu vos afirmo. Estou aqui por causa de cada um de vós, pelo que fostes e que vossa Terra não pode assumir, pelo que significais hoje e pelo que vos tornareis. Os ciclos universais escolheram o momento e o lugar. O corpo vital de vosso mundo mostra-se farto com o peso das incompreensões humanas passadas. Esse peso retarda sua marcha crescente rumo aos eones, prende-o nos resíduos cármicos das terras de antanho. Os mantos da suficiência e da falta de amor pedem agora para serem rasgados, para deixarem passar o Sopro que virá. Eis a função do conjunto que meu Pai me confiou, fazendo de mim um rompedor de cadeias.

Vereis em mim uma espada... o que significa uma encruzilhada dos caminhos, o ferro da lança do Sem Nome mesclado à fragilidade de um corpo humano. Por isto, me amareis, mas também por isso não me compreendereis.

Aprendei então a abrir os olhos. Há cento e oito contas que desde sempre trago ao pescoço,[4] que os que me reconhecem se identifiquem com elas, penetrando no meu coração,

4 Veja aqui uma alusão ao rosário de 108 contas usado geralmente pelos iniciados essênios. 108 corresponde aos 120, de onde foram cortados os doze apóstolos. Observar os 108 anos de ciclos da Rosa-Cruz e as 108 contas do rosário hindu, depois tibetano.

perscrutando as palavras a que ele dá forma.

Assim, peço-vos, para servir a meu Pai começareis por captar o duplo sentido das minhas palavras. Não construirei discursos, mas imagens, para que todos possam ler sem jamais ter aprendido. Serei um narrador, para fazer florescer o amor e não o intelecto. Os contos são uma argila que cada um modela de acordo com as inclinações da sua alma, um poço onde as sedes inimigas se aplacam. Então não espereis de mim, meus Irmãos, verdades incisivas e dogmas, mas um canto que tanto abraça a onda como o fogo...

A cada lua cheia nos reuniremos assim e eu vos instruirei sobre os mundos que vos esperam. Isso acontecerá como nesta noite, no mais absoluto sigilo, pois a germinação só acontece sob a terra, ao abrigo de todos os ventos e das luzes múltiplas. Eu vos deixo um sinal e sabereis que será vosso quando os tempos mostrarem um aspecto mais turvo.

Dizendo isto, o Mestre dirigiu-se lentamente para a parede lisa da sala. Com a ajuda de um raminho apanhado no chão, ele gravou lá, sumariamente, um quadriculado feito de quatro retas verticais e quatro horizontais.

— Eis uma das tramas da Pedra de meu Pai — acrescentou. — A matéria é una, mas cria sua própria trama de energias sutis a fim de trabalhar...

Tinha-me esquecido do calor sufocante daquele grande porão situado em pleno coração de Cafarnaum, numa ruazinha que passa não muito longe da sinagoga. Olhei para Simão; ele acabava de cobrir-se com o grande manto levado por precaução... gesto ritual e maquinal do essênio que guarda em si um penhor sagrado e o nutre com sua reflexão. Aquele ar úmido também nada mais significava para ele.

Durante um breve instante, o Mestre parou de falar e pareceu olhar-nos a todos, um depois do outro, rapidamente, lançando pontos de luz entre ele e nós. Nada havia de teatral naquele gesto, como aliás não havia em nenhum dos gestos que fazia. Ele agia, tal como o recomendava, por ímpetos espontâneos, projetando-se por inteiro na menor das expressões, sabendo com naturalidade qual seria o detalhe capaz de inundar de paz as almas, para finalmente atravessarem as eras. Assim, cada gesto por si só transformava-se num ensinamento, num desenho hieroglífico a ser guardado. Suas longas mechas castanho-avermelhadas, sua barba fina, seus dedos longos e até mesmo as dobras de sua veste falavam do seu ser, da sua força e da longa corrente de amor que o ligava à Grande Fonte, acima de qualquer conceituação. Dois mil anos não são nada... a silhueta d'Aquele que vinha para consolar viverá para sempre no coração dos que o contemplaram.

Naquele dia, mais do que nunca, o Mestre apresentava-se como um reformador da alma humana, como uma força viva que vinha apaziguar os espíritos, mas também perturbar sua tranqüilidade. Seu objetivo parecia-nos claro: ele queria, através de nossas ações conjugadas, criar uma rede, a princípio invisível, capaz de divulgar as bases de um novo modo de ser, ou melhor, de pôr a nu as bases que todos possuem, mas negam.

— É o orgulho que cega o homem — dizia ele —; claro, ele tem todos os motivos para sentir-se orgulhoso de si, já que se situa num cruzamento de caminhos que lhe permite agir sem limites. Mas não é esse orgulho que o empurra para a frente. Ele projetou seus sonhos na limitação da matéria e orgulhou-se de dominá-los.

Até então ele não nos tinha falado de uma nova religião, nem mesmo de uma nova filosofia a ser instaurada. Isto parecia muito distante de suas preocupações... e talvez o contrariasse.

Ele não cessava de repetir que a verdade não tinha rosto, que o homem devia buscar-se no homem por seu próprio trabalho e que todos éramos átomos de um corpo ao qual não tínhamos consciência de pertencer: o corpo de seu Pai.

Assim, quando acontecia falarmos ao povo, depois que ele se foi, numa pequena cidade ou aldeia, ficava claro que não tínhamos preceitos, no sentido pleno da palavra, para ditar à multidão cada vez mais impressionada. Havia apenas um sopro que devíamos fazer exalar dos peitos, o sopro chamado Amor, e que tentávamos suscitar com a maior freqüência possível, seguindo o Mestre.

Nossa tarefa era ajudar a todos a encontrarem uma sensibilidade esquecida e instruir os mais preparados nos princípios harmoniosos do Universo.

Foi por essa época que realmente começamos a travar conhecimento com o pequeno grupo dos cento e oito. Alguns nomes atravessaram os tempos, como o de Marta, de Simão Cireneu, de José de Arimatéia... aqueles homens e mulheres não viveram todos ao redor de Tiberíades, de Cafarnaum ou de Magdala. A cada lua cheia nós os víamos chegar discretamente da Samaria, de Jerusalém ou de Betânia, aproveitando a passagem de algumas caravanas, pretextando algum assunto a concluir. Aqueles homens e mulheres simples pertenciam às diversas camadas da sociedade palestina. Nem todos eram essênios, seu grau de conhecimento das coisas ocultas às vezes era muito desigual, mas todos achavam as palavras certas.

Quando deixamos o Mestre à saída da primeira assembléia secreta, era noite escura. Saímos para a ruazinha um a um, obedecendo a um dos nossos que espreitava no canto de uma porta, a fim de não atrair suspeitas. Revelar a existência da reunião seria provocar o poder constituído e correr o risco de uma prisão em massa. A sombra dos zelotas nos perseguia...

As paredes quentes do bethsaïd acolheram-nos como de costume, Simão e eu. Chamavam-nos para retomar o curso "normal" das coisas: os cuidados aos doentes, a comida para os vagabundos de passagem vestidos de trapos, as discussões na porta da sinagoga e as longas caminhadas seguindo o Mestre pelas margens do lago ou pelos montes...

Mas não podia ser mais como antigamente. Uma nova página acabava de ser virada, e quando, deitados em nossas esteiras, vimos a última lâmpada a óleo extinguir-se, soubemos que finalmente nossa missão precisa havia tomado corpo...

Capítulo 8
Sob o sol de Magdala

FOI DURANTE O ANO QUE SE SEGUIU À PRIMEIRA ASSEMBLÉIA dos cento e vinte que aconteceu a grande maioria dos prodígios que as Escrituras imortalizaram. Simão e eu tivemos a felicidade de assistir a alguns deles. Aqueles fatos, a que hoje chamamos milagres, foram contudo bem mais numerosos do que descri-tos no que resta dos textos. Eles não eram o efeito de uma energia dispensada sem medida, mas o fruto de uma força que sabia para onde ir e quando era necessário.

"O dom material sem discernimento só poderia ser concebido num mundo adulto", dizia o Mestre com freqüência. Ilustrava assim a regra essênia que aconselhava, com uma me-táfora rude, a "não atirar pérolas aos porcos". Compreendíamos, com isso, que a raça dos homens era ainda uma raça de crianças cujos desejos, saciados facilmente demais, não poderiam ser-lhes de um auxílio durável.

O Mestre não se limitava a curar os corpos e as almas; a célebre "multiplicação dos pães" é testemunho disso. Ele fazia a matéria surgir com a mesma facilidade com que o pastor emite uma melodia com sua flauta. Foi depois de um daqueles acontecimentos que provocavam o entusiasmo do povo que nós o reencontramos um dia sob um pórtico da aldeia de Magdala.

Estávamos numa pracinha que o sol quente do meio-dia inundava de luz branca. Naquela hora a cidade estava calma, abatida sob o peso do verão. Suas ruelas desertas tinham o cheiro bom das especiarias e das bolachas de cevada preparadas no frescor das casas. Perto das figueiras da praça dos pescadores, perto de suas romãzeiras, havia no entanto uma centena de homens e mulheres ao redor d'Aquele que ensinava. Cada qual estava acomodado como podia, franzindo os olhos para melhor ver o Mestre, encostado a um cântaro, com um longo véu de linho branco sobre a cabeça. Aquele pequeno mundo de pescadores e camponeses estava concentrado, bebendo com o maior respeito as palavras que lhe eram oferecidas, fazendo raras perguntas, talvez com medo de quebrar o encanto. Era um mosaico de manchas ocres, brancas e vermelhas, de alguns pobres panos, de barbas hirsutas e costas pingando de suor. Todo o povo humilde de Israel estava resumido lá, tentando compreender o que muitos corações hoje se recusam a admitir. Aquela pequena multidão ainda continuava sob o choque do que acabava de acontecer um pouco mais cedo pela manhã: uma dúzia de pesados cachos de uva tinha surgido de repente nas mãos do Mestre. Aquilo tinha acontecido enquanto ele falava caminhando à beira do lago.

— Aqueles cachos estavam ao meu redor — explicava ele agora —, bastava-me vê-los e apanhá-los após tê-los pedido a meu Pai...

Fareis o mesmo, eu vos afirmo. Há muitos outros que esperam à nossa volta neste ar que respiramos... Meus Irmãos, desta vez não é uma imagem que estou usando. Falo-vos claramente do que já existe mas que vossa razão nega. Neste universo que vossos corações pressentem, todas as coisas existem desde o início. Basta apenas fazê-las tomar a forma desejada ajudando-as, através do Amor e da Vontade, a atravessarem a porta desta Terra. Pedi simplesmente com a tranqüila certeza daquele que sabe que já obteve. A alma de meu Pai e deste mundo sabem usar somente a linguagem da simplicidade... Por que então complicar com as condições que vos impondes a vós mesmos? Vossas reflexões de humanos constroem vossas próprias limitações...

— Rabi, dizes isso, dizes que só ages pela força de teu Pai... O que vi esta manhã encheu-me de assombro, mas as narrativas dos mercadores que percorrem o país falam muitas vezes dos magos que aqui vivem. Há dois desses homens na região da Samaria, de quem dizem que criam objetos tal como o fazes.[1] A quem devo ouvir então?

Quem havia pronunciado aquelas palavras era um homem ainda muito jovem. Usava uma túnica de camponês, curta e com uma das abas presas ao cinto. Nós o vimos levantar-se no meio da assembléia. Falava em voz baixa, visivelmente emocionado.

— Há duas maneiras de realizar os fatos de que falamos — respondeu o Mestre sem demora. — Uma pertence à vontade branca, que já foi evocada, ao passo que a outra é o domínio do desejo negro. Para a maioria dos seres, não há a menor diferença, pois os olhos da carne percebem apenas os efeitos. Com "desejo negro", refiro-me à técnica dos que não crêem, mas apoderam-se furtivamente de uma forma já concretizada; refiro-me ao método secreto dos que fazem o espaço superar a matéria. Os magos projetam as radiações de sua alma até o objeto de sua cobiça, fazem com que este sofra uma transformação e o levam até onde eles próprios se encontram.[2] Pode-se dizer que um roubo é um prodígio, e um dom do Eterno uma autoridade usurpada?

Eu vos digo, quem cria o faz por amor, quem se apropria do que já foi criado age por desejo.

Um desejo poderá destruir-vos se não estiverdes em guarda. Ele vos força a tomar sem nada dar em troca. As leis do Sem Nome são inversas às que estabeleceis nesta Terra, meus Irmãos. Quem acumula sem nada distribuir só pode empobrecer inexoravelmente... Em vez de beber numa fonte inesgotável, seu corpo luminoso enraíza-se na terra, vida após vida, era após era.

Se vossos olhos aprendessem a ver e não só a enxergar, chorariam diante do espetáculo dos homens que andam ao redor dos seus sepulcros, procurando seus bens entre as larvas enredadas entre suas posses e poderes ilusórios. Quanto tempo levarão para perceber o raio de luz vindo para tirá-los de seu fosso? Assim, não vos proponho o poder, mas uma compreensão. Compreender é amar. É dessa forma que tudo se realiza.

1 Talvez um deles fosse Simão, o Mago, citado nos Atos dos Apóstolos.

2 Trata-se da teletransportação de objetos através da desmaterialização, seguida da rematerialização.

Vossa Terra, meus Irmãos, é construída à imagem de todas as terras do universo. Deveis imaginá-la semelhante a um ser com inúmeras vestes, cada uma delas revelando uma natureza tanto mais sutil quanto mais distante se situa da pele. As vestes da Terra são cântaros muito mais inesgotáveis do que parecem aos nossos olhos. A natureza visível, a que vos nutre e que erradamente pensamos ser infatigável, é a primeira delas. Quanto à natureza invisível, esta situa-se além, na direção do sol. É para lá, para nenhum outro lugar mais, que deveis ir e saciar-vos. Tomai as coisas que vosso coração autêntico reclama, lá onde elas realmente estão, ou seja, na alma e no espírito da vossa Terra.[3]

Foi então que uma mulher levantou-se da multidão e interferiu por sua vez. Ela me causou forte impressão com sua veste longa de tecido azul. Sentia-se nela o ser sólido acostumado a ásperas discussões com os caravaneiros.

Rabi, acredito no que dizes, mas tuas explicações continuam a ser misteriosas, elas não nos ensinam realmente o que fazes para conseguir o que teu coração deseja.

O Mestre começou por sorrir e baixou um pouco a voz, como se para ficar mais próximo daquela que o questionava.

— Meu coração nada deseja... Ele É. Os corações que desejam nada mais fazem do que existir. Não compreendes que não se pode desejar o que já se tem... O que tenho, mulher, eu não o possuo... pois desde sempre é uma parte do meu ser.

Acontece o mesmo contigo... e com vós, meus Irmãos. Deixai de acreditar que sois manetas e cegos, pois continuais a ser Um com o que é. Os prolongamentos de vossa vida são estas pedras, estas plantas, estes animais que sonhais em dominar sem saber que, na verdade, são outros vós mesmos; outros vós mesmos que é conveniente descobrir e conquistar pelo amor...

Estas palavras parecerão obscuras, eu sei, mas não consigo formular outras mais simples sem dar-vos a resposta que cabe

---

3 Pouco depois os 120 receberam um ensinamento mais avançado quanto ao assunto. O Cristo estabeleceu uma diferença bem nítida entre o que chamamos "natureza naturante" e "natureza naturada". Com isto, esforçou-se para pôr em evidência a analogia existente, entre o espírito, a alma, o corpo da Terra e o mundo das idéias (original) dos agentes (forças astrais ativas) e dos fenômenos (efeitos materiais a serem superados).

a vós encontrar individualmente. A ti, mulher, posso repetir que não existe método para criar o que viste. Basta simplesmente não recusar a possibilidade até no ponto mais secreto de nosso ser... Meus Irmãos, não sabeis amar! Por quê? Quando tiverdes encontrado a verdadeira resposta a esta pergunta, evitando falseá-la, tereis percorrido mais da metade do caminho.

Um rumor de passos rápidos e numerosos de repente começou a ressoar numa ruela vizinha. Todos voltamos a cabeça para procurar sua origem exata. Bruscamente, num dos ângulos da pequena praça esmagada pelo sol, apareceu um grupo de homens armados. Não usavam o uniforme da legião, mas simples túnicas curtas. Senti Simão crispar-se. Como eu, ele tinha reconhecido os zelotas. Num salto, aqueles homens, em torno de dez, estavam a poucos passos do Mestre. Dois de seus discípulos próximos tinham-se levantado num só ímpeto e já brandiam a espada que constantemente pendia do seu cinto.

— Deixai — disse ele com voz calma e firme —, estes homens não nos querem mal.

Houve um rebuliço na multidão e algumas pessoas fugiram, sem dúvida temendo o pior. Fiquei inquieta, continuando sentada ao lado de Simão e dos outros a fim de dissimular minha emoção.

Não era a primeira vez que eu via discípulos próximos do Mestre reagirem assim. Aquilo me desagradava, tanto mais que eu sabia que não contavam com a sua concordância. Aqueles dois homens, um dos quais chamava-se Simão, eram seres espertos e ninguém os enganava. E assim foi durante os anos em que tivemos a felicidade de seguir o Mestre. Não chegaram a abandonar o porte da espada nem a dominar as reações impetuosas dos zelotas que tinham sido outrora.

O Mestre explicava-lhes infatigavelmente que a espada só levava à espada, mas não lhes proibia o porte. Sua preocupação primeira era respeitar as individualidades e as diferenças. Estas faziam de seus discípulos homens de múltiplas faces, quase sempre muito próximos do povo.

O que parecia ser o chefe da tropa zelota aproximou-se ainda mais do Mestre.

Sua túnica, que devia ter sido alaranjada, mostrava vários rasgões, parcialmente escondidos por um verdadeiro arreamento de couro. Dois cutelos e uma espada pendiam de sua cintura, entrelaçados nas correias. Tinha cabelos semilongos, cor de ébano, e suas narinas dilatadas revelavam o indivíduo pronto para a ação, ávido por experiências.

Eu o via de perfil, e alguma coisa nele, no seu modo de olhar para o Mestre, fez-me pensar numa águia.

— Rabi — disse ele, procurando recuperar o fôlego —, meus homens entraram em contato contigo muitas vezes e hoje eu corro riscos vindo ver-te pessoalmente. Meu nome é Barrabás. Isto deve bastar-te, sabes que sou o chefe da rebelião contra Roma, numa grande parte do país.

Houve rumores abafados. Voltei a cabeça: homens e mulheres saíam em grandes passadas, temendo, evidentemente, ser envolvidos em alguma história desagradável.

— Rabi — continuou o chefe zelota —, quero tomar por testemunhas estes habitantes de Magdala, quero dizer a eles que o povo da Palestina te reclama! Quer fazer de ti seu símbolo contra as legiões, o povo te quer como rei. Tenho homens por todo o país, homens próximos da terra, próximos dos que trabalham, rezam, esperam pelo Mashiah do Eterno! Eles falam de ti no fundo de cada vale, no coração de cada vinhedo, e só vêem uma coisa: todo Israel te chama!

Marcha de mãos nuas à frente de nossos combatentes e toda nossa Terra reencontrará sua liberdade. Então todos ouvirão a palavra de teu Pai, todos entenderão teus apelos, tu lhes explicarás tua fé!

Aquelas palavras, pronunciadas com voz forte e áspera, desencadearam uma viva reação. A multidão, que não passava agora de umas cinqüenta pessoas, levantou-se num só movimento, aplaudindo as declarações do zelota. Na confusão, cheguei a ver alguns dentre os nossos sorrirem e aproximar-se do Mestre, levados pelo entusiasmo geral.

Simão, outros pertencentes à Fraternidade e eu não sabíamos que fazer. Era uma explosão de alegria para todos aqueles homens. O que dizia chamar-se Barrabás, orgulhoso pelo impacto que causara, tinha subido num pequeno marco de pedra e levantava as duas mãos para o céu pedindo silêncio. Quis retomar a palavra, mas ninguém o ouvia. Contudo, parecia-me que a multidão voltava a afluir. Tudo acontecia como se orelhas tivessem se esticado atrás dos muros de pedra e tijolos ressecados da pequena praça. Elas tinham ouvido o apelo à revolta. E se Barrabás tivesse razão e se tivesse sido enviado para que o Mestre pudesse propagar sua palavra comandando todo o povo?

Estas perguntas estalaram em mim como um relâmpago.

João não nos tinha apresentado o Mashiah, e o lugar de um Mashiah não era à testa de um país?

Sem dúvida, pouco faltou para que o entusiasmo tomasse conta de mim também. Senti, no entanto, certa resistência, um sobressalto que vinha dos antigos ensinamentos dos sábios essênios que diziam "não, não..." Não, o verdadeiro Mashiah, aquele a quem esperávamos, não podia aceitar. Ele devia transmutar a raça humana e não envolver-se naquelas engrenagens! No máximo, ele poderia desejar ser o grão de areia capaz de romper a marcha dos mecanismos da ilusão.

"Não se aprisiona a luz numa instituição, não se pode fazê-la sentar num trono, pois ela é como um sopro de vida que se derrama e se renova sem cessar..."

Estas eram palavras do velho Zérah da minha infância. Tinha conseguido guardá-las sempre no mais profundo do meu íntimo e elas agora voltavam a brotar.

Quantos anos, Zérah, tinham passado desde o teu "até logo"! Quase vinte, sem dúvida, e no entanto estavas sempre lá, portador da resposta!

Simão não se mexera e seus olhos, encontrando os meus, também mostravam desaprovação. De repente a calma voltou a estabelecer-se. O Mestre, uma das mãos espalmada diante dele, atravessava a multidão. Sua alta silhueta branca impressionou-nos. Estava com os olhos semicerrados e uma profunda impressão de tristeza parecia marcar seus traços.

— Povo de arbustos com raízes gigantes — disse ele com tons de amor —, vossas ligações com esta Terra serão tão fortes que não podeis avançar um passo? Eu vos digo, meus Irmãos, quem me transformar em rei entre os humanos voltará as costas ao meu Pai e recusa-se a olhar para si mesmo. Eu já sou rei de toda a eternidade, como cada um de vós, mas meu reino não é desta Terra.

— Rabi, não jogues com as palavras, o Eterno não terá o que

fazer com um povo que não se livra do jugo da escravatura!

Barrabás, que acabava de retomar a palavra, não teve tempo de prosseguir: um martelar pesado, metálico, extremamente irregular, sobressaltou-nos. Cascos cintilaram no ângulo de uma ruazinha soltando faíscas sobre o ocre dos muros e o verde escuro das romãzeiras. Um destacamento humano avançava para nós. O pavor generalizou-se.

Um clamor subiu da multidão. Todos tentavam abrigar-se, quase pisoteando seu vizinho à procura de uma saída. Houve um tinido de metal, ordens dadas aos berros, gritos roucos, e percebemos os vultos do grupo zelota esgueirar-se na penumbra de uma rua, de arma na mão, seguidos de perto por três oficiais romanos a cavalo.

Um vento de pânico tomou conta do centro de Magdala. Gritos pareciam brotar do seio das habitações como se o exército tivesse despachado seus soldados para lá para revistar tudo.

Aqueles dos cento e vinte que estavam presentes tiveram o reflexo de reunir-se rapidamente em torno do Mestre, formando um círculo imediatamente cercado por uma fileira de lanças ameaçadoras.

Minha garganta fechou-se e peguei a mão de Simão, que me abraçou contra ele.

Tudo podia acabar assim? Era absurdo demais...

O Mestre não pronunciou mais uma palavra, e nossos olhos o buscaram. Então aconteceu uma coisa que ainda está gravada em mim com uma força inusitada: tive a sensação de que nosso grupo envolvia-se num halo azulado, num véu de silêncio e de frescor. Minha lucidez era perfeita, mas os sons pareceram sumir, dando lugar a um grande sentimento de calma. Parecia-me que o Mestre tinha fechado seus braços em torno de nós, e sem dúvida era mais ou menos isso. Um espírito puro tece véus de paz, verdadeiros escudos, pensamentos de amor tangíveis, que fazem do verbo amar algo mais do que um simples termo...

Foi sem emoção que finalmente vimos um oficial com armadura de couro aproximar-se de nós. Seu olhar era frio e, com um gesto de mão, indicou que estávamos presos. O Mestre então sorriu-nos individualmente e aquilo acabou de consolidar nossa tranqüilidade. Finalmente os romanos nos levaram pelas ruas de Magdala, revelando de passagem as conseqüências de sua intervenção: sob uma arcada dois homens jaziam na poeira; o sangue ainda escorria de um ferimento em seus flancos. Cerrei os dentes. Assim chegamos à saída da vila, onde algumas construções solidamente fortificadas serviam de comando à guarnição. Atrás delas, vimos um acampamento protegido por muretas de barro seco ainda inacabadas. Lancei um olhar fugidio ao longe, para o lago que cintilava margeado por uma fila de tamareiras... Logo nos separaram do Mestre; evidentemente, sabiam quem era ele.

Um oficial com um longo manto púrpura nos mandou passar para um pátio onde nos sentamos, guardados por uma dúzia de homens armados, à sombra de uma acácia. Um deles pareceu-me simpático sob sua pesada armadura. Ao cabo de um momento, ele tentou alguns sorrisos em nossa direção. Nós os retribuímos e uma espécie de diálogo estabeleceu-se assim, silencioso, mas rico em significado.

Talvez já naquela época o Mestre contasse com discípulos entre os romanos que às vezes fugiam para ouvi-lo. Admiração, curiosidade, vigilância? Nunca soubemos... talvez as três ao mesmo tempo. A parte da tarde decorreu calmamente. Não sentíamos a mínima inquietação, nem quanto ao Mestre, nem quanto a nós. Sem dúvida ele seria interrogado sobre a razão de sua presença em Magdala, sobre a presença do chefe zelota.

Bastava o contato com Barrabás para trazer-nos muitos aborrecimentos, certamente um longo período de prisão. Mas pouco importava, agora nos parecia que éramos capazes de passar por tudo sem sobressaltos. Algo inexplicável havia feito com que de repente adquiríssemos uma espécie de invulnerabilidade.

Miraculosamente, os ataques transformavam-se em insultos infantis, sem importância real.

"O que deveis despertar é a parte de mim que dorme em vós."

Seria isto? Será que estas palavras tantas vezes recolhidas dos lábios de Kristos começavam a agir como o bálsamo tão esperado? Será que nos tiravam da longa letargia?...

No final da tarde, vimos o Mestre reaparecer, com o véu branco harmoniosamente ajustado à cabeça, como sempre. Vinha escoltado por dois legionários armados que a seu lado pareciam duas frágeis marionetes.

— Vinde — disse ele num tom cálido —, precisamos achar um lugar para dormir.

Refreamos nossa alegria, esforçando-nos por dar mostras de dignidade até o fim.

Logo as pesadas portas de madeira da sede da guarnição, romana de Magdala rangeram sobre os gonzos atrás de nós. Soldados nos escoltaram por uns cem metros, depois nos deixaram. O sol estava avermelhado e a brisa que soprava do lago mal conseguia refrescar a atmosfera. Decidimos dirigir-nos para o lago. Algumas palmeiras, uma vegetação agradável poderiam abrigar-nos durante a noite. João e André acenderam um fogo e nos reunimos em torno do Mestre para saber como deveríamos comportar-nos. Era evidente que os zelotas estavam procurando usurpar sua autoridade a fim de aumentar sua credibilidade e depois suas possibilidades de ação.

Finalmente um de nós tomou a palavra:

— Devemos estar vigilantes — disse ele com voz tão baixa que fomos obrigados a ficar muito atentos. — Esta manhã, em meio à multidão, ouvi um homem e uma mulher falarem de um Rabi que se chamaria Jesus e que andaria ao lado dos zelotas pela região de Betânia. Foi tudo que consegui captar de seu diálogo, mas provavelmente indica que o povo começa a divulgar notícias errôneas.

Pasmos com aquela declaração, olhamo-nos por sobre o fogo que crepitava.

— Não há nada de espantoso nisso — disse o Mestre, depois de nos ter deixado refletir por muito tempo. — Observei outrora um homem muito jovem chamado José...

Esperamos mais alguma coisa, mas ele se deteve, como se para melhor olhar dentro de si.

Instintivamente, meus olhos encontraram os de Simão, e pareceu nos adivinhar... Aquilo nos levou para longe, muito longe, quando ainda éramos dois adolescentes nas ruelas quentes de Genesaré. Mas tudo continuava confuso, não compreendíamos...

Quando o fogo era só brasas, resolvemos entoar cantos em memória das duas vítimas da manhã. Sabíamos que as vibrações das vozes unidas às vibrações da alma transformam-se em seres amorosos no reino dos corpos de luz. Eram cantos de alegria, não de amargor. Por fim, terminada aquela pequena cerimônia, dois membros da Fraternidade isolaram-se do nosso grupo. Sua missão era escoltar os defuntos até sua morada de luz, além da foz do oceano etéreo...

Capítulo 9
O caminho da transmutação

NOS MESES QUE SE SEGUIRAM AOS ACONTECIMENTOS DE Magdala, o Mestre, como várias pessoas do seu círculo, foram muitas vezes procurados por Barrabás e pelos seus. A cada encontro havia a mesma recusa categórica.

Tal diligência por parte dos zelotas acabou nos deixando preocupados, tanto mais que seu chefe arriscava-se sem cessar para encontrar-se com aquele a quem chamavam o "Grande Rabi Branco". O povo, no entanto, começava a abandonar aquela denominação. A crescente popularidade do Mestre tornava-o mais familiar a todos e em muitos lugares aguardavam "Jesus, o Nazarita".[1]

Parecia que os romanos não queriam mais intervir. Estavam até estranhamente ausentes. Bem mais tarde soubemos que alguns homens e mulheres de Israel trabalhavam a seu soldo. Os menores atos e palavras do Nazarita eram, pois, comunicados a altas autoridades sem que se soubesse.

Estávamos sediados em Cafarnaum há dois anos quando o Mestre nos disse que se ausentaria por mais tempo do que o habitual.

— Preciso de algum tempo para comparar o caminho percorrido com o que ainda tenho pela frente — disse ele. — Um

[1] Por confusão com a corrente religiosa já citada no início desta obra, indubitavelmente, era mais conhecida do que a dos essênios.

pai não transforma seu filho em máquina para cumprir seus desígnios. Assim, dando-me um corpo humano, meu pai também me deu a liberdade do homem. É uma prova de amor que cabe a vós compreender. As duas mãos da criatura humana, as escolhas de que ela dispõe para construir sua vida na Terra são, mais do que pensais, as premissas de sua grandeza futura. Despojai estas idéias das palavras que as recobrem. Eu vos mostro um caminho de Homem... Olhando para os tempos que virão, surge-me um temor: o que não é compreendido provoca o terror, o fanatismo ou a devoção enfadonha. Assim eu vos digo, não façais de mim um deus...

Ficamos meio perplexos com aquelas declarações. Qual era o seu objetivo?

João nos deu uma solução para o problema alguns dias mais tarde, quando Simão e eu o acompanhávamos num barco ao largo do pequeno porto de Cafarnaum. Uma brisa perfumada acariciava-nos o rosto. Éramos apenas três e deixamos nosso barco andar à deriva, contemplando a margem, suas árvores em flor, suas colinas de um verde suave. A hora era propícia a confidências.

— Muitas vezes nos esquecemos de que o Mestre é um homem — disse-nos João. — Ele próprio me fez esta observação. Claro, há duas forças incomensuráveis que falam e agem por seu intermédio, mas sua resistência é igual à de todo organismo humano. Não façamos dele um ídolo a exemplo dos ídolos do tempo antigo. Não é este o seu desejo. Ele jamais será um ser preso a uma forma hierática, sem dúvidas, sem fome, sem cansaço. Ele tem em si toda a força cósmica, mas também a fragilidade do homem. Eis o que faz sua grandeza, Míriam. Ele não é só o filho do Eterno, mas o sinal revelador de um autêntico caminho humano.

Sei que as propostas dos zelotas o magoam às vezes, pois lhe oferecem uma opção que só um ser preso para sempre nas cadeias de seu futuro poderia decidir sem reflexão, sem tentação.

Como ele nos disse, devemos saber se preferimos um ídolo ou um ser conhecedor de nossos sofrimentos por ter aceito toda sua extensão devido às conseqüências de seu nascimento.

Eu vos falava dos zelotas, mas notastes as mulheres que freqüentemente procuram atrair sua atenção? Sem dúvida o amam... Como poderia ser de outra forma? Não se pode censurá-las, mas será que elas sabem que forças as utilizam para atrair seus olhares? Oh, não estou falando do demônio, sabeis muito bem que o único demônio que existe é o fel estagnado no coração dos homens. Falo da energia de dispersão que caracteriza a matéria de nosso universo. O Mestre esforça-se por unir, concentrar o autêntico, ao passo que o que nos parece exterior a ele tenta por todas as formas anular sua ação.

A fragilidade da matéria não ocupa um lugar real nele, mas sua presença permite-lhe ativar sua própria liberdade. Assim, Míriam, podemos compreender melhor o que ele queria dizer ao afirmar que devemos dar a Roma o que é de Roma. Não se pode servir a duas forças opostas. Esforçamo-nos por compreender o que nos faz crer que elas são opostas. Aceitamo-las e as reunimos para crescer.

— Acreditas que o Mestre possa ceder a Barrabás? — perguntou Simão.

— Ele não o fará... mesmo sabendo que sua palavra deve apoiar-se na matéria deste mundo.

João sorria; tinha feito do sorriso o essencial do seu rosto. Então ele pediu os remos a Simão e chegamos a um pequeno ancoradouro de madeira sobre o qual, com os pés na água, os pescadores consertavam suas redes...

Na semana que se seguiu, um dos cento e oito morreu. Ao voltar da montanha, o mestre o substituiu por uma mulher de Magdala que, há muito tempo, seguia seus passos. Ela era alta e magra e se chamava Maria. Um pouco mais velha do que nós, seus olhos refletiam uma tristeza insondável. Outrora deveria ter um caráter impetuoso e nos fez pensar num vulcão adormecido, numa força que se reprime para melhor explodir. Nas ruas de Cafarnaum, diziam que ela tinha levado uma vida dissoluta. Sua personalidade, suas reações às vezes prontas e às vezes desconcertantes, durante algumas semanas lançaram descrédito sobre os acompanhantes do Mestre. No entanto, que se saiba, nenhum dos cento e vinte jamais fez alusão àquilo.

Logo chegou o dia em que o Mestre nos solicitou para uma viagem de algumas semanas através dos montes da Galiléia. Era o início da primavera. Nos vimos novamente correndo para o Bethsaïd, onde nos revezamos com três outros Irmãos a fim de apanhar às pressas nossos mantos de lã e nossos sacos de pano grosso. Éramos uns vinte a participar da excursão, que consistia em visitas a pequenas localidades isoladas na montanha.

Depois de nos termos reunido sob um pórtico à saída de Cafarnaum, enveredamos imediatamente rumo às alturas, seguindo as trilhas dos pastores. Simão e eu gostávamos daqueles itinerários, onde devíamos esgueirar-nos entre os espinheiros e o caminho. Eles nos recordavam nossas escapadas infantis atrás da aldeia dos Irmãos.

A franja azul do lago esfumou-se atrás de nós e avançamos sobre as cristas arredondadas, entre as rochas cinzentas e as amendoeiras em flor.

À medida que avançávamos para o norte do país, a paisagem tornou-se mais verde e altos cimos nevados alinharam-se além das florestas de cedros. O ar ainda era fresco e caminhávamos com passos rápidos, de quando em quando fazendo perguntas ao Mestre. O isolamento das semanas anteriores parecia tê-lo fortificado em suas posições. Ele se mostrava mais firme do que nunca quanto à impossibilidade de estabelecer o que chamava de seu verdadeiro reino entre os homens da Terra, pelo menos da forma como se apresentava aos seus olhos. Ele optou por explicar-se com exatidão, o que mais tarde devia esclarecer-nos consideravelmente.

— Estas montanhas, estas plantas, vossos corpos, tudo o que vive ou parece dormir — neste mundo e na multidão dos outros — é comparável à corda de um arco que um dedo voluntário periodicamente vem distender. Deveis ter observado este fenômeno: quando uma corda é dedilhada, depois relaxada, põe-se a vibrar de forma a tornar-se invisível aos nossos olhos num curto espaço de tempo. Assim funcionam nossos corpos. Eles vibram permanentemente ao contato com forças imperceptíveis aos nossos sentidos. Contudo, eles vibram tão lentamente que não podemos imaginar. É isto que os torna densos e palpáveis. Imaginai agora que agísseis sobre eles como sobre um arco, através da energia mais poderosa que existe, a energia do amor. Suas vibrações os ocultarão dos olhos do homem comum.

Assim acontece com meu reino e seus habitantes. Os átomos que os compõem deslocam-se tão rapidamente que nossos olhos não podem abrangê-los nem nossas mãos agarrá-los.

Sabei, pois, que o que chamamos "real" reveste-se de múltiplas faces que desafiam a razão e a lógica fabricadas por certos humanos.

Agora posso afirmar-vos, meus Irmãos, minha missão não é estabelecer meu Reino sobre esta Terra, mas levar esta Terra para meu Reino.

Ativarei a vida do vosso mundo suscitando vibrações sutis em vossos corações. Talvez eu nunca tenha falado tão concretamente. Não poderia haver teoria poética na minha boca, mas antes a expressão de uma geometria do coração e da alma...

Os universos e o firmamento que contemplais a cada noite evoluem seguindo as mesmas regras.

Eles se banham num oceano de vida onde um dedo invisível, o dedo do Sem Nome, leva-os a vibrar periodicamente segundo ritmos que aumentam sem cessar. A multidão dos corpos celestes progride assim, ciclicamente transmutada, impelida de uma realidade a outra, fugindo inexoravelmente das limitações da densidade. O Eterno, meus Irmãos, é um músico que emite notas cada vez mais altas na escala. O tom, nascido de seu sopro, sobe um grau a cada dois mil anos e, no final do sexto desses tons, os mundos entram numa etapa vibratória. Eu vos digo, sou o principal artesão da sexta tonalidade, um fermento que deve fazer vibrar de outra forma a entrada dos corações no final dos dois milênios futuros.

É preciso que a rocha se transforme em pedra preciosa, que a erva seja árvore, que o animal desperte para a humanidade, que o humano se despoje para deixar surgir o iniciado, semelhante aos Irmãos das estrelas...

É preciso que o anjo desabroche em arcanjo, que do planeta brote um sol e, finalmente, que o sol se glorifique num fogo cósmico central.

Isso se realizará primeiro por uma eterização da matéria e das consciências ao nível de nosso universo, fenômeno consecutivo a uma purificação externa e interna de cada forma de existência.

Tudo tem a ver com o nível de consciência, o resto não passa de uma aplicação deste princípio, meus Irmãos.

Aquelas explicações provocaram em nós uma espécie

de vertigem. Não estávamos acostumados com uma linguagem tão técnica por parte do Mestre. Contudo, sentíamos premente necessidade daqueles conhecimentos precisos que vinham consolidar nossa compreensão das harmonias universais. Habituados àqueles conceitos de "vibrações", os filhos de Essânia que faziam parte de nosso pequeno grupo não tiveram a menor dificuldade diante daquelas explicações, mas não aconteceu o mesmo com outros, mais sensíveis a imagens familiares, mesmo que tivessem duplo sentido, do que a uma espécie de matemática. Sentimos necessidade de fazer uma parada na encosta de uma colina. No vale, o balido das ovelhas lembrava-nos de que não estávamos sós no mundo e que, um dia, seríamos obrigados a revelar aos homens aquelas verdades recém-reveladas.

— Não explicareis estas coisas ao povo — disse o Mestre, como se tivesse lido nossa inquietação. — Jamais volteis mais de uma página da revelação de uma só vez; há um tempo para tudo, um livro para cada um. Sabei falar de colheita com quem trabalha na vinha e nos campos. Falai de pesca a quem tem o barco e as ondas como seu único universo. Não basta saber, é preciso saber calar. Não para dissimular, mas para chegar ao essencial, evitando determinados horizontes que ainda poderiam assustar.

Toda arte que vos peço prende-se a estas três palavras: amor, progressão, discernimento.

Depois destas palavras, o Mestre fez uma longa pausa. Afastou-se um pouco de nós, que aguardávamos sentados sobre a erva.

— Deitai-vos — disse ele finalmente, voltando com um passo tranqüilo.

Obedecemos sem tentar compreender, subjugados por um pedido tão imprevisível.

— É bom que possais observar a dança dos mundos — murmurou ele, deitando-se por sua vez no centro do grupo. — Sabereis o que representa o dedo celeste que faz estremecer e vibrar a corda dos universos...

Não receeis estas experiências. Elas vos farão chorar mais de alegria do que de medo. Vou praticar em vós a separação da consciência e da carne. Flutuareis sem ligação aparente e me seguireis.

O Mestre pediu então silêncio absoluto e a mais completa imobilidade. Durante um longo momento, ficamos simplesmente estendidos, os olhos fechados embalados pelo canto dos pássaros. Parecia que toda minha energia se embrenhava no solo, para onde tinha sido aspirada, órgão por órgão. Logo eu formava um todo com a Terra. Tinha certeza de entrar nela mental e fisicamente. Ignorava o que tinha acontecido com meus membros. A circulação do meu sangue devia ter diminuído a tal ponto que seria inútil esforçar-me para mover-me. Aliás, eu não o desejava; havia naquela atitude da alma e do corpo uma espécie de serenidade, era a tranqüilidade completa, o esquecimento total da máscara da personalidade e do arcabouço físico. Eu conhecia muito bem aquele estado cuja busca e domínio eram ensinados pelos Irmãos. Aquilo não representava uma fuga nem um entorpecimento da consciência... Muito ao contrário, eram as premissas de um despertar para uma dimensão real, a volta da chave indispensável à abertura da porta.

"Abri vossa aura..." Estas três palavras penetraram em nós quase imperceptivelmente, como se murmuradas a cada uma de nossas células.

Tive então a impressão de que alguém tocava no côncavo do meu estômago e lentamente senti-me saindo do meu corpo. Pareceu-me esgueirar-me num cone translúcido e finalmente vi-me aspirada pelo topo do meu crânio. Tudo tinha acontecido com uma nitidez espantosa, com tal sensação de respirar. Eu podia ver meu corpo abaixo de mim. Parecia estar adormecido, numa semi-rigidez, com um sorriso nos lábios. Logo me dei conta de que meus companheiros tinham feito a mesma coisa: seus envoltórios estavam abandonados sobre a erva. Não passávamos de uns vinte corpos luminosos procurando estabilizar-nos nos ares, em torno de uma claridade prodigiosa: a claridade do Mestre.

Acabávamos de desincorporar-nos sob o efeito da sua vontade. A natureza tinha adquirido mil reflexos cambiantes, parecendo ter-se esmerado em tons novos, matizados. A erva, as flores, os vales inteiros eram um gigantesco arco-íris cintilante de vida... Ela estava lá, a verdadeira vida de nosso planeta, a vida que os homens se recusam a ver! Nossos pensamentos se entrepenetravam. Podíamos falar de coração a coração, trocar impressões sutis, transmitir-nos imagens além das palavras. Era com toda certeza uma aproximação do grande amor, uma fusão com as forças vitais cósmicas nutridoras. Simão veio ao meu encontro e começamos a andar como duas velas através das quais a brisa soprava. Mergulhávamos no coração dos tufos de erva, tornando-nos ainda mais minúsculos para seguir os meandros dos rebentos novos que surgiam... Prolongávamos nossos corpos de luz segundo nossa vontade e nosso amor, víamos toda a seiva do mundo palpitar numa fenda de rocha ou no cálice de uma flor. Compreendíamos que não há barreira para a alma e que a vida representa uma única força que o mental se obstina a dividir, uma contínua partilha ignorada pelo ego.

As chamas com forma humana que éramos naqueles instantes reuniram-se em torno de seu iniciador vestido de luz.

— Vinde — disse o Mestre a cada um de nós —, projetai-vos comigo além destas montanhas, além das nuvens...

Ele nos sorriu e foi como se um raio de sol nos levasse atrás de si numa interminável ascensão. Nossos corpos estendidos e os montes da Galiléia com suas árvores em flor sumiram abaixo de nós. Logo, pareceu-me que nossos corpos astrais tivessem tecido em torno de si casulos de luz branca. Subimos pelos ares com uma rapidez doida. Mas, seria mesmo "pelos ares", seria mesmo "uma rapidez"? A alma não estabelece esse tipo de categorias, ela não diferencia os lugares através de noções de distância, mas faz reinar o pensamento tangível que ri das leis de nossa lógica. Finalmente pareceu-nos formar apenas uma esfera leitosa em torno do Mestre. O firmamento, de um negro profundo e no entanto penetrado por uma luz secreta, englobava-nos. Eu via as pulsações de uma miríade de estrelas, os fogos multicores dos planetas que desfilavam como se presos num turbilhão. Era demais para minha compreensão de galiléia, embora habituada às abstrações da Fraternidade. Num relâmpago, pensei nos Irmãos das estrelas, em suas nuvens que penetravam nos mundos... Imagens incompreensíveis puseram-se a gravitar em minha cabeça. Novamente, achei que ganhávamos velocidade e a estrutura de nossos corpos não nos parecia mais a mesma.

Vi, ao meu lado, um monte de aparência gasosa salpicado por minúsculas manchas azuis, amarelas e vermelhas. Aquilo tinha o aspecto de uma nuvem gigantesca que se estendia, rasgada em vários pontos, transpassada por pequenos clarões de luz fulgurante... nossa galáxia e seus sóis...

— Eis a suma de vossos mundos — disse com doçura a voz do Mestre onipresente em cada um de nós. — Eis um corpo onde nascem, vivem e morrem sóis, luas e terras semelhantes aos vossos sistemas planetários que se entrelaçam e giram ao redor de uma grande força de natureza sutil, o Fogo de todos os sóis transcendidos, o Fogo de meu Pai! Na imensidão cósmica, há corpos como aquele ao infinito. O Sem Nome submeteu todos eles a ciclos que comportam outros ciclos, e assim por diante, eternamente. Os corpos encaixam-se uns nos outros e as órbitas umas nas outras. Esta é a verdade que vos ensino aqui. Aprendei e refleti. Quem conhece os ciclos do seu organismo conhece todos os ciclos do oceano cósmico. Os mesmos princípios são indefinidamente multiplicados com variantes impenetráveis pelo espírito humano, embora excluam todo acaso e toda arbitrariedade.

Vede o conjunto de vossos mundos físicos, nasceis ali segundo vossos carmas e vossas necessidades de evolução... o dedo do Sem Nome encaminha-se lentamente para ele. Sob a forma de uma fantástica nuvem de energias, vai penetrá-lo. Ainda não podeis distingui-lo, mas vossos planetas e vossas estrelas serão afetados daqui a dois mil anos. Ele é quem os fará vibrar num tom superior, provocando sua eterização...

Compreendei então que é importante preparar as criaturas para suportarem tal mudança, necessária para avançar rumo à felicidade.

Nunca vos esqueçais disso, meus Irmãos, não vos esqueçais de ver grande, porque tudo é grande. O pequeno só tem significado na prisão de consciências reduzidas. Que vosso amor seja grande, pois ele é a única força inextinguível que tudo envolve. Compreendei, finalmente: os mundos que brilham diante de vós, dos quais apenas vedes a casca mais vulgar, são os órgãos do corpo do meu Pai...

O Homem perfeito não é outro senão meu Pai e vós sois

seus filhos, porque sois as partículas do seu corpo. Meu Pai vos chama para Ele a fim de crescerdes incomensuravelmente em consciência e vos tornardes outros homens perfeitos, criadores de mundos...

Eu sou seu filho porque sou seu coração, o sol, o ponto do seu corpo que vos mostra o caminho!

Sabei, de agora em diante, tomar consciência de cada uma das células de vosso corpo; identificai-vos com elas e fazei com que venham a identificar-se convosco. Na verdade, não deveria existir diferença entre elas e vós. Através deste conhecimento, através principalmente do amor, fazei a partir de agora brilharem com toda sua luz os sete sóis fundamentais do vosso corpo, que eles sejam os sete sinais e as sete Igrejas de vossa aliança com ele.

Este é o caminho real da Transmutação!

Nossa exploração do oceano cósmico chegou ao fim com aquelas palavras. Tivemos a sensação de cair, a uma velocidade vertiginosa, num poço sem fundo. À nossa volta, faixas de luzes multicores estendendo-se ao infinito. Às vezes elas nos penetravam com matizes vivos. Aquilo durou bem pouco tempo, mas nossos espíritos decompuseram tudo como o músico que de repente toma consciência de uma nova harmonia.

Reencontramos nossos corpos aguardando, como se dormissem silenciosos, e tivemos certa dificuldade para reintegrar-nos neles. Parecia-nos que nosso sangue estava quase congelado em nossas veias, e nossos músculos endurecidos exigiram massagens enérgicas. O Mestre veio então abraçar-nos em sinal de acolhida no seio de uma realidade de agora em diante completamente diferente, depois tomamos o caminho do vale. A notícia da sua chegada o havia precedido... Este simples fato foi também um motivo de encantamento para nós.

Capítulo 10
Construíam-lhe um trono de pedra

PASSARAM-SE OS MESES E AS ESTAÇÕES. O MESTRE CONTInuava a ensinar por todo o país, fazendo breves incursões em Jerusalém. Os sacerdotes do grande templo aguardavam-no sempre com impaciência, a fim de provocá-lo no meio do povo, no largo dos mercadores. Se os doze o seguiam durante a maior parte do tempo em seus deslocamentos, o núcleo dos cento e oito foi momentaneamente dividido em dois grupos. Estavam encarregados de propagar a mensagem por toda a Palestina e também de acalmar os espíritos exaltados pelas agitações zelotas.

Só raramente o Mestre dormia em Jerusalém. Sua opção quase sempre recaía sobre uma pequena casa de Betânia, a casa de Marta, que assim se transformava em local de reunião.

Contudo, suas visitas a Jerusalém tornaram-se cada vez mais freqüentes. A multidão geralmente o precedia no recinto do templo onde ele adquirira o hábito de falar todas as sextas-feiras. Sempre que podíamos nos misturávamos àquela massa fervilhante de comerciantes, pequenos artesãos, pastores e peregrinos. Ficara combinado que estaríamos de ouvidos atentos às diversas reações do auditório do Mestre. Era preciso prevenir qualquer rebelião que poderia ter consequências análogas às de Magdala. Temíamos tanto um excessivo entusiasmo da multidão quanto uma reação intensa desencadeada pelos sacerdotes. Através das discussões ouvidas ao acaso nas ruas ou no adro do templo, compreendemos pouco a pouco que fariseus e saduceus tinham-se dividido nitidamente em duas tendências. Alguns recusavam categoricamente o "Nazarita", enquanto outros mostravam-se mais clementes e até sensíveis. Simão transmitiu-me esta observação, feita por um sacerdote durante uma discussão com o proprietário de uma pequena tenda:

"Que temos a temer quanto a ele a não ser o abalo de nossa tranqüilidade? Não é o que os profetas sempre fizeram? Muito poucos gostavam deles em vida, recusando-lhes mesmo o título a que tinham direito.

Além do mais, não há nada como a morte para consagrar um homem. Os profetas pertencem sempre ao passado... atualmente eles não passam de criadores de problemas!"

O sacerdote, sem dúvida, não tinha compreendido bem o sentido da palavra do Mestre, mas não podíamos negar-lhe um certo bom senso.

Foi naquela época que tememos o pior. A acolhida dos "Ramos" foi o ponto mais crítico da situação. Muitos olhavam sem ver, escutavam sem compreender. Estas frases, aviltadas pelo excesso de uso, são, no entanto, as únicas capazes de exprimir o que estava acontecendo. Em nossas freqüentes discussões fora das muralhas, esforçávamo-nos por resumir a situação. Não sabíamos que concluir das reações entusiasmadas do povo de Jerusalém... ou melhor, adivinhávamos o que era, sem nos atrevermos verdadeiramente a admiti-lo. O exército romano mantinha-se silencioso, mas o sentíamos perpetuamente presente; Barrabás não se manifestava mais — tivemos notícias de sua prisão —, mas seus homens estavam espalhados entre as multidões, talvez à espreita do instante propício para uma provocação, para um levante. Receávamos vê-los muito claramente dentro de cada um dos homens que agora vinham estender sua veste diante do Mestre para que este pisasse sobre ela. Eles construíam para o "Rabi nazarita" o trono de pedra que ele não queria... Consagravam, segundo a expressão do próprio Mestre, "o único rei que seu coração conseguia aceitar".

A confusão e a exaltação populares foram totais quando novos relatos concernentes "a um pequeno exército zelota e seu chefe Jesus" começaram a chegar até nós com regularidade cada vez maior. Tiago, Simão-Pedro e alguns dos cento e vinte que estavam presentes foram mandados pelo próprio Mestre para os lugares de onde aquele rumor parecia vir. A notícia que trouxeram encheu-nos de indignação: os zelotas tinham resolvido explorar a semelhança existente entre um deles e o Mestre. Assim, eram numerosos os homens que, de boa-fé, afirmavam ter visto o grande Rabi branco à frente de ações contra os romanos. Evidentemente, os zelotas pretendiam forçar a mão do Mestre, fazendo dele a imagem que a maioria desejava. Sua lógica queria que ele acabasse sucumbindo ao apelo popular.

A evidência da armadilha, sua força incontestável, causaram-nos um mal terrível. Eram muralhas de incompreensão que se levantavam à nossa frente no momento em que um número crescente de homens e mulheres começavam a pesquisar dentro de si mesmos. Simão e eu tivemos uma reação de desânimo e de revolta. Um olhar abrasado continuava impresso em nós. Agora estava claro. Era o olhar de José, o zelota, nas ruazinhas de Genesaré. Com certeza ele era o instrumento das forças obscuras cuja ação os Mestres da Fraternidade nos tinham ensinado durante nossa estada no país da Terra Vermelha. Não podíamos mais duvidar disso. Foi-nos difícil conter uma onda de rancor que crescia em nós. Era um sentimento novo, assustador. Talvez o Mestre tenha ficado magoado com muitos membros do nosso grupo, pois num silêncio carregado disse claramente, com palavras simples, cheias de censura e de amor ao mesmo tempo:

— O rancor se nutre de rancor... eu vos digo, meus Irmãos, não consolideis as energias dos que ainda não conseguem ver.

Reagrupamo-nos ao redor dele e tivemos que recuperar a paz, tecer de novo, mentalmente, o que até então tinha constituído nossa força: o véu de luz branca, nosso escudo, nossa ponte lançada entre os corações.

— No entanto, não vos recomendo nem a fraqueza, nem a passividade — acrescentou ele a seguir — O homem deve insurgir-se contra a mentira e o erro sob todas as formas. Mas quando chega a reagir, que seja com uma cólera sadia. A cólera, eu vos afirmo, pode ser uma manifestação tanto de amor como de ódio.

Para ser construtiva, ela deve ser controlada, em nada deve parecer-se com um extravasamento de impulsos animais. Só então se transforma num ato dirigido, num instrumento de eqüidade, não de desafogo dos instintos, nem de satisfação primária.

Por uma curiosa conjunção de circunstâncias, foi nos dias que se seguiram àquela declaração que o Mestre revoltou-se contra os vendedores do templo. Com aquela atitude, cujo rumor percorreu Jerusalém como um rastilho de pólvora, ele fez cessarem todos os comentários que já começavam a transformar suas palavras em palavras dos corações fracos. Quanto a nós, que não assistimos à cena, vimos nela uma ilustração da dupla força de Lua-Sol, nossa Vênus: revoltada, renovadora ao amanhecer, calma à noite...

Para não expor Marta a eventuais aborrecimentos, o Mestre encarregou Filipe, um dos doze, de encontrar, dentro dos muros de Jerusalém, uma peça que pudesse abrigar as reuniões secretas dos cento e vinte. Reuníamo-nos lá freqüentemente; um sentimento muito fluido exigia de nós uma organização rápida.

Contra toda expectativa, o local foi escolhido numa ruazinha movimentada de Jerusalém. Sem dúvida aquilo era sensato! Uns homens a mais misturados à multidão bizarra e barulhenta não corriam o risco de chamar atenção. Era o que chamávamos de peça alta, ou seja, situada no segundo andar de uma casa. Pequenas aberturas, mais altas do que largas, a clareavam discretamente e, mais embaixo, deixavam ver uma ou mais tendas. O ambiente era delicado, todo em meias tintas. Havia lá um claro-escuro permanente. Raios de luz alaranjada brincavam com a escuridão e criavam uma intimidade adequada para sustentar nossos corações. Um pequeno universo entre quatro paredes de tijolos secados ao sol, verdadeiro santuário para almas que se abriam... Lá nos sentíamos bem, ao abrigo das turbulências e das incompreensões.

Entretanto, nossa tranqüilidade foi ilusória e de curta duração. Com efeito, foi sob aquele teto que ouvimos a notícia que de repente acabou com nossas esperanças. O Mestre, como sempre, chegara com sua longa veste de linho branco e com um véu na cabeça. Aproximava-se o final da tarde e vimos sua alta silhueta aparecer na escadinha de madeira e vir sentar-se diante de nós. A animação ainda reinava lá fora; ouvíamos os gritos dos muleiros descarregando seus cestos diante dos balcões dos mercadores. Os sons chegavam até nós mal filtrados por algumas cortinas de tecido grosso que nos esforçávamos por prender aqui e ali. Receávamos nada ouvir do discurso do Mestre, mas sua voz, embora fraca por precaução, embrenhava-se facilmente até nós, como se seguisse itinerários estranhos às nossas leis físicas.

— Logo deverei apagar-me...

Esta pequena frase nos deixou gelados. Era a primeira que nos dirigia naquele dia. Acabava de ser pronunciada com calma, mas também com extrema gravidade.

— Tudo o que vier a acontecer — continuou ele — estará certo, porque foi desejado por meu Pai e por mim. Recebereis meus conselhos quando desejardes, para que o regato de amor se transforme em rio. Compreendei o que o Eterno espera de vós. O que hoje tenho a dizer-vos não poderá admitir interpretações, porque tudo está claro.

Logo sereis chamados além das montanhas e dos mares. Vós próprios compreendereis o sentido de vossa caminhada, mas o que importa acima de tudo é que admitais seu sentido e seu objetivo preciso.

Não vos peço que faleis de Jesus. Minha pessoa física tem pouca importância. Vosso mundo pode esquecer meu nome, ele pode surgir ocasionalmente. O importante é lançar as bases de uma imensa fraternidade, fundada sobre a doação mútua e a união com todas as forças criadoras. O ideal é consolar o homem através de vossos atos e da repetição das palavras que meu Pai pôs em minha boca. Guardai bem isso. Não é a pessoa de Jesus que se dirige a vós há três anos, mas uma Verdade sem idade que se exprime através dele. Direis aos homens que conhecestes o ponto de encontro das forças da renovação e que estas forças são suas. Chamei-vos para que não construais dogmas em meu nome e em nome do meu Pai. O dogma é humano e nós não somos humanos. Ensinai nossas obras e nossa harmonia, não uma lei...

Eis, então, meu principal desejo: não crieis uma religião a mais pensando em servir ao Eterno. O que Ele deseja é que os homens de vossa Terra superem a noção de religião, que a transcendam a fim de encontrar a unidade primeira. Ensinai aos corações e aos espíritos o meio de derrubarem suas fronteiras, mas não levanteis uma muralha a mais por mumificarem minhas palavras! Conseguireis admitir isto? Temo que os espelhos do tempo não sejam deformantes, meus Irmãos; temo que a raça terrestre só saiba andar sobre uma perna.

Uni vossos corações à sua fonte verdadeira, mas não inventeis para eles uma imagem-modelo suplementar. Principalmente, não tenteis esculpir neles os contornos de um novo deus, mas despertai suas lembranças fora de qualquer moral.

Os deuses sempre ostentarão máscaras de chefes militares calcadas nas máscaras humanas. Eles se esvaem na ronda dos ciclos cósmicos. Ensinai as multidões a se fundirem no meu coração, pois assim se fundirão com meu Pai. Seu privilégio será o do Homem, o privilégio de sentir todos os seres da sua criação, de tornar-se Uno com todos ao mesmo tempo, de participar de suas vidas e de sua morte, de organizar-lhes o plano e a conseqüência num único ímpeto de amor...

Para realizar a união suprema, os profetas e os sábios puseram-se a elaborar métodos e técnicas. Podereis ver neles os barrotes de uma escada, mas não a própria escada. Antes de mais nada, deveis insinuar-vos nas malhas do tecido das ilusões da satisfação mental. Estas serão sempre mais temíveis do que a falta de amor, porque significarão a própria falta de amor disfarçada em sabedoria.

Eu vos digo, meus Irmãos, sede homens que possam ser reconhecidos pela luz que emana do seu coração. O sol do mental só pode falar com seus semelhantes, e nada pode acrescentar-lhes de vivificante. Ele se autodestrói.

Fazei então com que entendam que minha vida é a vida dos homens de pés descalços, ou seja, dos seres sem artifícios que encontraram suas raízes. Da planta dos pés ao coração, há menos distância do que a lógica desta terra possa imaginar.

A escuridão caiu sobre a peça e alguns irmãos começaram a acender lâmpadas a óleo no chão. Suas sombras dançaram sobre as paredes, misturando-se com longos fios de incenso que se esfiapavam. Dois homens saíram então da sala pela pequena escada e reapareceram logo depois, trazendo um cesto cheio de bolachas de cevada. Foi a última refeição que os cento e vinte reunidos em torno do Mestre fizeram na sua companhia. Passamos um para o outro os pãezinhos redondos achatados e os comemos, depois de tê-los besuntado com um molho à base de cereais. Algumas azeitonas e um pouco de vinagre completaram o repasto. Lembro-me que todos nos esforçávamos para alegrá-lo, apesar do amargor que as primeiras palavras tinham provocado em nós. Não estávamos certos do que elas pretendiam significar, mas tínhamos no coração o peso dos que sentem que vão ficar órfãos. Durante toda a refeição e depois da breve prece ritual que a seguiu, o Mestre andou por nossa pequena assembléia, conversando com todos, reconfortando os que diziam não entender mais nada...

Foram momentos emocionantes, sem que alguém pudesse explicar o que estava acontecendo.

Enquanto isso, uns dez dos nossos continuavam a revezar-se fora da casa e da ruazinha a fim de prevenir a menor possibilidade de perigo. Utilizavam um código secreto, renovado a cada semana. O Mestre sentia-se totalmente vigiado e pela primeira vez parecia temer um ataque direto do sinédrio ou do comando romano. Antes de deixar-nos, falou-nos longamente de suas viagens por terras do Oriente e dos muitos escritos sagrados que havia estudado. Durante a narrativa, entrecortada por perguntas, ele freqüentemente falava de si na terceira pessoa, como se se tratasse de um outro ser estranho a ele e cujas reações analisava. Quem falava era o Kristos, permitindo-nos assim avaliar melhor a força supra-humana encarnada no corpo do pequeno José de nossa infância. Aquilo deu-nos uma espécie de vertigem, e o perfume dos anos esvaídos despertou em mim.

Voltava a ver aqueles viajantes, ricos ou miseráveis, que iam com regularidade visitar José na discrição da sua casa cor de terra. Sem dúvida eles já sabiam... Quem eram aqueles peregrinos da alma cujo nome o tempo apagou?

Daquela noite guardei muito particularmente algumas frases que o Mestre pronunciou a respeito de uma vasta região situada além-mar, bem ao Norte. Lá encontravam-se múltiplas divindades cujos nomes soavam estranhamente aos nossos ouvidos: Aesus, Hukadern, Karito Winda...[1] O Mestre nos

[1] Trata-se de uma trindade celta: Hukadern, representando o Verbo filho de Deus, sol físico e espiritual. Karito Winda (ou Koridwen), a virgem negra, verdadeira Ísis egípcia, era sua esposa mística, simbolizando a matéria primeira da natureza. Quanto a Aesus (Teutatés), o Pai cósmico, não podemos deixar de aproximar seu nome da raiz As ou Ase à qual se ligam os termos "Essênios" e "Iesse", ancestral

falou brevemente a respeito delas, preferindo demorar-se num deus-cervo cuja vida simbólica não deixava de lembrar-nos as lendas do nosso povo. Este cervo, cujo nome era Cernunnos, representava a chave da abóbada de toda a mitologia. O Mestre descreveu-o como o regente das energias fecundas, como uma das forças da natureza, à semelhança da qual, aliás, ele morria e se regenerava ciclicamente. Os povos do Norte faziam uma bebida sagrada com a ajuda de grãos moídos e fermentados.[2] Aquilo representava seu sangue, ou seja, a seiva capaz de propiciar visões e apressar a reintegração na fonte divina primitiva. O deus Cernunnos nos foi apresentado como o iniciador por excelência, o cervo solar cujos chifres eram também raízes que deviam lembrar-nos nossa ligação com as forças celestes. Devíamos vê-lo como o sacrifício supremo: enquanto moíam o grão durante um ritual, ele morria supliciado, para ressuscitar, no equinócio da primavera, nos grãos novos em germinação.

Era uma imagem universal sobre a qual devíamos meditar. Esta ligação das crenças estrangeiras com nosso povo era também um sinal indicando-nos que não devíamos desviar-nos da sabedoria dos múltiplos ensinamentos e dos elos fraternos que os unem.

— Meu caminho não poderia opor-se aos tempos antigos. A palavra que estais encarregados de propagar é o resultado de mil outras, ela se dirige a todas as espécies da Terra... A história dos Homens, meus Irmãos, é a história de uma pedra bruta caída dos Céus, caída de tão alto que se plantou na terra acreditando tornar-se Una com ela.

Esta é a história desta pedra que os ventos solares tornam cúbica e transformarão numa jóia de cento e quarenta e quatro mil faces quando chegar sua hora de voltar aos jardins celestes.[3]

---

de Jesus pelo lado materno.

2 Cervoise. (Provavelmente bebida semelhante à cerveja, que os egípcios e os mesopotâmios conheciam 3.000 anos a.C., e cujo nome parece derivar de "cervo". — N. da T.)

3 Trata-se, evidentemente, de uma alusão aos dois chacras extremos e aos níveis de consciência ligados a eles. O 4 representa a Terra, mas também a base estável, o cubo, a energia transmutante, enquanto o número 144.000 (o dos eleitos do Apocalipse, 7:4) é o das pétalas do chacra frontal, o lótus da conciência crística, combinando com o dos outros chacras.

A pedra bruta simboliza o humano no estágio primeiro de sua evolução no elemento mineral.

Sabei compreender isso e captar sua substância, todo o mistério da raça humana está encerrado aí.

Tendo pronunciado essas palavras, o Mestre levantou-se e voltou a cobrir o rosto com seu longo véu de linho branco. Cruzou os braços no peito e nós o imitamos, no mais profundo silêncio. Os olhos de nossa alma distinguiram então ao redor dele chamas de um azul intenso, fagulhas de ouro que se juntavam e elevavam-se em espirais até as vigas mal aparadas da sala. Esta percepção durou por muito tempo, pareceu-nos tanto tempo que um jorro de amor até então desconhecido veio trancar-nos a garganta e encher nosso coração.

Lá fora, a noite tinha caído. Descendo pelas ruelas desiguais que levavam além dos muros, para o bethsaïd, percebemos um ponto luminoso, que ainda pulsava só no firmamento. Era Lua-Sol. Como antigamente, ela lançava seu chamado e estendia suas mil mãos de paz branca, mãos que transformavam os corações em cadinhos.

Capítulo 11
A noite de Getsêmane

Era noite escura e acabávamos de entrar em Jerusalém através de um pórtico que a milícia romana vigiava mais atentamente do que os outros. Àquela hora tardia, não se podia atravessar à vontade os muros da cidade. Éramos três, Simão, Zacarias, membro da Fraternidade, e eu, e tínhamos pretextado um atraso devido aos acasos de uma longa viagem. Estávamos com falta de ar de tanto correr ao longo do caminho. Os últimos passos na trilha pedregosa e em declive que serpenteava entre os arbustos perfumados tinham sido os mais terríveis. Àquilo juntou-se o medo de sermos reconhecidos como companheiros do Mestre. Os cabelos longos dos homens bastavam para traí-los e, depois do espetáculo de que tínhamos sido testemunhas, podíamos temer o pior. Há muito tempo tínhamos tomado o cuidado de não usar mais a veste branca, que se tornara facilmente reconhecível; no entanto, sentíamos que havia em nós alguma coisa que poderia denunciar-nos. Adivinhávamos que bastava um olhar, um modo de falar para que reconhecessem em nós partidários do Mestre. Partidários! As coisas, na verdade, tinham ficado assim: mais do que nunca a cidade inteira dividia-se ao meio. Havia os que se declaravam a favor do "Nazarita" e os que punham em dúvida sua neutralidade política. Felizmente, aproximava-se a Páscoa e Jerusalém fervilhava de gente. Com um pouco de sorte, poderíamos esperar misturar-nos às levas de peregrinos. Precisávamos chegar a qualquer preço à casa de Massalia, um homem jovem em quem podíamos confiar inteiramente e que, muitas vezes, nos tinha oferecido seus serviços quando estávamos no recinto do templo. Sua habitação, numa ruazinha escura à sombra das muralhas, às vezes servia de ponto de encontro para alguns. Achávamos que só ele, àquela hora da noite, podia informar-nos sobre o lugar onde o Mestre dormia.

Entrar na sua casa não foi nada fácil. Devíamos evitar a qualquer preço as tropas armadas que faziam patrulhas entre as casas. Por sorte, elas não se mostraram nada silenciosas. Seus tinidos, que ecoavam em ritmo cadenciado nos muros e nas grandes lajes do chão, nos preveniam quanto a sua maior ou menor distância.

O piso inferior da casa de Massalia compunha-se de um pequeno entreposto de cântaros e jarros cheios de grãos e vinho. A porta podia ser aberta facilmente, e nós entramos ofegantes. Nossa entrada não deve ter sido muito discreta, pois da peça superior um rumor de passos abafados e apressados logo se fez ouvir. Antes que acontecesse alguma coisa que pudesse envergonhar-nos, achamos bom indicar em voz alta nossa presença. A escuridão era total e nos esforçamos por deslocar-nos tateando entre as ânforas. A voz de Massalia finalmente chegou aos nossos ouvidos, e o negror da noite foi rasgado pela claridade de uma pequena chama que tinha sido acesa num canto do teto. Distinguimos uma escada, depois um vulto seminu descendo lentamente, com uma lâmpada a óleo na mão.

— Que está acontecendo?...

Massalia fez a pergunta com voz ansiosa, levantando bem a lâmpada para melhor reconhecer-nos. Tinha os olhos esgazeados e os cabelos desgrenhados. Mal ouvimos sua pergunta, pois não conseguíamos conter a nossa.

— Onde está o Mestre? — perguntou Simão imediatamente. — Precisamos vê-lo sem falta. Acaba de acontecer algo muito importante perto de Betânia. Achamos que nem poderíamos chegar até aqui!

— Vamos subir — respondeu Massalia. — Eu sei onde está o Mestre, mas não é possível ir ao seu encontro a esta hora. Vi Tiago ao cair da noite, disse-me que estava partindo para

Getsêmane. Sabeis bem que é lá que há algum tempo se reúnem quase todas as tardes para rezar. Disse-me também que o Mestre falava muito pouco e parecia inquieto. Mas, repito-vos, não podeis vê-lo agora, os soldados não vos deixarão sair da cidade antes do nascer do dia. Há uma estranha agitação desde a manhã de hoje.

As palavras de Massalia pareciam sensatas e, momentaneamente acalmados, nós o seguimos ao longo da escada que levava à peça superior. Sua mulher e sua filha estavam lá. Nossos olhos as descobriram sentadas numa esteira e enroladas numa coberta de lã grossa. Tomamos lugar ao lado delas e à meia-voz Simão começou a contar resumidamente os acontecimentos que tínhamos testemunhado.

— Voltávamos da casa de Marta e tínhamos que apressar o passo a fim de chegar junto aos Irmãos, na entrada da cidade, antes do cair do dia. Alguém de sua casa tinha até nos fornecido asnos para facilitar nosso retorno. Mas tudo mostrou-se inútil, tivemos de abandoná-los na primeira casa encontrada no caminho, com medo de não sermos muito discretos. A pé, é mais fácil embrenhar-se, entre os rochedos e as dobras do terreno. Eis o que se passou: mal tínhamos saído de Betânia e avistávamos aqueles abrigos de pastores semi-enterrados perto da estrada principal; fogueiras já ardiam. À medida que nos aproximávamos, gritos e clamores se faziam ouvir por toda parte. Pareciam sair de cada seixo da montanha. Avançamos para os abrigos e vimos que um grande número de homens batiam-se em meio a uma nuvem de pó. Alguns estavam a cavalo e golpeavam tudo que podiam. Reconhecemos imediatamente os romanos. Quanto aos outros, respondiam aos golpes com uma fúria incrível. Alguns tinham a cabeça envolta numa faixa de cor escura, emblema dos zelotas.

Não sabíamos o que fazer, Massalia... como poderíamos intervir? Foi uma verdadeira matança. Uns trinta homens já se arrastavam pelo chão e mais de cinqüenta, de um e outro lado, ainda se massacravam. De repente vimos que dois centuriões a cavalo mantinham-se à parte e observavam friamente a cena. Achamos que o melhor era correr até eles a fim de pedir-lhes que interrompessem a luta. Precipitamo-nos em sua direção, levantando as mãos para mostrar que não tínhamos armas,

mas foi uma verdadeira estupidez. Eles nos receberam com a parte plana da espada, nem sequer nos dando chance para falar. Finalmente, derrubaram-nos empurrando-nos com as ancas de suas montarias. Quando conseguimos levantar-nos, eles já galopavam na direção da sua tropa. A partir de então, o combate encerrou-se. Compreendemos que os legionários tinham mantido facilmente sua superioridade quando os vimos reunir-se e perseguir alguns fugitivos através das fendas dos rochedos. Gritos agudos rasgaram nossos ouvidos, depois mais nada; afastaram-se em ordem depois de terem recolhido os seus. Seu chefe examinava-nos de longe, com um olho altivo e desconfiado, e finalmente também partiu. Doloridos, tudo que conseguimos foi precipitar-nos até as vítimas zelotas. Era evidente que não poderia haver sobreviventes, pois um minuto antes tínhamos constatado com horror que os romanos estavam matando os feridos...

Um silêncio pesado caiu sobre nós. Percebi que Simão não queria mais continuar o relato. Quanto a mim, sentia-me mal e continuava a pensar que tínhamos que ver o Mestre o quanto antes. Zacarias continuou a narrativa de Simão. O que ele tinha a dizer nos parecia ainda mais importante. Contudo, Massalia, perturbado, levantara-se bruscamente e caminhava de cá para lá no assoalho empoeirado da peça. Víamos seu vulto mergulhar na penumbra, depois reaparecer, cada vez mais nervoso.

— O espetáculo dos corpos foi algo de aterrador — disse Zacarias. — Entre as vítimas, vimos os dois pastores do lugar que deviam ter sido surpreendidos pelo confronto. Mas o mais incrível, Massalia, foi encontrar, todo perfurado, o chefe zelota que sabíamos que se fazia passar pelo Mestre nos últimos meses. Não sei se sua morte deve representar um alívio para nós todos ou se é um sinal do perigo que o Mestre corre. Tudo isso talvez seja indício de uma grande ofensiva de Roma...

Mas, mal tínhamos pronunciado as orações rituais no meio da carnificina, quando o ruído de um galope nos obrigou, por prudência, a refugiar-nos no fundo da gruta de pastores mais próxima. De nosso esconderijo, observamos vários soldados romanos carregando o corpo do chefe zelota num carro. Tudo aconteceu muito rápido; todas as outras vítimas ficaram abandonadas no local.

Daí por diante, só nos restou correr para cá. Não foi fácil, Massalia: a noite retardou nossa caminhada e não nos atrevíamos a seguir pela estrada. Foi muito bom, porque por duas vezes percebemos destacamentos percorrendo-a a passos largos.

Massalia atou sua veste e apanhou seu manto.

— Tendes razão, o Mestre deve ser prevenido. Tudo isso parece-me muito grave.

Sem uma palavra, descemos a escada às pressas e esgueiramo-nos pela ruazinha. Eu estava esgotada pelo nosso longo trajeto e espantava-me por ainda encontrar em mim um impulso de energia. Esperar lá seria bem mais penoso. Contudo, não fomos muito longe. Sob um pequeno pórtico, perto das cavalariças, deparamo-nos bruscamente com uma sombra que, como nós, seguia rente aos muros. Meu coração saltou. A custo retivemos um grito... Era João! Os olhares se encontraram, esquadrinharam-se... Ele se precipitou para nós tomado da mais viva emoção.

— O Mestre! O Mestre! — balbuciou com voz estrangulada. — Acabam de levá-lo!

João não prosseguiu, desmanchou-se em lágrimas de tal forma, que achei que ia bater a cabeça contra a muralha.

Para nós três, tudo parou pelo espaço de um segundo, de uma hora, nem sei mais. Nossos cérebros ficaram entorpecidos, gelados, e foi como se repentinamente a vida tivesse fugido de nossas veias.

Só Simão conseguiu finalmente murmurar umas palavras:

— Não fiquemos aqui, só nos resta voltar à casa de Massalia.

João não falou mais, debulhava-se em lágrimas, e vimos que seu olhar tinha mudado de expressão. Vi uma espécie de chama azul, uma chama que transpassava a escuridão, uma chama de esperança ferida, mas que queria viver, ainda queria viver...

Enquanto nos esgueirávamos rente aos muros, fios de incenso agonizante chegaram até nós. Pela primeira vez, seu aroma me machucou, achei-o muito próximo do amargor, com aquele peso obstinado que fatiga os corações...

No entanto, tentei raciocinar, retomar os fatos logicamente: já não tínhamos sido presos em Magdala? Não houvera conseqüências; e o Mestre não se empenhara em provar seu desinteresse político? E se fosse o sinédrio?

A porta da casa de Massalia fechou-se mais uma vez atrás de nós e nós nos precipitamos para o andar de cima, onde poderíamos tomar providências com mais tranqüilidade.

— Foi Iscariotes — murmurou João antes de deixar-se cair sobre as esteiras. — Foi ele quem denunciou a presença do mestre em Getsêmane. Todos vimos, ele nem sequer tentou disfarçar-se quando se aproximou dos soldados. Eu devia ter desconfiado que alguma coisa não estava certa... Nunca vi o Mestre como nesta noite... Ao final da longa oração que recitávamos habitualmente no jardim, em comum, ele se afastou de nós e não quis pronunciar mais uma palavra, contrariando seu costume de comentar uma ou outra palavra. Simão[1] e eu tentamos aproximar-nos dele várias vezes, pois estava frio e era-nos difícil permanecer imóveis, mas ele nada disse que pudéssemos compreender, a não ser que queria ficar só porque estava falando com seu Pai.

João passou as mãos nos cabelos, depois no rosto. Parecia hesitar, procurar as palavras. Finalmente, respirou fundo, com dificuldade, depois continuou:

— É muito estúpido, como não desconfiei?... Nunca tinha visto o Mestre daquele jeito. A noite estava escura, mas tenho quase certeza que vi lágrimas brilhando em seus olhos. Aquilo já tinha acontecido com ele, mas não assim... Quando os soldados surgiram, logo passaram correntes nos seus pulsos... Nunca teriam ousado fazer isso com ele em Magdala!

Todos os nossos que estavam armados bem que tentaram defendê-lo, mas ninguém o fez. A altercação era muito viva. Acho que dois romanos foram feridos, mas dir-se-ia que o próprio Mestre se entregava: foi ele quem interferiu para impedir a luta. Aliás, ele já não estava mais com as mãos acorrentadas e isso fez com que os soldados recuassem vários passos; teriam visto algo mágico naquilo! O Iscariotes só chegou naquela hora. Até fez uma cara de quem não entendia o que estava acontecendo e gaguejou alguma coisa para o Mestre. Então a luta recomeçou e cada qual acabou por salvar-se dispersando-

[1] Não se trata de Simão, marido de Míriam. Trata-se de Simão, depois chamado Pedro. (N. da T.)

-se entre as oliveiras. Todos se salvaram, estais compreendendo? Todos se safaram... até eu! E isto é que é o pior! Meus Irmãos, acho que nada compreendemos do que aconteceu em Jerusalém desde a nossa chegada!

Não sei onde estão os outros, acho que vi alguns vindo para cá. Será que se reuniram no bethsaïd?

— Alguém mais está a par disso? — murmurei.

— Nicodemos e José.[2] Estavam sentados perto de nós embaixo das oliveiras. Voltei a encontrá-los descendo para o vale. Garantiram-me que iam ao palácio, à residência de Pilatos, porque lá têm amigos que podem interferir. Talvez o próprio Pilatos, aliás!...

João se calou, pareceu refletir por um instante, depois pôs as duas mãos sobre o coração.

— Escutai e prometei-me não repetir o que vou confiar-vos. Isto envolve uma reputação e talvez a vida de uma família.

À tarde, quando me encontrava a sós com o Mestre, fomos abordados por um homem que nos levou para uma rica morada. O Mestre imediatamente reconheceu nele um dos seguidores com que conta secretamente no palácio; então lhe obedecemos com total confiança. Na peça dos fundos da casa, Pilatos em pessoa nos aguardava. Pensei numa armadilha, mas não era, até eu o achei muito gentil. Asseguro-vos que ele não é tão contrário à nossa causa como dizem! A entrevista foi breve. Ele simplesmente pediu que o Mestre tivesse a maior prudência pois, dizia, não estava informado de tudo o que acontecia... Fiquei impressionado ao ver como seus lábios tremiam, como se não estivesse muito seguro de si.

João endireitou-se e ergueu-se subitamente; fizemos o mesmo. Qualquer palavra seria inútil. Sua angústia agora era a nossa, no fundo daquela noite em que tudo parecia oscilar. Um de nós deu a idéia de que devíamos reagrupar-nos. Então, sem demora, recompusemos nossos mantos e voltamos a descer a pequena escada. Um rumor de passos cadenciados, de tinidos, eram os romanos...

Aguardamos em silêncio entre a confusão das ânforas e o rumor tornou a sumir na noite. Tínhamos que percorrer mais da metade da cidade, escapar das rondas e finalmente sair das

2 José de Arimatéia.

muralhas para chegar até ao bethsaïd. A caminho, nos breves instantes em que recuperávamos o fôlego, uma idéia começou a germinar pouco a pouco. O ideal era um de nós simular uma doença à aproximação do grande portal, assim os outros teriam um pretexto para levá-lo até aos Irmãos, fora dos muros. Saberiam para onde íamos, mas aquilo nos parecia o melhor estratagema. Tivemos a sorte de encontrar por acaso uma padiola num pequeno reduto pertencente a um dos nossos. Os homens decidiram que eu faria o papel de doente. Ajeitei-me sobre o precário amontoado de madeira e ramagens e esforcei-me por gemer com a maior autenticidade possível. Os legionários não duvidaram de nada; percebi simplesmente que levantavam meu manto e o de Simão a fim de examinar meu rosto.

Foi assim que nos vimos fora dos muros. Nem uma palavra foi trocada e eu percebia meus carregadores apressando o passo e tropeçando sobre os cascalhos. Levantando um canto da minha coberta, percebi que não estávamos sós. Uma multidão de peregrinos e mercadores dormiam, no chão, pequenos embrulhos de pano rústico e de lã mal cardada, espalhados aqui e ali ao acaso dos relevos do terreno ou de abrigos proporcionados pela vegetação. Estávamos a uns dez dias da Páscoa e o povo já acorria de toda parte. Cada qual tinha montado seu acampamento onde podia, conforme seus hábitos, quase sempre modestos. Logo nosso grupo chegou ao pequeno recinto do bethsaïd e eu sentei no chão. A construção de terra e pedra era em parte cercada de oliveiras e figueiras e podíamos apostar que ela também estava cheia de peregrinos, mendigos, mulheres prestes a parir e doentes. Não seria fácil agrupar-nos sem atrair os olhares.

Nem bem tínhamos penetrado no limiar do bethsaïd, explosões de vozes e ruídos de passos precipitados chamaram nossa atenção. Vinham dos fundos da casa. Imediatamente dirigimo-nos para lá, com mil precauções. Na sombra profunda das figueiras, mal se destacavam seis ou sete vultos que pareciam correr em todas as direções, gesticulando. A discussão era geral, a atmosfera tensa. Conseguimos distinguir tons de vozes, e foi assim que nos aproximamos. A tensão era tal, que nem pensamos no perigo que podíamos estar correndo e nem percebemos que os vultos que tínhamos avistado pouco se importavam com nosso avanço. Descobrimos seis discípulos próximos do Mestre. Estavam num estado indescritível, e desconfiavam violentamente do Iscariotes. Simão[3] o tinha agarrado pela gola da túnica e o apertava sem piedade contra o tronco de uma árvore. Só Levi[4] parecia capaz de manter a calma, tentava ficar à parte e esforçava-se para apaziguar os outros, sem muito sucesso.

— Estás vendo que ele se atreveu a voltar aqui! — gritou Simão, reforçando o aperto.

E o silêncio caiu de um só golpe, como se tudo tivesse sido dito, como se nada mais houvesse a dizer diante do inqualificável.

Levi deu alguns passos e pôs a mão no ombro de Simão, que mal continha sua tremedeira. O punho do pescador afrouxou e Iscariotes desfez-se em lágrimas, deixando-se cair ao pé da árvore.

Aquela me pareceu a noite mais louca, a mais horrível da minha existência. Tudo de que nos aproximávamos, todos os seres que encontrávamos transpiravam fracasso e desgraça...

Como podíamos trazer tudo de volta facilmente? Tantas palavras de amor semeadas através dos vales e das colinas, tantos olhares de paz que tinham procurado a nova Terra, tantos esforços que agora se desintegravam!

Fazia frio e comecei a tremer, o cansaço e o vento me venceram. Não vi mais nada a fazer a não ser encolher-me contra Simão, que estava me chamando para perto dele.

Novamente, uma voz rompeu a noite:

"Por quê, por quê, por quê?..." E mais ela falava, mais ela me apequenava, absorvendo em si todas as nossas forças,

Finalmente o Iscariotes levantou a cabeça. Sob a cabeleira castanho-viva, seus olhos pareciam cravados no rosto.

Judas não passava de uma paisagem retorcida, de uma terra entregue a todos os sismos.

— Eu não quis — disse entre dois soluços —, jamais quis aquilo... Eles me traíram, eles não deviam levar o Mestre. Por piedade, escutai-me e acreditai em mim, mesmo que seja pela última vez.

Por piedade! É verdade que naqueles momentos terríveis

3 Simão-Pedro.
4 Mateus.

ele nos causou piedade... Em todos os rostos a raiva tinha dado lugar ao desânimo. Muitos olhos se fecharam como se para ler dentro de si mesmos; muitos corpos cansados encontraram uma pedra para sentar-se, e Iscariotes continuou a falar, a falar... Derramava o conteúdo do seu coração, um coração que até então tinha se exprimido tão pouco:

— O Mestre precisava encontrar-se com os romanos — dizia ele com voz apagada. — Pensei que aquilo não podia continuar e que um encontro oficial devia acontecer em segredo, que só seria benéfico. Vistes o que aconteceu nos últimos dias? Revoltas por todo lado, supliciados por todas as estradas e os zelotas continuamente ao redor de nós! Era preciso que o Mestre se encontrasse com o comando romano da cidade. Era a única solução para salvá-lo e também salvar-nos. Uma explicação precisa junto a Pilatos; só poderia desculpá-lo. Um de seus enviados entrou em contato comigo ontem... Ele me garantiu que os altos responsáveis queriam conversar com ele no palácio, com total segurança para ele. Nada mais fiz do que dizer onde encontrá-lo, fora da multidão... Eu vos asseguro!

Um soluço impediu-o de continuar. Nós nos procuramos no escuro, talvez para fundir nossas penas, talvez para partilhar as mil interrogações que não conseguíamos formular.

Que se devia pensar? Recusava-me até a pensar. Tudo o que eu sabia era uma impiedosa sucessão de fatos: não houvera entrevista, tinham acorrentado e levado o Mestre e nossos corações estavam paralisados... Nossas almas geladas procuravam desesperadamente ao redor o menor sorriso capaz de aquecê-las. Naqueles instantes terríveis, só havia rostos encovados, pálpebras cerradas e mãos dobradas sobre si mesmas.

Novamente, Judas foi questionado. Desta vez, quem interveio foi Filipe.

— Não acredito em ti, Iscariotes! Nos últimos tempos te vimos com muita freqüência junto aos zelotas! Querias provocar esta altercação. Acho que querias obrigar-nos a agir contra a vontade, na esperança de que nossa reação violenta bastasse para levantar a cidade contra Roma!

Filipe havia tentado conter-se, mas apesar disso arrebatou-se.

Seu comentário acabou de inquietar-me. Seu raciocínio

tinha fundamento e só aumentava a complexidade da situação. Mas, traição ou falta de jeito, pouco importava, agora que havia o vazio sob nossos pés.

Nem por um momento passou pela cabeça de nós que o Mestre poderia ser solto, como em Magdala. Muitas coisas tinham mudado. Um ruído de pedra rolando nos fez voltar a cabeça. Duas sombras avançavam a passos largos. Era José, precedido por um Irmão do bethsaïd.

Parecia bem mais calmo do que nós.

— Não brigueis, meus Irmãos — disse ele, com grande tristeza na voz.

Eu estava presente sob as oliveiras e todos somos culpados por não termos compreendido... Aliás, o Mestre não queria luta; talvez por isso eu o tenha visto partir com as mãos livres e por sua própria vontade à frente dos romanos.

José recobrou o fôlego, sentou-se ao lado de João, que emudecera, e continuou:

— Acabo de percorrer a cidade com Nicodemos e alguns outros. Todos os nossos que podiam ser encontrados foram prevenidos. Eu mesmo falei com a mãe do mestre e com dois de seus irmãos mais novos, os outros não estão em Jerusalém. Achei que não seria fácil, mas assim que cheguei parecia que ela já estava a par dos acontecimentos.

Assim que o sol se levantar, irei ao palácio falar com Pilatos. Sabeis que tenho bons amigos entre o seu séquito. Isto facilitará as negociações. Talvez Caifás concorde em receber-me, mas isto não é muito certo!

Por enquanto não vejo nada a fazer a não ser esperar aqui.

Ninguém conseguia ver o rosto de José, escondido entre as ramagens, mas provavelmente suas palavras foram o tão esperado bálsamo, pois nós o seguimos pelo bethsaïd. Foi então que surgiram, esbaforidos, Nicodemos e quatro outros Irmãos; foi então que vimos o Iscariotes esgueirar-se na direção oposta, por uma trilha perdida. Filipe quis retê-lo, mas José logo o dissuadiu.

— Deixa... As forças com que trabalhamos hoje são superiores a nós. O próprio mestre fez com que eu compreendesse isso esta manhã. Acho que ele sabia!

Foi difícil encontrarmos um lugar entre os corpos estendidos e os pequenos grupos de peregrinos que tinham passado a noite rezando no bethsaïd.

O ar estava pesado com os vapores do incenso e do alimento que os Irmãos já estavam preparando.

Eu não estava mais com sono, e logo os primeiros raios do sol tingiram de rosa o alto das montanhas. No fogão da peça principal crepitava um fogo de lenha, e alguém preparava uma bebida quente aromatizada.

Então, com a cabeça oca, os nervos esgotados, Simão e eu deixamos o bethsaïd para caminhar um pouco pelo flanco da montanha, entre as sarças e os arbustos com flores vermelhas e brancas. Precisávamos meditar e reencontrar forças, como nos tinham ensinado o Mestre, o velho Zérah e os Irmãos idosos que tinham salpicado nossa infância com o orvalho de seus corações.

No alto dos muros, da torre do Pináculo, o canto ao mesmo tempo grave e estridente dos chifres e das trombetas chamava para a vida...

Capítulo 12
Os irmãos de Heliópolis

Era sexta-feira de manhã e nenhum de nós sabia para onde ir, nem o que devia fazer. Achamos que não seria prudente continuarmos agrupados, mas não conseguíamos resolver-nos a nos dispersarmos pela cidade. No decorrer da manhã, os cento e oito começaram a afluir ao bethsaïd de tal forma que não havia mais dúvida: nosso reagrupamento visível acabaria numa prisão em massa. Então concordamos em espalhar-nos, todos esforçando-se para retomar suas atividades cotidianas. Era melhor aguardar a volta de José, na esperança de uma intervenção feliz junto às autoridades romanas.

Enquanto nos demoramos no bethsaïd ajudando peregrinos doentes, Simão e eu vimos o vulto de três homens de pele acobreada, vestidos de branco, esperando discretamente. De tempos em tempos, João, que tinha ficado lá, ia até eles e falava-lhes rapidamente. Pareceram-me a própria encarnação da bondade e da autoridade, de tal forma seus semblantes refletiam sabedoria e inspiravam respeito. Alguma coisa em mim murmurou o nome de Heliópolis e simultaneamente um deles avançou na minha direção. Tinha uns trinta anos, não mais, e seus olhos de um azul muito claro atraíram os meus, de tal forma iluminavam a cor trigueira do seu rosto enquadrado por uma longa e espessa cabeleira cor de ébano.

— Está certa, Míriam — disse-me na língua grega, puxando-me para ele com um braço. — Meus irmãos e eu viemos do grande templo de Hélios, na Terra Vermelha. Há muitos anos múltiplas ordens chegaram a vós através de nós. Há quase uma lua estamos perto de Jerusalém e observamos, porque trabalhamos com o Kristos desde sua chegada entre nós. Estamos aqui para o término de sua missão.

Faze com que os outros saibam, Míriam, que devem parar com sua atitude. Teu temperamento leva-te naturalmente ao papel que peço que desempenhes.

Cada qual deve voltar a encontrar sua lucidez, pois o que está acontecendo nestes dias ultrapassa em muito nosso entendimento. Os Irmãos de Heliópolis e o Grande Conselho agora vos pedem disponibilidade, uma calma inabalável e até alegria, pois o amor que deve dirigir nossas línguas e nossos braços não floresce na tristeza.

Tendes em vossos corações todas as armas necessárias, não as desperdiceis por falta de lucidez. Procurai em vós a chave de tudo que pode acontecer de agora em diante, ela está necessariamente em vós, pois aí foi depositada há muito, muito tempo.

Não estais lutando sós, Míriam! Faze com que todos o saibam. Os Irmãos das estrelas estão entre nós e o Pai espera que vos comporteis como seus representantes. Mais do que nunca, sede filhos de Lua-Sol, filhos do amor!

O Irmão de cabelos de ébano, que singularmente tinha dado ênfase a esta frase, iluminou seu rosto com um largo sorriso.

Não encontrei palavras para responder, minha mão direita pôs-se espontaneamente sobre meu coração em sinal de assentimento e de gratidão.

— Esta manhã já falei com João — recomeçou o enviado de Heliópolis. — Ele também sabia, sem ver. Após a partida do Mestre, vós o seguireis. Por enquanto, ficai a postos para ajudar vosso Irmão José, seu fardo é pesado.

E enquanto ele pronunciava aquelas palavras, um rumor de passos precipitados nos fez voltar a cabeça. Quem estava chegando era exatamente José. Sua longa veste cor de terra estava colada à pele aqui e ali, seu rosto porejava de suor e seus olhinhos muito apertados revelavam uma serenidade posta severamente à prova.

A maioria dos que lá estavam levantou-se num gesto único.

Ficou decidido que sairíamos para procurar mais tranqüilidade. No seio do bethsaïd o movimento era muito grande e o que mais temíamos era uma presença hostil. Fora, parecia uma fornalha; o sol já alto nos obrigava a procurar a sombra no vale, onde cresciam mais árvores. A passos lentos, caminhamos para os rochedos do Hinnon, onde quase tínhamos certeza de não encontrar ninguém. Não havia uma trilha perfeitamente traçada e as pedras, mais pontiagudas do que em outros lugares, nos machucavam os pés. Assim que encontramos arbustos suficientemente espessos para proteger-nos, paramos. Estávamos bem perto do lugar dos párias, do despejo da cidade, e ninguém iria incomodar-nos.

— Pronto — disse José, que nossa marcha lenta havia descansado —, consegui ver Pilatos e um bom número de homens influentes de seu palácio. Ele, pessoalmente, não me pareceu contrário à libertação do Mestre. Disse-me claramente, mas um pouco embaraçado, pois duas pessoas da sua comitiva estavam presentes. Só consegui saber mais alguma coisa quando ele as dispensou por um motivo qualquer. Não foi ele quem ordenou a prisão do Mestre. Foi ele quem me afirmou e eu acredito de boa-fé.

— Então foi Caifás? — perguntou Filipe. — Está claro que o Mestre nos últimos tempos fez com que sua autoridade diminuísse, através de tudo o que foi dito e realizado nas ruas de Jerusalém!

— Não, a ordem veio de Roma, dos próprios conselheiros de Tibério. Pilatos esta noite viu-se diante de um fato consumado, ao mesmo tempo que nós.

João interveio:

— No entanto, ele deve ter sido advertido... Ontem à tarde ele próprio tentou pôr-nos em guarda...

— Disse-me que muitas vezes tinha sido sondado a respeito dessa prisão, mas que sempre se opusera — falou José. — Ele nada tem a censurar ao Mestre, compreendeis! Aí está a nossa chance! Pareceu-me até ouvir algumas palavras murmuradas e que revelavam certo interesse por sua ação. Mas não confiemos muito, isto é só uma suposição de minha parte. Contudo, ele mandou um mensageiro a Roma, com toda urgência, a fim de suspender...

José não terminou sua frase. Será que ele esperava que já tivéssemos compreendido? Sem dúvida! Mas queríamos saber por sua própria boca o que tinha sido decidido e o enchemos de perguntas.

Ele manteve a calma e respondeu num tom que se esforçou para tornar o mais natural possível:

— Pilatos acrescentou que Roma tinha determinado a condenação à morte do Mestre por ordem do imperador Tibério. Teria recebido a carta esta noite, quando tudo já estava acabado em Getsêmane. Os nossos que estão no palácio me confirmaram este detalhe, falei com todos eles.

A notícia caiu como um cutelo, mas todos tentaram não reagir.

— Caifás? — arriscou finalmente Simão, que não tinha dito uma palavra desde a manhã. — Foi à casa dele que o Mestre foi levado em seguida. Vedes, meus Irmãos, como tudo estava cuidadosamente planejado; Roma não quis infringir a lei. Soube por um sacerdote do templo que o grande sinédrio estava quase todo reunido quando aconteceu a prisão!

— Viste Caifás e Anás?

— É impossível encontrá-los, eles não querem ver ninguém. Tudo que fiquei sabendo sobre o sinédrio vem, como vos disse, de um sacerdote favorável a nós. Parece que houve um interrogatório muito cerrado e que Caifás saiu da sala, lívido de raiva. Sem dúvida a decisão de Roma venceu facilmente. Acho que não devemos esperar nenhuma ajuda desse lado... Ele está cheio de ciúme.

José suspendeu aqui seu testemunho. Será que ele sabia mais? É provável. Parecia homem capaz de guardar segredos pesados, um desses rochedos em que a força repousa na prudência e na discrição.

Pelo que me recordo, nenhum de nós atreveu-se a interrogá-lo mais para obter maiores detalhes. Tínhamos receio de abrir uma nova chaga em nossa alma.

Ficamos assim por muito tempo, em silêncio total, perdidos entre os rochedos do Hinnon, suspensos entre nossas súplicas ao Sem Nome e nossas meditações sobre a eventualidade dos acontecimentos que viriam.

Só a presença no bethsaïd dos três Irmãos de Heliópolis me

dava coragem novamente; eu via naquilo a marca do destino que queria que tudo acontecesse assim e que cada um agisse conforme os compromissos assumidos outrora. Mas a razão sempre anda sobre um fio esticado e eu tinha a nítida sensação de estar presa numa engrenagem que eu havia desejado como todos os outros, mas cuja complexidade me provocava vertigem.

A lembrança de todas as iniciações vividas murmurava-me confusamente que podíamos ter vivido só para aqueles instantes em que tantos véus se ofereciam para serem rasgados.

Ignorávamos a que iríamos assistir, mas eu garanto que, naquelas horas de solidão compartilhada, todos tínhamos a certeza de nos estar debatendo ao redor de um símbolo gigantesco, e que tudo, mesmo o inconcebível, poderia surgir de sua luz.

Achamos bom ficar junto a João, Nicodemos, José e alguns outros. A maioria aguardava um sinal dos Irmãos de Heliópolis, que tinham desaparecido misteriosamente. Os outros, dentre os quais Simão,[1] Filipe e Tiago, tinham decidido percorrer a cidade em todas as direções a fim de reunir as pessoas de boa vontade. Se as coisas não tivessem sido diferentes, talvez eles tivessem conseguido criar um movimento popular para exigir a libertação do Mestre diante do palácio de Pilatos. Mal se espalharam pelas ruazinhas escurecidas pela multidão de peregrinos, mal vimos suas cabeças desaparecerem no meio do povo em efervescência, compreendemos que os cento e vinte estavam a ponto de dividir-se. Alguns mostravam-se quase dispostos, se necessário, a unir-se aos zelotas a fim de pressionar o comando romano, enquanto os outros, sem motivos apoiados por uma verdadeira lógica, achavam que uma forma de espera era preferível. Simão e eu estávamos entre estes. No entanto, nossa atitude não pretendia ser passiva.

Decidimos submeter-nos a longas meditações a fim de entrar em contato com forças que pressentíamos cada vez mais presentes em torno de nós. João e José mostraram-se os pilares daquela forma de agir.

À tardinha, no início de uma refeição frugal que partilhávamos numa casa amiga, aconteceu um fenômeno marcante. Nossa técnica de meditação baseava-se num velho princípio de Essânia que pedia que deixássemos nossa mão correr sobre

[1] Simão-Pedro.

a poeira do solo, a fim de desenhar, dentro de um círculo, formas sem significado aparente, ditadas por nosso ser profundo. Aquilo criava um incontestável estado de vacuidade durante o qual os meandros do nosso espírito se desenrolavam em símbolos que em seguida devíamos interpretar em silêncio. Aquele vazio mental buscado como revelador de um outro nós-mesmos foi de repente transpassado por um pequeno assobio, muito agudo, no centro de nosso crânio. Imediatamente, a voz do Mestre ressoou em nós com uma nitidez espantosa.

— Tudo terminou, meus Irmãos — disse a voz com a pureza do cristal. — Não vos preocupeis com o que está nos desígnios de meu Pai. José detém as chaves, segui-o em todos os pontos.

Foi tudo. Na peça, a escuridão era quase total, mas vi todos os rostos levantarem-se e se procurarem ao mesmo tempo. A mensagem tinha sido percebida por cada um de nós em seus mínimos detalhes.

Nicodemos e Levi não conseguiram conter uma exclamação. O que acabava de acontecer era um alívio para todos nós, a resposta à nossa vigília secreta.

— Para mim, eis o sinal — disse João gravemente. — Eis a prova profunda de que nossos pés continuam a trilhar o caminho.

Acho que agora posso revelar certos fatos para todos os que não estavam presentes em torno do Mestre ontem à noite, à mesma hora. Não foi o acaso que hoje nos reuniu à sombra...

Como todas as quinta-feiras à noite, estávamos reunidos para partilhar a refeição, no local habitual. Para dizer a verdade, nós nos mostrávamos pouco loquazes e a atmosfera convidava ao recolhimento. Segundo o rito que estávamos acostumados a respeitar, estávamos sentados diretamente no chão formando um círculo ao redor dos pratos. Depois da primeira oração em comum, cada qual se pôs a discutir brevemente sobre uma coisa e outra. Parecia-me adivinhar que todos se forçavam a falar assim porque o que era dito tinha pouca importância diante do que acontecia e ainda acontece na cidade.

O Mestre compreendeu tudo, pois rapidamente interrompeu nossa conversa.

"É só isso que vosso coração sonha em me dizer esta noite...?"

Este comentário acabou por levar-nos de volta à realidade do momento, e as preocupações escondidas, não sei por que pudor, no fundo de nós, brotaram em nossos lábios. Foi Simão quem melhor traduziu nossas interrogações.

"Mestre", disse ele,"estamos inquietos. Não sabemos o que pode acontecer de um dia para o outro. Aproxima-se a Páscoa e a emoção é grande aqui em Jerusalém e em toda a Judéia... Parece-nos que não há uma pessoa nesta cidade que possa conservar sua integridade ou seu bom senso. Os corações estão excitados por problemas que não são os das festas de outrora. Quando subo pelas ruelas, não encontro um só olhar que não exprima ódio, admiração ou um entusiasmo excessivo. Temo esses sentimentos diversos da mesma forma, pois são alimentados por um fogo que os torna incontroláveis. Além do mais, as tropas romanas jamais percorriam nossas estradas e ruas em número tão grande. Sabes que, por sua vez, nossos irmãos zelotas agem da mesma forma, organizam um ataque atrás do outro. Quanto aos doutores do templo, não direi nada de novo se te contar que nós os achamos mais preocupados em falar em público sobre os assuntos romanos do que sobre a próxima Páscoa. Que está acontecendo?"

"O que está acontecendo é que os ciclos cósmicos estão chamando", respondeu o Mestre, cujos olhos me pareceram de uma profundidade perturbadora. "O que acontece é que meu Pai se prepara para virar uma página no coração dos homens e isso não poderá realizar-se sem dor, pois vossa humanidade está cheia de hábitos de que não quer se desfazer.

Todos os seres com quem cruzais não conseguem pensar em si próprios ou pelo universo. Eles não escutam seu espírito, mas seu intelecto, que reage em função do seu interesse do momento. Eles adotaram a maneira de refletir e a mentalidade dos pais de seus pais. Compreendei bem, eles ainda não vêem chegar a lei do equilíbrio e da doçura. É a lei simples que os longos discursos e os dogmas aviltam. É a lei dos que não se contentam em ser, mas querem também transformar-se. Não censureis, no entanto, os que não compreendem, pois eles não sabem. Eles não precisam da vossa piedade nem de vossos gestos de medo, mas de vosso amor incondicional. Seus seres são muito jovens ainda, só sua carne e sua alma densa percebem os ventos do Grande Sol.

Sabei, meus Irmãos, a maioria dos homens desta Terra sofre a lei do seu sangue, ou seja, os mandamentos de sua raça. Quantos neste país não se proclamam, acima de tudo, da raça de Davi. É a memória dos filhos dos povos que se expressa assim, a seiva de seus corpos e não o suco dos seus espíritos. Sua língua traduz seu apego ao Altíssimo, YodShaba,[2] senhor das raças, porque seus olhos não vêem a chegada da Força universal do Sem Nome... Nos céus, há meus Irmãos e meu Pai, sabei, eu vos digo. De agora em diante não bebereis mais do sangue da Terra, mas do sangue do Espírito. Bebereis o sopro do celeste cacho imaterial; assim será renovada vossa ligação pelas raízes cósmicas.

De agora em diante, não vos nutrireis mais da carne da Terra, mas do corpo eterno da Natureza. Comereis o grão sublime da Forma, assim será reafirmado vosso elo com as energias fecundas. O Homem verdadeiro é filho da Terra e dos Céus."

No silêncio mais total, o Mestre apanhou então uma bolacha e a repartiu entre nós, depois de ter soprado sobre ela. Depois, enquanto tentávamos compreender o sentido enigmático de suas palavras, ele verteu um pouco de vinho numa taça de pedra, levou-a aos lábios e finalmente a fez circular entre nós. Não sabíamos o que pensar, tal era a seriedade mostrada pelo Mestre. Ele tinha falado com uma voz muito lenta e por mais de uma vez suas pálpebras ficaram muito fechadas. Enquanto isso, parecia-nos que uma espécie de torpor tomava conta de nossos membros, como se o alimento absorvido estivesse agindo progressiva e concretamente sobre eles.

A claridade das lâmpadas a óleo pareceu-me mais intensa e a nuvem de incenso que se elevava timidamente num canto da peça ficou mais azul. Eu pressentia lá formas móveis e, no mesmo instante, notei presenças invisíveis rodeando nosso grupo, um doce frescor que ia e voltava, depois os formigamentos de um fogo insinuando-se em nossas colunas vertebrais.

Tudo teve um caráter fugaz, mas tão forte, meus Irmãos, que nenhum de nós duvidou que alguma coisa tinha acontecido.

"Absorvestes meu sangue e minha carne", continuou o Mestre, no auge de nossa perturbação. "Vos nutristes com a

2 Jeová.

dupla energia que este mundo recebe; meu amor a pôs em vós porque eu sou o ponto de encontro das duas forças, eu sou a Cruz dos tempos antigos. Em mim englobam-se os mistérios do Tau e do Mem.[3]

Daqui por diante fareis isto em minha memória. Ensinareis todos os homens que querem caminhar a fazerem o mesmo. Vosso amor puro bastará para insuflar nos alimentos que distribuireis um pouco da chama de toda vida; mas eu vos afirmo, meus irmãos, que se vosso espírito e vosso coração não conseguirem unificar-se nesses instantes, vosso ato ficará reduzido ao seu simples símbolo. Não é este símbolo que vos peço, mas a criação de uma força de coesão verdadeira, corporal e espiritualmente, nos planos sutis. De agora em diante, agi assim com os que quiserem entender-vos. Afastai-vos deste tempo e não vos preocupeis com o amanhã."

Então o Mestre calou-se por um instante e foi Iscariotes quem pediu a palavra:

"Mestre, como poderíamos agir como fazes? Duvido de minha força, e provavelmente o mesmo acontece com meus Irmãos. Nossa vontade é fraca. Como falar e agir como tu? Não esclarecer nossa posição aos olhos de todos? Os ouvidos estão atentos, mas nem todos entendem ainda. Quanto a mim, será que poderei falar com surdos... ou dar uma jóia a cegos?

Todos nós precisamos de um verdadeiro sustento material neste país, caso contrário serei o primeiro a fracassar, minhas mãos ficarão vazias e minha voz apagada."

"Jamais o espírito se nutrirá desta forma... É o esposo que vai procurar a esposa e não o inverso. Afasta-te de Roma, Judas. Afasta-te dos falsos semelhantes desta Terra, pois pode acontecer que amanhã faças a esposa dar os primeiros passos. Vai, meu Irmão, não chores em teu corpo."

A reação de Judas tinha-nos tirado de nossa calma recente e a discussão animou-se. Alguns dentre nós pareceram-me, é preciso reconhecê-lo, muito próximos do pensamento de Iscariotes. Quanto aos outros, reagiram violentamente.

Judas acabou fechando-se em si mesmo e, depois que o Mestre olhou longamente para ele, saiu de nosso grupo pretextando não me lembro o quê.

[3] Duas letras do alfabeto hebreu.

Ninguém comentou sua partida e nós encetamos pela primeira vez um ritual de que nada posso revelar aqui... É tudo... Sabeis o que aconteceu depois, o Iscariotes não soube ler nos olhos do Mestre!

A noite se fechou sobre nós e sobre as palavras de João.

Não sentimos necessidade de separar-nos e de comum acordo cada qual encarregou-se de encontrar um manto ou uma coberta velha para enrolar-se. O sono logo nos venceu. Os muitos acontecimentos vividos desde a véspera agiam como um anestésico e, durante algum tempo, tudo pareceu resolver-se.

Eu nos via atravessando os oceanos com o Mestre atrás de nós, as ondas encrespadas procuravam nossos corpos em vão, a espuma escorria sob nossos pés e nós deslizávamos sobre as cristas recortadas das vagas...

Os dias seguintes trouxeram-nos muitas novidades. Através dos múltiplos contatos que tínhamos junto à comitiva de Pilatos, soubemos que este corria o risco de uma séria punição por ter despachado um mensageiro para Roma. Com efeito, o Mestre tinha sido preso por ordem especial do prefeito imperial, que na mesma missiva determinava uma execução sumária.

Quanto a Nicodemos, ele soube, pela própria esposa de Pilatos, que Roma exigia uma condenação à morte antes da Páscoa, para diminuir o risco de tumultos. Deram-lhe a entender claramente que as negociações tentadas junto ao imperador eram um ato desesperado, sendo, evidentemente, muito pouco o tempo de que dispúnhamos.

Para nós aquilo foi como um raio. Não conseguíamos entrever uma saída e nossa única força residia então na lembrança das palavras que o Mestre tinha pronunciado em nossos espíritos. Gostávamos de repetir aquelas frases, de fazê-las ecoar em nosso silêncio interior como um refrão.

A notícia da prisão do "Grande Rabi" já era do conhecimento da cidade inteira. Aquilo contribuiu para a exasperação do povo de Jerusalém. Lembro-me até de ter sido obrigada a disfarçar-me muitas vezes, na companhia de Simão e de alguns outros, a fim de evitar contatos com a milícia romana.

A multidão, no entanto, mostrava-se insistente e de uma curiosidade às vezes doentia. Nossos rostos eram conhecidos por alguns e isso em certas ocasiões nos punha em situações que atrapalhavam nossos deslocamentos através da cidade. Dois dias depois da prisão do Mestre, aconteceram duas alterações entre um importante grupo de pessoas que percorriam a cidade pronunciando claramente seu nome, exigindo-o como soberano, e o exército romano, implacável em sua repressão. Agora, não eram mais os zelotas que dirigiam o movimento. Aliás, Levi tinha falado com um de seus chefes e nenhuma dúvida persistiu ao final das palavras que nos relatou.

— Vosso Mestre nada de bom poderia trazer ao povo deste país. Agora o sabemos. Ele é um aliado do poderio de Roma, o Mashiah de Tibério, que vem dividir a revolta. Ele mina nosso comando e tudo o que queremos é que desapareça, podeis ter certeza disso!

Durante a segunda-feira, os três enviados de Heliópolis reapareceram misteriosamente no meio de nosso grupo. Tentaram acalmar os espíritos novamente excitados.

— Não temais — disse um deles. — Muito antes da partida do mensageiro de Pilatos, um Irmão tinha tido o cuidado de interferir junto a Tibério. Não há barreira para as almas que aprenderam a comunicar-se de um continente ao outro... Será que a tal ponto ignorais isto?

Uma missiva já saiu de Roma. Basta que chegue sexta-feira ao palácio... Amanhã dividi entre nós tarefas precisas. Nada do que deve ser feito será evitado, estais entendendo? Mas sabei também que tudo deve ser feito de determinada maneira, com exatidão, pois, a partir deste momento, todos estamos participando da minuciosa elaboração de um símbolo vivo e ativo.

Que uns observem a multidão e suas mínimas reações, que outros colham o máximo de informações junto ao comando romano e aos sacerdotes. Finalmente, um terceiro grupo deve ser formado para ficar em contato íntimo permanente com o Mestre. Estes se reagruparão o mais rápido possível em torno de sua mãe, que já está trabalhando neste sentido com Míriam de Magdala.

Tendo pronunciado aquelas frases, o Irmão de Heliópolis mudou de tom. Lembro-me de seus olhos enormes, franzindo-se como se para conter uma profunda emoção.

— Sabei agora, meus Irmãos, que o Mestre Jesus acaba de

ser torturado duas vezes em sua carne por homens enviados de Roma para isso... Esperam que ele revele algum complô.

Compreendei que após os ferimentos de seu corpo, o Mestre precisa de vossa ajuda. Os elos que o unem ao Espírito de Kristos estão sob uma tensão tal que não podeis imaginar.

O Grande Conselho vos pede então que lhe ofereçais um pouco de vossa força vital. Pelo vosso amor, pelo vosso método de respirar, projetai-vos até ele. É o mínimo favor que os Irmãos das estrelas podem esperar de vós...

Durante os dias intermináveis que se seguiram, Simão e eu tínhamos a sensação de estarmos suspensos num fio esticado acima do vácuo. Pouco nos deslocamos, preferindo, acima de tudo, nos reunirmos ao grupo formado em torno da mãe do Mestre. Falávamos pouco, mas passávamos por inexplicáveis fases de alegria, de abatimento ou de completa apatia, tendo às vezes até a última sensação de um contato com grandes lajes frias, com imponentes pilares de pedra. Parecia-nos então que o tempo se diluía e que estávamos ao lado do Mestre num pátio escuro, semi-encoberto. Ele estava com os pulsos acorrentados, e sua longa veste manchada de sangue colava-se aqui e ali em sua pele... Pequenos grupos de soldados marchavam, aproximavam-se dele, com outros homens acorrentados, depois voltavam a sair. Então nossas gargantas apertavam-se e tudo desaparecia; nosso ser espalhava-se e ficávamos miseravelmente resumidos a nós mesmos.

Na manhã de sexta-feira, José e um irmão do Mestre entraram apressados na pequena habitação que ocupávamos.

— Rápido, vinde rápido — disseram —, o Conselho romano condenou-o ao amanhecer, mas Pilatos recusa-se a executar as ordens. Ele quer primeiro falar ao povo! Segui-nos...

Nossa corrida através de Jerusalém foi desenfreada; meu corpo estava enfraquecido e tive dificuldade em abrir caminho em meio à multidão de peregrinos e mercadores descuidados. O sol ofuscava-me e, pela primeira vez, os odores da Páscoa me oprimiam. O suor dos camelos, o aroma das especiarias e a fumaça das ervas perfumadas misturavam-se e me agrediam. Segui os outros sem refletir direito. Nos encontramos não muito longe do templo, entre um povo violento e vociferante. Havia um pequeno pátio ornado por colunas. Homens e mulheres amontoavam-se lá e gritavam. Agrupada a um canto, a legião romana, numerosa, estava presente. No meio dela, alguns centuriões a cavalo, mão no gládio, aguardavam impassíveis, enquanto suas montarias se enervavam e bufavam ruidosamente. Num terraço, destacavam-se alguns vultos que eu mal distinguia. Pareceu-me perceber a silhueta do Mestre, a de um homem envolto em pano de cor escura, sem dúvida Pilatos, e finalmente a de uns dez homens de comportamentos diversos. Vozes ecoaram, mas em meio ao tumulto não entendi o que diziam. O que devia ser Pilatos tentou então fazer-se ouvir, levantando os braços, enquanto um clamor mais alto do que os outros partiu da multidão. Punhos ergueram-se por toda parte e houve um tumulto. Naquele momento me dei conta de que todos ao meu redor exigiam a morte do Mestre, com um furor incompreensível.

— Vem, Míriam, não há nada a fazer aqui,

Uma mão pousara no meu ombro e me puxava para trás. Era a mão de José, cujo rosto estava lívido.

— Vem, aqui só há zelotas, eles só querem sangue... estão vingando os seus...

Então, procurando em vão um olhar de amor, deixei-me afastar lentamente da multidão ululante...

Bem que ouvi pequenos grupos exigirem a libertação do Mestre, mas suas vozes eram abafadas, punhos eram brandidos contra eles.

Com Simão, desci pela pequena rua esmagada por uma luz branca, que levava para fora dos muros. Meus membros tre-miam. Quando as altas muralhas me apareceram com sua deslumbrante cor de terra, quando as vi cheias de cachos de flores brancas e vermelhas, meu espírito vazio teve um único pensa-mento: "Como Jerusalém ainda se atreve a ser tão boni-ta...?"

Capítulo 13
Gólgota

A PASSOS LARGOS, CHEGAMOS AO BETHSAÏD. NO ALTO DOS muros, pequenos grupos de pombos arrulhavam ao sol e o contraste de seus cantos com nossas almas acentuava ainda mais nossa confusão. Entretanto, sob as figueiras, as pedras do caminho rebelavam-se contra nossos pés e pareciam formar uma torrente de rancor. A construção de paredes brancas e ocres logo apareceu. Então, por um instante, meus pensamentos entorpeceram-se em mim, tive a sensação de que o bethsaïd continuava a ser o único lugar do mundo onde a vida ainda significava alguma coisa, onde gostavam de nós, da justiça, do amor que tínhamos querido cantar. Na soleira da porta de madeira, três silhuetas brancas, eretas e firmes, pareciam aguardar-nos. Reconhecemos dois dos misteriosos Irmãos de Heliópolis. Eles nos saudaram ritualmente, com um sorriso nos lábios, imperturbáveis. Alguma coisa neles disse-me que eles já sabiam... Talvez tivessem lido em nós, talvez tivessem folheado o livro em que a Natureza, desde sempre, escreveu o que é importante. Ficamos mudos durante um momento que me pareceu muito longo; depois um dos Irmãos, com um gesto de braço, indicou o desconhecido que os acompanhava.

— Eis o Irmão Lamaas, há muito tempo ele se reuniu a nós junto aos filhos de Hélios. Hoje, o topo do crânio do homem será também o lugar do seu coração... Nosso Irmão percorreu o longo caminho que une seu país ao nosso a fim de viver plenamente o instante supremo.

Lamaas... aquele nome evocou em mim ecos longínquos... O caminho de Betânia, os relatos de Manéthon. Lamaas... O instrutor da terra de Ishwar!

O ser que nos estava sendo apresentado tinha as feições de um ancião de incontestável nobreza. Em sua pele muito morena luziam dois olhos claros, incrivelmente profundos, que nos sondavam um após o outro. Ele sorriu meio tristemente, depois pronunciou algumas palavras em nossa língua, que parecia manejar desajeitadamente. Não pude deixar de observar sua veste gasta e amarelada pelo tempo, a veste de um Sumo Sacerdote dos templo do Oriente que há muito tempo tinha fugido das honrarias e adivinhado a presença de um sol além dos céus.

Todos entramos no bethsaïd, onde alguns discípulos do Mestre já esperavam. Imediatamente, os enviados de Heliópolis nos deram instruções precisas. Os fatos não podiam ser mais claros. Os dois Irmãos não questionaram uma só vez a realidade da condenação à morte do Mestre. Falaram-nos dela quase como se fosse uma evidência, um acontecimento previsível desde sempre. Eles evocaram friamente as condições da execução e qual deveria ser o nosso papel. Seu modo de agir e de falar a princípio chocou-me. Pensei ver naquilo uma frieza de coração e um cálculo a que eu não estava acostumada. Entretanto, aquela sensação desapareceu quando meu olhar cruzou com o olhar de um deles. Sem a menor dúvida, li nele todo o amor e toda a vontade, levados ao extremo, de um grande iniciado que superava sua dor para cumprir até o fim, ele também, o que tinha destinado para si.

Estávamos reunidos em círculo, na fresca penumbra do bethsaïd, crispados como náufragos esperando que lhes jogassem a corda salvadora. Os dois Irmãos pareciam duas rochas. Destilavam suas palavras, dando ordens a meia-voz a um e outro. Assim, a cada um era confiada uma missão precisa, que era o elo de uma cadeia sabiamente concebida. José que, aparentemente, não ignorava qual seria o seu papel, continuava de olhos fechados, meio afastado do grupo.

Alguns receberam a ordem de segui-lo em seus mínimos

deslocamentos. A outros foi confiada a missão de entrar novamente em contato com Pilatos e vigiar as proximidades do palácio, a fim de espreitar uma eventual missiva de Roma. Finalmente, foram formados dois grupos; o primeiro devia ficar lá para, através da oração, construir uma força mental capaz de ajudar o Mestre; quanto ao outro, todos deviam espalhar-se entre a multidão para prevenir qualquer eventualidade e, se possível, beneficiar-se dos últimos contatos com o Mestre.

Nenhum de nós fez perguntas, e quando revejo em minha alma toda a dor daqueles instantes, hoje me parece que éramos atores muito pouco conscientes de uma peça que nos superava a todos. Como estava distante nossa aldeia de quietude no alto da colina! E que procuravam os olhos de Simão, que esmiuçavam a penumbra? As pedras do Krmel? O rosto de seus antigos mestres quando estabeleceram sua missão?

Saímos rapidamente, a garganta apertada, e o sol nos agrediu. Centenas de homens e mulheres, de cuja presença não suspeitávamos, logo nos rodearam em silêncio.

Demos alguns passos, mas logo perguntas a meia-voz partiram de todos os lados. Não podíamos e não queríamos respondê-las... nós as sentíamos portadoras de morte e aquilo bastava para fazer-nos calar. Eram como aves agourentas da ignorância e da falta de amor que nos seguiam até dentro dos muros. Como previsto, separamo-nos uma vez atravessado o pórtico. Aquilo aconteceu em meio a insultos de alguns, exasperados por nosso mutismo. O anonimato da multidão, das ruelas e dos mercadores ambulantes foi uma bênção para nós. Simão e eu não ousávamos dirigir-nos a palavra, com medo de romper uma força invisível que fazia com que nos deslocássemos pelos meandros da cidade. Era costume que todo supliciado percorresse a pé, geralmente com as mãos acorrentadas, o trajeto que o levava da masmorra ao local da execução. O itinerário, segundo informações de que dispúnhamos, tradicionalmente era sempre o mesmo, com a morte aguardando fora dos muros, sobre um promontório de onde se dominava o vale. Nossa missão era assinalar os locais onde alguns dos nossos poderiam postar-se para serem vistos pelo Mestre durante sua caminhada e ajudá-lo, conforme o caso. Com a ocupação de pontos-chave, os Essênios, que eram ao todo cento e oito, sabiam, igualmente, que poderiam dominar facilmente as reações e os movimentos da multidão.

A notícia da execução havia percorrido Jerusalém com rapidez e nós percebemos que ela provocava mais indignação do que contentamento. Enquanto isso, os preparativos para a Páscoa chegavam ao auge e, para alguns, o que ia acontecer acrescentava um interesse a mais às perspectivas da festa.

Agora, Simão e eu tínhamos dificuldades para nos deslocarmos; sufocávamos entre as espessas nuvens de incenso que saíam de todas as casas e os rebanhos de carneiros que circulavam entre as cavalariças. De tempos em tempos, o canto estridente das trombetas chegava aos nossos ouvidos já ensurdecidos pelos gritos dos caravaneiros, o martelar de pequenos grupos de soldados e os discursos dos doutores do templo espalhados pelas praças. Agíamos como dois autômatos, logo deixando de sentir pena ou alegria no coração. Os Irmãos de Heliópolis não se tinham mostrado muito loquazes e não sabíamos exatamente o que esperavam de nossa ação comum.

Naqueles momentos de caminhada através da cidade, pensei ter ultrapassado o limite da dor moral. Seria o desânimo que lentamente havia anestesiado minha alma ou seria, antes, o efeito de uma esperança indizível, de um sonho louco de luz? Quase me parecia que a morte do Mestre nos faria crescer mais, deixando sua marca em nós para sempre. Impressão fugidia, visão profética mal percebida naquelas horas de caos em que nossas iniciações passadas nos deixaram o gosto amargo de não passarmos de crianças. Até quando era preciso crescer para compreender?

Passamos por alguns doutores e sacerdotes de longas vestes franjadas, por saduceus com ricos mantos, seguidos por uma dezena de homens armados, batendo tambores. Depois, por um colosso de longa barba negra e nariz achatado; levava um enorme incensório com brilhos dourados e pronunciava fórmulas incompreensíveis, lançando olhares abrasados para a multidão.

Após termos comunicado a alguns dos nossos as informações recolhidas, Simão e eu resolvemos postar-nos não muito distantes do pórtico que levava à saída da cidade.

O sol estava alto no céu e parecia roseado por uma bruma

leitosa. Prestamos muita atenção a ela, pois a tradição de Essânia chamava aquela bruma de "leite de Ísis" e dizia que indicava uma transformação de ordem cósmica. Sentamo-nos numa coluna redonda que servia de poste para amarrar os camelos.

Pouco a pouco, a multidão comprimiu-se ao longo da ruazinha, vigiada de perto por patrulhas armadas, e uma atmosfera estranha começou a pairar sobre nós. Dir-se-ia que os espíritos não sabiam como fixar-se, e os olhares tornaram-se estranhamente esgazeados. Zombarias sucederam-se a murmúrios e murmúrios a zombarias. Finalmente explodiu uma discussão e dois centuriões, rutilantes em ouro e púrpura, interferiram violentamente com o lado plano da espada.

Naquele momento, minhas mãos puseram-se a tremer e tive um ímpeto de revolta. Como podíamos esperar assim tranqüilamente, sob um pórtico? Será que teríamos coragem de olhar bem para o Mestre quando passasse acorrentado? Não seríamos capazes de falar à multidão para que se rebelasse e impedisse a atrocidade?... Onde estava, então, a voz doce e persuasiva dos Irmãos de Essânia?...

Um olhar encontrou o meu, um olhar tranqüilo, com mil anos de idade, o olhar de Lamaas e foi tudo; recebi sua paz em pleno coração, pequena jóia de luz verde. O ancião de tez trigueira saía da cidade com o ar de tranqüilidade absoluta que é privilégio dos sábios. Um tinido de armas e de ordens secas nos fizeram, então, voltar a cabeça. Um grupo de legionários adiantava-se a passos rápidos, desimpedindo energicamente a rua. Eram precedidos por um homem grisalho, vestido de vermelho, montado num cavalo branco. O animal, irritado com a multidão que se aglomerava cada vez mais, não obedecia e corcoveava à esquerda e à direita. Quanto ao homem, parecia ser um alto funcionário romano. Passou por nós rapidamente, sem se dignar a olhar ao redor. Mal passou pelo pórtico, houve uma grande confusão entre o povo. Um vulto apareceu sub-repticiamente entre dois soldados e dirigiu-se a nós. Era Massalia. Seu posto era no palácio de Pilatos...

— O Mestre está chegando — disse ele, com os olhos cheios de lágrimas. — Eles o torturaram... eu vi quando o trouxeram à luz do dia... É horrível; acabo de encontrar Nicodemos; a mulher de Pilatos garantiu-lhe que os enviados designados por Tibério não querem uma execução comum. Falaram em pregar e não em quebrar seus membros... precisamos fazer alguma coisa!

Nada respondi; o olhar de Lamaas ainda me preenchia e tinha-me esvaziado do menor desejo de revolta.

Simplesmente vi Simão agarrar Massalia pelo braço e puxá-lo contra si com firmeza. Simão estava com o rosto crispado e não se deixava abater.

— Calma, Simão... eu sei, eu sei como devemos agir... mas é impossível!

Massalia, não conseguia recuperar o fôlego, e sua voz quase apagada mal chegava até nós.

— Eu sei, o Mestre não se despediu de nós e eu não posso acreditar que ele se vá assim, é demais! Já o vi tropeçar várias vezes, está no fim de suas forças... Amarraram-lhe os braços a um madeiro que ele vem carregando nas costas!

— Cala-te, Massalia!

A ordem caiu secamente. Fez-nos erguer a cabeça. Nicodemos estava à nossa frente, com Míriam de Magdala e alguns outros, entre os quais João. Dois legionários os escoltavam.

— Cala-te, a dor só engendra dor! Não te esqueças de quem é o Mestre e lembra-te de que Heliópolis está entre nós!

Então um clamor surdo veio do começo da ruazinha. Uma alta silhueta branca e cambaleante apareceu. Vinha ladeada por dois homens armados e por uma tropa de indivíduos de túnica curta, erguendo lanças e grossas cordas. Reconhecemos o Mestre e foi como uma punhalada no coração... Não haveria palavras para descrever o que se passou em minha alma. Eu pensava que poderia ser forte e agora a terra tremia abaixo de mim.

O Mestre avançava lentamente em nossa direção, tão reto quanto possível, com os olhos fixos nas lajes do chão. Seus braços tinham sido amarrados fortemente com cordas a um enorme tronco de madeira mal aparado, que ele carregava atravessado nas costas. Queria virar a cabeça, mas em mim nada mais parecia obedecer. Uma força indizível tomava as rédeas de meu ser e sem piedade obrigava-me a olhar, a gravar para sempre em meu coração aqueles dois olhos profundos, aquele coração que sangrava, aquela chama eternamente branca que caminhava em nossa direção.

A veste de Jesus tinha sido rasgada em vários pontos e embaixo dela percebíamos a marca das feridas coladas ao tecido.

Quando o viu surgir na esquina da ruazinha, a multidão calou-se, estupefata pela presença do "Grande Rabi Branco" que tão mal tinha compreendido e que, tão próximo do suplício, ainda mostrava tanta nobreza. Todos pareciam petrificados, procurando captar seu olhar que não queria desgrudar-se do chão. Quando o Mestre passou diante de nós, manteve-se mais ereto do que nunca e de repente parecia estar sorrindo para uma presença invisível. Foi então que vi seu rosto sangrando e que havia espinhos entre seus cabelos.

Os soldados nos empurraram violentamente contra as colunas e ficamos estupidamente entorpecidos. Percebi que João mal continha um soluço, que tentava respirar em vão, que tentava chamar para si um pouco da vida que fugia... Depois ele sacudiu o corpo com violência e o vi afastar-se da multidão e correr para o pórtico. Procuramos acompanhá-lo com o olhar e quem vimos foi o Mestre, de costas, pingando sangue. Então minhas pálpebras se fecharam; finalmente conseguiam. Meu coração dobrou-se sobre si mesmo, cheio de uma dor que a eternidade, parecia-me, não seria suficiente para apagar. Há dois mil anos minha alma guarda aquelas imagens em segredo, dois mil anos que estas frases querem brotar através de uma pena, encadeamentos de palavras simples que nunca poderão expressar...

A mão de Simão apertou a minha com mais força, mais estreitamente, e fomos levados pela vaga da multidão que queria amontoar-se atrás do Mestre.

A reação do povo não durou muito: um grupo de soldados a cavalo vociferava ordens rouquenhas e, de novo, a ruazinha foi desimpedida, agora em meio a gritos.

Apareceram dois homens seminus, pobres vultos já esgotados por pancadas e banhados de suor. Pesadas correntes dificultavam sua marcha. Eles se arrastavam e também suportavam, com grande dificuldade, o pedaço de madeira amarrado às suas costas... Com isso Roma queria dar a entender que não se preocupava apenas com o Mestre. Enquanto isso este tinha desaparecido atrás do pórtico. Nicodemos e nós não podíamos mais esperar. Houve um tumulto e nós aproveitamos a ocasião para embrenhar-nos na multidão, entre os soldados que se esforçavam para contê-la. Nicodemos queria aproximar-se a qualquer preço do local da execução onde ele sabia, através de Pilatos, que a mãe do Mestre e alguns outros já tinham sido admitidos.

— É preciso crer, crer — disse ele em voz alta. — Os Irmãos de Hélios aguardam uma carta de Roma, ela ainda pode chegar!

— Tudo será feito, temos amigos no palácio, não esqueçais!

Curiosamente, quando saímos dos muros o silêncio intensificou-se; os olhares despojavam-se de toda vida; todos pareciam estátuas dispostas em seus lugares pelo destino. Tive a confusa sensação de que éramos uma infinidade de corações a cuja porta a vida havia batido e que tinham-se obstinado em continuar fechados. Por que será que a humanidade alimenta tal instinto de morte?

Será que a força de Essânia residia naquilo, no último espetáculo para o qual nos tinham preparado desde sempre? Os Irmãos das estrelas, com sua nuvem e suas promessas de missões, estavam longe...

No alto do céu, o sol estava branco e lá embaixo, sobre as lajes, sobre os seixos, sobre os mirrados tufos de capim, nós morríamos de asfixia...

Esperança não bastava... Queríamos compreender!

Meio cambaleantes, levados pela onda de povo tomado por uma febre muda, seguimos pelo caminho estreito orlado de espinheiros que levava ao local dos suplícios. Logo avistamos as forcas. Destacavam-se contra a palidez do céu, vestígios mórbidos das últimas execuções. Quando chegamos, um importante destacamento de legionários ocupava-se em conter ou dispersar os grupos de curiosos que tinham-se aglomerado lá, desde o anúncio da sentença. Algumas espadas e lanças agitadas freneticamente puseram-se a faiscar acima das cabeças e blasfêmias escaparam das bocas.

Logo o local das execuções foi desimpedido e estreitamente cercado por uma ala de soldados carrancudos, a arma na mão. O Mestre e os dois condenados já tinham sido aliviados de seu fardo e três homens de barba hirsuta, a cabeça meio dissimulada por uma longa faixa, acabavam de despi-los. O costume exigia assim e quase sempre as roupas, ou o que delas restava, eram distribuídas entre os párias do vale do Hinnon. Os três supliciados foram finalmente empurrados por um centurião alguns passos mais longe, a boa distância um do outro, lá onde o chão estava juncado de cordas, de vigas e de madeira mal talhada. Enquanto isso, com a ajuda de picaretas rudimentares, um pequeno grupo de homens estavam terminando de revolver e escavar a caliça. Tinham feito vários buracos e pelos seus gestos compreendi que agora achavam que a profundidade era suficiente.

Novamente, a imagem do que iria acontecer agrediu-me; senti náuseas e tive vontade de fugir.

— Simão — murmurei —, vamos embora... não podemos ver isso...

— Não olhes, Míriam, mas fica aqui... Eu te suplico, teu lugar é junto a nós... seu coração de homem deve sentir que estamos presentes.

A resposta foi pronunciada com voz tão apagada como o fora meu pedido.

Levantei um pouco os olhos e vi que Simão tinha baixado a cabeça e olhava desesperadamente para os seixos do chão.

De repente sobressaltou-se.

— Ele não consegue ver-nos aqui! Lembra-te das ordens dos Irmãos: "É preciso que ele nos saiba presentes até o fim!"

Tentei mover-me e segui Simão que já se esgueirava entre a multidão, indo para um ponto onde esta parecia menos densa. Mal tive tempo de perceber a alta silhueta do Mestre ferida pelos golpes e sendo ajudada a deitar-se sobre um pedaço de madeira.

Eu queria respirar, gritar... Não sei mais. Meu peito, minha garganta estavam bloqueados e com dificuldade consegui correr atrás de Simão, que abria caminho quase com violência. Três ou quatro rostos conhecidos encontraram-se com o meu, eram de uns Irmãos que pareciam grandes pássaros brancos, extremamente tensos. De repente, um grupo de soldados chamou-me a atenção: atrás deles estavam alguns vultos imóveis, petrificados numa rigidez de estátuas... Reconheci a mãe do Mestre, um de seus irmãos, João, a Irmã de Magdala e outros dos cento e oito. Então, no silêncio pesado, ouviu-se um golpe breve, seco, um grito rouco dificilmente contido. Fiquei parada, não conseguindo mais seguir Simão, que tentava encontrar-se com Nicodemos.

Pus-me a olhar para o chão, e os golpes sucederam-se num ritmo lancinante, pontilhados por um arquejar profundo.

Lamentos começaram a elevar-se, mas logo percebi que saíam da multidão. Fechei os olhos e senti uma mão no ombro; adivinhei que era de Simão. A partir de então, fiquei com as pálpebras fechadas, penetrada pelo ruído do martelar, cada vez mais lento, cada vez mais abafado. Naquele momento, uma espécie de chama atravessou meu espírito, uma explosão mistériosa... e tentei reencontrar a antiga técnica de amor dos mestres de Essânia.

Era preciso que aquilo acabasse assim, eu o percebia com exatidão cada vez maior; era preciso que eu reencontrasse a chama de toda vida, que eu não me deixasse submergir pelo fluxo de morte; era preciso, finalmente, que eu criasse em torno de mim o supremo ovo de luz branca, o ovo da paz cósmica. A resposta estava ali, era o que o Mestre e os Irmãos de Hélios esperavam de mim, de todos nós. Num último esforço, era preciso tecer mentalmente o gigantesco casulo de amor caro à raça de Essânia, muro contra as agressões, torrente de alegria e de amor que inundava os corações!

Instintivamente, minhas mãos tinham-se cruzado ritualmente no meu peito.

Então, em meu silêncio interior, percebi chamados, gritos roucos, ordens, ranger de cordas esticadas, depois um ruído surdo e um longo lamento. Minhas pálpebras começaram a bater e tive dificuldade em abri-las.

Lá embaixo, diante de mim, acima das cabeças imóveis e sem voz, uma silhueta parecendo esquartejada destacava-se contra o céu; cordas a sustentavam. Era um enorme Tau e o Mestre estava suspenso nele, o corpo sustido por liames espessos, cor de chumbo.

Assim, estava acabado, eles tinham ido até o fim...

Mais uma vez, desviei o olhar. Dois novos choques sucessivos logo vieram anunciar a colocação dos dois outros supliciados. Um deles pôs-se a gritar, rompendo o sagrado silêncio que se apoderara do povo. Imediatamente gritos e apelos brotaram à esquerda e à direita e o homem foi insultado.

Levantei os olhos mais uma vez. Como nos tinham dito, só o Mestre tinha os membros transpassados por grossas pontas. Vagas manchas escuras na base da palma das mãos, perto do pulso, e na extremidade dos pés atestavam isso. Filetes de sangue escorriam, eu mal os distinguia. O corpo repousava sobre uma espessa cunha de madeira e estava preso ao seu suporte por laços apertados ao nível dos braços e da bacia. Contive a respiração e, por entre as cabeças da multidão murmurante, procurei o rosto do Mestre. Olhei-o por muito tempo, muito tempo, o máximo que pude... até meus olhos não conseguirem mais contemplar os seus, que pareciam ver, diretamente à sua frente, algo que não adivinhávamos.

Depois, lentamente, o Mestre baixou a cabeça e observou o povo reunido sobre os aclives do rochedo. Alguns, postados na primeira fila, tentaram em vão aproximar-se. A barreira de lanças era intransponível. Naquele momento, uma voz fraca levantou-se no outro lado do terreno, uma voz cuja origem eu não distinguia, mas que devia ser a do dignitário romano que tínhamos visto desfilando. As palavras chegaram-me aos pedaços, espalhadas pela leve brisa que começava a soprar. Cada qual as transmitiu o melhor que pôde, de boca em boca. Elas diziam que o nazareno Jesus estava sendo executado por conspirar contra o poderio imperial de Tibério e que os homens que o seguiam eram criminosos há muito tempo a seu serviço para desestabilizarem a Palestina. A seguir houve relâmpagos de voz muito claros e vimos uma mancha vermelha rompendo agressivamente a aglomeração. Diante dela, de relance, entrevi um homem. Era-me familiar por tê-lo observado algumas vezes no séquito de Pilatos quando este percorria a cidade. Correu um rumor de que ele questionava o oficial romano que nada sabia e que desejava, como a lei permitia, colocar um cartaz aos pés do patíbulo do Mestre.

O homem de manto vermelho, que devia ser um emissário de Roma, deve ter conseguido ganho de causa, porque a seguir o barulho de marteladas chegou aos nossos ouvidos.

Não sei o que aconteceu depois, nem quanto tempo se passou. Simplesmente pareceu-me que a montanha e Jerusalém inteira começavam a ser englobada por uma luz branco-amarelada.

Duas aves passaram acima de nós, dando gritos estridentes, e o eco das trombetas do templo ressoou de repente no vale.

O Mestre continuava calado, não emitia o menor queixume. Talvez aquilo tenha decepcionado determinadas pessoas que esperavam algumas declarações, porque a multidão ficou menos insistente; pequenos grupos deslocaram-se e retomaram os caminhos para o pórtico.

Espantosa inconsciência de quem não compreendia, recuo desapontado dos empedernidos de coração e dos geradores de frieza...

O tempo passou... Nicodemos e outros acabaram por encontrar-nos.

Parecia-lhes que o Mestre não tinha conseguido vê-los, lá onde estavam, e seus olhos encheram-se de lágrimas. Os soldados então mostravam uma certa agitação ao pé dos patíbulos. Nós os vimos chegando com pequenas taças que, com o auxílio de uma vara, estenderam a seguir aos três supliciados.

Como o sangue não circulava mais, os corpos tinham começado a retorcer-se e era costume oferecer uma bebida analgésica aos condenados. O Mestre recusou-a a princípio, depois a reclamou. Um de nós observou que seus membros estavam ficando azulados em alguns pontos e que o tórax contraía-se fortemente. Nicodemos afastou-se de nós em silêncio e, quando voltou, dois soldados tentavam colocar escoras sob as axilas do Mestre. Aquilo me pareceu atroz. O laceramento de seus membros seria evitado, mas a asfixia e a agonia se prolongariam mais ainda...

"Esperai até o fim!", tinham-nos dito no bethsaïd. Aquelas palavras voltavam à minha cabeça. Para conseguir rezar melhor, a fim de melhor entrar em contato com os seres do invisível que todos sabíamos estarem ao nosso redor naqueles momentos, dei alguns passos para fora da multidão que, cada vez mais, espalhava-se na direção dos muros.

De repente, um grito, uma frase grave, profunda, saíram da garganta do Mestre. Recebi-os como um último suspiro, como uma interrogação e uma esperança, como um apelo da luz na direção da luz... As palavras tinham sido confusas. Voltei-me para meus companheiros.

— Ele está chamando os Irmãos de Hélios! — disse o primeiro. — Onde estão eles?

— Não, não! Calai-vos... O Mestre chama Kristos que o deixa! Abri vossa alma!

Era Nicodemos quem falava, e logo escondeu o rosto entre as mãos.

Simão apertou meu braço, levantei os olhos. O rosto do Mestre tinha-se inclinado sobre seu peito, que não se movia mais.

Era tudo? Era por aquilo que tínhamos aguardado como marionetes de mãos atadas? Parecia que meu pequeno ovo de paz ia explodir, pulverizar-se como um cristal submetido a uma tensão insustentável. Mas nada... Tive a impressão de que um véu leitoso deslizava sobre nós como uma virginal aurora de primavera.

Nicodemos sobressaltou-se, murmurou algumas frases incompreensíveis, depois gritou, quase rugindo:

— Depressa! Depressa! Que estão fazendo?

Então um soldado aproximou-se do Mestre em largas passadas, ajeitou a ponta da lança exatamente ao nível de seu diafragma e mergulhou-a com uma pressão seca e rápida.

— Deixai! — recomeçou Nicodemos. — Este homem sabe o que faz. Ele é dos nossos e age conforme as ordens dos Irmãos da Terra Vermelha. É absolutamente necessário que o mestre continue a respirar![1]

Enquanto isso, o céu tinha escurecido estranhamente e o branco da atmosfera embaçava-se com rapidez.

Todos percebemos uma leve reação de medo entre os poucos que continuavam lá. Finalmente, vi que os legionários de sentinela erguiam a cabeça para o céu e relaxavam a vigilância.

Em pouco tempo, uma espessa mancha negra pareceu elevar-se do próprio sol. Era, dir-se-ia, como um suspiro da terra que tentava aproximar-se dos céus. O ar tornou-se pesado e de um cinza profundo.[2] Vimos revolutearem nele formas, listras brancas e azuis; tênues línguas de ouro e prata giravam acima

---

1 O golpe de lança dado sob a última costela devia assim liberar o líquido pleural e retardar a asfixia do corpo. Isto explica que nos Evangelhos se faça menção a uma "água" escorrendo do ferimento. Este ato não despertou suspeitas nos dirigentes romanos, porque às vezes era praticado por crueldade, não para amenizar a dor, mas para prolongar a agonia de um crucificado.

2 Tratava-se de um eclipse total do Sol... cuja origem pode ser objeto de reflexão.

do vale. Parecia que toda vida carnal se extinguia e instintivamente tivemos vontade de dar um grito... não um grito de dor nem de morte, mas um grito de esperança, de vitória.

Estranhamente, pareceu-nos que tudo estava certo!

De repente o som de um galope. Não muito longe de nós, que estávamos encostados a uma enorme pedra, um soldado, com uma expressão aparvalhada, saltou do cavalo e caminhou apressado na direção do oficial romano.

— Estendeu-lhe uma carta — disse Simão.

Naquele exato momento um vento forte varreu nosso rosto. Era um sopro abafado, que parecia carregado por todas as forças profundas da natureza.

Então, raios brilhantes, da cor da lua, rasgaram o manto escuro em que o céu estava envolto. Um trovão fez os campos vibrarem. Olhamo-nos instintivamente e não conseguimos deixar de sorrir. Nossos corações de iniciados na fé de Essânia captavam a mensagem. Era o sinal de Kristos à Mãe terrestre. Num gesto afetuoso, ele a aliviava de suas dores.

Começou a cair uma chuva persistente. Não havia nenhum abrigo, mas aquilo pouco nos importava; os pingos eram quentes, reanimadores, e nós os recebíamos como a carícia de um braço estendido além dos mundos. Os relâmpagos e os trovões redobraram e muitos dos que pretendiam ficar até o fim fugiram em grandes passadas na direção dos muros. Só umas vinte pessoas continuavam lá, espalhadas sobre o pequeno promontório rochoso. Os próprios soldados tinham-se afastado para proteger-se da violência da chuva. De seu grupo destacou-se, finalmente, o homem que, um minuto antes, tinha chegado com o que parecia ser uma carta.

— Apanhai vosso Mestre, se ainda está em tempo — gritou ele, correndo para os vultos escorrendo água. — O imperador Tibério ordenou expressamente uma complementação de informações sobre ele.

E, ao terminar a frase, aproximou-se alguns passos do Mestre, considerou-o brevemente, depois declarou:

— Lamento, é tarde demais... Vocês aí — gritou na direção dos soldados —, acabem com esses dois enquanto estão inconscientes!

Dois ou três homens encaminharam-se com passo apressado para os patíbulos erguidos distantes do patíbulo do Mestre. Com uma longa vara com ponta de ferro na mão, eles saíram tropeçando desajeitados entre as poças de água. Desviamos os olhos e tudo aconteceu rapidamente.

Uma respiração ofegante nos fez levantar a cabeça. O pequeno grupo ao qual o mensageiro romano se havia dirigido estava agora a dois passos de nós. Eram João, a mãe do Mestre, um de seus irmãos e mais algumas pessoas. Seus rostos estavam acinzentados e percebi um fogo singular no fundo de seus olhos.

— Eles não querem baixar o madeiro! — exclamou João. — Dizem que querem esperar a tempestade passar! Não é possível, Irmãos!!!

— Até agora tudo está bem, não te inquietes...

Uma voz intrometeu-se entre nós, uma voz mal perceptível, ofegante. Nós a conhecíamos, era a voz de José.[3] A escuridão que persistia e a chuva que continuava a cair não nos permitiram distinguir bem seu rosto, mas imediatamente observamos nele alguma coisa luminosa, um saber desconhecido.

— Vinde, Irmã — disse ele docemente, dirigindo-se à mãe do Mestre —, tudo está bem, eu vos asseguro...

Todos calaram-se e José começou a dar ordens, a primeira das quais foi apressar a qualquer custo a liberação do corpo do Mestre.

— Isso deve ser feito agora — falou ele em tom urgente — mesmo que preciseis subornar os soldados, contrariando nossas regras!

Então João, que durante esse tempo estava afastado do grupo, precipitou-se para nós. Ficou mudo por um longo instante, seus olhos umedeceram-se e uma frase pequena, bem pequena, saiu em voz baixa de seus lábios:

— O Mestre... — disse ele — O sangue está escorrendo de seus ferimentos... Ele está vivo!...

[3] José de Arimatéia.

Capítulo 14
O mistério

A TEMPESTADE CONTINUAVA DESENCADEANDO-SE SOBRE Jerusalém. Parecia que não pararia mais. Ela incendiava o céu e a terra, semelhante a uma reação do cosmos diante das atrocidades cometidas. Já era noite fechada há muito tempo; depois que o Mestre perdera a consciência, o dia não ousara reaparecer e o tempo havia passado em meio à confusão das almas e dos corpos. Nós continuávamos assim, acocorados um contra o outro, ao abrigo de uma pequena gruta no flanco da montanha. A noite estava fria e nós tiritávamos, mas em nossos corações uma frase não cessava de voltar, depois explodir como um sol: "Ele está vivo." Éramos sete a aguardar assim e nos impedíamos de dormir. O pedido de José tinha sido formal: ficar acordados toda a noite se fosse preciso para vigiar as idas e vindas ao longo da trilha que corria pela montanha até o local dos túmulos. Mais uma vez era preciso estarmos atentos a qualquer eventualidade, pois talvez nos pedissem para intervir. Nada parecia determinado, mas pouco importava, sentíamo-nos como rios de amor, transbordantes de uma energia indomável.

Enquanto uns tinham-se encarregado do corpo aparentemente sem vida do Mestre, José e Nicodemos nos tinham mandado para o local do vale tradicionalmente consagrado às sepulturas, a certa distância de lá.

— Rápido — dissera-nos José —, lá vereis facilmente uma grande tumba, aberta. Foi escavada recentemente na rocha, de acordo com as minhas indicações. Por precaução, avisei a Pilatos que era reservada a um dos meus parentes que realmente está à morte. Vereis, ela é profunda. Lá depositaremos o Mestre. Ide verificar se tudo está em ordem. Mandei colocar lá bálsamos e panos de linho.

Sem esperar, saímos no escuro e na chuva insistente, e encontramos o local. Um Irmão, vestido de branco, já estava lá. Tinha fincado um archote numa fresta de rocha e aguardava de pé, não demonstrando a menor inquietação.

— Tranqüilizai-vos — disse ele quando chegamos —, tudo está em ordem. Tudo o que é necessário já foi reunido há três dias. Com a ajuda do Pai, tudo acontecerá como foi previsto.

Não encontrávamos palavras, aliás, nada tínhamos a dizer, de tal forma parecia que um plano misterioso tinha sido minuciosamente elaborado pelos Irmãos de Heliópolis e pelo próprio José.

A sepultura era enorme e tinha vários recantos, bem como uma espécie de compartimento na parte de trás, capaz de receber corpos. Imediatamente observei que um cuidado pouco habitual tinha sido dedicado ao entalhe de suas paredes. Os ângulos pareciam perfeitos e as proporções, harmoniosas. Uma fissura natural penetrava profundamente na abóbada e a transformava numa espécie de cone. Um sepulcro de pedra rosada aguardava aberto diante de nós, enquanto no chão, discretamente dispostos, estavam quatro frascos de barro, uma veste de linho, lençóis e cobertores de lã.

Ficamos lá durante um bom momento, mergulhados em nossos pensamentos. As imagens do dia ainda apareciam diante de nossos olhos.

Finalmente ouvimos um rumor de passos, de pedras rolando, e à claridade dos relâmpagos vimos uns doze homens carregando um corpo envolto num espesso tecido branco. Era o corpo do Mestre. Quando os homens o depuseram no chão da tumba, parecia que estava dormindo. Só os fios de sangue escuros e coagulados em suas têmporas, os lábios apertados e os olhos sombreados de um azul escuro atestavam os sofrimentos suportados. Reconheci João e dois irmãos reputados em toda a

Palestina por seus conhecimentos médicos. Eles desarrolharam depressa um dos frascos que estavam no chão e um odor forte, indefinível, invadiu a sepultura. Simão e eu seguimos os que já haviam saído para deixá-los trabalhar a sós, segundo a sua arte.

José mantinha-se à entrada da tumba, e foi então que nos pediu para aguardarmos nas proximidades.

— Postai-vos na dobra do rochedo que fica acima da trilha —, disse ele. — É possível que daqui a pouco avisteis um legionário vindo em nossa direção. Pedi a Pilatos a presença de um ou dois guardas. O povo pode cometer excessos que não sabemos.

Efetivamente, vimos passar dois soldados armados com uma lança. Protegiam-se da chuva desajeitadamente, com a ajuda de um pesado escudo, e pareceu-me que praguejavam correndo o mais rápido que podiam.

Não denunciamos nossa presença e deixamos que o tempo passasse, escrutando o céu com regularidade. De repente, uma enorme bola de fogo apareceu acima de um grupo de árvores. Imediatamente estirou-se e alongou-se numa elipse horizontal. A princípio de um branco imaculado, começou a rodear-se de uma claridade verde, palpitante. A esfera ficou imóvel durante muito tempo, palpitante e calma ao mesmo tempo, desprendendo uma indefinível onda de paz. Sua visão revolveu em mim alguma coisa longínqua, alguma coisa que não podia ser apagada...

— Os Irmãos das estrelas! — murmurou Simão. — Faz tanto tempo...

A imensa claridade pôs-se a cintilar ainda mais e deslizou lentamente, sem ruído, na direção das sepulturas. Não nos movemos e a vimos sumir atrás de uma falda da montanha.

De repente, gritos de alegria ressoaram na gruta, logo seguidos por um respeitoso silêncio. Havia naquela visão de esmeralda e fogo algo solene que, na hora, nos tirou a vontade de fazer qualquer comentário.

Tive a impressão de saber, sem compreender exatamente; era um conhecimento fora do intelecto, um desses ímpetos do coração que fazem com que a alma transcendente murmure dentro de nós e amorosamente englobe todas as causas e efeitos. A sensação foi fugidia, como todas as que deixam sua marca na alma. Finalmente, no sopro do vento, ouvi uma verdadeira melodia. Abandonei-me a ela até que quatro ou cinco vultos destacaram-se na noite. Eles vinham subindo para onde estávamos. Reconhecemos José e outros, entre os quais os Irmãos médicos.

— Oremos — disseram, colocando-se ao nosso lado. — Tudo aconteceu como devia, o Mestre está untado com ungüentos, e conseguimos empurrar a pedra diante da abertura. Os guardas estão a postos. Agora devemos oferecer mentalmente nosso corpo vital ao Mestre Jesus...

Levantei a cabeça e procurei o olhar de José. Pela primeira vez, depois de muito tempo, o nome do Mestre tinha sido pronunciado explicitamente por um dos nossos. Para nossos corações de essênios, era a prova inegável de que alguma coisa acabava de mudar.

O resto da noite decorreu em silêncio. O céu não rosnava mais, mas continuava a cair uma chuva persistente. Pouco antes do amanhecer, José e os dois Irmãos quebraram nosso mutismo.

— Vinde — disseram, levantando-se ao mesmo tempo —, agora devemos ir ter com o Mestre. Ele deve ter tido tempo para revitalizar seu corpo.

Era o chamado que secretamente todos esperávamos. Durante a noite, ninguém se atrevera a questionar José, mas alguma coisa indefinível fizera com que esperássemos aquelas palavras. Aos saltos, estávamos a caminho rumo às sepulturas. A aurora cinzenta lançava sua primeira claridade e mal conseguimos achar a tumba do Mestre. Parecia ter ocorrido um deslizamento de terra e a pedra, rachada em vários pontos, parecia estilhaçada.

Não se via sinal dos guardas enviados por Pilatos. Imediatamente concluímos que a tempestade os espantara. Talvez estivessem abrigados entre os arbustos, ou numa depressão do terreno. Obedecendo às ordens de José, Simão e quatro outros Irmãos apoiaram-se para desimpedir a entrada do sepulcro. Brotava água da rocha e do chão, os corpos arrastavam-se. Finalmente o bloco rusticamente talhado moveu-se, deixando ver a boca escancarada, totalmente escura. José entrou sozinho e logo o ouvimos murmurar algo incompreensível. Os dois Irmãos que tinham tratado de Jesus penetraram por sua vez no rochedo. Depois houve longo silêncio, de quando em quando entrecortado por ruídos metálicos. Uma pequena claridade surgiu finalmente na penumbra e pôs-se a crescer rapidamente. Era uma tocha, e eu a vi passar de mão em mão.

— Massalia! Corra, vá procurar um cavalo! Um Irmão deve ter um bem equipado a pouca distância daqui, na primeira casa à margem do caminho do vale...

A voz de José tinha-se feito ouvir subterrânea, urgente e exaltada.

Massalia saltou logo e, não ousando penetrar na tumba, todos achamos bom postar-nos a pequena distância de lá a fim de vigiarmos os arredores. Também era preciso procurar os guardas. Não queríamos ser acusados pelas autoridades de termos levado secretamente o corpo do Mestre. Este tinha sido declarado sem vida pelo centurião e não queríamos correr o risco inútil de tornar-nos suspeitos de alguma intriga. Mas a noite continuava e nós só nos aventurávamos a uns passos pelas dobras do terreno. Qualquer chamado parecia vão, a direção do vento e a chuva que continuava a cair abafavam todos os ruídos.

Quando voltamos à tumba, um espetáculo inesquecível nos aguardava, visão que nos fez estremecer no mais profundo do nosso ser. O Mestre estava de pé diante da sepultura, ligeiramente amparado pelos dois Irmãos. Deu dois ou três passos, voltou a cabeça em nossa direção e esboçou um leve sorriso. Aproximamo-nos, mudos, a fim de mergulhar em seu olhar... naquele olhar que tantas vezes tinha falado aos nossos corações sobre todo o amor do mundo e que ainda refletia as dores atrozes da véspera. Outro sorriso pairou em nossa direção, com dificuldade, pareceu-nos, iluminado de leve pela claridade da tocha vacilante segurada por José.

Não sabíamos o que dizer, o que fazer; tivemos vontade de atirar-nos aos pés do Mestre, mas ele nunca aceitara tais gestos e pareceria ridículo comparado com o que sentíamos.

Um vento trouxe então um vago rumor de cascos e pedras rolando. A aurora revelou-nos os vultos dos dois Irmãos de Heliópolis, depois o de Massalia e de um cavalo. Trocamos olhares, olhares febris e de paz, algumas breves palavras, mas que diziam tanto...

Fazendo o melhor que podíamos, ajudamos o Mestre a montar no cavalo e um manto espesso foi jogado sobre seus ombros. Tudo aconteceu rapidamente, sem gestos inúteis. Depois o vimos desaparecer lentamente, meio curvado em sua montaria, com os companheiros de Hélios caminhando ao seu lado.

Não sei por quanto tempo ficamos lá, entre a aurora tímida e as borrascas. Que iria acontecer? Palavras e imagens entrechocavam-se em meu espírito e eu não conseguia discipliná-las. Eu estava feliz, egoisticamente feliz; eu não sabia mais qual era nossa missão, não sabia em que a missão do Mestre se transformara... tudo adquiria outro aspecto... Talvez infinitamente maior, eu ainda não sabia... Só uma coisa importava, ele tinha conseguido curar-se, ele vivia.

Subindo um outeiro, chegamos mais uma vez às portas da cidade. Um sol pálido concordou em aparecer, a custo, revelando um espetáculo assombroso: a tempestade noturna tinha sido tão violenta que as árvores estavam caídas, atravessadas pelos caminhos; quanto a alguns sepulcros, pareciam ter sido abalados a ponto de as pedras, talvez atingidas por raios, se terem deslocado e sido arrastadas com a terra.

Aquilo nos deixou inquietos. Pressentíamos em tudo sinais que poderiam alimentar a imaginação de alguns fanáticos dispostos a aproveitar-se de qualquer coisa para alimentar as lendas em torno do Mestre.

Quanto a nós, a realidade era tão bela que não precisava dos recursos espetaculares da natureza em fúria.

A chuva acabara de parar e não precisávamos mais espalhar-nos, nem procurar um abrigo. Parecia-nos bem mais simples, bem mais, olhar para o vale que se estendia aos nossos pés. Deixávamos nosso olhar vagar pelas montanhas desérticas da Judéia. Erguiam-se até o horizonte, ora brancas, ora coroadas de ouro, em sua incrível nudez.

O bater surdo de um tambor chegou aos nossos ouvidos. O templo e a cidade estavam acordando, e com eles os últimos preparativos da Páscoa. Nicodemos, que tinha se separado de nós no meio do caminho, voltou logo. Por ordens dos Irmãos de Heliópolis, tinha ido dar a Pilatos a notícia do estado de saúde do Mestre.

— Não sei se ele acreditou — disse, enquanto escalava as últimas rochas que o separavam de nós. — Acho que ele pensa que nós roubamos o corpo... Mas, tranqüilizai-vos, nada temos a temer, pelo menos nos próximos dois dias. Ele não quer confusões em Jerusalém até que a Páscoa tenha acabado.

Andamos alguns passos pelos flancos da montanha, pensando sobre o procedimento que deveríamos adotar. Os jardins de Getsêmane, as grandes arcadas do caminho e as manchas coloridas dos mercadores apareciam entre dois rochedos. O sol os aquecia pouco a pouco e longas espirais de bruma estendiam-se rumo ao Cedron. Ficou combinado que o nosso grupo se dividiria em dois. Os discípulos próximos do Mestre que ainda estavam entre nós tentariam encontrar-se com ele, ao norte, pelo caminho da Galiléia, onde ouvimos dizer que ele tinha sido tratado em segredo. Foi assim que João, Judas, André e Levi nos deixaram depois de se terem aproximado discretamente de seus companheiros e da mãe do Mestre. Quanto a nós, passamos o dia errando pela montanha, em torno da cidade. Tínhamos tanto a partilhar que sentimos necessidade das solidões rochosas. Os cantos e os chamados que se elevavam dos muros nos eram indiferentes. Nossos corações, nossos olhos dirigiam-se para outro lugar, para um caminho, sem dúvida verdejante, por onde três vultos brancos e um cavalo avançavam. Um dos Irmãos de Heliópolis tinha ficado conosco; seu rosto regular, intemporal, sua tez de cor escura, a chama dos seus olhos ficariam impressos em mim para sempre. Naquela manhã do grande Shabbat, ele nos reuniu ao seu redor, com um gesto de mão sóbrio, para nos relatar o que se segue:

— Irmãos, minhas palavras devem instruir o mais profundo de vossa alma e vivificar o que continua sonolento em vossos corações...

Compreendei bem, meus Irmãos, vós que conheceis a natureza profunda do homem de carne e de nossa mãe, a Terra.

Kristos absorveu em si, transmutou, os monstros das humanidades passadas. Era necessário. Eles envenenavam o coração deste universo e de suas criaturas. Eles retardavam sua marcha que se tornara pesada demais.

Esta noite, o mistério realizou-se. Kristos quis que o corpo vital da Terra fosse purificado em sua totalidade. Assim a alma etérea humana está lavada do veneno que ela destilava sobre esta rocha desde os tempos do povo de Atl e ainda antes. A densidade do nosso mundo, as suas vibrações, agora estão mudadas.

Isto, meus Irmãos, realizou-se pelo seu domínio dos doze

corpos do Homem verdadeiro, mas também através do amor.

A força de todos os raios, mas também a de todos os dons de que o Mestre estava investido... Tudo foi preparado em segredo pela grande Fraternidade, portanto, nenhum de nós, vos asseguro, conseguiu ter pleno conhecimento, até o último instante, do desenrolar exato do Mistério. As forças que nos envolveram não eram deste mundo e só pudemos agir como crianças, postando-nos aqui e ali... Sabíamos que o Mestre Jesus oferecia sua carne ao Logos como suporte e sabíamos que ele não precisava perecer, que não podia perecer. A vida dos Grandes Seres, meus Irmãos, está inscrita nas estrelas; tentamos lê-la letra por letra, mas nossa vista ainda é muito curta. Imaginai os Mestres passados, Yoshiri, Cernunnos e outros cujo esquema de vida já vos foi ensinado. Não há nada de novo. Tudo já foi dito. Tudo se transcende perpetuamente pela força do amor, desse amor que se abre como uma flor de coração vermelho-rubi. Nada mais posso dizer-vos porque vosso caminho é vosso e deveis vivê-lo sozinhos. Aquele que levanta o véu não deve dedicar-se muito a isto, porque, ao revelar-se, lançará um outro véu. Tendes utensílios suficientes para calçar vosso caminho...

Só meu coração adivinha o que acontecerá amanhã, o que não procuramos e que se realizará, porque o esquema cósmico desejado por todos os espíritos assim o quer.

Renascer para a vida? Quem realmente voltou à vida? Eis o tema que vos proponho...

Esgotados pelas interrogações e pelos impulsos de nosso coração, voltamos ao bethsaïd ao cair da noite. Quando na manhã seguinte, dia de Páscoa, enrolávamos nossas esteiras, ouvimos gritos nas proximidades do bethsaïd. Massalia irrompeu então no reduto que nos servia de quarto. Parecia feliz e aborrecido ao mesmo tempo.

— São homens e mulheres da cidade — disse ele quase gaguejando —, conseguiram burlar a vigilância dos guardas e descobriram a tumba vazia do Mestre... Podeis adivinhar qual foi sua conclusão!...

— Deixa, Massalia... — tive necessidade de responder. E uma voz íntima forçava-me a acrescentar. "Deixa, é o espírito de todos os homens que quer assim; são os próprios homens ressuscitando!... Finalmente eles ressuscitam Kristos dentro de si!"

Capítulo 15
Reencontro

PASSARAM-SE OS DIAS E A NOTÍCIA ESPALHOU-SE COMO UM raio através das ásperas paisagens da Judéia. Sentíamos necessidade de andar um pouco, de pisar a areia das montanhas, e logo percebemos que não havia uma só casa humilde, um oásis, que não tivesse sua própria versão dos fatos.

Então, mais uma vez, abandonamos a veste branca e tentamos agrupar-nos com alguns dos cento e vinte que ainda continuavam em Jerusalém. Foi durante aquela reunião, num porão da cidade, que soubemos do relato dos dois guardas que tínhamos procurado em vão perto da sepultura do Mestre. Não era um relato muito claro, e facilmente compreendemos que versões parecidas deviam ter sido dadas por cada um dos dois homens. Ambos tiveram que expor de modo verossímil, no palácio, o motivo de sua ausência perto da pedra sepulcral. Supusemos que tinham inventado uma história baseada na aparição da grande claridade vista por todos e logo depois, segundo eles, a pedra se movera. Com isso, confirmavam aos olhos do povo os poderes e a divindade do "Grande Rabi".

Não sabíamos o que fazer: não recebíamos mais ordens dos altos membros da Fraternidade. Vários dentre nós já tinham sido questionados nas ruelas da cidade e convidados com entusiasmo, admiração, desconfiança ou agressividade a fornecer explicações sobre os fatos. Alguns tinham respondido evocando a profunda capacidade de regeneração que o Mestre havia aprendido ao longo de toda sua vida. Mas a verdade não agradava a todos e três teses corriam por Jerusalém em menos de uma semana: a da ressurreição, a de um método mágico, o que atraía sobre nós a indignação dos sacerdotes, e finalmente a de uma manobra política. Quanto ao comando romano, este não se manifestava. Pilatos tornava-se inacessível, até mesmo para José.

De tudo aquilo concluímos que seria melhor deixar a região, em pequenos grupos, para nos aproximarmos do mar da Galiléia. Sabíamos, sem importar-nos com a data, que o Mestre nos queria lá e que certamente teríamos que trabalhar. Nada nos tinha sido comunicado exatamente a respeito disso, mas alguma coisa em nós recusava-se a admitir que tudo pudesse terminar lá. Um mecanismo misterioso tinha sido acionado, e devia seguir seu curso.

A mãe do Mestre tinha deixado Jerusalém alguns dias antes de acharmos que era chegada a hora de imitá-la. Daí por diante, nossos rostos, conhecidos em toda a cidade, serviam como pontos de referência para um grupo de fanáticos pelo Mestre, o anúncio de cuja ressurreição tinha enchido de um zelo imprudente diante das autoridades. Alguns nos apontavam com o dedo e corriam orgulhosos para nós, gabando-se de fazerem parte dos que, carregados de palmas e pétalas de flores, iam todos os dias ao túmulo do Mestre. Continuamos a manter silêncio, talvez com um cuidado um tanto excessivo... mas muitos ainda queriam ver, não saber.

Então saímos de Jerusalém. Devia ser a última vez. Quando, tendo escalado os montes áridos, englobamos com o olhar suas muralhas brancas, uma longa fila de homens e mulheres com roupas coloridas atraiu nossa atenção. Abaixo, nos flancos das montanhas, entre as árvores arrancadas e pedras, uma cavidade atraía a multidão curiosa e concentrada...

Caminhamos a passos rápidos, certos de que Ele aguardava no final do caminho. Era um andar rumo à primavera, ao frescor das romãzeiras e das amendoeiras. Pouco a pouco a estrada poeirenta transformou-se num caminho mais verde, embaixo dos olivais, e os tetos das casas isoladas novamente nos serviram de abrigo. O cheiro dos asnos nos estábulos, dos queijos secando, o crepitar do fogo à noite evocaram a imagem do Mestre quando outrora caminhava entre nós, naqueles mesmos lugares. O tempo parecia ter galopado como um garanhão ébrio de liberdade... Séculos teriam passado? Espreitávamos qualquer vulto que surgia na curva de um caminho, sentado num tronco, encostado numa oliveira como Ele gostava de fazer. Pela primeira vez a viagem nos pareceu longa. Será que só em Tiberíades e às margens do lago veríamos o Mestre?... A dúvida tomou conta de alguns, de nosso pequeno grupo.

E se a recuperação do Mestre tivesse tido apenas um efeito temporário? E se seu corpo continuasse entre a vida e a morte em alguma casa secreta de Essânia? Finalmente encontramos sua mãe num aprisco da Fraternidade, várias milhas antes de Tiberíades. Ela esperava à sombra de um caramanchão, na companhia de João, Simão-Pedro, Marta e outros. O aprisco situava-se discretamente no fundo de um vale e quando descemos o outeiro que levava até lá, aquela a quem por respeito não ousávamos chamar de Míriam,[1] levantou-se e pôs as duas mãos sobre o coração. Tínhamos reconhecido imediatamente sua longa veste cinza e seus dois véus superpostos, um da cor da aurora, o outro, da noite. Em nossa linguagem, eles atestavam sua ligação com o velho templo de Hélios.

— Eis — disse ela, avançando com Marta em nossa direção — que o Mestre está bem vivo. Ontem a imagem de sua alma[2] veio confirmar-nos aqui. Ele me fez esperar para que vós o soubésseis.

Foi um alívio e todos a saudamos com a mão no coração. Eu não conseguia deixar de olhar para os seus olhos claros e enormes e para seu sorriso, mais jovem do que os nossos...

Sempre me parecera estranho referir-se ao seu próprio filho como “o Mestre”. Outras ligações, que não as do sangue, lhe tinham sido impostas há muito tempo. Não eram as ligações que unem um discípulo e um Mestre, mas duas almas cúmplices que respeitam até o fim um papel distribuído em outros tempos. Aquilo me pareceu mais claro do que nunca naquela breve parada.

Logo formamos um círculo e José propôs que nos sentás-

1 Nome primitivo de Maria.
2 Seu corpo astral.

semos a fim de comer umas bolachas. Todos então tiraram do saco sua taça e o pastor, membro da Fraternidade, nos serviu uma bebida aromática, sem dúvida à base de mel. Era a nossa primeira refeição desde a véspera e não poderíamos desejar nada melhor. Falávamos pouco: tudo se passava como se estivéssemos surpresos por estarmos juntos de novo, vivos, sob um sol quente. Sentíamo-nos lavados, aliviados de um peso impossível de descrever, como se após uma vitória insensata.

Frases engraçadas foram ditas mas eu adivinhava que eram meio forçadas, pois todos supúnhamos que havia ainda muitas coisas por dizer e fazer.

Percebi o mundo como um oceano que esperava que nos jogássemos nele a fim de levar-nos de terra em terra, de coração em coração; tudo se abria e se transformava a nossa aproximação.

Seria um sonho, seria a sutil percepção do penhor que o Mestre tinha depositado em nós? Lá pelo meio da tarde, uma voz veio de repente bater à porta de nossas almas, uma voz doce e que no entanto fez calar-se o canto dos pássaros do vale. A princípio tinha sido indistinta, como a inesperada melodia de um regato.

Todos nos olhamos, interrompendo nossa conversa, mergulhando no silêncio da natureza que agora estava muda.

— Irmãos... — ouvi então mais claramente.

Era como se a voz fosse interior e exterior a mim, ou melhor, que eu formava um todo com o aprisco e a montanha e que a própria voz tinha saído de lá.

Instintivamente, contudo, virei a cabeça na direção da pequena construção de paredes de pedra. Destacando-se no escuro, havia no vão da porta uma espécie de turbilhão branco, uma cintilação extraordinária... alguma coisa se moveu.

Foi naquele momento que um véu entre dois mundos ou entre dois estados de consciência rasgou-se. Uma silhueta desenhou-se na penumbra do aprisco, depois caminhou em nossa direção.

Poderíamos dizer que ela acabava de modelar-se extraindo sua forma das próprias partículas da natureza.

Era o Mestre. Sua voz recomeçou, doce e forte, à medida que ele avançava sob o sol.

— Irmãos, Irmãos... recebei agradecimentos por vossa presença... O plano do Sem Nome de agora em diante está inscrito em vós para sempre...

Não vos preocupeis com a minha aparência; meu corpo repousa a alguma distância daqui. Por enquanto é uma roupa usada, mas espero tornar a vesti-la por longos anos ainda...

O Mestre deu um largo sorriso que provocou um murmúrio divertido, depois uma verdadeira explosão de alegria em nosso pequeno grupo.

Levantamo-nos de um salto, sob o caramanchão, prontos a arremessar-nos até ele. Entretanto, uma força nos retinha e só podíamos ficar de pé, o coração batendo, olhando para as mechas resplendentes de sua cabeleira, para as dobras onduladas da sua veste, para a claridade irisada que rodeava seu corpo.

— Quem ama maneja a luz, meus Irmãos — prosseguiu ele —, usa-a como a mais bela espada que existe. Assim, deveis compreender que a morte, a distância e o tempo nada são, nada a não ser impossibilidades desejadas pelos cegos de coração. Que cada instante de vossa vida seja, pois, pura energia e vossa presença se transformará na minha presença, vós a manifestareis além dos espaços, das épocas e dos mundos...

Não, meus Irmãos, não estou manipulando os termos de uma crença cega e beata... Não vos preparei para receberdes o credo de uma nova fé baseada num sistema analisável e desmontável. Eu vos anuncio a percepção da Essência única, pois tudo se cumpre além da dualidade das consciências e das palavras.

Assim, peço-vos que, quando falardes em minha memória, não fundeis religião alguma... Vosso mundo já conheceu tantas religiões. Todas estão à sombra de seus dogmas como as cidades atrás de suas muralhas. Elas esquecem que a terra ronca e os ventos sopram. Vivei e fazei viver. Ouvi e fazei ouvir, pensai e aprendei a pensar. Não imponhais o que sabeis, mas fazei amar a busca da verdade. Desde sempre, o homem recitou o pensamento de um outro homem... que finalmente ele recite a si próprio, no mais profundo do seu ser. É lá que ele verá a luz, porque é lá que reside o Pai, a Força, porque é lá que ele também reside desde o início. O pensamento é a essência da luz... que ele aprenda, então, a pensar.

Dentro de pouco tempo falareis disso aos seres desta Terra. Esforçai-vos a fim de viver para sempre em cada uma das palavras que pronunciardes. Através delas, não crieis barreiras, sede ilimitados em coração e em espírito como em verbo, pois vossa linguagem pode transformar-se em fronteira.

Ireis ao encontro dos homens... contudo, não percorrereis o caminho em seu lugar. Sede a pedra de onde simplesmente brota a autêntica centelha. Compreendei minhas palavras, meus Irmãos. Não enraizeis jamais a verdade do Pai nos corações humanos. Deixai-a enraizar-se por si mesma, pois só conseguiríeis manejar a força e a ilusão.

Não lhes faleis de mim mas de meu coração que dorme neles. Ensinai-lhes, enfim, a ter vontade de amar... É tudo o que o Pai vos pede.

Voltareis a ver-me uma última vez dentro em breve, eu vos afirmo. Não porque eu vá deixar esta Terra — continuarei ligando ela até seu completo despertar —, mas para dispensar-vos alguns últimos conselhos.

O Mestre sorriu mais uma vez e a claridade que envolvia seu corpo pareceu desagregar-se rapidamente, dispersar-se na atmosfera... De repente não vimos mais nada: lá estava de novo a natureza, uma natureza que readquiria seus direitos, com o canto dos pássaros, o murmúrio do vento nas figueiras, o calor do sol...

Um de nós avançou até o ponto em que o Mestre estava um segundo antes. O capim ainda estava deitado.

Ninguém sentiu vontade de fazer comentários. Era um daqueles momentos de plenitude em que basta existir para saber que tudo é possível e que existe um portal de ouro aberto diante de cada um de nós. Não o portal de um Éden qualquer, mas o de nossa própria força, da energia de paz e de conhecimento que nos recusamos a ver em nós sem tardar.

"Sem dúvida, ela está próxima demais para que a enxergueis...", repetia o Mestre antigamente... "Não espereis de mim uma fórmula libertadora, uma técnica salvadora para fugir dos males deste mundo! Não precisais aceitar, não precisais fugir, mas ultrapassar. A partir de agora, deixa de girar como a roda em torno do eixo!"

No dia seguinte, continuamos nosso caminho até as bordas do lago. A notícia relativa ao Mestre tinha chegado antes de nós. Pescadores e mercadores nos pediam para falar, para contar.

Estávamos presos numa espécie de sonho, ou melhor, de despertar total que até então não conhecíamos, e todos nos surpreendemos, instintivamente, a imitar as atitudes do Mestre. Era como se cada um de nós O tivesse recebido em si. José e Nicodemos partiram para as alturas de Genesaré, e centenas de homens e mulheres os seguiram. Simão tomou emprestado o barco de um pescador e pôs-se a falar sobriamente no pequeno porto de Cafarnaum. Outros percorriam as ruas, dirigiam-se ao povo de cima do terraço das casas. Em poucos dias, havia sob nossos olhos um chamejar de amor sobre toda a terra da Galiléia.

Falávamos de ressurreição. Não da ressurreição do Mestre, mas da única que realmente existe: a do próprio homem, a do espírito humano que se regenera, que encontra sua fonte e reconquista sua verdadeira nobreza.

Não falávamos de palavras, mas de sopros que nós transmitimos... sem condição.

Foi só no final do mês, numa pequena casa à margem da estrada de Magdala, que vimos novamente o Mestre em seu corpo de carne. Suas chagas pareciam totalmente cicatrizadas e o sofrimento não morava mais no seu rosto. Não era mais Kristos, mas também não era o Mestre Jesus. Era como um rochedo, uma montanha de energia, mas de doçura também.

A entrevista foi breve. À noite ele partiu, na direção do Krmel, acompanhado pela maioria de seus discípulos próximos. Sabíamos que aquele era o último encontro, ele próprio nos havia anunciado.

— Estou partindo para o Krmel — tinha dito ele simplesmente —, meu trabalho é outro. Minhas palavras às vezes chegarão a vós, na profundeza das noites, além dos mares e montanhas, onde estiverdes. Entretanto, meus Irmãos, não vos esqueçais nunca de que não trabalhais para mim, que apenas sou um pouco de vós, trabalhais para Isto...

E num gesto amplo ele englobou o ar que o rodeava... Parecia-nos que com isso ele abrangia o universo inteiro. Desde então, o tempo correu, correu...

Logo, não havia uma só montanha da Galiléia ou da Samaria que não conhecêssemos. Às vezes éramos recebidos com pedras, mas nossos corações só guardavam a lembrança das flores! Compreendi que os cento e vinte rapidamente se haviam transformado em trezentos e sessenta e que o grande círculo estava formado. Freqüentemente nossos caminhos se cruzavam e não era raro nos encontrarmos, em três ou quatro, ao redor da fogueira de um pastor ou à mesa de um artesão, no fundo de sua tenda. Hoje, quando aquelas imagens desfilam diante dos olhos da minha alma, eu as vejo como pérolas que enfiávamos mais ou menos habilmente, mas em que empenhávamos toda a nossa alegria.

Estações e talvez anos passaram, não mais me recordo bem. Os companheiros do Gólgota com quem cruzávamos pelos caminhos mostravam algumas rugas a mais... O sol, a estrada, o frio, as pedras, as flores, de novo a estrada, aquilo era o nosso pão e nós não desejávamos outro.

De quando em quando, uma pequena claridade no céu fortalecia nosso coração, mostrando-nos o caminho. Eram os Irmãos de Lua-Sol, os Irmãos da pequena estrela de oito pontas de nossa infância. Eles nos mandavam seu sinal eterno, discreto, mas tão forte. Era o cantar dos que jamais estão sós.

Uma noite do mês de Elul[3] nos pôs novamente em contato com José e muitos outros Irmãos.

Foi numa aldeia situada não longe do Krmel, no interior da região.

Ainda vi homens com seus asnos voltando das encostas com seus pesados cestos cheios de azeitonas recém-colhidas. Tínhamos feito um acampamento precário, meio afastado das casas de telhado plano e onde ninguém nos prestava atenção.

Éramos vinte e dois, e um a um atiramos ritualmente um punhado de incenso nas chamas do braseiro em torno do qual nos reuníamos. Era nossa maneira de purificar o Éter dos locais onde nos encontrávamos. Tudo devia ser puro como o cristal, tanto nossos seres como a alma do ar que respirávamos.

Vinte e dois! Este número ressoava em mim; era o número das iniciações de Essânia. Cada um dos componentes correspondia a uma prova em que o físico e o psíquico se associavam estreitamente. As vinte e duas indicações tinham tomado forma no país de Atl, onde eram dispensadas nos templos do Uno. Para nós, era a mesma coisa; a maior parte delas não acontecia no segredo de uma construção e não lhes era atribuído

3 Próximo ao final do verão.

um grau. Os membros mais velhos da Fraternidade, depois de muito tempo, tinham feito saber que os Grandes Seres que presidiam ao destino de nosso mundo desejavam que as pessoas de agora em diante se mesclassem ao turbilhão de nossa vida, com isso deixando de lado um aparato inútil. Seu número jamais tinha sido arbitrário; ele correspondia à arquitetura sagrada do homem, aos mistérios do três e do sete, que cada um deve desvendar por si mesmo. Assim, sempre que vinte e dois Irmãos se achavam reunidos sem a intervenção da sua vontade, seus corações achavam-se mais abertos. Viam naquilo um sinal e se preparavam para escutar.

José era o mais velho de nós; também o sabíamos muito próximo do Mestre. Foi ele quem tomou a palavra.

— Meus Irmãos — disse sem rodeios —, a partir de agora devemos deixar este chão. A velha terra de Canaã já nutriu suficientemente a planta de nossos pés. Ontem, pela última vez, consegui encontrar-me com o Mestre Jesus. Ele me disse que continuaria a existência entre as espessas muralhas do Krmel e não poderia concordar em rever mais de um ou dois dos seus próximos em ocasiões bem precisas. Como vós, recebi a notícia com pena, mas devemos respeitá-la. O Mestre segue os conselhos dos Irmãos das estrelas. Apesar de todos os obstáculos, seu destino está inscrito no cosmos. A marca que ele deixa ajusta-se por si só aos esquemas exigidos por esta humanidade. Vede o que eu entendo com isso. Assim, é inútil lutar contra o princípio da ressurreição total do seu corpo. Esta contém em germe o ideal dos homens desta Terra; por outro lado, corresponde a uma possibilidade que, nas circunstâncias que conheceis, ele não precisou utilizar.

Mas, como vos dizia, agora devemos partir. Pedem-nos que atravessemos o grande mar e que aportemos numa praia que nossos pais outrora chamaram de país de Kal[4] o que significa país de pedra. Meditareis a respeito deste nome. Ele será para nós uma ponte. É a terra das tribos independentes, dadas às abstrações. Dizem que lá os homens são rudes, mas que uma forma de poesia corre em suas veias. Segundo as informações do Mestre, aquela região contém em seu seio, pela conjunção das forças do seu solo, a figura da estrela do Equilíbrio. Ela

4 A Gália.

atraíra para si o sétimo iniciado, cuja imagem me foi confiada.

Partiremos amanhã, se o Eterno o permitir, e depositaremos na terra de Kal o que temos em nós. Nós lhe confiaremos o livro de nossas existências e as brotações que recolhemos junto ao Mestre. Não chegaremos lá como conquistadores de almas, vós o sabeis. Simplesmente passaremos atrás do espírito que Kristos já insuflou lá há muito tempo, não como reformadores, mas como antigos aliados. Não poderia ser de outra forma...

A noite pareceu longa. O sono não queria nada conosco, Quando a aurora acordou sobre os montes e as florestas de carvalho, um grupo de vinte e duas silhuetas já caminhava rapidamente pelas encostas.

Estava frio e andávamos enrolados em nossos mantos, com um simples saco ao lado. Foi assim que pela última vez passamos aos pés do Krmel, que nos dominava do alto da sua majestade, de sua magnífica austeridade.

Ninguém sussurrou uma palavra; através de seus muros, no silêncio da aurora, todos procurávamos um rosto...

Livro III

Capítulo I
Os vinte e dois

NOSSO ROSTO ERA FUSTIGADO POR UMA BRISA FRESCA E OS DOIS barcos fendiam as ondas como um conjunto perfeito...

— Olhai!

Um braço levantou-se, apontando o horizonte atrás de nossa embarcação.

— Olhai bem para ela uma última vez...

Entre as cristas das vagas ainda surgia, aqui e ali, a massa azulada das montanhas costeiras. Pouco a pouco pareceu mergulhar nas ondas e só restou a dança monótona de espuma de reflexos irisados para atrair nosso olhar.

Míriam tinha-se encostado na proa do barco e estava absorta contemplando a bruma. Quanto a mim, Simão, eu queria liberar todas as energias do meu coração. Eu estava dividido entre o desespero e o entusiasmo, a amargura e o reconhecimento. Tudo teria terminado? Tudo estava por fazer? Eu sabia a resposta; mas como muitos, naquele tímido amanhecer, eu não conseguia formulá-la completamente.

Sabíamos tão pouco a respeito da terra para onde íamos. A Fraternidade tinha dado alguns objetos de valor para prover às nossas primeiras necessidades, mas depois nossa nova existência teria que ser construída, pedaço a pedaço.

À nossa chegada ao pequeno porto que ainda dormitava aos pés do Krmel, duas frágeis embarcações já nos esperavam.

Não tinha sido possível encontrar uma única capaz de conter-nos a todos. Então alguns, segundo José, tinham achado mais prudente dividir nossas forças para a travessia. Vários dentre nós, por sua profissão de pescadores, conheciam bem o manejo da vela e dos remos. Eles assumiram o comando de nossos dois grupos de onze e nós executávamos as manobras como podíamos. Havia seis mulheres no grupo, entre as quais Míriam de Magdala. Com certeza não nos parecíamos com conquistadores! Carregados com todas as angústias e todas as esperanças da Terra, partíamos meio como nômades que sempre tínhamos sido, cabelos ao vento e um saco de tecido grosso no ombro. Um de nós tinha manifestado o desejo de escrever, escrever para nada esquecer, preservar o que, no entanto, sentíamos inexprimível.

José acabava de opor-se a isso, não como mestre, mas como ser consciente e detentor de chaves insuspeitadas. Levantou-se de repente entre nós, agarrando-se ao mastro para não perder o equilíbrio, e esforçou-se para falar:

— Meus Irmãos — disse com voz forte —, não poderia haver um mestre entre nós; mal temos o direito de sermos chamados de aprendizes. Se eu vos peço para não escreverdes nada, é porque não é esta a vossa tarefa. Nossas energias são bens preciosos, elas não nos pertencem, estão depositadas em nós com um fim preciso, portanto, não devemos dispensá-las. Além do mais, deveis saber que o Mestre Jesus teme pela forra de certos escritos. Não ignorais que ele falou comigo sobre várias coisas há pouco tempo; asseguro-vos, vossa missão hoje não é essa...

José nos tinha reagrupado ao seu redor, porque a vela estalava ao vento e tornava difícil a comunicação. Só um Irmão continuava, por obrigação, no remo da popa, escrutando o céu com regularidade a fim de avaliar o curso do sol. Eu não tinha idéia do tempo que deveríamos passar assim, tendo como único apoio uma voz que não parava de ressoar em nós. Mas pouco importava... Nosso barco, infelizmente, não oferecia outro abrigo a não ser uma vela que podíamos estender acima do casco conforme fosse necessário. Devia existir um fogo nos animando para que partíssemos assim, desprovidos de tudo, sem um destino certo!

Queríamos chegar ao país de Kal, situado lá embaixo, em alguma parte do Norte... Era tudo o que a maioria de nós sabíamos... e sem dúvida não precisávamos desejar mais. O que surge no que há de mais profundo na alma só pode acontecer num ímpeto, e quando revejo aqueles momentos, eu me pergunto... Como se chamariam hoje os que outrora construíram, que ousaram viver dia-a-dia o que acreditavam, o que sabiam? Seríamos ao mesmo tempo enraizados demais à terra e distantes demais das pulsações da sua carne?

Apesar do vento, José queria falar. Escondeu sua longa cabeleira sob um véu cujas bordas enrolou várias vezes, e finalmente sentou-se.

— Há tantas coisas para contar-vos, meus Irmãos, tantas coisas que duvido da minha habilidade em fazê-lo... Olhai primeiro para isto!

E sem mais nada dizer, José enfiou a mão no grande saco de lã cinza que levava a tiracolo. Tirou de dentro dele pequenos objetos, um dos quais estava cuidadosamente embrulhado num tecido do mais branco linho. Ele o desembrulhou com mil precauções, revelando, por sua vez, outro tecido mais leve, de um azul profundo. O segundo véu foi retirado com a mesma delicadeza que o primeiro e nós vimos nas grandes palmas abertas de José uma pequena taça talhada em pedra. Parecia-se com uma das que às vezes utilizávamos com o Mestre durante nossas tradicionais refeições em comum. Aquele objeto nada tinha de extraordinário, aparentemente nada a não ser a nobreza de seu material ou a simplicidade das linhas. Não passava de uma meia esfera, como um fruto partido ao meio e depois esvaziado.

— Olhai bem — disse contudo José, baixando o tom da voz. — Os Irmãos de Hélios confiaram-me a guarda desta taça. O Mestre a utilizou cotidianamente durante muito tempo e minha missão foi recolher um pouco do sangue que ainda escorria de seus ferimentos quando o tiraram do madeiro. Posso adivinhar o que estais pensando, meus Irmãos... não, não é um apego estúpido à matéria, e muito menos um símbolo mórbido ou idolatria! Segundo o ensinamento que me foi transmitido e que hoje transmito a vós, o sangue do Mestre, investido por Kristos, possui inúmeras particularidades. Recolhi este sangue em cinco pontos do seu corpo, cinco pontos-chave onde pequenos círculos de fogo ainda turbilhonavam no Éter. Cinco energias sutis saíam em jorros dos diferentes tipos de ferimentos sofridos pelo Mestre. Estas forças, afirmaram-me os Irmãos, têm um papel concreto e abstrato ao mesmo tempo, uma função precisa com relação a nossos organismos físicos e nossa essência espiritual. Mais não posso dizer, podeis compreender facilmente que a solução de um mistério como este não é comunicável em caso algum. Não pela preocupação de esconder, mas porque as palavras só podem trair o que não é acessível ao simples conhecimento humano. O enigma desta taça e de seu conteúdo é o enigma da evolução de toda forma de vida...

Discretamente, José dobrou então os dois véus sobre seu precioso conteúdo; parecia procurar palavras, depois continuou:

— Esta taça, meus Irmãos, será para nós um símbolo e ao mesmo tempo uma fonte de força. Seu brilho sutil destila uma energia insuspeitada em todos os lugares que a abrigam. Sabeis que nossos olhos vêem poucas coisas... Entendei, no entanto, para que tudo fique bem claro, que sua posse não nos torna de forma alguma privilegiados, ela não nos torna senhores de nenhum dos poderes dominadores buscados por todos os magos desta Terra. Quando eu a tiver escondido lá, onde deve ficar, sua busca física será vã! Guardai bem isto: só encontramos uma força deste tipo quando a merecemos... e então percebemos que sua posse material é inútil, porque já teremos bebido seu conteúdo de luz. Assim, os que procurarem e não encontrarem, primeiro deverão aprender a encontrar-se a si mesmos. Não há filosofia alguma em tudo isso. O símbolo une-se ao objeto, pois este símbolo é exatamente um ser que vive, uma forma amante nos planos de luz.

Sabei, então, meus Irmãos, que cada homem, e cada criatura, animada ou não, tem sua própria taça que aguarda em algum lugar fora do tempo, num lugar de paz que só a consciência pura, embora ainda em germinação, lhe permitirá atingir. É o problema de todo ser consigo mesmo.

— Mas, José — perguntou uma voz —, se a força espiritual representada pela taça do Mestre é essencialmente semelhante à força que devemos despertar em nós, por que preservar desse modo o objeto concreto? Já que o Mestre não deseja instaurar nenhuma religião no sentido próprio do termo, por que guardar uma taça que pode ser a base de um culto?

José enterrou profundamente a cabeça entre as mãos, depois levantou-a finalmente, após um longo instante de silêncio, mergulhando os olhos sorridentes e claros no fundo de cada um de nós.

— O importante é que a taça do Mestre fique em contato prolongado com certas partes da terra que ela tem por missão fertilizar espiritualmente. Seu brilho só pode ser extremamente purificador. Oh, eu não acho que possa tratar-se de algo espetacular, mas, ao contrário, de uma lenta maturação. A taça age sobre a terra que a recebe da mesma forma que age no homem: ela prepara nele um terreno secreto e sólido, apto a receber o jorro de todos os influxos do Espírito.

Contudo, sei que não impediremos a idolatria... mas, dizei-me o que é possível fazer neste mundo e que não seja meio suspeito. Sempre existirão homens para endeusar o que não deve ser endeusado; haverá sempre ouvidos para ouvirem o que querem que seja dito. Eis porque o Verdadeiro é tantas vezes dissimulado. Os guias de nossa humanidade o viram de tal forma aviltado que o preservam e só o fazem destilar gota a gota.

Nós projetamos nossos impulsos e nossas falhas até no domínio do Espírito... nossas recordações e esperanças também, felizmente!

Assim, não vos preocupeis. Todos os órgãos palpitantes desta Terra, quero dizer seus grandes centros, possuem sua taça; seja de simples pedra nativa ou obra de arte, a mesma energia se desprende dela, ela estanca a mesma sede e mostra a única realidade a atingir: a Harmonização da Humanidade com o Cosmos.

José nos falou assim durante muito tempo. Parecia gostar de desafiar nossa reflexão e nossa sensibilidade através de um encadeamento de frases ora límpidas ora enigmáticas.

— Os símbolos e as imagens não são simples jogos arbitrários do espírito — disse ele, parafraseando o Mestre com um ar divertido. — São marcos, carregados de indicações, que balizam nossos caminhos.

A seguir declarou que era indispensável um pé hexagonal

para a preciosa taça, detalhe que, contraditoriamente, tendia a fazer dela um objeto de culto. Afinal tínhamos compreendido que não havia uma solução para os enigmas que ele nos apresentava, mas dez, cem, mil, tantas quantos os seres deste mundo.

— Quereis receitas, meus Irmãos? A chave que convém a um transforma-se em brincadeira para outro, um simples truque! Agora devemos aprender a ver, não mais a calcular.

Vários dias passaram-se assim, pontilhados por palavras de José, por nossas perguntas, pelo sopro do vento, pelo balanço dos nossos barcos e pelo calor de um sol no entanto tímido... De tempos em tempos, víamos terras, costas áridas e praias agradáveis; cruzamos com embarcações de pescadores e mercadores, mas a resposta era sempre a mesma. Chegava até num grego muito sumário: "Bem mais adiante."

Contudo, a tristeza e a ansiedade da partida tinham sido expulsas de nossos corações pelo entusiasmo das descobertas que viriam. Claro, era preciso dar, falar como tínhamos aprendido, mas não iríamos igualmente receber e, sem dúvida, melhor compreender? Quem jamais leva o gargalo de seu cântaro à fonte pode dar de beber por muito tempo?

Nossas duas embarcações vagavam lado a lado, bem ou mal, às vezes açoitadas por correntes contrárias ou maravilhosamente misturadas com cardumes de golfinhos. Quando o tempo estava mais calmo, ouvíamos nossos risos de um barco ao outro, nos chamávamos por qualquer coisa, pelo simples fato de falar de nossa felicidade por estarmos lá, a caminho de "algum lugar", o que para nós significava a caminho de "todos os lugares". Éramos duas vezes onze... Vinte e dois! E sem dúvida éramos meio doidos mas atacados por uma loucura a que os homens, infelizmente, muito pouco se entregam! Vinte e dois pensando de modo diferente, não fora das normas, mas sem norma, sem essa pequena coisa que sempre quer definir tudo e envelhecer tudo com um rótulo. O verdadeiro fogo, o fogo do amor, não tem nome, porque ignora as leis humanas!

Vinte e dois; para nós era a loucura sagrada, um modo de nos ligarmos, uma forma de estabilidade. Naquele número, à luz dos Irmãos de Essânia, resolvia-se a quadratura do círculo.

Certa manhã, quando mal tínhamos acordado, encobertos pelo nevoeiro de que a noite se carregara, uma longa faixa de um branco cintilante desenhou-se no horizonte. Levantamo-nos em silêncio quase ao mesmo tempo. Nossos olhos cravaram-se na costa. Logo esta revelou-se semelhante a uma falésia com reflexos de âmbar. No topo e nas reentrâncias da rocha crescia uma vegetação espessa; aqui e ali parecia mergulhar na água. Mais longe, no interior da região, altos cumes de cor ocre davam ao conjunto da paisagem um aspecto tranqüilo, protetor, majestoso.

A margem nos pareceu muito rochosa e atracar seria difícil; então acompanhamos a terra rumo ao oeste. Os contornos correspondiam à descrição que nos tinham feito e nós não conseguíamos conter a alegria. Pouco a pouco a margem tornou-se menos áspera e vimos minúsculas embarcações encimadas por velas remendadas, içadas precariamente. A terra de Kal ainda parecia dormir. Ao longe, fumos subiam diretos para o azul, primeiros sinais de vida. Depois de hesitarmos um pouco, viramos nossos barcos naquela direção. Lá, no entanto, o mar parecia juntar-se com a terra. As águas dividiam-se em várias línguas debruadas por juncos e altas ervas. Compreendemos então que avançar seria inútil e que nos arriscávamos a encalhar nos pântanos. Um de nós atreveu-se a saltar na água, com uma corda na mão. Afundou até o pescoço, garantindo que seus pés tocavam no lodo.

Naquele exato instante, ouvimos algo como um chamado ou um grito longo e modulado. Ficamos em silêncio, examinando com o olhar a alta vegetação. Houve um marulho, um remexer de folhas, e dois enormes pássaros voaram. Foi então que dois homens surgiram num barco frágil. Vestidos com uma túnica branca e curta, eles mergulhavam longas varas na água. De repente, imobilizaram o barco e começaram a olhar fixamente para nós.

Não falamos nada e tive a nítida sensação de que eles nos testavam. Finalmente um deles levou a mão à altura do coração e esboçou um leve sorriso.

A mão à altura do coração... A única linguagem que queríamos entender!

Capítulo 2
Rumo ao ouro do tempo, Míriam...

OS PRIMEIROS DIAS APÓS NOSSA CHEGADA À TERRA DE KAL foram agradáveis. Todos se observavam. Embora passássemos por convidados, havia uma grande reserva com relação a nós. Logo nos levaram para uma espécie de aldeia construída três quartos sobre a água, no limite entre os pântanos e a terra firme. Tudo era de madeira e juncos trançados, e as habitações que às vezes ficavam no alto, acima das ondas, comunicavam-se entre si através de passarelas removíveis. O conjunto perdia-se numa inextricável confusão de caniços, juncos e árvores aferradas e estreitas línguas de terra. Um monte de barcos estavam sempre a postos, amarrados aqui e ali a enormes pilastras batidas pelas águas agitadas. Algumas cabanas pareciam ter-se aventurado um pouco mais longe, lá onde o solo estável suportava o peso das pedras. Em sua maioria eram rodeadas por uma paliçada que me deixou a impressão de ser mais de ordem estética do que defensiva. Aquela aldeia lacustre, sem vida no dia da nossa chegada, logo se mostrou povoada. Uma fogueira queimava continuamente na terra firme, alimentada constantemente por um velho de túnica cinzenta e cheio de colares. Aquela parecia ser sua função, enquanto a maioria dos habitantes dedicavam-se à pesca com redes. As mulheres, por seu turno, trançavam o junco com habilidade e ocupavam-se em recompor a cobertura precária das habitações.

Sem que soubéssemos por que se preocupavam em acolher-nos assim, mostraram-nos uma enorme cabana erguida sobre estacas, rodeada por muitas cordas e escadas. Velhas redes pendiam dos tabiques, habilmente misturadas a galhos secos entremeados, depois recobertos aqui e ali por barro seco. O assoalho da construção estava atapetado com palha, espessas esteiras e peles. Era nossa nova morada... e nos sentimos muito bem lá.

Será que sabiam quem éramos, o que acabávamos de fazer? Ignorávamos tudo, mas a Providência era uma força em que acreditávamos; aquilo era para nós uma das manifestações do raio de energia que desde o início nos abrira o caminho...

Três homens da aldeia destacavam-se dos outros por usarem longas vestes brancas meio parecidas com as nossas. Eles nos observaram de longe, durante muito tempo, dirigindo-nos alguns raros sorrisos.

A língua da terra de Kal era completamente diferente da nossa e, durante jornadas inteiras, só nos comunicamos através de gestos simples. Resolvemos habituar-nos àquela aldeia, à sua língua, e aguardar um sinal antes de empreender o que quer que fosse. Procuramos, então, envolver-nos nas ocupações cotidianas, preservando cuidadosamente nossa identidade. Assim, seguindo os conselhos de José, não escondemos nada de nossos ritos. Preces e abluções cotidianas, aliás, logo atraíram a simpatia de muitos homens e mulheres. Não sei quantas semanas ou meses se passaram assim. A memória do Tempo guarda o segredo daquelas jornadas passadas a meditar, observar, ajudar, na medida do possível, aquele povo com o qual queríamos fundir-nos. Bebíamos, pois, daquela nova fonte, sem contudo compreender o porquê de uma acolhida tão tolerante, embora distante...

Finalmente, os olhares tornaram-se cúmplices e pequenas frases, articuladas com dificuldade, saíram de nossos peitos.

Enquanto aprendíamos nossa nova língua, aconteceu um curioso fenômeno. Quanto mais progredíamos no seu manejo, mais tínhamos a sensação de que ela era una com a nossa. Aquela impressão nascia fora de qualquer espírito lógico e sem dúvida teria sido inútil compararmos os termos entre si. A aproximação operava-se através do jogo sutil das sonoridades, sem levar em consideração uma segmentação das frases em palavras bem delimitadas. Determinadas expressões, truncadas no meio depois unidas a outras, certas frases ouvidas de modo diferente, num ritmo que talvez fosse o do coração, adquiriam significados precisos que iam além da superfície das coisas. Uma forma de encantamento efetuava-se ao nível do som puro e das relações fonéticas entre os termos. Aquela constatação nos deixou perturbados, e José, que continuava a ser a alma do nosso grupo, ajudou-nos a compreender melhor a noção de "linguagem original" de que alguns pontos eram revelados no Krmel através de antigos exercícios de vocalização. Ficamos sabendo assim, melhor do que nunca, que há uma forma de manejar os sons que permite sorver-lhes a substância.

Trata-se de relações entre sons, mais do que entre palavras. Neste pequeno detalhe podemos ver uma das chaves da compreensão de todas as línguas terrestres. As leis da natureza e do que sumariamente chamamos evolução dedicam-se ao emprego do anagrama em todos os degraus da vida... É um jogo, pois o trabalho conjugado do coração e do espírito não segue o itinerário da tristeza. Assim, segundo a expressão do Mestre, narrada por José, "aquele que não encontra a mínima alegria ou o menor divertimento no estudo, ainda não está aprendendo... está desbravando".

Chegou o dia em que os três homens vestidos de branco aproximaram-se de nós. Foi ao cair do dia e estávamos reunidos na pequena plataforma situada na frente de nossa habitação. Eles avançaram pela passarela que levava ao nosso abrigo, um atrás do outro. Um longo véu branco velava seus rostos. Finalmente, levantaram-no, revelando seu primeiro sorriso verdadeiro. Levantamo-nos de um só ímpeto, as duas mãos sobre o coração em sinal de boas-vindas e respeito.

— Irmãos em Esus — disse um deles com voz forte —, de agora em diante, para nós, tereis este nome.

"Esus", como aquela sonoridade ecoava estranhamente em nossos corações! Ela nos levou de novo para perto do Mestre, alguns anos antes. Ela me levava de volta também às frias celas do Krmel, quando estudávamos as religiões de povos que nenhum de nós ousava esperar que encontraria um dia.

Essânia, Ísis, Esus, agora o Mestre Jesus, e quantos mais?

Era preciso ser cego para não perceber um sinal naquelas sonoridades. A palavra "coincidência" não fazia parte de nosso vocabulário, e quando o homem de veste branca pronunciou o nome Esus, não pudemos deixar de abrir-lhes os braços. Era quase como se ele tivesse pronunciado o nome do próprio Mestre, e suas palavras simples tiveram para nós a força de um reconhecimento da Fraternidade.

— Somos sacerdotes do nosso povo — continuou o mais velho dos três homens. — A luz nos falou e agora conseguimos ver-vos como guardiães de Ashas... Há muito esperávamos estrangeiros em nossas praias. As estrelas guiam nossos passos, nossos atos e nosso saber desde sempre. Ficai tranqüilos, Irmãos, porque seus enviados prepararam vosso caminho. Eles falaram aos nossos pais sobre a tocha que viestes depor nesta região e que renova uma antiga aliança. Vossos ancestrais e os nossos saíram do mesmo ramo da grande árvore, nós o sabemos. Então, falai e nós vos escutaremos, não poderíamos fazer melhor. Talvez só tenhamos vivido pelos momentos que se seguirão. A leitura das almas nos é familiar e agora compreendemos que estamos acolhendo os que viveram. Falai, então, e vosso fardo será mais leve.

— Nosso fardo não é só um — respondeu José com entusiasmo — e mesmo que seja um, Irmãos em Iesus, nada no mundo o retirará. É o peso dos anos vividos perto do sol. Ele penetrou em nossas veias e nossos corações estão cheios dele. É o peso da sagrada arte da medicina, porque somos os médicos do ser verdadeiro.

Nós te falaremos do Mestre que nos envia, pois é também o teu Mestre. De agora em diante não diremos mais "nosso Mestre", pois é o Mestre de todos. Ele é o Mestre sem servidor, pois sua única imagem é a chama que lança seus raios no alto de todas as frontes humanas. Assim, Irmãos, não viemos contar-lhes a história de um deus nem a história de um homem que pretendia ser deus; viemos lembrar-vos a história do Homem como tal, do Homem que não mais se ignora e que começa a lembrar-se.

Hoje, o Grande Cervo que conduz teu povo atravessa seus bosques e depois os une para construir com eles uma escada.

Tu sabes o que a aparência das palavras oculta. Com tua

ajuda tentaremos curar os que esqueceram, mas fica certo de que nada apagaremos. O caminho que nos trouxe até aqui é longo e tudo o que fazemos é acrescentar-lhe um marco, pois na verdade ele não nos pertence. A verdade não depende de um povo ou de uma veste, tu o sabes; ela é o ideal dos que avançam sem olhar para trás, enriquecidos com suas tentativas. Nós vos entregaremos toda a luz de um coração e de uma espada reunidos, porque com eles desvendaremos o Homem e um pouco do "Verdadeiro" tão buscado. Agora, tu nos conheces melhor. Escuta então a história d'Aquele que voltou a acordar, do Mestre que recebeu Kristos...

Então José foi buscar peles de animais e esteiras e todos nos acomodamos diante dos três sacerdotes. Um após o outro, eles baixaram lentamente seu véu sobre o rosto e um silêncio de paz desceu sobre o nosso grupo, um silêncio compacto, povoado por mil seres da natureza.

Assim, pela primeira vez na terra de Kal, foi narrada a história do Mestre Jesus, que tinha aberto a porta aos outros homens.

Quando José acabou de falar, já era noite avançada. Os três sacerdotes o tinham ouvido com recolhimento, sem interrompê-lo. Nós continuamos muito tempo sob o encanto da narrativa e das lembranças que ela evocava em nós. Alguns fogos, que vultos de homens e mulheres alimentavam com galhos e ervas, brilhavam na margem. Parecia-me que eles participavam da caminhada interior de nossos seres...

Passado um longo momento, quando o marulhar da água acabou de trazer-nos de volta ao presente, o sacerdote que falava em nome dos outros retomou a palavra:

— O que acabas de contar, Irmão, não precisa de comentários. Não farei como certos escribas e mestres na arte de falar que desmontam as narrativas e os seres sem perceber que desperdiçam seu âmago. Seu mental destila uma água de morte. Tua história é verdadeira porque fala ao meu coração, porque resolve em mim lembranças que não estão contidas em livro algum. Ela sai diretamente das raízes da Grande Árvore! Não quero matá-la, pois ela vivifica as histórias do meu povo. É preciso que saibas que vejo nela, ao mesmo tempo, uma prova de nossa antiga fraternidade. Os relatos mais secretos de que outrora me fizeram depositário usam os mesmos símbolos que os teus. O espírito do teu Mestre age, eu o sei, na encruzilhada dos caminhos de nossa ascensão. Assim, as múltiplas cruzes que servem de emblema aos homens de tua raça não deixam de lembrar-me uma história que não pertence só aos que vivem aqui, mas a toda a humanidade. Há quem diga que é uma lenda e que os poetas a enriqueceram à sua moda. Os que dizem isso nada sabem. Procuram tranqüilizar-se com o medo da vertigem nascida de sua pequenez. Quanto a mim, eis o que posso confiar-vos esta noite e que talvez já sabeis:

> Foi há dezenas de milhares de nossos anos sem dúvida, mais até... os céus ainda não estavam formados como hoje. A grande energia de Esus, que tudo renova eternamente, tinha disposto as estrelas de outra forma. Nosso mundo não era tão distante dos outros como agora. Assim, a grande luz a que chamais Lua-Sol chegava a esta Terra mais viva do que hoje. Quanto ao homem, ele não vivia neste chão; os mundos que ele povoava eram múltiplos em nosso universo. Não tinha a aparência que tem hoje e já tinha passado por inúmeras metamorfoses através dos grandes ciclos de vida determinados por Esus. Entretanto, sua força era tal que ele podia visitar as estrelas do firmamento e lá conhecer as manifestações da Grande Existência. Pouco a pouco, ele aprendeu a escolher seu caminho e verificou que o caminho era diferente conforme a estrela em que habitava. Nossos antigos ensinamentos dizem que uma daquelas estrelas deixou-se levar pelo ciclo da destruição. Os homens que viviam lá, embriagados pelo seu poderio, achavam que podiam superar o Todo em sua capacidade de criar. Quando compreenderam que com isso o mundo se dissolveria, sentiram medo e procuraram nos céus um solo virgem. Seguiram para lá a bordo de enormes máquinas semelhantes a carros multicores. O solo, sabeis, é o que hoje pisamos. Mal instalaram-se lá, viram uma cruz gigantesca abraçar os céus, era o adeus de sua velha estrela que eles tinham aniquilado. Muitos entre eles não conseguiram fugir a tempo...
>
> Durante luas e luas o fogo ardeu, devastando as terras em todas as direções de nosso universo. Lua-Sol e as outras sofreram com isso. Foi assim que a raça dos destruidores implantou-se no que hoje é nosso mundo, trazendo atrás de si seu orgulho e seu desejo de poder. Os filhos de algumas estrelas foram obrigados a refugiar-se perto deles, pois alguns se apavoraram e resolveram abandonar seu planeta ferido; outros juraram que jamais abandonariam a Terra nas mãos de um povo destruidor. Foi assim,

> Irmãos, que nasceram as raças que constituem nosso mundo. As lembranças do mal que as corroía continuam a infestar o ar que respiramos. É por isso que os enviados das estrelas iluminam nossos céus nos tempos de grande inquietação. Eles querem expulsar para sempre a imagem da destruição incrustada em todos os que vivem nesta Terra. Vosso Mestre é o nosso por toda a eternidade. Ele é a força do Homem, a ressurreição do amor esquecido, a superação do conhecimento mortal.

Pronunciando estas palavras, o sacerdote que acabava de erguer seu véu levantou-se e, caminhando até José, abraçou-o longamente. Enquanto isso, Míriam de Magdala, que tinha estado tão próxima do Mestre e que por tanto tempo mantivera silêncio, entrou em nossa habitação. Logo a vimos voltar tendo na mão um pequeno frasco cor violeta.

— Segura isto — disse ela ao sacerdote, que continuava de pé. — Esta noite nós trocamos e unimos energias. Este óleo foi bento, energizado pelo próprio Kristos. Ficou até hoje sob a minha guarda; sei que chegou o momento de entregá-lo a quem saberá fazer uso dele.

Sem esperar uma resposta, Míriam de Magdala voltou ao seu lugar. Vi seu longo manto cinzento juntar-se aos outros de novo, misturando-se ao nosso grupo.

Então, um dos sacerdotes que tinha permanecido sentado segurou com firmeza um enorme chifre que lhe pendia no ombro. Levou-o à boca, suas bochechas inflaram-se e um som grave e ensurdecedor voou até longe. Era um chamado nostálgico e interminável, pungente, capaz de acordar a memória do Grande Amor buscado.

Na margem, ao redor das fogueiras, cantos responderam àquele grito da alma. A sensação que tive é a de que um estranho pacto se firmava assim.

As melopéias continuaram até o alvorecer; elas nos mantiveram acordados, num doce torpor, até percebermos o surgir de um novo orvalho.

A partir de então nosso assentamento na terra de Kal ficou firme. Logo chegamos à conclusão de que deveríamos repartir nossas atividades. Partiríamos através do país em grupos de dois ou três, não para pregar, o que nos parecia contrário a qualquer lógica, mas para partilhar nosso conhecimento e para destilar aqui e ali todas as pérolas de amor de que éramos capazes. Por que obrigar o ser a acreditar quando seu ser profundo não se abre? Podemos dar o nome de "chave" ao que força uma fechadura? Sabíamos que existia uma palavra para cada tipo de coração, como um jardineiro para cada variedade de planta.

Ficou decidido que Míriam e eu seguiríamos sós para o Oeste a fim de contatar os homens da Palestina que, há muito tempo, diziam, tinham-se domiciliado naquelas regiões. Ignorávamos por quanto tempo deveríamos caminhar e em que aldeia os encontraríamos. O mesmo aconteceu com os vinte e dois... Precisávamos reunir pontos em torno dos quais devíamos irradiar. Era assim que poderíamos esperar tecer uma tela a fim de difundir a palavra de Kristos. Nosso objetivo era despertar, depois formar seres seguros nas regiões, a princípio pequenas, das quais estávamos encarregados. Aqueles homens, por sua vez, prolongariam nossa ação transformando-se em árvores onde quer que fossem. Já não perguntávamos, como antes, como falar às multidões. Nós dizíamos que bastava estarmos presentes e simplesmente contarmos o que sabíamos, sem pretender convencer. A evidência nunca deve ser demonstrada; a gente não a comunica. No máximo a gente a propõe e ela é aceita quando o ser se encontra na encruzilhada da vida. Ela só se dirige aos que compreenderam que têm sede.

Então, agiríamos como sempre tínhamos feito, tendo como única bagagem a Força que Ele nos havia transmitido e devia ser canalizada. Deveríamos curar, falar, mas calar também, e deixar vir a nós.

Quando deixamos a aldeia sobre a água e seus três sacerdotes, foi organizada uma cerimônia no decorrer da qual entregaram a cada um do nosso grupo um potinho de madeira hermeticamente fechado. Ele continha um pó muito grosso, cinzento. Era uma espécie de cinza proveniente de chifres de cervos, moídos segundo um método preciso e em determinado momento do ano. Suas virtudes, garantiram-nos, preveniam e tratavam perturbações cardíacas.

A partida foi escalonada durante alguns dias; finalmente chegou a nossa vez de nos afastarmos, sacola no ombro. Os primeiros momentos de nossa caminhada mostraram-se difíceis.

O povo do país de Kal, embora agradável, parecia embotado por certo conforto. Contudo, a multidão vinha a nós; aquilo se operava por um fenômeno cujo mecanismo não captávamos e parecia que o povo pouco compreendia. Para os homens daquele país, Kristos era um misto de Esus e Cernunnos. Nem sempre percebiam as razões que nos tinham impelido a atravessar o mar. Nossos métodos de cura causaram muita surpresa. Segundo o ensinamento do Mestre, Míriam e eu tentávamos a rearmonização dos corpos com relação à sua nota musical de base. Conseguíamos aquilo com a ajuda de sons, de energia etérea canalizada em pontos precisos, depois através de toques, estes também muito bem localizados.

Nosso avanço para o Oeste tornou-se extremamente lento e vivemos ao longo dos caminhos durante meses, sem verdadeira dificuldade, mas com um medo tenaz: o exército romano. A região que atravessávamos, na verdade, estava cheia de militares e mesmo de mercadores romanos que pareciam instalados permanentemente lá. Receávamos ter que carregar conosco o fardo que, até o fim, tinha seguido o Mestre: a acusação de intriga contra o Império. Será que os oficiais armados com metais e cobertos de púrpura tinham ouvido falar das suspeitas que pesavam, sobre o Grande Rabi e seus homens vestidos de branco? Contudo, não tivemos aborrecimentos e vimos legiões passarem ao nosso lado sem sequer prestar atenção em nós...

Era uma vida rude, incerta, mas também uma paz total. Sem dúvida, ela poderia prolongar-se por muito tempo assim, dividida entre os cuidados prodigalizados e as palavras que brotavam de nossos corações... No entanto, o Destino decidiu de outro modo...

Com efeito, num dia de muito vento, o mundo adquiriu para mim uma outra face. Tínhamos encontrado uma choupana em ruínas. Ficava no topo de uma pequena montanha redonda povoada por alguns insetos e por espinheiros invasores. O caminho após a última aldeia tinha sido longo, através dos campos perfumados, e, à medida que o sol se punha, Míriam sentia arrepios terríveis.

Envolvi a o melhor que pude no meu manto e ela se deitou numa cama preparada às pressas com capim seco. O vento redobrou, afastando qualquer possibilidade de acender um fogo.

Devíamos aceitar os fatos: a noite seria longa, fria e difícil. Caiu então a noite, trazendo com ela todos os gritos da natureza e dos elementos. Acima de nossa cabeça, a cabana estalava, o vento entrava impiedosamente. Estávamos desprovidos do conforto mais elementar e Míriam rapidamente foi tomada por uma febre forte. Com uma velocidade espantosa, os tremores tomaram todo seu corpo. Ainda revejo seus olhos e seu brilho estranho à luz da lua: eles mergulhavam em mim seus raios interrogativos. Pus as mãos sobre o rosto quente de Míriam e comecei uma longa prece, orientando minhas forças para as palmas. Depois tentei localizar a raiz do mal, vibrando ao ritmo do seu corpo, abrandando-o através da respiração. Mas a longa escuridão estava apenas começando... A febre que, por um instante, parecia ter baixado, redobrou... Será que naquela noite me faltavam a energia, a confiança que tantas vezes até então tinham feito de nós vencedores, antes de começarmos nossos combates? Será que um caminho devia encerrar-se lá?...

Os membros de Míriam tremeram com maior intensidade e eu me dei conta de que ela estava perdendo a consciência. Só algumas raras palavras incompreensíveis conseguiam sair de seus lábios, entre duas contrações.

Pela primeira vez senti-me totalmente impotente. Quantos tinham sido os seres cujas febres tínhamos aliviado e a quem tínhamos livrado das garras das epidemias? Será que a arte de Essênia não servia para quem tanto a tinha praticado? Eu queria queimar ervas... Mas eu não as tinha! Durante boa parte da noite minhas palmas não se afastaram dos círculos de fogo do seu corpo, dinamizando-os ou acalmando-os, conforme o caso... Quando a aurora mostrou seus primeiros raios, toda energia tinha fugido de mim e parecia-me que meu corpo era igual uma rocha fria. O rosto de Míriam estava lívido, porejado de suor. Fora, o vento acalmava-se um pouco e levantei-me na esperança de poder acender um grande braseiro. Os tremores de Míriam ficaram mais espaçados e sua lenta respiração dava a ilusão de um profundo sono.

No entanto, quando me virei na direção da porta, ouvi uma espécie de roçar vindo do leito de folhas. Voltei-me imediatamente. Míriam estava deitada de lado, a pele acinzentada e repuxada. Então... eu compreendi... compreendi que Míriam tinha partido para o ouro do tempo... Senti-me cair de joelhos, sem forças, aparvalhado. Não falarei desta segunda dilaceração.

Basta-me tê-la revivido e ainda sentir todo seu peso. É sempre por nós que choramos... e clamamos contra a injustiça sem procurar compreender...

Míriam foi velada três dias e três noites, no silêncio da pequena montanha nua, e eu a enterrei perto da cabana, sob terra e pedra, entre as silvas e a lavanda.

Capítulo 3
Os jardins de Iesse

Oram-me num torpor profundo e eu procurei isolamento total. Batia-me contra mim mesmo, contra a parte do meu ser que me fazia procurá-la egoisticamente, quando eu sabia da sua felicidade atual. Vi-me tão só como no escuro labirinto do Krmel, em busca de uma fonte de ar e de luz. O desaparecimento de Míriam era minha cilada, eu o sabia. Era como um véu espesso com o qual uma força insidiosa tentava abafar o que tinha sido despertado.

Fiquei algumas semanas meditando, nas imediações da pequena cabana. Ter-me-ia sido possível chamar Míriam, ou projetar meu corpo até ela, mas eu sabia que não devia. Cada qual tem seu papel e, se este não nos agrada, não podemos culpar a sorte. Nós somos nosso próprio Destino.

Em meu espírito ainda confuso, eu não conseguia mais pôr as idéias em ordem. Lembro-me de ter então pedido, com toda a força do meu corpo, um sinal; invoquei o Mestre, invoquei todas as energias que eu sentia presentes e cruelmente mudas.

Certa manhã, finalmente, como única resposta, ouvi um grito ressoar na montanha. Parecia voar até mim batendo as asas; estavam me chamando. Algumas silhuetas no alto de um rochedo cinzento chamaram-me a atenção. Lá estavam vários homens; dirigiam-me grandes acenos com os braços, vindo na minha direção. Pela primeira vez, depois de muito tempo, pareceu-me estar ouvindo meu nome ressoando pelas altas colinas. Dei alguns passos. Quatro homens usando calções largos e longas túnicas ajustadas ao corpo surgiram lentamente de uma dobra do terreno.

— És tu, Simão, Irmão de Iesus?

Irmão de Iesus? Fui obrigado a dizer que não, de tal forma a denominação me soava estranhamente... Nunca tinha sido chamado assim, e sem dúvida jamais tinha merecido tal título!

Um irmão em Iesus não poderia dormir assim perto de um túmulo e de uma cabana. Alguma coisa não estava certa e o título com que me gratificavam atirou-me numa perturbação profunda durante um breve mas terrível instante. Recebi-o como um bálsamo e uma bofetada salutar.

— És tu, Simão? — voltou a dizer um dos homens cujo rosto não me era estranho. — Nós te procuramos por toda parte, há muitos dias, e já não tínhamos esperanças de encontrar-te! Precisas voltar, há muitos doentes entre nós. Nossos sacerdotes disseram que deverias voltar com aquela que te acompanha.

O pedido era autoritário, sem rodeios, pronunciado com voz ao mesmo tempo áspera e cantante. Nossos olhares se encontraram rapidamente e vi nos olhos do homem a resposta ao meu apelo. Era uma ordem, o sinal para minha partida. Não pronunciei uma só palavra, limitando-me a sorrir. Sem esperar mais nada, apanhei o que restava de minha sacola e fiz que sim com a cabeça.

Aquele dia marcou uma nova partida, um novo sol. Eu não tinha mais ido até os outros e os outros tinham vindo a mim! Este pensamento remoinhava dentro de mim, logo aclarado por esta reflexão de Kristos: "Os outros? Como podeis falar em outros? Deveis falar de vós, em outros lugares, com outros rostos! Não vedes como estais ligados? A claridade do vosso coração completa a claridade de quem chamais de próximo. Sede o próximo e estareis em toda parte ao mesmo tempo, em todos os espíritos, sereis o que Eu Sou, ou seja, vós mesmos!"

Naquele dia senti que uma chama ardente brotava do fundo do meu peito. Era semelhante a um raio verde, fresco e apaziguante. Vi naquilo a força de Míriam unida à minha, operando até no menor dos meus gestos com precisão absoluta.

Mais uma vez tive que percorrer a região, de aldeia em aldeia, e juntei meu saber ao dos sacerdotes investidos. Às vezes falavam-me de um "outro Irmão" que tinha sido visto a algumas milhas de lá. No entanto, eu não sentia necessidade de ir ao seu encontro; bastava-me saber que ele também trabalhava para a Grande Consciência cósmica que ainda dorme sobre esta Terra.

Naquela época, tentei vários contatos com o povo de Moisés, há muito estabelecido na região. Foi infrutífero; os corações e as vidas daqueles homens pareceram-me estranhamente fechados. Seu Moisés não era o que eu conhecia e pareceu-me que só o que vibrava neles era a Escritura. Mais do que os do Grande Templo de Jerusalém, eles temiam o Pai.

Com medo, fecharam então sua porta às palavras do Mestre, ele que havia banido a palavra medo de nosso coração. Hoje compreendo que sua reação, sua história, não eram as de um povo ou de uma casta definida; eram as do homem que se nega a ver outra coisa a não ser o que sempre lhe mostraram. O espírito da imobilidade assemelha-se ao do sono. O espírito do movimento freqüentemente passa por desconfortos e às vezes pelo escândalo, mas é preciso escolher. "A Força do Dois pertence a quem pisa e martela o solo com seu passo dual", dizia o Mestre. "A do Três projeta-se para a frente, passando por todos os riscos, vai em busca da onipresença e identifica-se com a energia do Uno."

José me tinha confiado um manuscrito pertencente à Fraternidade. Eu devia entregá-lo àqueles homens, mas isso não aconteceu. Meu esforço, o de todos os que pisaram naquele chão, concentrou-se então na escolha e instrução de homens e mulheres cuja fronte já ostentava a chama de Kristos. Não precisei ir a eles nem andar entre o povo para sondar os olhares, eles vieram a mim, a nós, sem que fosse necessário trocar profundas e graves palavras. O vocabulário do amor é sempre simples. Ele afasta os que não o conhecem e receiam parecer ridículos. Os Irmãos de Essânia nunca mostraram tristeza em seu modo de expressar-se, pois o verdadeiro Espírito em expansão não pertence ao domínio dos reclusos.

Muitos dos homens que se apresentaram a mim e — fiquei sabendo — aos outros Irmãos pertenciam as famílias de guerreiros. Possuíam propriedades e tinham criados a seu serviço. Viviam numa relativa aliança com Roma e estavam acostumados a ver suas armas desfilarem e controlarem a região. Suas personalidades, sua posição social a princípio me desorientaram. Aqueles homens apresentavam-se sempre enfeitados com peles, couros, metais, com ricos cutelos à cintura. Vi muitos deles oferecer-me hospitalidade em suas grandes casas fortificadas de madeira. Eles ouviam dizer que eu queria liberdade e paz. Sem que eu conseguisse entender o que tinha feito, conquistei rapidamente seus corações. Era preciso que um fio diretor os colocasse lá num momento preciso... e que eles ouvissem!

Ao contrário do que eu esperava, eles não abandonaram suas armas nem a ascendência, que me parecia abusiva, sobre seus domínios. No entanto, compreendi que tinham razão... suas razões.

Nenhum de nós podia formar Irmãos por completo. Nascia-se diretamente do tronco da raça de Essânia; para nós era um ensinamento ancestral e aquela raça devia estender-se um dia, para transmutar-se em outra cuja aparência ignorávamos.

Será que aqueles rudes guerreiros, embora manipulassem conceitos de paz e amor, seriam nossos sucessores na terra de Kal? Noites inteiras a interrogação continuava queimando meu coração. Teria eu o direito de entregar tudo àqueles homens? José e os outros fariam o mesmo onde estavam? Minha alma dizia "sim", mas a razão recusava-se a ouvi-la.

Uma noite, na rica mansão de madeira esculpida de propriedade de um dos guerreiros que me hospedavam, decidi recorrer a um velho método de nosso povo. A peça que tinham posto à minha disposição era ampla. As paredes e o teto eram feitos de troncos de pequenas coníferas, alguns deles, habilmente entalhados, representavam imagens que faziam sonhar com as forças da Natureza. Havia uma cadeira confortável, objeto a que decididamente eu não estava acostumado, e uma cama baixa, com alguns travesseiros. Quando chegara lá, tinha pedido que retirassem as várias peles que ornavam as paredes e o chão. Sua radiação etérea prejudica a pureza de um trabalho psíquico, exceto em determinados casos.

Por sorte, meu anfitrião possuía resinas que poderiam substituir o incenso. Queimei pitadinhas nos quatro cantos da peça e pus sobre uma bandeja metálica um pouco da terra arenosa do lugar. À claridade de uma tocha, desenhei nela, com um dedo, uma cruz de braços iguais e uma espiral regular saindo de seu centro para a periferia da bandeja. Feito aquilo, mergulhei na pronúncia do som "M", próprio da Fraternidade, depois deitei-me, com o espírito vazio. Passou-se a noite e, quando acordei, a esperada resposta me aguardava. A espiral traçada na véspera tinha desaparecido, cuidadosamente apagada por uma espécie de sopro que tinha deixado a cruz intata. Segundo o código definido pela Fraternidade no recinto do Krmel, aquilo significava "sim". Sim, eu devia confiar nos chefes rudes daquela região; sim, eu podia legar-lhes o conteúdo do meu coração. A resposta estava clara, muito clara, já que a operação nada tinha de mágica. O povo de Essânia não gostava de lidar com forças externas a ele e ao Grande Agente Universal... Fora eu mesmo, meu corpo luminoso que eu tinha projetado na terra da bandeja. Não há pergunta cuja resposta não esteja inconscientemente em nós, e seríamos bem menos cegos se compreendêssemos que todas as noites bebemos de uma fonte clara. Devemos juntar-nos ao que somos, à nossa força primeira, se quisermos saber e poder...

É tão simples... É nossa falta de fé que destrói tudo!

Assim, eu confiei então toda a palavra de Kristos, a vida do Mestre, os métodos de Essânia e a existência dos Irmãos das estrelas a alguns importantes senhores de Kal. O mesmo fizeram os nossos longe dali.

Segundo o pedido de José, foi selado um acordo simbólico: os chefes iniciados em nosso ensinamento engajaram-se no uso de cabelos longos, aquilo em memória de outro pacto, muito mais antigo...[1]

Então tudo aconteceu rapidamente. Diante dos olhos da minha alma, ainda vivem as imagens daqueles homens rudes aureolados por uma luz prateada e falando a suas pequenas tropas de guerreiros ou de servidores sobre um grande Mestre de Justiça que tinha vivido além dos mares. Contavam-lhes a vida daquele que tinha abrigado Kristos, provando assim que cada um, por sua vez, estava apto a recebê-lo... Os sacerdotes que conheciam a marcha dos ciclos logo associaram-se ao

[1] Os descendentes dos chefes foram os que conhecemos como "reis merovíngios".

movimento e eu vi assembléias se reunirem nas praças das aldeias, até no meio dos mercados. Falavam em abandonar cadeias, em independência e na união dos seres.

Mas, para Roma, os seres não passavam de corpos, de vontades a serem submetidas! As reuniões públicas assustaram e cenas eternas desenrolaram-se diante de meus olhos: balcões virados, multidões dispersadas; a legião romana, bastão no ombro, impunha sua lei e suspeitava...

Finalmente, chegou o dia em que eu devia virar uma das grandes páginas de meu próprio livro. Fora convencionado que eu falaria a uma multidão singular, no mercado de uma pequena aldeia costeira. Os que a formavam conheciam-me por ter-me visto muitas vezes ao lado de seus senhores. As imagens daqueles momentos ainda me enchem de emoção e de uma sensação estranha... tinham-me arrumado um lugar sobre um estrado de madeira e homens e mulheres esquisitos começavam a agrupar-se ruidosamente sob um sol pálido.

Antes que eu pudesse dizer qualquer coisa, uma tropa de homens armados irrompeu na esquina de uma rua. Eram legionários romanos. Avançaram em passo de ataque, a lança encostada no ombro direito, levantando pequenas nuvens de poeira. Sua aproximação rápida e silenciosa pelo chão arenoso provocou um verdadeiro pânico. Em pouco tempo, os presentes foram dispersados sem consideração. Vi cestos virados, jarros quebrados, balcões com seus carregamentos de peixes pisoteados ou abandonados. Não sei qual a razão que me fez ficar lá, sem reagir... Seria a lembrança do Mestre em Magdala? Não havia medo em mim, nem sequer receio... Simples confiança ou presciência?

Vinte lanças encostaram seu ferro no meu peito e ficaram por muito tempo aguardando uma ordem. Então, finalmente, apareceu um centurião e pronunciou algumas frases breves com voz calma. Rapidamente, amarraram-me os pulsos e fui levado para fora da aldeia. Ignorava para onde me levavam. Ninguém tinha-me interrogado, nem sequer tinham me dirigido a palavra. Então, eu caminhava em silêncio, atado fortemente ao pescoço de um cavalo. Sem dúvida, percorremos assim algumas milhas pelos campos planos e alagadiços. Ao longe, emergindo da bruma quente, desenhava-se a linha das pequenas montanhas azuladas. Contemplei-as e pensei numa cabana que talvez o vento ainda açoitasse...

De repente, minha escolta pareceu ter decidido parar. Um grupo de árvores delgadas, de tronco nodoso, aparecia à esquerda. Dois legionários empurraram-me rudemente contra elas e uma profunda sensação de frio, irracional, tomou conta de mim. Não tive tempo de interrogar-me e virei-me bruscamente na direção dos soldados. Então, vi uma espécie de braço dirigindo-se para mim e um clarão penetrante... percebi um ruído surdo, um choque no fundo do meu peito. Depois, depois nada... mais nada durante o espaço de um breve instante; fugitiva sensação de vertigem... Uma imagem surgiu, banhada numa claridade fora do comum. Reconheci-me, então, estendido em baixo de uma árvore, com uma lança curta e pesada enfiada no tórax.

Não houve nenhum terror, nenhuma dor, e tudo se apagou.

Lentamente, a imagem do meu corpo sem vida foi bafejada por uma brisa branca, fundida num sopro doce. Abandonei-me a uma espécie de torpor, tomado pelo frescor de uma miríade de línguas de fogo turbilhonantes.

Novamente, meu corpo apareceu-me como se estivesse entre os dois panos de uma cortina que se abre. Os soldados o tinham deslocado e cobriam-no rapidamente com ramos e pedras. A visão foi breve e eu me senti aspirado para o centro de uma força, na direção de uma energia impossível de localizar. Como descrever o que se seguiu então? Como não achar ridículas as palavras, diante do que vivi?

Vi um mundo branco, bem mais branco do que todas as neves dos nossos sonhos; vi sua alvura ganhar vida, depois exalar todas as cores do arco-íris. Vi montanhas e florestas, árvores e cálices multicores, mares e regatos de diamantes. Vi a Paz, a Paz que não era a dos homens.

Foi assim que os jardins de Iesse me abriram suas portas. Despertei, e as imagens da minha vida sobre a Terra precipitaram-se dentro de mim com toda a força do amor que eu tinha buscado. Eram as casas da minha aldeia, os limites de Cafarnaum, os olhos do Mestre, o sorriso de Míriam, meus erros, minhas alegrias...

Vi a gota d'água que tínhamos tentado acrescentar ao

grande Oceano que todos os corações procuram. Eu estava sonhando... Um gramado coberto de orvalho surgiu sob meus pés: a terra das almas! Então uma voz cristalina encheu-me, mais alegre do que todas as que eu tinha conhecido.

Ainda hoje ignoro de onde vinha exatamente e o que ela destilou por muito tempo em mim. Entretanto, sei que ela não nascia de ninguém. A força que a habitava pertencia ao Tão Desejado. Era a força que não escreve a palavra "fim" em lugar algum. Ela tinha um nome, um só, semelhante a mil sóis: AMOR.

*
* * *
*

O Mestre Jesus continuou a ensinar em segredo no Krmel até uma idade avançada.

Quando chegou a hora, ele deixou seu corpo por vontade própria. Seus próximos viram então sua forma de luz, resplendente e de uma densidade tal que parecia ser seu corpo físico, elevar-se lentamente acima do Krmel.

Contudo, seu corpo de carne, mantido em perfeito estado de incorruptibilidade, ficou no mosteiro por vários séculos ainda, depois, com a ajuda dos Irmãos das estrelas, foi transportado mais para o Oriente.

Assim se expressou para nós a memória do Tempo.

Os Não Desejados

DANIEL MEUROIS-GIVAUDAN

Depois do enorme sucesso de *O Caminhos dos Essênios*, Daniel Meurois-Givaudan debruça-se agora sobre as engrenagens sutis do nascimento e da vida. Se na obra *Os Nove Degraus* ele nos revela o caminho seguido por uma alma para encarnar-se, continuávamos, no entanto, sem saber o que vive um ser que não consegue vir ao mundo. Neste novo livro, *Os Não Desejados*, o autor aborda, em termos simples e precisos, toda a problemática do aborto provocado, dos abortos espontâneos, das mortes prematuras e das malformações fetais.

Com o método de trabalho que lhe é peculiar — a expansão da consciência —, Daniel Meurois-Givaudan empenha-se a ir ao encontro de algumas almas para as quais, por razões diversas, corpos maternos se fecharam... ou não puderam abrir-se.

Como essas almas "indesejáveis" viveram e compreenderam a rejeição? Seu sofrimento tem um sentido? Enfim, de um lado e de outro da "cortina da vida", como reconstruir-se a partir de então... e depois construir? Elucidativo e ao mesmo tempo reconfortante, sem deixar de isentar reponsabilidades, *Os Não Desejados* tem o mérito de abordar de maneira totalmente nova e amorosa todas as provas, mesmo as mais íntimas, que podem machucar hoje em dia um número crescente de mulheres... e de casais.

Tudo que vive é teu próximo

C. W. LEADBEATER, M. GANDHI, RAMATÍS E MARILÉA DE CASTRO

Longe de ser apenas uma alternativa alimentar, o vegetarianismo faz parte das alterações urgentes que se impõem aos cidadãos da Nova Era.

"A base do meu vegetarianismo não é física, mas ética", afirmava Gandhi, um dos autores dos quatro textos que compõem esta obra. A sua filosofia da não-violência nos confronta com a incoerência que constitui pregarmos a paz enquanto destruímos vidas, desnecessariamente.

C. W. Leadbeater, um dos pilares da teosofia, descreve os efeitos energéticos ocultos que sobrecarregam as cidades modernas de energias de violência e depressão, com repercussões terríveis sobre os seres humanos, sobretudo crianças, e analisa as conseqüências, do ponto de vista oculto, da alimentação que, por desconhecimento, a humanidade ainda prefere conservar.

Um texto clássico de Ramatís, o conhecido mestre oriental, desvenda o verdadeiro mecanismo produtor das guerras e o substrato que se oculta por trás do domínio das sombras sobre a humanidade, e que é de interesse de seus lidores conservar oculto para a consciência dos encarnados.

Mariléa de Castro analisa as causas, nunca mencionadas, da fome do planeta e noticia as pesquisas mais atuais sobre as patologias do câncer, as associadas à terceira idade, a reposição hormonal e os distúrbios climatéricos. A posição dos espiritualistas e espíritas diante da alimentação e em face das leis maiores é examinada, incluindo a insofismável diretriz kardequiana que poucos têm a coragem de admitir.

A Sacerdotisa da Esperança

IVANIR SANCHES

Esta é a história de um espírito de elevado grau de evolução que decide abrir mão de sua morada paradisíaca e reencarnar na Terra para transmitir, entre pessoas abastadas, valiosas e profundas lições de humildade e solidariedade.

Helena – este era o seu nome – parecia uma menina normal, dessas tantas que vivem em um ambiente privilegiado, mas algo em seu íntimo a fazia brilhar mais que as pessoas comuns. Criada por um rico fazendeiro, ela cresce e vai estudar na capital, onde cultiva muitas amizades e freqüenta ambientes nobres. Sua mediunidade então aflora e ela passa a divulgar as visões que lhe são transmitidas do Alto, sempre baseadas nas verdades imorredouras trazidas por Kardec. O mundo vivia uma época de profundas transformações sócio-econômicas e culturais, a exemplo do fim da escravatura, da Primeira Guerra Mundial, da Revolução Industrial, da emancipação feminina, e o Brasil recebia os primeiros imigrantes europeus, quando Helena inicia um trabalho intensivo e diversificado de amparo aos desprotegidos pela sociedade, amparada por falanges inteiras do bem. Mas isso não lhe basta, e ela resolve alistar-se como enfermeira voluntária e vai para a guerra ajudar os soldados feridos, sem saber que seu amado também luta nas trincheiras.

Fortes e emocionantes relatos deste episódio, bem como variados detalhes históricos e culturais da época, fazem desta obra o diferencial que faltava nos romances espíritas já publicados.

A Morada do Filho do Sol

DANIEL MEUROIS-GIVAUDAN

O rio do tempo permite a alguns raros viajantes cruzarem sua correnteza na contracorrente da história dos homens, e de lá trazerem à tona memórias esquecidas, vidas que foram suas e de outros.

Daniel Givaudan é um desses viajantes do tempo. Suas antenas psíquicas são daquelas que permitem viajar ao passado e resgatar, como neste extraordinário relato de milênios findos, histórias que guardam o frescor e o realismo de quem as viveu. E ele o faz num estilo envolvente e lírico, que nos imanta desde as primeiras linhas e transporta com ele às velhas paragens da antiga Síria, e sobretudo às margens do Nilo – onde revive nada menos que sua existência como médico na corte do faraó Akhenaton. E é a odisséia do grande Filho do Sol que ele faz reviver, erguendo das brumas dos milênios, intacta e luminosa como o disco solar sobre a antiga Terra de Kem. Não apenas um relato externo, com aventuras, paixões, descobertas e embates entre homens e visões, mas a dimensão espiritual, profunda, da luminosa revolução, inédita no planeta, daquele que é chamado de o primeiro monoteísta da História.

Nesse contexto, as aventuras de Nagar-Thet, o médico e instrutor de almas, seus amores e trajetória em busca da luz interior, voltam a viver em uma narrativa sedutora, que transporta o leitor a cada cena em pleno Egito antigo – um mergulho no rio do tempo.

Haiawatha - O mestre da raça vermelha

MARILÉA DE CASTRO / ROGER FERAUDY

Este capítulo inédito e autêntico da história oculta do continente americano foi retirado dos registros suprafísicos e recontado fielmente pelos autores.

Haiawatha, o grande mestre da raça vermelha — que o mundo já conheceu sob outros nomes célebres — encarnou entre o povo iroquês para concretizar um extraordinário projeto de paz e universalismo, que se materializou na Federação Iroquesa, com a união das cinco nações desse povo. Ele deveria ser estendido a todas as nações e povos da Terra.

Os elevados valores espirituais e éticos da raça vermelha — os toltecas emigrados da Atlântida — e a sua avançada organização socialista e fraterna, seu respeito inigualado à mãe-terra e todas as formas de vida, seu xamanismo e a visão espiritual, enfim, tudo o que a raça branca ignorou e ignora é resgatado nesta obra.

Relatos de amor e ódio, nobre coragem e traições, forças xamânicas e magia das sombras, tecem, com o quotidiano do povo iroquês, o pano de fundo da luta pela Federação, no cenário de beleza intocada da Terra da Neve Branca — a América do Norte de séculos atrás.

Esta obra desvenda a verdade sobre a extraordinária cultura dos peles-vermelhas, os filhos do Grande Espírito, que nunca olvidaram sua origem divina. Imprescindível a todos os espiritualistas bem informados, esse relato mostra a dimensão de uma futura proposta de convivência que aguarda a humanidade terrestre.

Os Últimos Dias de Pompéia

EDWARD BULWER-LYTTON

Em meio à tragédia que se abate sobre a cidade de Pompéia no ano de 79 d.C., quando as lavas do adormecido Vesúvio ressurgem petrificando para sempre o cotidiano e as riquezas de seus habitantes (aliás, uma alegre e imponente engrenagem de prazer!), ganha vida a atribulada história de amor entre o rico ateniense Glauco e a bela napolitana Ione. O romance surge num ambiente marcado pela inveja e pela maldade de Arbaces, cujo gélido semblante parece entristecer o próprio Sol. A qualquer preço o astuto mago egípcio pretende possuir sua jovem tutelada, e acaba por envolvê-la num plano sórdido e macabro que choca pela crueldade.

Pontuada por intrincados lances de puro lirismo, fé e feitiçaria, a trama envolve ainda os primórdios do cristianismo, que busca se afirmar numa cultura marcada pelo panteísmo e pela selvageria das arenas e sua sede de sangue.

Narrado brilhantemente por Edward Bulwer-Lytton, numa perspectiva presente, este instigante romance histórico, aqui condensado em um único volume, revela que a eterna busca do homem pelos valores superiores ultrapassa a própria História e até as grandiosas manifestações da natureza.

Com toda certeza, *Os Últimos Dias de Pompéia* é obra de enorme valor literário que vai conquistar o leitor brasileiro, assim como ocorreu em inúmeros países onde foi traduzido e se fez best-seller.

Nefertiti e os Mistérios Sagrados do Egito

CHIANG SING

Nefertiti e os mistérios sagrados do Egito não é uma obra a mais sobre a terra dos faraós; é uma contribuição séria e importante para aqueles que desejam penetrar no âmago da história do antigo Egito e desvendar os sagrados mistérios de seu povo, seus costumes, seus deuses e seus governantes. O leitor pode aceitar ou não as conclusões que Chiang Sing apresenta, porém é incontestável a seriedade dos seus documentos e a inegável honestidade das fontes que ela utilizou como alicerce para a confecção desta obra histórica. Inspirada nos papiros, Chiang Sing preferiu adotar a versão de que Nefertiti é quem foi a incentivadora do culto a Aton no Egito, contribuindo para a transformação das idéias religiosas de seu esposo, o faraó Akhnaton. "Que cada um escolha a sua própria versão. A verdadeira talvez nunca venha a ser conhecida", afirma o diplomata egípcio Mohamed Salah El Derwy admirador e amigo da autora.

O CAMINHO DOS ESSÊNIOS - VOL. 1
foi confeccionado em impressão digital, em agosto de 2025
Conhecimento Editorial Ltda
(19) 3451-5440 — conhecimento@edconhecimento.com.br
Impresso em Luxcream 70g – StoraEnso